EMMANUELLE GUILCHER

SIGNORET, UNE VIE

Michel LAFON

7-13, boulevard Paul-Émile Victor – Île de la Jatte
92521 Neuilly-sur-Seine cedex
www.michel-lafon.com

À Jacques, David et Lara

Il n'y a jamais grand-chose
ni petite chose
il y a autre chose
c'est ce que j'aime
qui me plaît
et que je fais.

Jacques PRÉVERT

Jamais un idéaliste ne devrait se prêter à la politique
Il en est toujours la dupe et la victime.
On se sert de lui comme de réclame pour couvrir
la boîte aux ordures,
aux friponneries et aux méchancetés.

Romain ROLLAND

Avant-propos

J'avais treize ans et toute l'audace des jeunes filles timides persuadées que le monde leur appartient, si elles désirent y appartenir. Je n'avais pas encore rencontré sur les écrans la sublime actrice de *Dédée d'Anvers* ou de *Casque d'or*. Simone Signoret pour moi c'était *Madame le Juge*, que j'ai suivi plusieurs samedis soirs à la télévision. Je ne râtais aucun épisode, comme je ne manquais aucune prestation télévisée de l'actrice, des prestations accompagnées de déclarations hautes en couleurs pour défendre Pierre Goldman, les combattants de SOS-Racisme ou encore les militants de Solidarnosc.

Simone Signoret me fascinait. J'ai décidé de lui écrire cela, et d'autres choses encore, comme à quelqu'un qui m'était familier.

Simone a répondu. Oserai-je dire que je n'ai pas été étonnée de recevoir un matin une carte postale de la place Dauphine, signée Simone…

Signoret – le nom de l'actrice si connue – était ajouté dans un coin, comme si pour moi, par modestie ou par respect de mon jeune âge, elle avait voulu rester Simone. Je n'ai pas cru à une supercherie ou à une réponse de secrétaire. C'était bien elle sur cette carte de Paris, qui ne la représentait que par son domicile. C'était elle, directe, sans émotion feinte, attentive et personnelle. Cette réponse à mes attentes m'a appris la confiance et l'espoir. Elle m'a donné l'envie de me lancer dans des combats que les autres estiment vains, car perdus d'avance, « comme ils disent ».

Les années ont passé, je n'ai jamais rencontré Simone Signoret, mais j'ai suivi en grandissant le chemin qu'elle a tracé au-delà de ses erreurs de parcours.

Simone Signoret est morte depuis vingt-cinq ans déjà, elle reste une figure aimée des Français que les grands déballages familiaux ont épargnée.

Vingt-cinq ans après sa mort, pas un mois ne s'achève sans qu'une des chaînes de télévision ne diffuse un de ses quelque cinquante films, confirmant la popularité intacte de celle qui fut une des premières actrices de cinéma à ne pas mépriser « la folle du logis[1] ».

Ni brûlot, ni hagiographie, cet ouvrage tente d'esquisser le portrait d'une actrice dans son époque, d'un témoin sans pareil d'un demi-siècle fécond.

J'ai revisionné tous les films que j'ai pu retrouver, écouté ses interviews, lu et relu les innombrables articles qui ont retracé sa carrière et ses interventions dans la cité, visité les lieux de son enfance et de son adolescence, de Wiesbaden à Neuilly, mais mon travail n'aurait pas abouti sans le témoignage de tous ceux qui l'ont connue aux différents âges de sa vie, dans ses divers rôles. Des anonymes aux plus célèbres, des témoins de son enfance toujours en vie – elle est morte, faut-il le rappeler, à un âge où certains reconstruisent des couples ou des familles –, des cinéastes, journalistes, partenaires comédiens et comédiennes, hommes politiques, qu'ils soient ici remerciés. Ils m'ont permis de me débarrasser de ma naïveté, de sortir de la posture acritique encline à l'admiration qui était mon penchant naturel

1. L'expression inventée par le philosophe Malebranche pour désigner l'imagination a été reprise pour qualifier la télévision par l'économiste Jean-Louis Missika et le sociologue Dominique Wolton dans le livre qui porte ce titre, *La Folle du logis : la télévision dans les sociétés*, Éditions Gallimard, 1983.

pour me pousser à entrer dans la peau du personnage [1], au cœur de sa complexité et de ses contradictions. Tour à tour généreuse, féroce, directive ou terroriste – le mot est de Françoise Giroud –, en tout cas impressionnante – même pour ses amis. « Quand elle disait “Tu peux répéter ce que tu viens de dire ?”, on répétait, on ne rigolait pas avec Simone », racontera Pierre Mondy [2]. Simone Signoret, toujours décrite comme courageuse, déterminée et passionnée...

Celle qui refusait d'être un maître à penser (« On est juste des “pense-bêtes” », disait-elle), mais à qui Pierre Mendès France [3] déclarera pourtant qu'elle avait contribué à la formation de l'opinion publique de son époque, ne se résume à aucun rôle. Ni épouse groupie et solidaire jusque dans ses moins bons rôles d'un chanteur vedette – Yves Montand, avec qui elle formera le couple symbole du passage de la société des clercs à celle du spectacle –, ni citoyenne à temps plein (elle pouvait le temps d'un tournage ou de l'écriture d'un livre se couper des affaires du monde qui ne la concernaient finalement que par intermittence), elle ne devint écrivain qu'au crépuscule de son existence pour connaître la consécration. « La plus grande qualité de Simone, précisera son éditeur Claude Durand, était de connaître ses limites. » Elle ne prendra tout au long de sa vie que des risques calculés.

Pas assez secrète, ni assez capricieuse (quoiqu'elle fût lauréate dans sa jeunesse du prix Citron, distinction qu'un collège de

1. Que Simone Signoret qui détestait cette expression convenue me pardonne cette facilité de langage : « Qu'est-ce que ça veut dire, la peau d'un personnage ! Il n'y a pas de peau, puisque c'est une fiction. Sa peau, c'est la vôtre. Et la bonne femme – le personnage – est votre locataire. » « On n'entre pas dans la peau d'un personnage », répétait-elle inlassablement, « c'est le personnage qui entre dans votre peau. »

2. Entretien de Pierre Mondy avec l'auteur, novembre 2004.

3. Il s'adressa ainsi à l'actrice, invitée à ses côtés avec Robert Badinter à répondre aux questions de Jean-Pierre Elkabbach au cours d'un « 12-14 » de France Inter qui lui était consacré, le 17 janvier 1976.

journalistes réservait aux artistes les moins affables) pour être une star au sens hollywoodien du terme, la médiatisation de son couple, sa disponibilité de tous les instants, son choix de tout montrer de son vieillissement fit d'elle quelqu'un de familier, de quotidien, d'accessible finalement. La rançon de son immense popularité.

Simone Signoret a laissé pour la postérité une filmographie qui comprend de nombreux chefs-d'œuvre du cinéma des années cinquante à quatre-vingt, parmi lesquels se trouvent *Manèges*, *Casque d'or*, *Les Diaboliques*, *L'Armée des ombres* ou encore *La Veuve Couderc* –, un roman : *Adieu Volodia*, achevé l'année de sa disparition, et une autobiographie : *La Nostalgie n'est plus ce qu'elle était*, publiée il y a près de trente-cinq ans, qui peut autoriser aujourd'hui un voyage critique au cœur de la vie d'une actrice dans son époque [1].

1921-1985. Entre ces deux dates, qui ne figurent même pas sur la tombe discrète et isolée qu'elle partage avec Yves Montand au cimetière du Père-Lachaise, il y a soixante-quatre ans d'une vie achevée. Comme le disait elle-même Simone Signoret peu avant sa mort : « Si ça devait s'arrêter aujourd'hui, je me dirais que tout ça a été formidable… » Soixante-quatre ans d'une vie courageuse, lucide et passionnée. Exemplaire peut-être, témoin sûrement. Soixante-quatre ans d'une vie, qu'il n'est pas inutile de revisiter vingt-cinq ans après.

1. *Le lendemain, elle était souriante*, petit livre publié dans l'urgence, peut être considéré comme le deuxième tome de ses mémoires (Seuil, 1979).

I

Naissance d'une actrice responsable

1921-1949

Chère inconnue

Je suis la fille d'une dame pas juive mariée avec un monsieur juif.

Simone SIGNORET

C'est en Allemagne à Wiesbaden, ville moyenne réputée pour ses thermes, au sud du Rhin, entre Bonn au nord, Coblence à l'ouest, Francfort à l'est et Mayence au sud, dans la province de Hesse, que Simone Henriette Kaminker voit le jour le 25 mars 1921.

En mars 1921, il demeure encore beaucoup de Français en Allemagne : des officiers, des soldats, des fonctionnaires aussi, de nombreuses garnisons, aux endroits stratégiques de la rive gauche du Rhin ; ils sont près de cent mille à assurer l'application du traité de Versailles, qui soulève tant de controverses.

La tempête est passée, mais le ciel est toujours menaçant. Les spartakistes ont désarmé depuis l'assassinat de leur chef Rosa Luxemburg, mais les séparatistes et les communistes ont pris la relève. Si la région de Wiesbaden paraît calme, *L'Écho du Rhin*, le quotidien français des pays rhénans, rappelle sans cesse à ses lecteurs, officiers, soldats, occupants français, que l'Allemagne n'est pas guérie de ses démons.

Le 25 mai, la Saxe et Hambourg connaissent de sanglants conflits ; l'agitation communiste dans le district industriel de l'Allemagne centrale prend une ampleur inquiétante ; de nombreux attentats à la dynamite sont signalés à Leipzig, Dresde, Fribourg… À Hambourg, les chantiers navals sont occupés par les extrémistes, treize morts – dont deux agents de police – et de nombreux blessés sont à déplorer ; ce même jour treize mille sans-emploi envahissent l'hôtel de ville de Leipzig, beaucoup réclament la réunion à la Russie soviétique : le danger de contagion n'est pas encore dissipé.

À Wiesbaden et en Rhénanie, les sources du conflit sont d'une autre nature : là, comme à Cologne, comme à Mayence, les Allemands vaincus sont face à leurs vainqueurs.

André Kaminker, trente-trois ans, officier français de l'armée d'occupation, est sous les ordres du général Mordacq, commandant du 30e corps. Il remplit sa mission avec sérieux et détermination, il est habitué à servir. Service militaire, guerre, aujourd'hui occupation ne lui laissent pas de temps pour des états d'âme. Pourtant, André Kaminker n'est ni un soldat ni un homme d'armes ordinaire, c'est un intellectuel brillant, un homme séduisant. André Kaminker est juif, il est donc d'autant plus soucieux d'honorer son pays qu'il n'est pas issu, comme beaucoup d'officiers, d'une grande famille française. Son père, négociant en diamants, a vu le jour en Pologne ; sa mère, Ernestine, est née en Autriche. Pour lui, l'intégration à la nation française est un devoir.

La vie quotidienne est ponctuée par les visites régulières des politiques et des généraux français. Ainsi, personne parmi les occupants n'a pu oublier la venue, sept mois auparavant, du président du Conseil en personne. Alexandre Millerand est arrivé à Wiesbaden le 7 septembre 1920 accompagné du maréchal Foch et du général Degoutte. Pour célébrer l'événement, Wiesbaden occupée s'est parée de tous ses atours.

À l'entrée de la ville, un escadron de chasseurs d'Afrique vient encadrer le cortège qu'il escorte jusqu'au palais impérial, où réside le général Mordacq. De la gare centrale au château, les avenues ont été barrées et les troupes forment la haie en présentant les armes ; les passants attroupés peuvent d'abord repérer les « indigènes » dans leur tenue kaki, coiffés de leur chéchia rouge, immobiles sur leurs montures, puis les « poilus bleus » beaucoup moins exotiques. Sur la place du château, le reste des troupes forme un cercle. Seuls les officiers supérieurs attendent à l'intérieur, dans des salons, d'être présentés par leur général au président du Conseil.

Bien sûr, André Kaminker répond à l'appel. Revues, défilés sont pour lui ici des obligations régulières.

Mme Kaminker, sa jeune épouse, n'est pas une occupante ordinaire, ces moments de manifestation voyante de l'occupation ne sont pas pour elle des occasions de sortie. On ne peut la compter parmi les dames en toilette claire qui agitent leur mouchoir et lancent des fleurs dès qu'un officiel français vient à Wiesbaden. L'exil, l'occupation ne sont pas pour Georgette Signoret, épouse Kaminker, le destin, même passager, d'une classique et docile épouse d'officier. À Wiesbaden, Georgette Kaminker est elle aussi un soldat, engagée, sergent secrétaire ou secrétaire-sergent comme on veut. Après quelques mois de service auprès d'un polytechnicien – déjà comme secrétaire –, cette jeune fille de famille modeste dont tous vantent la beauté s'est laissé tenter par l'attrait d'un séjour à l'étranger. C'est à Wiesbaden qu'elle a rencontré, un an plus tôt, celui qui allait devenir son époux.

Georgette a rendez-vous avec sa cousine Rosa, veuve de guerre, dans une de ces brasseries de Wiesbaden très fréquentées par les Français. Rosa arrive accompagnée de son nouveau soupirant, un officier belge. André Kaminker est à une table voisine, les deux hommes se regardent, se reconnaissent, ce sont d'anciens camarades d'études. Le jeune officier présente aussitôt André à ces dames ; pour Georgette, c'est le coup de foudre immédiat : cet homme séduisant, volubile, courtois éblouit la jeune femme. André Kaminker qui a du goût et un peu d'expérience en la matière est séduit par la beauté de Georgette. Le mariage est vite décidé.

Simone naît donc onze mois plus tard. Wiesbaden, pour des jeunes mariés avec un bébé, c'est la vie facile en des temps qui le sont moins. Les Kaminker sont bien payés dans une monnaie forte, ils habitent une grande maison, sont bien nourris et ont du personnel. À Paris, on continue de souffrir des lendemains de guerre.

L'exil en Allemagne ne pèse guère. Tous les châteaux de la région ressemblent à Versailles, Napoléon a laissé partout des traces de son passage. Les tournées théâtrales françaises remplissent le Grand Opéra de Wiesbaden, le Théâtre de l'Œuvre, l'Atelier, la Comédie-Française envoient leurs spectacles. Dullin, Jouvet, Copeau s'y produisent. On y donne aussi des opéras, *Le Vaisseau fantôme*, *Carmen*, *Le Baron tsigane*. Les lieux de loisirs et de plaisirs ne manquent pas : cercle militaire, hippodrome, thés dansants à l'hôtel Nassau, jazz-bands – ce sont les débuts du jazz en Europe – à l'hôtel du Parc et à l'hôtel Métropole, tandis que des films encore muets comme *Tarzan* sont projetés au Select. En juin 1921, la championne du monde de tennis Suzanne Lenglen se rend au tournoi de Wiesbaden, juste avant celui de Wimbledon.

La naissance de la petite Simone au printemps 1921 coïncide avec le temps de la préparation fiévreuse de l'exposition d'art français de Rhénanie, que Wiesbaden doit accueillir pour l'été : une occasion de plus selon la propagande des organisateurs « de maintenir les occupants dans l'ambiance intellectuelle de la mère patrie et de créer pour eux à côté du foyer du soldat où ils trouvent le bien-être matériel un grand foyer intellectuel dédié au culte de la beauté et de l'histoire ».

L'exposition connaît un grand succès, Georgette Kaminker a toutes les raisons d'y participer : son père artiste peintre, « spécialisé dans les couchers de soleil » connu dans la région de Marseille [1], sa mère modiste, son grand-père paternel répétiteur à l'Opéra de Marseille la rendent sensible à un tel événement. L'histoire ne dit pas si Mme Kaminker laissa la petite Simone, âgée de trois mois, pour aller admirer les Degas, Monet, Rodin

1. Une de ses toiles figure au musée Cantini.

exposés à Biebrich à deux pas de Wiesbaden, ainsi que les tapisseries des Gobelins, les émaux de Limoges, les céramiques de Bernard Palissy, les soieries symboles de la grandeur de l'art décoratif français, mais on peut le supposer. Comme on imagine que cette fille de modiste était destinée à être attirée par la section de l'exposition consacrée à l'art du vêtement, à la couture et à la mode française au palais de Paulinenschloss.

Simone Kaminker fait donc ses premiers pas en terre allemande dans un faste relatif. Elle n'a pas gardé de souvenirs de cette époque heureuse, elle a deux ans à peine en 1923 quand la famille regagne Paris et retrouve une vie moins dorée. Simone ne gardera pas d'attrait particulier pour la terre allemande, pas plus que pour la langue de Goethe, qu'elle apprendra plus tard au lycée avec les mêmes difficultés que ses camarades nées sur le sol français ; le don paternel – M. Kaminker parle couramment l'anglais et l'allemand – ne lui sera pas transmis en héritage.

La légende Signoret veut que Georgette Kaminker ait mal supporté la condition, pourtant choisie, d'occupante. La réalité est plus complexe ; le pacifisme de la mère de Simone viendrait plutôt du souvenir de la sanglante Première Guerre mondiale. Il ne semble pas qu'elle soit rentrée révoltée d'Allemagne, décidée à changer le monde et ses habitants. Pour elle, le retour en France signifie la fin d'une vie où rien ne manque, ni l'argent, ni la nourriture, ni l'amour.

Pour l'heure, il s'agit surtout d'argent : jeune maman, elle ne travaille plus, et M. Kaminker, rendu à la vie civile, doit trouver un emploi.

La boîte aux rêves

Mon père travaillait chez un dieu qui s'appelait Damour et il collaborait à un journal qui ressemblait à un chapeau de cheminée.

Simone SIGNORET

Trouver un emploi dans les années vingt quand on a jeunesse et talent ne relève pas du parcours du combattant. L'intellectuel docteur en droit André Kaminker ne va pas rester longtemps sans activité. La réponse à une annonce parue dans *Les Nouvelles littéraires* le conduit dans le bureau des chargés de recrutement de l'agence de publicité Damour.

Dam… Damour, l'agence… Les rares survivants de cette époque des pionniers de ce que les Français appellent alors la « réclame » en parlent avec gourmandise, il n'en reste pas beaucoup, pour cause, plus de quatre-vingts ans ont passé. Paul Grimault[1], devenu le célèbre créateur de dessins animés, a été longtemps un des rares témoins encore vivants, il a disparu en avril 1994 à quatre-vingt-neuf ans. Il m'avait confié quelques mois avant sa mort, avec un enthousiasme intact, ses lointains et précieux souvenirs. Chef de publicité dans l'entreprise, il permet de restituer l'épopée Damour, car il s'agit bien d'une épopée.

1. Voir lexique.

Damour est un pionnier. L'agence est déjà en plein essor quand André Kaminker la rejoint en 1923. Les clients les plus prestigieux lui sont acquis : les pâtes La Lune, les coffres-forts Fichet, l'armurerie Vernex-Canon, le savon Palmolive, le fromage La vache qui rit.

Les fondateurs sont deux frères, Léon et Étienne Damour. Léon, le plus jeune, qui n'a pas le génie créatif se consacre à l'organisation de l'entreprise. Étienne, lui, est l'âme de la maison Damour, l'inspirateur de tous les nouveaux « coups [1] ». Ce fils de coiffeur de La Ferté-Milon est résolument à l'écoute de son siècle et des nouveaux courants. Sans passé prestigieux, il mise tout sur l'avenir. L'agence Damour embauche : seulement cinq employés en 1919, mais déjà cent vingt-cinq hommes en 1923 travaillent pour l'entreprise Damour dans un immeuble de l'avenue de la Grande-Armée, à Paris, qui abrite aujourd'hui le siège social de Peugeot. En 1926, l'agence, victime de son succès, doit émigrer vers l'ouest, à la porte de Champerret, où des locaux plus vastes sont disponibles.

Le recrutement chez Damour n'est pas fait au hasard, il est très sélectif dans des temps où les métiers de la publicité sont encore mal considérés. En 1923, deux jeunes centraliens sont engagés chez Damour [2], les diplômés ne boudent pas l'agence. Les autodidactes sont des futurs grands : Jean Anouilh [3], Jean Aurenche [4], Paul Grimault, Marcel Carné et même Jacques Prévert y débutent. Ils ont vingt ans, quelquefois un peu plus, bien souvent un peu moins.

André Kaminker, recruté pour son sens des contacts (« Pour moi, c'était un rabatteur », dira Paul Grimault) et sa connaissance parfaite de l'anglais comme de l'allemand, devient vite un personnage clé de la maison Damour, plus précisément de

1. L'expression est de Paul Grimault.

2. Témoignage de Pierre Damour, fils d'Étienne (entretien avec l'auteur en juin 1993).

3. Le futur auteur de *Voyageur sans bagages* (1937) et d'*Antigone* (1944).

4. Voir lexique.

la revue *Vendre* qui en dépend. Secrétaire de rédaction du journal, il est en fait le second, le bras droit d'Étienne Damour. *Vendre* est un magazine réservé aux professionnels. Il livre les secrets du jeune métier à ses lecteurs : hommes d'affaires, industriels, ingénieurs, chefs de publicité. La revue réserve beaucoup de place à l'étude de la publicité américaine, les collaborateurs de *Vendre* n'incitent pas les professionnels de la réclame à copier le modèle américain, mais à s'en inspirer en gardant à l'esprit la spécificité française. Il n'est pas encore question d'exception culturelle, mais l'étude précise du marché français les convainc de la nécessité d'étudier des cas nationaux.

André Kaminker signe de nombreux articles pour la revue, il voyage beaucoup et inspire énormément l'agence. Régulièrement, Damour le charge de missions commerciales de confiance à New York, Philadelphie et Chicago.

Bon rédacteur, André Kaminker (« Kaminker » comme on l'appelle dans la profession) est aussi un orateur exceptionnel. Il anime des congrès de l'Union continentale de la publicité devant des auditoires toujours captivés. Brillant, c'est un remarquable homme de contact, un *public relation*, dirait-on aujourd'hui. Kaminker n'a pas beaucoup de défauts aux yeux de ses anciens collègues… Quoique… Malgré ses quatre-vingt-quatorze ans, Jacques Bazaine a l'œil vif, la mémoire précise et des références très contemporaines. Il est conscient d'être un des seuls dépositaires des souvenirs de ces années-là et il est heureux de parler de son ami Kaminker, de le faire revivre : « Kaminker était un type éblouissant. Il m'a marqué. Il avait un don exceptionnel pour les discours… il lui manquait seulement une chose : l'art de la conclusion, les conclusions l'ennuyaient, il préférait fuir. Dans les discours comme dans la vie. En fait, c'était un artiste avec ses légèretés et ses inconstances. Si je voulais oser une comparaison, je dirais que c'était une sorte de Mrs Doubtfire, de Robin Williams dans *Mrs Doubtfire*[1]. »

1. Entretien de Jacques Bazaine avec l'auteur, juin 1994. Il est décédé depuis.

Le portrait est brossé, il est éclairant. On ne peut soupçonner Jacques Bazaine de reconstruire l'histoire. Certes, la fille est célèbre, il a connu le père, il le décrira forcément exceptionnel. Ce soupçon qui pèse sur tout témoignage oral doit être balayé ici. Les propos sont ceux d'un homme que la vie a gâté et qui a vu du « monde ».

Au crépuscule de son existence, il vivait luxueusement dans un appartement immense de l'avenue Foch, servi par un majordome, entouré par ses enfants, ses petits-enfants et ses arrière-petits-enfants. Il n'a jamais eu l'âme nostalgique. C'est un homme que l'âge n'a pas rendu aigri. Il décrit Kaminker avec le souci de rendre hommage à un être qu'il juge vraiment hors du commun. « Quand on est devant un personnage aussi brillant, aussi extraordinaire, il y a forcément un revers de la médaille, et dans le cas de Kaminker on peut dire que cela se manifestait par une instabilité à la hauteur de son talent. C'était quelqu'un qui accordait un grand prix à sa liberté. Il ne s'est pas toujours très bien comporté avec sa famille… » André Kaminker, Jacques Bazaine le certifie, n'est pas vraiment fait pour les règles et les contraintes de la vie quotidienne, encore moins celles de la famille. Simone, après sa mère, s'en rendra vite compte. Mais nous sommes encore aux temps bénis de l'agence, aux temps de l'amitié Damour-Kaminker et surtout aux temps d'une vie de famille chez les Kaminker. Elle ressemblerait, si on y regardait de plus près, à la vie de tous les bourgeois de l'époque. Déjà, ils habitent Neuilly, qui dans les années vingt n'est plus la campagne mais la perle de la banlieue. De majestueuses avenues, des villas coquettes entourées de jardins, de hautes et confortables maisons de rapport, un grand parc et le bois de Boulogne.

La petite enfance de Simone Kaminker est celle d'une enfant « comme il faut » de Neuilly : le Jardin d'acclimatation, les soins d'une bonne bretonne, comme pour toutes les petites filles de bonne famille à Neuilly, le marché avec maman qui, du 25 juin au 2 juillet, laisse la place à la fête des forains et à ses attractions autorisées. L'interdiction de regarder du côté du Luna Park à deux pas de la maison, le tour du Bois le dimanche avec papa avant de rapporter le gâteau du repas dominical. Il manque le passage par l'église Saint-Pierre pour achever le portrait d'une enfance de Neuilly, d'hier ou d'aujourd'hui. Il n'est pas remplacé chez les Kaminker par l'entrée à la synagogue de la rue Jacques-Dulud, devant laquelle pourtant ils ne peuvent éviter de passer. M. Kaminker malgré ses origines ne pratique pas la religion juive. Il veillera à ne donner aucune trace d'éducation juive à sa fille, qui ne saura rien de son passé. Au hasard d'une interview, tardivement, Simone Signoret évoquera ce trait de famille : « Mon père est né à Saint-Gratien. Mais je n'ai jamais su d'où en Pologne exactement mon père venait. Je savais qu'il venait de Pologne mais c'était tout. Mon grand-père est mort en 1914. Je ne l'ai jamais connu. Quand on parlait de ma famille chez moi c'était la famille du côté de ma mère, avec un grand-père marseillais, une grand-mère de Valenciennes (née Dubois du Poncelet), des cousins bretons. Les racines juives de l'Europe de l'Est étaient vagues. [1] » Simone Signoret mettra très longtemps à reconnaître, à revendiquer ces origines. Ce n'est pas un hasard si son seul roman, écrit à la fin de sa vie, est la recomposition de l'univers juif dans lequel elle aurait pu être élevée, comme si elle avait voulu reconstituer une mémoire qu'on n'avait pas voulu lui faire partager.

Certains de ses engagements aussi témoigneront de son souci de ne pas laisser s'assécher le sang juif qui coule dans ses veines. A-t-elle regretté ce silence paternel sur son passé ? Toute sa vie le démontre. Comment expliquer autrement que par un manque, cette fidélité au passé qui confine chez elle au culte ? Une propension à la nostalgie dont tous ses amis témoignent. Jean-Louis Livi qui deviendra son neveu par alliance le dit en ces termes : « Simone était une analyste du passé. Une mémoire hors du commun. Elle aimait se remémorer les choses du passé,

1. *City*, février 1985.

elle avait une certaine délectation à évoquer les souvenirs [1]. » Simone devenue Signoret se confiant au détour d'un entretien télévisé ne contredira pas ces propos : « Il y a très peu de choses chez moi qui n'évoquent pas de souvenirs. Ma vie n'est basée que sur des madeleines [2]. » La rédaction de mémoires en sera l'évidente ultime manifestation. Toute sa vie Simone aura cette nostalgie de la mémoire non partagée. En tout cas, les failles dans la famille Kaminker ne sont pas à chercher du côté des différences des origines. La religion est peut-être ce qui sépare le moins les époux Kaminker. Même si la mère d'André n'a jamais accepté une belle-fille non juive, son fils, lui, est foncièrement intégré. Il faut chercher ailleurs leurs différences. Georgette Kaminker ne partage pas avec son mari son souci de respectabilité et son attachement aux signes extérieurs de richesse et de réussite sociale. À Neuilly, elle est comme en surimpression, ce n'est pas une mondaine. Et si elle fréquente la très respectable conférence des Annales c'est par réel intérêt pour la littérature et non un moyen comme un autre de pallier l'oisiveté de son mode de vie bourgeois. Mme Kaminker est une anticonformiste, originale, fantasque, à la tête d'une famille qu'elle ne va pas tarder à diriger seule.

Le mode de vie très libre de la famille ne passe pas inaperçu à Neuilly : « Pour nous, c'était la famille tuyau de poêle. Ça avait un côté très sympathique, pour nous les enfants, on enviait beaucoup cette petite fille [3] », raconte une ancienne condisciple de la petite Simone Kaminker. « Chez eux c'était le perpétuel déménagement, le campement, rien n'était jamais totalement installé. »

La famille Kaminker vivra beaucoup de déménagements qui n'en seront pas vraiment, elle ne quittera jamais le périmètre cossu de cette annexe aristocratique de la capitale entre le bois

1. Entretien de Jean-Louis Livi avec l'auteur, mai 1994.
2. *Voyage sentimental*, 4 février 1968.
3. Entretien avec l'auteur, janvier 1994.

de Boulogne et Paris. Un bref passage rue de Sablonville avant la rue Jacques-Dulud, ensuite rue Perronet et enfin l'avenue du Roule. En dix ans, la petite Simone ne fera pas un kilomètre, même quand il s'agit de visites à la famille. L'avenue de Neuilly débouche sur la porte Maillot, où travaille André Kaminker, où vivent M. et Mme Signoret, les grands-parents maternels.

La petite fille qui fait son entrée à la très chic école Lafayette est surnommée Kiki, parfois appelée Mlle Kaminker malgré ses cinq ans. Elle a les cheveux noirs, parfaitement coupés au carré par le coiffeur du quartier, le regard profond posé sur le monde qui l'entoure, étrangement adulte. Ses vêtements ne viennent pas des plus grandes maisons parisiennes mais sont cousus par une maman qui couve sa petite fille. Septembre 1926 marque le commencement de la vie sociale pour Simone Kaminker. D'autres écoles à Neuilly sont proches de la rue Jacques-Dulud, mais les Kaminker ont choisi l'école Lafayette, c'est un signe, une volonté d'offrir à Simone une éducation privilégiée.

C'est sans doute une idée de M. Kaminker que d'inscrire leur fillette dans la grande bourgeoisie de Neuilly. L'école est très bien fréquentée, on y croise des enfants d'ambassadeurs, de députés, les filles du couturier Paul Poiret et tant d'autres enfants de milieux privilégiés.

L'école est située rue Charles-Laffitte. À pied, de la rue Jacques-Dulud, il n'y a donc que quelques minutes de marche, et chez les Kaminker on aime les promenades. Évoquant sa grand-mère, au passage, dans l'ouvrage [1] qu'elle a consacré à ses célèbres parents, Catherine Allégret rappellera ce signe distinctif : « C'était une grande marcheuse, ma grand-mère. Je ne pense pas faire d'erreur en disant qu'elle venait de la rue Vaneau [où elle habitera dans les années cinquante] à pied [jusqu'à la place Dauphine] armée de ses cabas. » Le trajet de la maison à l'école Lafayette en comparaison ne relève même pas de la

1. Catherine Allégret, *Les Souvenirs et les regrets aussi*, Bernard Fixot, 1994.

promenade de santé. La grande maison école a été démolie au début des années soixante, mais les anciennes élèves en ont gardé un souvenir intact. Ce qui a le plus marqué, c'est la directrice, Mme Lebrun, une femme « formidable », passionnée par les méthodes nouvelles d'éducation. Un enseignement religieux est dispensé à l'école Lafayette, mais il n'est pas obligatoire. L'abbé Schneider dit la messe dans une chapelle au dernier étage, tandis que Mlle Muller accueille les protestants. Certains pratiquent le judaïsme, mais à l'extérieur de l'école. L'esprit de tolérance règne au cours Lafayette. Simone n'aura que peu de souvenirs de cette période heureuse, elle a sept ans quand elle quitte ce toit protecteur mais onéreux. Son parcours scolaire se poursuit au lycée Pasteur qui comprend une section mixte pour les sept-onze ans.

Les filles, en minorité, sont la cible des garçons. Et Simone, si l'on en croit le témoignage donné par l'actrice en janvier 1948 à un journaliste de *L'Écran français* chargé de dresser le portrait de l'étoile montante, est le souffre-douleur favori des garnements : « Je n'étais tout de même pas comme les autres, j'étais incorrigiblement gentille. Les garçons me piquaient mon crayon neuf, me roulaient dans la poussière de la cour de récréation. »

Difficile d'imaginer Simone Signoret sous cet aspect timide et craintif. Il semble pourtant que la petite fille gâtée ait aussi été surprotégée, épargnée. Une anecdote racontée par Simone Signoret dans ses mémoires [1] confirme cette hypothèse : « Je n'ai jamais eu de chat parce qu'une petite voisine s'était fait crever un œil par le sien, je n'ai jamais eu de patins à roulettes parce qu'un cousin de ma mère s'était fracturé le crâne sur le bord d'un trottoir à Arles en 1911 à patins à roulettes. » Le caractère n'est pas encore formé, la petite Simone n'a pas encore appris à se défendre, à prendre des risques et surtout des responsabilités. L'heure de la métamorphose va pourtant venir très vite.

1. *La Nostalgie n'est plus ce qu'elle était*, Seuil, 1976.

Ce matin-là, André Kaminker est inconsolable. Lui qui n'aime pas les démonstrations affectives, lui qui cache souvent ses sentiments, lui qu'on n'a jamais vu ému n'arrête pas de sangloter. Étienne Damour, son ami, son partenaire, son cher collègue, vient d'être emporté à quarante-quatre ans par une crise cardiaque. Cet événement, bien que tragique, pourrait rester sans conséquence. Pour André Kaminker, il va agir comme un déclencheur. La disparition d'Étienne Damour libère le pigeon voyageur de ce qui le retenait à Paris, à Neuilly. Il va quitter l'agence et se lancer dans un autre métier d'avenir, la traduction bientôt simultanée [1], devenant spécialiste des congrès internationaux sous l'égide de la Société des Nations puis de l'ONU.

Pourtant, le début des années trente est riche en événements familiaux. À un an et demi d'intervalle, Georgette met au monde deux enfants : Alain pour Noël 1930 et Jean-Pierre en septembre 1932. Ces deux naissances rapprochées ne vont cependant pas souder Georgette et André.

André Kaminker s'est acquitté avec Simone de son rôle de père, de loin, maladroitement. Il ne fera pas mieux avec ses deux petits garçons. Simone Signoret qui a peu parlé de lui confiera au hasard d'une interview un peu plus intime dans *Cinémonde*, en 1962, un an après la disparition de celui-ci : « Mon père, c'était un homme charmant et il avait tout ce qui rend charmant et merveilleux, surtout aux yeux d'une petite fille. Sauf qu'il n'aurait jamais dû être père et certainement pas mari. » Il est symbolique que Simone Signoret ne livre de son père que l'image qu'il a laissée à la petite fille. Le jugement de

1. « La simultanée n'existait pas à la SDN [Société des Nations]. Ses premiers utilisateurs furent les parlementaires belges car au Parlement de Bruxelles on parlait le français et le flamand. La simultanée n'a vraiment pris son essor qu'après la guerre, au procès de Nuremberg. André Kaminker préférait la traduction consécutive où il brillait avec un minimum de prises de notes », témoignage de P. Falkenburger, interprète de conférence, septembre 2005.

l'adulte est sévère mais désespérément court. On ne connaîtra rien des sentiments éprouvés par Simone. Était-elle fière de son père ? A-t-elle souffert de son absence, puis de sa quasi-disparition ? Lui en a-t-elle voulu de les avoir abandonnés ? Elle donnera peu d'indices sur le sujet. Une phrase sibylline de *La Nostalgie* : « On s'est un peu ratés lui et moi… » donne à croire que la blessure n'a pas été superficielle. André Kaminker en tout cas ne posera pas pour les photos de famille. Seul René Zuber[1], un ancien de l'époque Damour, a réussi à saisir par hasard, sur la pellicule, une photo des cinq Kaminker réunis. Une image arrêtée, fixée, une image un peu fausse d'un bonheur en réalité flou, d'un bonheur qui surtout s'enfuit. L'image d'une famille à laquelle Simone aurait sans doute aimé appartenir complètement.

Un peu plus tard, une fois les cicatrices refermées, Simone Signoret reviendra avec la même pudeur, les mêmes non-dits sur le moment du départ, de la fuite paternelle : « Il passait de temps en temps, il rapportait des cadeaux[2]. » À onze ans, la petite Simone partage donc seule avec sa mère la responsabilité d'une famille, avec deux bébés qu'on lui confie parfois, le plus grand qu'elle prend par la main et dont elle guide les premiers pas. C'est lourd à porter, mais cela lui donne autorité et lui apprend la vie. Simone Signoret a raconté elle-même avec humour la « naissance » du second petit frère et les missions spéciales que sa mère lui réservait alors : « J'avais onze ans et pendant quelques jours je me suis occupée seule de mon frère Alain. Je l'habillais, je l'emmenais à la plage, à la clinique. Je le faisais manger et tout me paraissait absolument naturel. Les gens me regardaient d'un air surpris, je ne comprenais pas du tout pourquoi[3]. » La petite fille gâtée, timide et réservée, grandit plus vite, très vite. Elle devient comme une seconde mère pour

1. Voir lexique.
2. *La Nostalgie n'est plus ce qu'elle était, op. cit.*
3. *Ibid.*

ses petits frères et Mme Kaminker, qui supporte mal l'abandon, a tendance aussi à se laisser « materner » par sa fille.

Non sans une pointe d'ironie, Catherine Allégret renvoie au temps de ces événements l'origine de certains traits de caractère qui se révéleront parfois avec excès chez Simone Signoret adulte : « C'est à partir de ce moment-là, sans doute, que ma mère, qui était l'aînée de la famille, a dû sentir s'éveiller en elle la fibre "paternelle[1]". » Simone Signoret dira plus simplement au cours d'un long entretien télévisé qui lui est consacré : « J'ai eu un petit frère puis un deuxième. Je suis devenue la sœur aînée. Je n'ai jamais cessé d'être une aînée dans la vie[2]. » Mais à cette époque, pourtant, Simone ressemble encore à une enfant, une enfant presque comme les autres : elle a les cheveux courts, coiffés à la Jeanne d'Arc, des robes sages, des souliers vernis et les bonnes manières qui conviennent à son milieu. Elle est disciplinée et calme. Plus pour très longtemps.

1. *Les Souvenirs et les regrets aussi, op. cit.*
2. *Voyage sentimental,* 4 février 1968.

L'adolescente

On ne m'autorisait pas à acheter Cinémonde *et* Pour Vous.

Simone SIGNORET

Au milieu de la cour du lycée Pasteur[1] il y a une jeune fille d'une quinzaine d'années. Elle a atteint une taille adulte. Elle est bien plantée. Des jambes longues. Un buste généreux. Le visage se remarque de loin. Des pommettes hautes, des yeux verts, un nez mutin. Brune, Simone est encore brune. On ne se décolore pas les cheveux à Neuilly quand on est une jeune fille respectable. Elle bouge beaucoup, rit fort, chahute gaiement, personne ne peut l'ignorer. Simone Kaminker ne passe pas inaperçue. La surveillante la réprimande sans arrêt, mais elle répond, elle crie s'il le faut. Simone Kaminker a la tête dure et beaucoup d'aplomb. Elle ne reste pas seule dans son coin. Autour d'elle se pressent de nombreuses admiratrices et aussi de nombreux soupirants. Mais les soupirants n'ont pas accès à la cour du lycée de filles, les soupirants étudient dans le bâtiment

1. Le lycée Pasteur ne comprend une section mixte que pour les 7-11 ans, l'école primaire. Au seuil de l'adolescence, les filles sont exilées de l'autre côté du boulevard dans un bâtiment séparé, « le cours secondaire » qui dépend du lycée principal.

d'en face. C'est au lycée Pasteur que tout se passe. À la fin de la journée, garçons et filles se retrouvent sur le boulevard d'Inkermann et remontent l'avenue du Roule. Quelquefois ils refont le trajet dans l'autre sens quand ils n'ont pas épuisé tous les sujets de conversation. Simone habite désormais avenue du Roule, au 93, à l'angle de la rue d'Orléans, avec sa mère et ses deux frères. À deux numéros de son logis se trouve le point de rencontre de la bande, Le Sabot bleu. Les jeunes gens et les jeunes filles se retrouvent à la fin de chaque demi-journée devant cette librairie-marchand de journaux qui constitue, avec son énorme enseigne, un excellent point de ralliement. Les garçons de la bande ne sont pas vraiment de gauche, quelques bagarres avec les militants d'Action française autour de l'église Saint-Pierre montrent cependant qu'ils ne sont pas séduits par les idées de la droite dure. Dans l'ensemble cette jeunesse n'est pas vraiment politisée. Chez Simone, comme chez beaucoup de ses camarades, les parents lisent les journaux parisiens qui sont pour la plupart de droite. Depuis la grande manifestation antiparlementaire des ligues du colonel de La Rocque, le 6 février 1934 [1], la grande presse d'information est de plus en plus engagée contre la gauche.

Avenue du Roule, André Kaminker, quand il y passe, rapporte la revue *Candide*, publication d'inspiration maurrassienne, et *Gringoire*, de tendance profasciste et antisémite, mais Simone n'y prête pas beaucoup d'attention. Entre une mère plutôt attachée à la politique de l'ancien président du Conseil, Aristide Briand, qui a beaucoup milité pour la réconciliation franco-allemande, une grand-mère maternelle qui vit désormais à la maison et qui partage l'idéalisme de sa fille, et un père

1. Le 6 février 1934, une manifestation de l'extrême droite à Paris tourne à l'émeute. La manifestation, déclenchée par l'affaire Stavisky dans laquelle sont impliqués un ministre et des parlementaires, fait sept morts et ouvre une grave crise politique : un gouvernement d'union nationale présidé par l'ancien président de la République Gaston Doumergue, rappelé de son lieu de retraite, sera formé le 15 février.

conservateur mais absent, Simone subit plus facilement l'influence des deux femmes.

Les événements ne manquent pas en ce début des années trente.

Depuis le 30 janvier 1933, Hitler est chancelier d'Allemagne. En mars 1936, il rétablit le service militaire interdit par le traité de Versailles. La volonté de réarmer l'Allemagne est évidente : en créant trente-six divisions, le Führer multiplie par cinq les effectifs de la Wehrmacht. Mais surtout il publie les premières lois d'exclusion. En septembre 1935, la loi protégeant le sang et l'honneur allemands est promulguée. Présentée lors du congrès du parti nazi à Nuremberg, elle est clairement d'inspiration raciste.

De manière générale ces textes excluent les non-Aryens de tout lien social avec les Allemands de souche. Très vite, les premiers juifs prudents se réfugient en Hollande, en Belgique, en France, à Neuilly même, jusqu'au cours secondaire où Simone est inscrite.

En Italie, le fasciste Benito Mussolini a les pleins pouvoirs depuis octobre 1922. Il signe le 17 décembre 1935 avec Hitler un protocole définissant une politique commune qui annonce le futur axe fasciste Berlin-Rome de 1936. Le 28 septembre 1937, Hitler et Mussolini proclament l'union de leurs deux pays, groupant cent quinze millions d'hommes dans une résolution inébranlable. Staline, bien qu'il ait éliminé ses rivaux, de Trotsky au maréchal Toukhatchevski, est encore lié à la France par le pacte franco-soviétique de 1935, mais il lorgne vers l'Allemagne. En Espagne, la guerre civile éclate en juillet 1936 et, en France, très rapidement, le jeune gouvernement de Front populaire de Léon Blum est confronté à une décision politique majeure. Le 1er août 1936, il propose la non-intervention.

Qui s'intéresse à ces événements, qui se soucie de ces mouvements, autour de Simone Kaminker ? Le monde est au bord du gouffre, mais Neuilly vit dans l'insouciance d'une ville qui se croit à l'abri. Bien sûr, Simone ne peut ignorer les jeunes juives allemandes réfugiées au cours secondaire. Mais ce sont des étrangères, et elle Simone, juive par son père, ne l'est pas vraiment. Simone ne se sent pas différente – elle ne l'est pas d'ailleurs – de ses amis du Sabot bleu, qui sont des bourgeois, souvent catholiques, très rarement juifs. La jeunesse de Neuilly vit le temps présent plutôt bien, égoïstement bien. À quoi bon s'angoisser pour des lendemains lointains ? À quoi bon quand on peut s'amuser ? Charles Trenet ne chante-t-il pas à tue-tête la gaieté de vivre ? Au cours secondaire et, en face, au lycée Pasteur, on reste désespérément « enfants gâtés ». Ce qui veut dire qu'on n'est pas encore adultes.

Au lycée Pasteur, le corps professoral – c'est presque le même au cours secondaire – est prestigieux : Auguste Bailly, qui enseigne le grec, a déjà publié une dizaine d'ouvrages. Le professeur d'histoire Daniel Rops[1] est un auteur à succès. Celui d'anglais, René Catinaud, publiera quelques livres sous le nom de Georges Magnane. On ne sort pas des conventions. Les professeurs comme leurs élèves prônent la distinction, l'élégance et le conformisme. Ils enseignent à une élite dont ils ne remettent pas en question le mode de vie. Mais heureusement il y a toujours des rencontres, des pères, un pygmalion, un professeur. Dans cette histoire, il s'appelle Jean-Paul Sartre. Raoul Lévy[2], un camarade de la bande, a raconté : « La première semaine de cours, ce fut un concert de lamentations : nous n'avions pas le bon prof ! Sartre est arrivé, dans un costume lustré, froissé, il avait un gros bouton rouge sur le nez et, les mains dans les poches, il a commencé à nous faire un cours strictement incompréhensible... Le désespoir ! Et puis tout à coup, ça s'est levé. »

Serge Dumartin est un autre ancien élève de Sartre ; secrétaire général, à la retraite, d'une entreprise de papeterie, il a gardé

1. Voir lexique.

2. Cité par Annie Cohen-Solal dans la magistrale biographie : *Sartre* (Gallimard, 1985).

un souvenir ému des années Pasteur. Il ajoute : « Très vite on a tous été sous son emprise, et il en abusait. Avec le recul du temps, pas tellement honnêtement[1]. »

Simone n'est pas élève de Sartre mais elle « apprend » Sartre par les garçons de la bande. Les garçons décrivent aux filles le choc des idées, du langage et du comportement de cet homme hors normes. Sartre qui arrive toujours en retard, Sartre avec ses trous dans les chaussettes, Sartre et ses chaussures fendues, Sartre qui tranche tellement avec l'atmosphère calme et feutrée d'un lycée de la banlieue ouest de la capitale. Mais l'essentiel n'est pas dans l'apparence, l'essentiel est ailleurs. L'essentiel est justement qu'il apprend à ces jeunes gens sûrs d'eux à se méfier des apparences et à se détacher de leur confort matériel. Il leur apprend la responsabilité, le sens critique, le respect des différences. Surtout il passe du temps avec eux, au milieu d'eux. Le petit homme investit Le Sabot bleu. Il y parle politique – assez peu –, cinéma – Sartre adore le cinéma, les films américains surtout –, existence de Dieu. « Grâce à Sartre », dira Gérard Blanchet[2], un autre de la bande, « j'ai changé de génération ».

Cette réflexion peut s'appliquer à Simone, qui découvre l'ambiance d'un groupe où les différences de générations s'estompent, où l'on se délecte de débats d'idées ; une préfiguration du Flore où elle passera ses vingt ans.

Elle qui lisait plutôt André Gide, André Malraux, Anatole France et les grands succès du moment, comme *Poussière* de Rosamond Lehmann couronnée en 1937 « romancière la plus lue en France » ou comme *Climats* d'André Maurois, découvre les auteurs américains ou anglais dont Sartre a fait le sujet de ses conférences mensuelles à la Lyre havraise dès 1931 : John Dos Passos, William Faulkner, John Steinbeck, Ernest

1. Entretien de Serge Dumartin avec l'auteur, juin 1994.
2. Cité par Annie Cohen-Solal, *Sartre, op. cit.*

Hemingway, James Joyce, Aldous Huxley et Virginia Woolf. « Sartre nous disait », se souvient encore Serge Dumartin, « ceux d'entre vous qui veulent écrire doivent lire les romans américains. Les Français ne savent pas écrire le roman ». Simone écoute les conseils de Sartre relayés par la bande de garçons ; elle ne songe pas encore à écrire, ce sera pour beaucoup plus tard, mais elle montre déjà des dispositions en la matière. En février 1939, un concours de nouvelles est organisé par le journal des lycéens de Pasteur. Le jury est prestigieux : Henri Troyat et Daniel Rops entre autres l'honorent de leur participation. Jean-Paul Sartre n'y figure pas, mais Serge Dumartin a l'intime conviction, que le temps n'a pas effacée, que le lauréat qui se cache sous le nom de E. Buder ait en fait été le prête-nom choisi par Sartre. Simone, grande lectrice, a tenté sa chance. Elle connaît là sa première expérience d'écrivain. Avec Sartre caché parmi les candidats, la concurrence était faussée, la jeune fille ne pouvait gagner. On ne saura rien des qualités littéraires de ce premier texte de Simone. Il n'en reste pas de trace.

Seul vestige, un titre, scrupuleusement conservé dans un cahier souvenir, au milieu des photos datées et commentées par Serge Dumartin, *Les gens qui passent*. Il peut faire l'objet de toutes les conjectures. Toutes les hypothèses peuvent être émises sur le contenu de ce texte au titre mélodieux. En tout cas il est symbolique du destin qui attend Simone : nombreux seront les gens qui passeront dans sa vie, quand elle sera devenue célèbre. Simone pourtant déteste les gens qui se contentent de passer et lui rappellent son père. Dans sa vie, elle aimera au contraire ceux qui restent, au point de les empêcher de partir ou de leur reprocher leurs infidélités passagères. Elle aimera ceux qu'on rencontre par hasard et qu'on ne retrouve pas tout à fait par hasard. Le texte de Simone garde son mystère. Simone n'aime pas les gens qui passent, elle aime ceux qui l'entourent, et à dix-sept ans, elle est en bonne compagnie. Serge Dumartin fait partie de la bande de ces jeunes gens. Ceux qui intéressent le plus Simone Kaminker sont des intellectuels, des penseurs, de jeunes artistes. Il n'y a pas beaucoup de filles, pas de filles comme elle : sa culture et son caractère, déjà, la rendent différente. Et puis, Simone Kaminker est très belle, mais il y a autre chose.

Chris Marker [1] a connu Simone à cette époque, il était lycéen et de bonne famille, lui aussi. Leurs chemins ont continué de se croiser tout au long de la vie. Chris Marker a choisi lui aussi un métier artistique, mais loin des lumières de la ville et de la gloire : il s'est bâti une solide réputation dans la réalisation de documentaires, il en consacrera même un à son amie Simone, intitulé *Mémoires pour Simone*. Cette œuvre touchante et maîtrisée sera projetée au festival de Cannes en mai 1986, en hommage à l'actrice, un an après sa mort. Le personnage est très discret, il déteste parler de lui et il n'aime pas beaucoup évoquer sa relation avec Simone, son jardin secret. Il accepte cependant de confier quelques souvenirs : « Ce qui me frappe rétrospectivement chez Simone, ce n'est pas seulement sa beauté, et Dieu sait si je n'étais pas indifférent à la chose. Non ce qui revient, c'est ce plus qu'elle a toujours eu, cette présence, cette passion, cette démesure même [2]. »

Les témoignages concordent : Alain Resnais [3] rencontre Simone Kaminker pendant l'été 1938, loin de Neuilly, à Saint-Gildas-de-Rhuys, près de Vannes. Il a seize ans, un père pharmacien, une formidable soif de découverte qui traduit surtout une envie forcenée de s'échapper de l'officine familiale. C'est un jeune homme timide, un peu rêveur, qui n'imagine pas encore qu'il a en lui les qualités d'un grand cinéaste. Il a été marqué au point de se souvenir avec précision du moment, des circonstances, du lieu où lui est « apparue » Simone pour la première fois. Soixante ans après, il décrit la place du village, le café où il est attablé avec un camarade et surtout l'apparition de la jeune femme dont le comportement l'a tout de suite attiré :

1. Voir lexique.
2. Entretien de Chris Marker avec l'auteur, octobre 1994.
3. Voir lexique.

« Elle nous a abordés sans faire de manières, très directement, elle voulait des cigarettes. On a discuté tous les trois, comme trois copains. Elle m'a paru tout de suite très différente de mes amis bretons, elle était très en avance[1]. » Ce qu'on remarque à Paris, cette liberté, cette indépendance, l'aspect affranchi de sa personnalité, surprend encore plus en Bretagne, où les modes et les mœurs évoluent plus lentement. Alain Resnais insiste lui aussi sur la culture de la jeune fille : « C'était la première fois que je pouvais trouver quelqu'un avec qui parler de livres. Simone m'a fait connaître *Paludes* d'André Gide, Aldous Huxley, William Faulkner. Elle avait projeté de me faire inscrire au lycée Pasteur pour que je puisse avoir Sartre comme professeur. Vous imaginez comme la perspective pour un petit Breton de seize ans était fabuleuse ! Je sortais à peine d'avoir lu *La Nausée*, et elle connaissait la vedette qui écrivait dans la NRF[2] ! » Simone, pour lui, est d'abord un interlocuteur, autant qu'une interlocutrice, « un compagnon de discours ». Malgré sa fascination il n'essaiera même pas de la séduire. Simone a de l'assurance et peut être très réfrigérante. Le metteur en scène confirmé, reconnu n'a pas oublié. Il évoque ces souvenirs avec timidité, comme si le courroux de Simone le poursuivait encore près de soixante ans après : « Un jour j'avais rendez-vous avec Simone. Elle avait un paquet volumineux dans les bras. Je me suis précipité pour le lui prendre, elle m'a envoyé balader en me disant : "L'homme ne doit pas porter les paquets de la dame." C'est resté gravé dans ma mémoire. » Pour séduire Simone il faut être habile, très habile, mais en fin de compte c'est elle qui choisit. Pour ceux avec qui elle s'engage. Car Simone qui est un peu l'égérie du groupe a successivement ses coups de cœur. Mais personne ne songe à lui reprocher son comportement, aucun n'ose la comparer aux « garces » qu'elle incarnera par la suite, tous la décrivent libre mais authentique :

---

1. Entretien d'Alain Resnais avec l'auteur, mars 1994.
2. *Nouvelle Revue française*.

« Elle était totalement directe, comme la vie l'a montrée. Elle est restée fidèle à ce qu'elle était à dix-sept ans », conclut avec tendresse Serge Dumartin.

Ces années-là sont marquées par quelques noms, ceux des copains du Sabot bleu, Christian qui deviendra Chris Marker, Serge Dumartin ou Jacques Besse. Avec eux, elle se lance dans l'aventure du *Trait d'union*, ce petit journal des lycéens de Pasteur qui veut être un lien entre les générations qui se succèdent au grand lycée de Neuilly. À vrai dire, sa participation n'est pas très intellectuelle, elle se résume à porter les épreuves du journal à l'imprimerie de la rue de l'Éperon flanquée de Serge Dumartin et de Jacques Besse. Simone a un faible pour Jacques Besse[1], le meilleur élève de Sartre, lauréat du concours général de français mais, surtout, le seul de la bande qui sache jouer du piano ; il apprend à Simone, qui a détesté les cours classiques où on l'envoyait, que l'art peut sauver de l'ennui, il lui joue du jazz et elle est conquise. « Il jouait le jeudi après-midi dans un cabaret de la rue Pierre-Charron, dans un orchestre improvisé ; on dansait comme des fous. Simone nous accompagnait souvent mais elle était un peu en retrait, elle venait pour Jacques Besse, pour l'écouter », se souvient Serge Dumartin.

Le jazz, c'est la liberté. Le jazz, une terre inconnue à défricher. 1933, Louis Armstrong donne son premier concert à Pleyel. En 1934, c'est le tour de Duke Ellington. En 1937, le Cotton Club vient pour la première fois au Moulin Rouge. Jacques Besse le premier lui fait entrevoir la possibilité d'échapper au destin tout tracé d'une jeune fille de Neuilly. Mais de là à rêver à un destin de comédienne... La vocation reste, dans ces années-là, imprécise. Simone va au cinéma avec la bande du Sabot bleu, mais c'est pour chahuter entre amis. Le cinéma n'est qu'une distraction parmi d'autres. On y va comme on va au cabaret de la rue Pierre-Charron, le jeudi après-midi, pour s'amuser, flirter

1. Voir lexique.

gentiment. Le cinéma pour la spectatrice Simone Kaminker n'est pas une passion, pourquoi envisagerait-elle d'en faire son métier ?

À neuf cents kilomètres de là, un jeune garçon qui n'a pas encore croisé le chemin de Simone rêve, lui, en se gavant de comédies musicales américaines, à un autre destin. Il est pauvre et pour aller au cinéma après le travail – il est apprenti coiffeur – il lui faut se priver de tout. Pour lui c'est un choix plus qu'une échappatoire, bien plus qu'un banal loisir : « J'aimais les films policiers de Mamoulian et de Curtiz, et surtout les comédies musicales. J'adorais Fred Astaire et Eleanor Powell. Les numéros de claquettes en particulier m'emplissaient de joie. J'ai même été suivre des cours chez un Arménien qui m'a appris que pour faire tap tap avec le pied il faut bouger tout le corps. Je voulais danser comme Fred Astaire. De même, quand je voyais Gary Cooper, je croyais que j'étais vraiment Gary Cooper. Je m'entraînais à sourire, comme lui, c'était une vie rêvée. [1] »

Yves Montand qui s'appelle encore Ivo Livi a le même âge que Simone et déjà ce désir bien précis de spectacle.

Simone feuillette quelquefois en cachette les *Cinémonde*, mais les referme aussitôt, le cinéma n'est pas un métier convenable pour une jeune fille de bonne famille… Et pourtant. Pourtant, dès 1938, une jeune fille « comme il faut » a tracé la voie. C'est une ancienne du cours secondaire, elle habite Neuilly. C'est une fille fraîche, joyeuse, pas très différente de Simone, pas plus jolie, peut-être moins belle ; elle s'appelle Corinne Luchaire. En 1938, c'est déjà une vedette : les magazines de cinéma à la mode lui consacrent de longs articles, elle va partager, très vite, la couverture de l'almanach de *Ciné-miroir* avec Danielle Darrieux, la grande vedette du moment. Un seul film, *Prison sans barreaux*, de Léonide Moguy, et la critique salue « les sen-

---

1. Hervé Hamon, Patrick Rotman, *Tu vois, je n'ai pas oublié*, Seuil-Fayard, Paris, 1990.

sationnels débuts d'une nouvelle : Corinne Luchaire [1], élève de Raymond Rouleau [2] ».

Simone a-t-elle à ce moment précis pensé : pourquoi pas moi ? Pourquoi pas ? Sûrement, fugitivement. On a pu le lui souffler. Alain Resnais raconte : « J'avais un projet de film avec Simone, très sérieux. J'avais une petite caméra huit millimètres. Je ne sais pas si Simone avait déjà la tentation de jouer la comédie, en tout cas, moi, j'ai eu la tentation de la lui faire jouer. Elle était tellement théâtrale, ce qui pour moi est un grand éloge, tellement vive. C'était une actrice, c'était évident. » Évident, pas encore pour Simone. Il y a tant d'autres sujets d'intérêt pour une jeune fille de cet âge, et puis rien ne presse. Le cinéma c'est peut-être formidable mais comme peut être formidable la dernière chanson de Charles Trenet, les romans américains, la nouvelle pièce que Jean-Louis Barrault joue à l'Athénée, *La Faim*. Simone est une jeune fille que tout amuse, tout intéresse, tout passionne, et pour l'instant ses études ne l'ennuient pas, il n'est pas question de les abandonner. Elle sera récompensée : en juin 1939, Mlle Simone Kaminker est reçue à la première partie du baccalauréat malgré ses lacunes en sciences : 4/30 en physique-chimie ! Sa connaissance de l'anglais l'a sauvée, elle obtient 16/20 à l'oral. L'allemand est plus difficile ; pas de problème, Simone convainc l'examinateur de lui faciliter la tâche en lui traduisant le texte de l'épreuve dans la langue de Shakespeare. Cette fois son aplomb et son charme ont joué, Simone est une battante, même si l'heure des vrais combats n'est pas encore arrivée.

---

1. La presse de la collaboration suivra de près la carrière de Corinne Luchaire, vedette de ces années troubles. Ses relations familiales, professionnelles et personnelles la conduiront à l'exil après la Libération. Elle publiera en 1949 des mémoires amers et désenchantés, *Ma drôle de vie*, Éditions Sun, avant de mourir l'année suivante à peine âgée de trente ans.

2. Voir lexique.

D'ailleurs que faudrait-il craindre quand on vit à Neuilly, à l'abri ? La peur de la guerre n'est-elle pas effacée des esprits depuis que, à Munich, Daladier et Chamberlain ont cru contenir les ambitions de Hitler en lui cédant le territoire des Sudètes, une partie de la Tchécoslovaquie ? André Kaminker, qui a participé aux entretiens en tant qu'interprète – il commence là au cœur des événements une carrière de traducteur international –, l'a personnellement assuré. « La paix est sauvée », a-t-il télégraphié crânement à sa famille en vacances. Il n'est pas le seul à se réfugier dans un « lâche soulagement ». Édouard Daladier [1], à son retour en France, a été très surpris de se voir acclamé par la population et il n'y a guère de voix qui s'élèvent en France pour condamner l'aveuglement des politiques.

À Neuilly, on commente peu l'escalade allemande. À quoi bon mourir pour les Sudètes, les Tchèques, les Soviets, après le Négus et l'Espagne rouge, quand on peut vivre en paix ? Quand on croit pouvoir vivre en paix ? À Neuilly, on fuit la réalité. Il arrive qu'elle vous rattrape. En mars 1939, Hitler, qu'on avait cru rassasié avec les Sudètes, annexe la Tchécoslovaquie. Le 23 août 1939, Staline et Ribbentrop signent le pacte germano-soviétique et le 1er septembre les troupes de la Wehrmacht pénètrent en Pologne. Le 3 septembre la France entre en guerre aux côtés de la Grande-Bretagne. Quelques jours auparavant, Jean-Paul Sartre, pas plus visionnaire qu'un autre, écrivait à son amie Louise Védrine : « Il est impossible que Hitler songe à entamer une guerre avec l'état d'esprit des populations alle-

1. Le 30 septembre 1938, à 16 heures, l'avion *Poitou* se pose au Bourget. Cinq cent mille Parisiens attendent le président du Conseil qui revient de Munich. On trépigne, on crie « Vive Daladier ! », « Vive la paix ! ». La légende veut qu'Édouard Daladier ait murmuré à l'oreille du général Gamelin : « Les malheureux, s'ils savaient ce qu'ils applaudissent ! » Des versions moins politiquement correctes rapportent qu'il aurait même dit : « Ah, les cons ! » À l'unisson, les journaux du matin promettent la paix pour vingt-cinq ans.

mandes : c'est du bluff[1]. » Simone, le bac en poche, a rejoint sa mère et ses deux frères en vacances à Saint-Gildas-de-Rhuys. On décide d'y rester à l'abri.

1. Annie Cohen-Solal, *Sartre, op. cit.*

Ombre et lumière

J'avais tout entre 1940 et 1944 pour devenir une pute.

Simone SIGNORET

Septembre 1939, la guerre est déclarée. Les Kaminker mère, fils et fille sont sommés par un père toujours en « déplacement » de rester en Bretagne à l'abri de la Grosse Bertha et des périls parisiens.

Simone Kaminker est inscrite à la rentrée de septembre au cours secondaire de Vannes pour préparer son bac philo. Pendant la semaine, elle habite une maison près du port, celle du docteur Franco, qui est chirurgien dans la ville, et de son épouse. C'est le père d'Alain Resnais qui a fait office d'agent immobilier. Le cinéaste se rappelle, avec une pointe d'admiration, l'assurance de sa camarade. Comme toujours quand Simone veut quelque chose, elle va droit au but, et cela lui réussit : « Simone est arrivée un matin à la pharmacie Saint-Nicolas que tenait mon père rue de Méné, elle ne le connaissait pas, elle s'est présentée très simplement – elle a expliqué que nous étions amis. Mon père a été un peu surpris par la démarche, mais il l'a trouvée sympathique et a décidé de l'aider[1]. » Alain, lui, est parti étudier à Paris sur les conseils de Simone, il la verra peu à Vannes cette année-là. Il lui revient pourtant en mémoire une anecdote qui porte la marque de ces années troublées : « Je me souviens d'une après-midi à Vannes. Simone était devant le trottoir du lycée, effondrée. Elle venait d'apprendre la nouvelle que Paris avait été bombardé et que la tour Eiffel était "par terre" ! On rit aujourd'hui, sur l'heure on y croyait ! »

Malgré la guerre, les souvenirs vannetais de Simone Signoret sont plutôt joyeux. Elle y découvre la liberté, l'indépendance – pour la première fois elle quitte maman et les petits frères une partie de la semaine –, et commence à y prendre goût.

La semaine se passe surtout au cours secondaire où, comme à Pasteur, elle fait des rencontres marquantes, déterminantes pour son éveil politique : « Nous avions comme professeur d'histoire une femme merveilleuse, Mme Samuel », écrira Simone Signoret dans *La Nostalgie*. Mme Samuel sort en effet de l'ordinaire. Cette jeune femme de vingt-six ans ne va pas tarder à s'illustrer par ses exploits dans la Résistance au sein du mouvement Libération. Son courage la conduira à organiser et surtout à faire réussir l'évasion de son mari, prisonnier de la Gestapo à Lyon. Celle qui est devenue l'historienne reconnue, Lucie Aubrac, n'a jamais oublié ces heures difficiles qui ont été à l'origine de son engagement. Elle évoque avec émotion l'intérêt de ses jeunes élèves pour l'histoire, en particulier celui de Simone Kaminker : « On était très peu nombreux, on discutait beaucoup ensemble. Je me revois combien de fois, assise sur un coin de ces tables hautes ; les filles apportaient *Le Canard enchaîné* qu'on venait d'interdire, il y en avait toujours une qui avait le dernier numéro. Il n'y avait pas d'informations, pas de télévisions, pas de transistors. Ça peut paraître du spectacle pour les jeunes, mais tout ça n'existait

1. Entretien d'Alain Resnais avec l'auteur, mars 1994.

pas. Par conséquent, il y avait un énorme besoin de communiquer, de comprendre. On parlait du pacte, de l'arrestation des communistes par Vichy, etc.[1] » Elle a gardé un souvenir précis et attendri de Simone Kaminker : « Simone, c'était ma préférée. C'était un esprit très curieux, une fille passionnée. C'était une élève qu'on remarquait tout de suite pour sa beauté distinguée. Elle avait un côté très slave, très polonais. » Lucie Aubrac, qui est observatrice, a tout de suite compris qu'avec pareil physique et semblable patronyme son élève n'est probablement pas bretonne. « Pendant l'année scolaire 1939-1940, je me suis mariée avec Raymond Samuel. Ça se passait pendant une guerre contre le nazisme, et j'ai dit tout de suite que j'avais épousé un juif, officier de l'armée française. Et ça nous a rapprochées parce qu'elle pensait à son père qui était juif. »

À Saint-Gildas, où Simone rentre le week-end par le tortillard, les premiers signes d'un pays en guerre se font jour : les trains de réfugiés, l'accueil tiède des Bretons, les Allemands qui occupent d'abord la ville, puis la maison familiale.

La description des Allemands de Saint-Gildas par Simone Signoret en 1976 ne manque pas d'humour : la première vague d'envahisseurs composée de trois culs-terreux et d'un hobereau très correct ressemble à tous ces conquérants autoritaires que tant de films nous ont présentés depuis.

La comédie tourne vite à l'aigre. L'attitude de la deuxième vague d'envahisseurs, des motocyclistes cette fois, qui succèdent rapidement aux premiers, montre vite aux Kaminker que Saint-Gildas n'est pas l'asile sûr qu'y voyait le père de famille. L'aisance de ces étrangers suscite d'inévitables jalousies chez les autochtones, et quelques Bretons bien intentionnés conseillent aux autorités allemandes de s'intéresser à cette famille dont le père est toujours absent et dont le nom ne paraît pas si celte que cela.

1. Entretien de Lucie Aubrac avec l'auteur, mai 1994.

Dans ces conditions, il ne reste plus pour la famille qu'à regagner Paris occupé, où les Kaminker ne risquent plus de souffrir des bombardements allemands. Le 14 juin, les troupes allemandes sont entrées dans Paris. Le 17 juin, le maréchal Pétain a solennellement demandé l'arrêt des combats. L'armistice est signé le 22 juin. Bien peu ont répondu, entre-temps, à l'appel lancé par Charles de Gaulle depuis Londres, un encouragement à la résistance. L'exode a commencé, Paris se vide peu à peu de ses habitants, le bombardement du 3 juin a fait fuir une première vague de Parisiens, le départ du gouvernement dans la nuit du 9 au 10 juin déclenche une peur collective.

L'été 1940 a été spectaculaire, l'hiver s'annonce douloureux. Il restera dans l'histoire comme un hiver terrible, l'un des pires du siècle. La faim et le froid sont les compagnons désagréables des Parisiens. Il finit, cycle des saisons oblige, par passer. Le 2 août, le gouvernement a instauré les tickets de rationnement pour le pain, le sucre et les pâtes, la mesure s'étend en hiver à la viande, au beurre, au fromage, aux œufs et à la charcuterie.

La famille Kaminker n'est pas privilégiée. Sans fils, frère, neveu ou cousin à la campagne, point de salut. La famille, réduite, est de toute façon désespérément parisienne. André se trouve toujours hors de France, mais cette fois on ne sait plus très bien où il est. Il ne faut guère compter sur son retour. Après tout, les premiers signes d'hostilité à l'égard des juifs se font sentir, insidieusement d'abord, très ouvertement bientôt. En août 1940, la Garde française et le Jeune Front déclenchent la première manifestation antisémite de l'Occupation contre un magasin des Champs-Élysées. Le 27 septembre, le recensement devient obligatoire pour les juifs, l'apposition du mot « juif » par un coup de tampon sur les cartes d'identité est imposée par décret, enfin les magasins appartenant à des juifs sont tenus d'arborer l'affiche « entreprise juive ». La peur, l'angoisse confuse, mais l'angoisse tout de même, saisissent la famille. Elles poussent Mme Kaminker à faire établir des certificats de baptême pour les deux garçons, qui prendront eux aussi le nom de Signoret [1]. Simone, elle, a été baptisée à Wiesbaden. Mais la peur la plus présente est celle de la faim et du froid. Simone a dix-neuf ans. Elle n'a pas le choix. Il n'est plus l'heure de traîner sur les bancs d'une quelconque faculté, il faut travailler pour nourrir les petits frères et soutenir Georgette. Le point sur la situation est vite fait. Des compétences immédiates, Simone Kaminker en a. Elle parle bien l'anglais, ce qui est un atout. Elle donnera quelques cours à de jeunes lycéens, mais cela ne remplace pas le salaire d'un père de famille. Un véritable emploi est nécessaire : la recherche démarre à peine quand elle tombe sur une annonce alléchante : « On recherche une vendeuse parlant anglais et allemand. » C'est le studio Harcourt qui recrute. Le mythe est déjà là. Le studio fondé en 1934 par les frères Lacroix est en plein âge d'or. Le Tout-Paris des arts et des spectacles s'y presse pour se faire tirer le portrait. L'expansion internationale commence : Marlène Dietrich et Rita Hayworth en font la publicité à Hollywood. Simone est séduite, mais pour remporter la partie il faudrait du piston, une recommandation. En cherchant bien il n'y a qu'une personne qui puisse l'aider : Corinne Luchaire, une ancienne camarade du cours Lafayette, devenue la grande star du cinéma sous l'Occupation. Au téléphone, c'est Mme Luchaire qui répond : « Zizi » – c'est le surnom de la jeune fille – n'est pas là, mais sa mère oriente Simone vers son mari journaliste, qui a peut-être quelque chose à lui proposer. C'est ainsi que Simone se retrouve dans un quotidien parisien. « Dans un journal », c'est la formule vague qu'emploie l'auteur d'un article élogieux consacré aux débuts de l'actrice, dans *L'Écran français* en juillet 1949. Car il ne s'agit pas d'un

1. Mme Kaminker avait craint assez vite pour le sort de ses enfants « juifs », fils d'un « traître » à la patrie aux yeux des pétainistes, et envisagera un temps d'introduire une demande de divorce pour abandon du domicile conjugal, *in La Persécution contrariée*, Jean-Pierre Kaminker, éd. Lambert-Lucas, 2007.

journal ordinaire : Simone Kaminker atterrit dans la presse d'un Paris occupé, soumis à la censure et aux ordres allemands. Le journal est encore en projet quand Simone est embauchée. Il doit paraître sous le titre : *Les Nouveaux Temps*, en novembre 1940. La date n'est pas anodine : le 24 octobre, le maréchal Pétain et Pierre Laval ont rencontré Hitler à Montoire et ont décidé d'appliquer une politique de collaboration. Le journal veut soutenir cette politique, lui offrir une tribune. Jean Luchaire est aux commandes. Ancien directeur du *Matin*, ses idées et son parcours sont très connus dans le milieu de la presse. Il a toujours été un ardent défenseur de la politique de réconciliation avec l'Allemagne, d'une politique européenne à la Briand si chère au cœur de Mme Kaminker. Mais surtout, depuis 1930, il est devenu l'ami intime d'Otto Abetz, un « moins de trente ans » comme lui. Les deux amis ont organisé de nombreuses rencontres entre les jeunes gens des deux pays, puis Otto a épousé une Française, Suzanne de Bruynes, qui n'est autre que la secrétaire de Jean. Depuis le mois d'août, Otto Abetz est un personnage essentiel de la collaboration. Admiré, courtisé par quelques-uns, il est craint et haï par les autres : Otto Abetz est ambassadeur du Reich à Paris.

Simone Kaminker est affectée comme deuxième secrétaire au secrétariat particulier de Jean Luchaire. Elle tape quelques lettres, filtre les appels délicats, décourage s'il le faut les soupirantes de Jean Luchaire, renseigne les amis qui demandent de l'aide, transmet les appels du cabinet du « président ». Elle n'a que rarement accès à la rédaction où se concoctent les articles anglophobes et quelquefois antisémites des gens pour lesquels elle travaille. Le soir elle rentre en métro à Neuilly, retrouve sa famille et écoute Radio-Londres où intervient parfois André Kaminker [1].

---

1. André Kaminker s'engage le 1er août dans les FFL (Forces françaises libres). Il fut embarqué en qualité d'interprète dans l'équipée africaine de l'automne 1940. Au Cameroun, il fut chargé de l'information. Il emprunta comme nom de guerre Sablons, nom d'une station de métro, seule référence à sa vie d'avant à Neuilly-sur-Seine.

La situation n'est guère confortable, mais c'est la guerre et il faut survivre. Aux *Nouveaux Temps* elle écoute, observe et se tait. Que pourrait-elle dire d'ailleurs ? « Vous savez, moi aussi, je suis juive, et mon père est à Londres. » Beaucoup le savent mais personne ne dit rien. Ces intellectuels combattent avec leur plume. La délation, la dénonciation individuelle n'est pas de leur monde, et puis Simone est mignonne et leur patron la protège. Jean Luchaire, que ses ennemis décrivent non sans raison comme un manœuvrier, un homme louche sans foi ni loi et sans grandes convictions idéologiques, dirige un journal qui professe l'antisémitisme tout en protégeant certains juifs. Avec cette confusion absolue des valeurs, Simone a sans doute beaucoup appris sur la duplicité des êtres, la complexité de la vie, la fidélité et l'infidélité. En tout cas ce passage dans la presse parisienne n'est pas vraiment un bon début dans la vie pour celle qui deviendra la figure de la comédienne humaniste. Difficile d'effacer de sa biographie ce premier emploi quand on est nommément citée par Jean Luchaire lui-même lors de son procès. Le patron est plus cynique encore que la jeune femme qui pèche surtout par insouciance.

Le passage du procès-verbal où Simone est citée n'est pas connu du grand public, pourtant il est accessible à qui aurait voulu lui nuire, les éditions Albin Michel ayant en effet publié, très vite après la guerre, l'intégralité du procès. L'extrait suivant mérite citation : « Je suis extrêmement suspect de philo-sémitisme, d'être projuif, ou de ne pas être suffisamment antijuif. Mon beau-frère est juif. Ma belle-mère est en zone sud et je la protège, car elle est juive. Mon médecin à qui j'ai moi-même fait franchir la ligne de démarcation dans des conditions compliquées est juif [...]. J'ai auprès de moi ou j'ai eu auprès de moi comme deuxième secrétaire, une jeune juive qui s'appelle Mlle Kaminker, nom bien connu dans la presse et dont le père était speaker à Radio Brazzaville [N.d.A. : donc aux ordres de De Gaulle et de Londres]. [...] Je m'obstinais à conserver sa fille auprès de moi, je ne voulais pas laisser cette famille dans la misère[1]. »

On ne peut pas redouter plus néfaste publicité. En fait Simone Signoret, intelligente, ne cherchera jamais à cacher cet épisode peu glorieux de son histoire. On peut imaginer qu'elle craignait que des journalistes un peu fouineurs le découvrent par eux-mêmes. Elle choisira presque de revendiquer ce moment de son destin, qui donnera d'elle une image authentique, typique des contradictions rencontrées par beaucoup de Français de sa génération. Plus tard, devenue une vedette, elle sera l'héroïne d'un film médiocre : *Ombre et lumière*. Un titre symbole de ces années de guerre, de ces temps d'ombre d'où sortirait la lumière. C'est la fidélité à ces années noires qui la poussera à convaincre son père d'aller témoigner en faveur de Jean Luchaire, jugé lors des grands procès de l'épuration. En vain, car son patron des *Nouveaux Temps* sera condamné à mort et fusillé le 22 février 1946[2].

Quand Simone Kaminker franchit pour la première fois la porte du Flore, un soir de mars 1941, la guerre bat son plein. L'hiver se termine difficilement, les lendemains sont encore incertains, Simone a tout juste vingt ans. Elle a toujours à charge sa famille, les deux petits frères sont encore des enfants. Si elle fait taire ses peurs et ses envies, c'est parce que pour le moment il s'agit surtout de survivre.

Sartre écrira après la guerre : « Il ne faut pas oublier que l'Occupation a été quotidienne. Quelqu'un à qui on demandait ce qu'il avait fait sous la Terreur répondit : "J'ai vécu." C'est une réponse que nous pourrions faire tous aujourd'hui. Pendant quatre ans nous avons vécu et les Allemands vivaient aussi, au milieu de nous, submergés, noyés par la vie anonyme de la

1. *Les Procès de la collaboration, compte rendu sténographique*, Albin Michel, 1948.

2. Voir lexique.

grande ville[1]. » Simone Kaminker, comme l'ancien professeur de Pasteur, cherche à survivre et à faire survivre les siens. Elle est raisonnable, sans doute trop pour une jeune fille de vingt ans. Déjà, il lui faut subir l'Occupation. Après les longues journées de travail, il reste peu de temps pour soi. Il arrive pourtant quelque exception, un sursaut d'indépendance. Ce soir de mars 1941 en est un : « Au lieu de prendre mon métro à Louvre pour Neuilly-Sablons, j'ai franchi la passerelle de l'Institut, j'ai remonté la rue Bonaparte et j'ai poussé la porte du Flore parce qu'un gars m'y avait donné rendez-vous. Je ne savais pas qu'en poussant cette porte je pénétrais dans un univers qui allait décider du reste de ma vie[2]. » Le « gars » a vingt-quatre ans et rêve de cinéma tout en se préparant plus sérieusement à une carrière à la Cour des comptes. Pour Simone, c'est un protecteur. Un confident à qui elle raconte rapidement, très imprudemment, son histoire. C'est aussi le premier garçon dont elle est vraiment amoureuse. Il s'appelle Claude-Paul Jaeger[3]. Danièle Delorme, qui l'a bien connu elle aussi, se souvient de ce personnage marquant que Simone Signoret n'a jamais vraiment évoqué et qui a pourtant occupé une place particulière dans sa vie : « Claude-Paul Jaeger a beaucoup contribué à l'éveil politique de Simone, et aussi à son éveil tout cours. C'était un type hors du commun. Pendant la guerre, en tant que colonel FTP[4], il a été responsable du contrôle de toute la région ouest de la France. À la Libération, il a eu du mal à se réadapter à une vie “normale”. Il a réalisé quelques documentaires, il a eu une existence un peu marginale et surtout un destin très tragique : il a perdu deux fils. Mais malgré leurs différences de parcours Simone et Claude-Paul sont toujours restés en contact. Simone le consultait souvent, ce qui agaçait d'ailleurs beaucoup

1. Annie Cohen-Solal, *Sartre*, *op. cit.*
2. *La Nostalgie n'est plus ce qu'elle était*, *op. cit.*
3. Voir lexique.
4. Francs-tireurs et partisans français.

Montand. Elle est restée fidèle à celui qui l'avait poussée à quitter *Les Nouveaux Temps*[1]. »

Le coup de foudre qui frappe Simone à cette époque est de double nature : il y a l'homme et il y a le lieu. L'entrée au Flore provoque chez Simone un choc inévitable. Le café où pénètre Simone Kaminker en cet hiver 1941 est ce lieu à part que Simone de Beauvoir a décrit avec talent dans *La Force de l'âge* : « Le Flore avait ses mœurs, son idéologie : la petite bande de fidèles qui s'y rencontraient quotidiennement n'appartenait ni tout à fait à la bohème ni tout à fait à la bourgeoisie ; la plupart se rattachaient de manière incertaine au monde du théâtre et du cinéma ; ils vivaient de vagues revenus, d'expédients ou d'espoirs[2]. » Au Flore, en effet, c'est comme une petite famille, les nouveaux sont tout de suite remarqués, on n'y rencontre pas les voisins de Neuilly, encore moins les amis de Luchaire. Et les Allemands n'y mettent pas les pieds. La légende veut qu'un seul ait osé, que personne d'autre n'ait essayé. Le Flore, au cœur du triangle magique que forment avec lui deux autres cafés célèbres : Les Deux Magots et Lipp, accueille le jeune cinéma, la jeune intelligentzia, les apprentis comédiens, des marginaux, des fauchés, des étrangers. Le lieu est exigu. Il fait froid dehors, et au Flore on vit serrés les uns contre les autres. Des groupes se forment. Pour Simone Kaminker, les premiers amis se nomment Roger Blin[3], Fabien Loris[4], Raymond Bussières[5], Henri

1. Entretien de Danièle Delorme avec l'auteur, avril 1995.

2. Simone de Beauvoir, *La Force de l'âge*, Gallimard, 1960.

3. Roger Blin, né en 1907, sera un metteur en scène reconnu de l'après-guerre. Membre du groupe Octobre, il créera toutes les pièces de Samuel Beckett jusqu'à *Oh les beaux jours*. En 1966, il monte à l'Odéon *Les Paravents* de Jean Genet qui feront scandale à l'époque du fait des allusions évidentes à la guerre d'Algérie.

4. Fabien Loris né en 1906 et mort en 1979 fera une courte carrière de comédien entre les années trente et cinquante. Il est par ailleurs l'auteur de la chanson *Les enfants qui s'aiment*.

5. Voir lexique.

Crolla [1], Paul Frankeur [2], Marcel Duhamel qui va bientôt devenir le roi de la Série noire traduite de l'américain. Beaucoup sont des anciens du groupe Octobre [3], militants ou anciens militants trotskistes ; on peut y voir aussi le jeune Mouloudji [4] que va distinguer le prix de la Pléiade. Contrairement à la légende, il n'a pas été un intime de la jeune Simone, il était plus jeune, il était trop timide. Il se souvient qu'il l'admirait de loin, c'est-à-dire de la table d'à-côté d'où l'on entendait tout, d'où l'on voyait tout et d'où l'on pouvait se faire un jugement sur les uns et les autres. Il se rappelle l'arrivée de la « nouvelle » : « J'ai connu Simone au Flore. C'était une très jolie fille, très gaie, très volubile ; elle avait une soif de réussite inouïe. C'était ce que j'appellerais une gagneuse [5]. » Mouloudji ne veut pas être plus précis, mais on sent bien à travers ses propos que le comportement libre de la jeune femme n'est pas du goût de tous les hommes habitués pour la plupart à plus de soumission de la part des femmes. Simone Kaminker, elle, occupe l'espace. Au Flore, comme ailleurs à Saint-Germain-des-Prés, c'est le règne de l'anticonformisme. Les jeunes filles arborent pantalons et chemises d'homme. Là, Simone peut boire des demis et fumer des cigarettes sans souci du qu'en-dira-t-on. Mais il faut user de charme et de combines car le tabac est rationné : au-dessus de dix-huit ans trois décades sont autorisées par mois, avec au choix six paquets de cigarettes ou trois paquets de tabac. La journée au Flore en ce temps-là se résume à peu de chose, raconte Mouloudji : « Attendre que quelqu'un nous paye le café, ou nous propose du travail. » En tout cas, Simone sent vite que sa vie a

1. Voir lexique.

2. Voir lexique.

3. Le groupe Octobre est né de la situation politique en France à la suite des événements de 1934. Au départ, l'idée était de rompre avec le théâtre bourgeois, d'écrire pour les travailleurs et de se rendre à leur rencontre. Les fondateurs étaient Jacques Prévert, Raymond Bussières, Guy Decomble et Yves Allégret.

4. Voir lexique.

5. Entretien de Mouloudji avec l'auteur, mai 1994.

plus de chance de se jouer, et de se gagner, dans ce nouvel univers. À Saint-Germain-des-Prés, elle découvre un monde nouveau, loin de ses préjugés bourgeois et sans doute beaucoup plus proche de ce qu'elle est au fond.

Au Flore, elle retrouve Sartre, qui écrit à l'écart dans la salle du premier étage, elle croise Picasso, mais, surtout, la bande à Prévert devient, assez vite, sa bande. Simone de Beauvoir en parfaite chroniqueuse du Flore sous l'Occupation l'a raconté : « Leur dieu, leur oracle, leur maître à penser, c'était Jacques Prévert dont ils vénéraient les films et les poèmes, dont ils essayaient de copier le langage et le tour d'esprit [1]. »

Mais au printemps 1941, la jeune fille n'a pas encore fait le grand saut, changé de vie. Simone est encore Kaminker, employée chez Jean Luchaire. Ce qui la retient, ce sont les souvenirs de sa vie ancienne. Le conformisme tranquille de Neuilly. La pudeur familiale. On ne se montre pas en public quand on a reçu une bonne éducation. Le cinéma n'est pas noble. Mais la tentation du bonheur est la plus forte : « À Saint-Germain-des-Prés, j'ai connu et rencontré pour la première fois des garçons qui étaient comédiens et qui n'avaient pas peur de l'avouer. Ils étaient heureux d'exercer un tel métier, heureux d'en vivre même assez mal, certains jours. À leur contact, tous mes préjugés bourgeois se sont peu à peu dissipés [...]. Ils ont ouvert devant moi toutes grandes les portes d'un rêve magnifique que je poursuis encore aujourd'hui, grâce à eux [2]. »

Le cœur léger malgré la guerre qui fait rage, en septembre 1941, Simone se décide. Elle abandonne *Les Nouveaux Temps* pour l'incertain, le rêve du cinéma. Personne pour contrarier cette vocation. Le père, qui pourrait souhaiter pour sa fille aînée un parcours plus classique, est ailleurs ; il sera trop tard quand il rentrera à la Libération pour interdire quoi que ce soit, il reportera ses envies sur ses fils en leur vantant le métier d'admi-

1. *La Force de l'âge, op. cit.*
2. *La Nostalgie n'est plus ce qu'elle était, op. cit.*

nistrateur colonial sans plus grand succès. Mme Kaminker accueille la décision pour sa part avec la philosophie et la sagesse qui conviennent. Simone Signoret a reconnu sa bienveillance sur ce chapitre : « Elle a été formidable. Malgré les embûches qu'elle prévoyait, elle a trouvé que cela valait le coup d'essayer et n'a pas essayé de me décourager. Elle m'a dit qu'elle me faisait confiance. Ça voulait dire qu'elle faisait confiance à la manière dont elle m'avait élevée[1]. »

1. *Ibid.*

Les guerriers de l'ombre

La guerre avait amené de nouveaux visages, Simone Signoret toute jeune, l'air d'une collégienne, [...] ses cheveux noirs coupés très courts. [...]
Nous nous demandions pourquoi une fille aussi belle n'avait pas encore décroché un plus grand rôle.

Simone DE BEAUVOIR

C'est à l'automne 1941 que Simone Kaminker devient Simone Signoret. Elle abandonne le patronyme Kaminker, devenu trop dangereux, pour le nom de jeune fille de sa mère, Signoret. L'hommage n'est pas que familial. La jeune apprentie comédienne se lance dans la carrière avec la protection d'un nom qu'on retient parce qu'il est connu, parce qu'il évoque un grand nom de la scène. Signoret est en effet le nom du comédien Gabriel Signoret, acteur aujourd'hui oublié mais qui à l'époque est un grand du théâtre, une référence dans son métier, la scène. Dans une collection de l'époque sur les comédiens de théâtre, une biographie[1] est consacrée en 1927 à celui qu'on appelle simplement Signoret. Un extrait donne la mesure de la réputation et du talent du comédien : « Le secret de cet acteur innombrable (sic) réside dans un équilibre parfait entre

1. Albert Durieux, *Signoret*, Sansot, 1927.

l'intelligence et le don ; de cet équilibre naît le grand comédien. » Et l'auteur d'ajouter : « Ce qui fait la supériorité de Gabriel Signoret à la scène comme à l'écran c'est qu'il est avant tout soucieux de vérité. »

Comment choisir meilleur parrainage, plus noble carte de visite, plus astucieux passeport, si ce n'est pour la gloire, au moins pour les débuts d'un métier où les portes ne s'ouvrent pas facilement aux inconnus même jeunes, même beaux, même prêts à beaucoup pour réussir ? Simone va profiter de cette parenté fictive. Elle a confessé : « Je jouais hypocritement avec le "parente du grand Gabriel Signoret ? Un oncle." [1] » On l'imagine acquiesçant timidement, baissant les yeux. Les témoins donnent des versions plus éloquentes : celle de Laurette Valmy par exemple montre une Simone plus intrigante que la légende. Laurette a formé avec son mari André, qui sera le partenaire de Simone à l'écran après la guerre, un couple de comédiens. Tous deux anciens élèves du conservatoire, ils ont abandonné le métier assez jeunes pour se consacrer à leur vie de famille. Ils n'ont ni l'un ni l'autre la rancœur de ceux qui sont passés à côté d'une vie professionnelle brillante et qui en veulent au système ou à ceux qui ont su s'en servir. Mais Laurette Valmy n'a pas oublié le caractère particulier de Simone Signoret – une absence de scrupules, diraient certains, un talent diraient d'autres. Un comportement unique en tout cas à ses yeux : « Simone arrivait dans les maisons de production en disant : "Je suis la nièce de Gabriel Signoret", croyez-moi c'était un sésame, plus besoin de faire la queue des heures comme c'était le lot des autres figurants. En même temps, elle n'était pas égoïste, elle pensait toujours aux copains ou aux copines qui attendaient avec elle et elle se débrouillait pour les faire passer aussi avant les autres. Simone pour moi, c'était cela. À la fois un formidable don pour se faire remarquer, elle savait ce qu'il fallait faire pour se démarquer, pour réussir, ce qu'elle voulait par-dessus tout,

1. *La Nostalgie n'est plus ce qu'elle était*, Seuil, 1976.

et en même temps un exceptionnel esprit de camaraderie, une générosité inouïe[1]. » Le portrait dessiné par Laurette Valmy se précisera au fil du temps. Simone est capable de faire bouger le monde, pour elle et ceux qui lui sont chers. Elle a les qualités d'un chef. Elle aime réussir à atteindre. Et bien sûr elle y parvient très bien. Avec pareilles méthodes, les premiers rôles ne tardent pas. Au Flore, on se passe toutes sortes de combines, on se passe aussi les contacts pour le cinéma. En septembre 1941, Simone est convoquée pour sa première figuration. C'est un film de Jean Boyer, *Le Prince charmant*[2].

Jean Boyer n'a pas marqué l'histoire du cinéma, pas plus qu'il n'a séduit les critiques à la sortie de ses films. Mais pour une actrice débutante, c'est un premier contact avec le monde du cinéma et surtout un premier cachet alléchant : cent vingt francs pour une journée de tournage, comparé aux mille quatre cents francs par mois que lui donnait Jean Luchaire, c'est une aubaine. Les figurations peuvent s'enchaîner. Deux mois plus tard, Simone est convoquée pour le second film de Jean Boyer, *Boléro*[3]. Les débuts pourraient paraître faciles, les petits rôles s'enchaîner logiquement, avec un peu de patience, s'il n'y avait pas la guerre. La guerre, paradoxalement, est presque une aubaine pour certains qui rêvent de cinéma. Beaucoup sont partis, et c'est l'occasion pour d'autres de faire leurs débuts ou d'enfin se révéler. Beaucoup de techniciens ou d'assistants seront propulsés aux premiers rangs de la production. Le cinéma français connaît une activité importante : entre 1940 et 1944, deux cent vingt longs-métrages sont produits en France, beaucoup résultant du travail de nouveaux réalisateurs et de nouveaux comédiens. Sur quatre-vingt-un cinéastes ayant travaillé sous Vichy, dix-neuf metteurs en scène réalisent leur

1. Entretien de Laurette Valmy avec l'auteur, décembre 1996.
2. Film dont la vedette est Renée Faure. Gentille bluette.
3. Film sorti en novembre 1941. La vedette est Arletty. Une seule phrase prononcée par Simone : « Madame la comtesse d'Artémise vous demande. »

premier film pendant l'Occupation, parmi eux : Yves Allégret, Jacques Becker[1], André Cayatte[2], Robert Bresson[3]. Ce sont aussi les débuts de nombreux comédiens : Bernard Blier, Danièle Girard (plus connue sous le nom de Delorme), Gérard Philipe, Serge Reggiani, pour ne citer que les plus célèbres. Mais la guerre a également ses victimes, et ce renouvellement, bénéfique pour l'émergence de nouveaux talents, se fait aussi à cause de l'« épuration » du milieu : les juifs et les immigrés sont chassés d'un métier où ils étaient nombreux, leur nom est gratté des génériques où ils apparaissaient, certains voient leurs scènes coupées, « à la hache », au montage. Claude Autant-Lara écrira dans *Je suis partout* : « D'un seul coup le cinéma français est amputé de 50 % de ses metteurs en scène et de 90 % de ses producteurs ; quant aux vedettes, entre celles qui s'exilent volontairement ou involontairement, c'est une hécatombe[4]. » Selon le ministère de l'Information de l'époque, « les juifs ont été complètement éliminés d'une profession où ils pullulaient ». La production cinématographique est en effet entièrement réorganisée par l'intermédiaire de deux lois : celle du 16 août 1940, concernant l'organisation provisoire de la production industrielle, et celle du 26 octobre 1940, portant plus précisément sur la réglementation de l'industrie cinématographique. Créé par décret du 4 décembre 1940, le COIC (Comité d'organisation des industries cinématographiques), organe le plus connu de la profession, est chargé de diriger et de réorganiser l'ensemble de l'industrie cinématographique française. L'une de ses principales missions est d'évincer les indésirables de la profession et d'assurer l'assainissement du marché intérieur. Cette fois le passeport Gabriel Signoret ne

1. Voir lexique.
2. Voir lexique.
3. Voir lexique.
4. *Je suis partout*, 3 septembre 1943, cité par François Garçon dans *La Vie culturelle sous Vichy*, publié sous la direction de Jean-Pierre Rioux, Éditions Complexe, 1990.

peut suffire à Simone Kaminker pour l'état civil. Théoriquement pour être engagé sur une production il faut être détenteur de la carte professionnelle délivrée par le COIC, et, cette carte, Simone Signoret ne la possède pas. Pourtant, malgré les dispositions des nouvelles lois, Simone Kaminker n'est pas considérée comme juive, d'autant qu'elle a été baptisée à Wiesbaden. Mais pour obtenir la carte il faut un certificat de baptême, que la famille a perdu. La non-possession de ce document administratif signifie pour Simone qu'il lui faudra se contenter de traverser les films, le temps que durera la guerre, en abandonnant l'idée d'un nom au générique. *Le Film*[1], hebdomadaire du cinéma de l'époque, rappelle en effet que les producteurs et distributeurs ne peuvent faire figurer au générique des films, sous quelque forme que ce soit, le nom d'un professionnel non muni de la CIP[2]. Mais le système mis en place par les autorités de Vichy sous contrôle allemand a ses failles, les sans-papiers sont nombreux à travailler avec la complicité de résistants au sein du COIC. Dans les studios de La Victorine à Nice et dans les studios marseillais de Marcel Pagnol les contrôles sont rares. Simone va donc malgré tout apprendre son métier et multiplier les tournages : une dizaine de films pendant la guerre, sans carte, ce n'est déjà pas si mal. Aurait-elle plus vite réussi dans un contexte différent ? Qui pourrait l'affirmer ? Simone Signoret se situe plus sûrement du côté de celles à qui la guerre a permis plus d'audace, même si l'occupation allemande lui a interdit l'entrée par la grande porte, « la montée sur le podium » comme elle l'a écrit. L'ascension était un peu retardée, sans doute. L'égérie des féministes, Simone de Beauvoir, qui a l'œil, a raconté dans *La Force de l'âge* : « La guerre avait amené de nouveaux visages, Simone Signoret toute jeune, l'air d'une collégienne, un béret coiffant ses cheveux noirs

1. Numéro 69, 24 juillet 1943.
2. Carte d'identité professionnelle.

coupés très courts. Dans *Le Voyageur de la Toussaint*[1], on apercevait Simone Signoret. Nous nous demandions pourquoi une fille si belle n'avait pas encore décroché un plus grand rôle. » La réponse est peut-être inscrite dans les ambiguïtés de l'époque. Cependant, Simone, malgré des débuts dans l'ombre, avance. *Boléro* a été tourné rue Francœur, dans les studios Pathé, ce qui lui vaut d'être engagée pour des cours gratuits de diction. La chance lui sourit, et c'est peut-être l'avenir immédiat assuré. Les studios Pathé recrutent de jeunes talents, qu'ils forment puis mettent sous contrat, imitant en cela les grandes firmes américaines et la célèbre UFA allemande. Le but du studio est de se constituer une pépinière de vedettes. Au bout d'une année, en récompense de l'assiduité aux cours, un contrat initial de trois mille francs doit normalement suivre. En ce qui concerne Simone, le contrat ne viendra jamais. Pressée de réussir, elle a eu la légèreté d'accepter la participation à un film publicitaire : *Comment vaincre la timidité ?* La maison Pathé demande plus que l'assiduité à ses jeunes élèves, elle réclame aussi l'exclusivité. Simone est immédiatement mise à la porte. La jeune apprentie comédienne n'est sans doute pas restée assez longtemps au cours dirigé par Solange Sicard, une ancienne partenaire de Louis Jouvet au théâtre, pour accumuler les défauts d'une actrice trop appliquée. En revanche, comme partout où elle passe, elle reste juste assez de temps pour se faire remarquer. André Valmy qui sera plus tard son partenaire à l'écran se souvient de sa camarade de cours : « Tout le cours a assisté à une soirée au Théâtre des Ambassadeurs. Sur scène il y avait Charles Trenet et nous, les élèves du cours Solange Sicard, chacun devant présenter une courte scène, une chanson, ce qu'il voulait. Une fois achevé son numéro, le jeune homme ou la jeune fille introduisait le suivant en lui demandant simplement : et toi, qu'est-ce que tu présentes ? Quand le tour de

1. *Le Voyageur de la Toussaint,* film de Louis Daquin avec Jean Desailly, Serge Reggiani, Simone Valère, sorti en avril 1943.

Simone est arrivé, elle devait dire : “Moi je présente Atmosphère”, une scène d'*Hôtel du Nord.* Elle est arrivée sur scène, un des camarades lui a posé la question prévue, et là, Simone a marqué un temps d'arrêt, elle a pris un air effrayé, elle a dit : “Excusez-moi, je ne sais plus”, puis elle s'est reprise, elle a souri et elle a enchaîné “Je présente Atmosphère”. Ce n'était rien, mais c'était tout. En quelques secondes, c'était gagné, plus personne, au cours Pathé, ne pouvait ignorer celle qui avait eu un trou sur la scène des Ambassadeurs [1]. »

André Valmy ne croit pas que Simone ait réellement oublié ce qu'elle devait jouer. Déjà, elle avait la mémoire indispensable à qui veut faire de la comédie et le trac ne la paralysait pas. Selon lui, elle savait ce qui faisait authentique et avait décidé de s'en servir. Au cours elle est classée « fantaisiste », un comble pour celle qui ne tournera jamais de comédies, mais son léger zézaiement (elle « blaisait », précisera son ami Pierre Mondy) n'est pas à l'époque une qualité ni une originalité appréciée par les classiques professeurs de comédie. Elle n'aura pas beaucoup l'occasion au cours de sa carrière de se faire remarquer dans ce registre. Ce bref passage au cours Solange Sicard est aussi à l'origine du premier article évoquant la jeune actrice. En février 1943, bien plus tard, *Ciné-Mondial* consacre trois pages aux futures vedettes formées par le cours d'art dramatique du studio Pathé. Autour de Jacques Dynam [2], Andrée Clément [3], André Valmy [4], Simone Signoret figure en bonne place, photographiée en gros plan. La photo, la première qui paraît d'elle dans la presse, est d'une banalité confondante. Rien ne peut attirer l'œil du lecteur, le regard est vide et les contours de son visage sont flous, la légende ne s'attarde pas non plus sur l'esthétique de la jeune actrice mais sur une filiation ima-

1. Entretien d'André Valmy avec l'auteur, décembre 1996.
2. Voir lexique.
3. Voir lexique.
4. Voir lexique.

ginaire : « Simone Signoret a de qui tenir, elle est la fille de Gabriel Signoret (sic). » L'erreur est humaine, surtout lorsque l'on sait que le flou est assez habilement entretenu par la comédienne sur ses origines. Le journaliste ajoute : « Vous l'avez vue dans *Boléro*, vous la reverrez dans *Le Voyageur de la Toussaint.* »

C'est passer sous silence un film très important pour elle, un film qui vient de sortir, présenté pour la première fois en décembre 1942, au Madeleine, cinéma où l'exclusivité va durer plus d'un an, un film phare du cinéma français : *Les Visiteurs du soir.* Ce quatrième film interprété par Simone Signoret va marquer l'histoire du septième art. C'est Pierre Sabas, régisseur général du film et ami du Flore, qui a présenté Simone au réalisateur Marcel Carné[1]. Mouloudji avait raison, le café est une agence pour l'emploi dans le cinéma. Le réalisateur a besoin pour son film d'une centaine de figurants, seigneurs et pages. Il choisit Simone Signoret pour figurer une « dame du château ». Marcel Carné est revenu sur cet épisode dans ses mémoires, sans manifester beaucoup d'amitié pour Simone Signoret, ils s'étaient querellés entre-temps sur le tournage de *Thérèse Raquin* : « Ils étaient environ une trentaine d'hommes et de femmes, à qui on fit signer un contrat de vingt cachets, pour la plupart le premier de leur carrière. C'était le cas de Simone Signoret, qui pour des raisons pécuniaires et, disait-elle, professionnelles ne se tenait plus de joie[2]. » *Les Visiteurs du soir* ne lui offrent pas encore un vrai rôle, mais la figuration est en effet très bien payée : deux cents francs par jour. Surtout Simone est engagée pour trois mois de travail, puisqu'elle a la chance de figurer dans de nombreuses séquences, d'être de tous les décors : à la chasse, au bal, au banquet. Le tournage est un merveilleux entracte dans un hiver parisien douloureux. Les petits frères et maman ont fui Paris occupé pour la zone sud,

1. Voir lexique.
2. Marcel Carné, *La Vie à belles dents : souvenirs*, Éditions Jean-Pierre Ollivier, 1975.

encore libre, pour quelques mois, à Valréas près de Vaison-la-Romaine, où Georgette Kaminker a dû prendre un emploi de lingère. Simone se retrouve seule face à sa nouvelle vie pour la première fois. C'est la liberté. Les signes de la guerre se font tout de même sentir dans les gorges du Verdon : profitant des difficultés d'approvisionnement connues, le régisseur peu scrupuleux détourne une partie de la nourriture. Les acteurs crient famine. Marcel Carné est contraint de faire empoisonner au phénol les mets du banquet pour éviter qu'ils ne disparaissent avant qu'on ait dit « moteur ». Malgré cela, l'ambiance est conviviale. Simone fréquente pour la première fois des vedettes confirmées : Arletty, Jules Berry, Fernand Ledoux sont très abordables. Elle partage un peu de la vie de ceux qui ont déjà réussi. Les meilleures choses ont cependant une fin, toute la troupe est rapatriée à Paris pour les scènes d'intérieur, celles du banquet et du bal. Simone retrouve parmi les pages des connaissances : Jean Carmet, Marcel Herrand et surtout Alain Resnais. Il a gardé un curieux souvenir de ces « retrouvailles », qu'il confie avec émotion : « J'avais perdu de vue Simone depuis 1940 quand je l'ai vue apparaître aux studios Saint-Maurice. J'étais page-serveur, elle était dame du château. Elle était bien habillée et les pages, eux, étaient vêtus d'un collant "sucre d'orge", jaune, vert et bleu et d'une perruque, c'était difficile de faire plus ridicule. J'étais très mal à l'aise. On ne s'est pas beaucoup parlé pendant le tournage, car moi j'étais avec les domestiques, elle avec les seigneurs. C'est très curieux, mais il y a eu une frontière par le costume. Comme si moi j'étais un peu le raté et elle celle qui avait réussi puisqu'elle était du côté des seigneurs. J'ai eu l'impression qu'on était dans deux mondes qui ne pouvaient plus communiquer. Elle m'échappait [1]. »

La dame du château, quoi qu'en dise Alain Resnais, est pourtant loin d'être inaccessible. C'est encore une figurante

1. Entretien d'Alain Resnais avec l'auteur, mars 1994.

qui court après les petits rôles. Pourquoi a-t-elle mis cette distance entre Alain et elle, que le jeune comédien sensible a si violemment ressentie ? Sans doute n'était-il pas indispensable à ses nouveaux plans. Elle avait pour l'heure besoin d'aides, de rencontres qui lui apporteraient des contacts utiles. Elle va jeter son dévolu sur d'autres « pages », ceux qui vont lui servir à défaut de la servir. Jean Carmet est de ceux-là : il connaît les directeurs du théâtre des Mathurins, Marcel Herrand et Jean Marchat, et la recommande pour une nouvelle figuration. La pièce *Dieu est innocent* est une libre adaptation d'*Antigone* de Sophocle. Simone doit figurer une femme du peuple dans la foule de Thèbes. La jeune comédienne ne prend pas son rôle – qui consiste à manifester bruyamment – très à cœur. Il faut dire que ses camarades « tragédiens » engagés eux aussi pour faire foule sont des joyeux drilles qui prennent plaisir à détourner leur composition. Jean-Marc Thibault, Arsenio, Jean Carmet songent surtout à passer de bons moments dans des temps qui leur en réservent peu : Yvette Étievant, figurante « choriste », elle aussi, qui deviendra agent d'artistes et restera son amie jusqu'à sa mort, évoque attendrie leurs débuts communs, leurs insouciants premiers pas sur la scène : « On n'était pas très sérieux, les garçons passaient leur temps à essayer de nous faire rire alors que nous devions simuler des pleurs. On riait sous cape, enfin pas exactement puisque nos tenues étaient des plus légères. Un jour Simone s'est fait repérer par Marchat qui jouait Œdipe, il l'a renvoyée sur-le-champ. On était un peu ennuyés pour elle, d'autant qu'on n'était pas moins coupables, mais elle l'a très bien pris[1]. » On imagine mal Simone victime de ses camarades acceptant l'injustice de son sort, le sourire aux lèvres. Yvette Étievant ménage ses effets : « En fait », ajoute-t-elle avec humour, « Simone avait la tête et le cœur ailleurs ». *Dieu est innocent* lui avait permis de rencontrer l'amour. Peu lui importait que l'expérience théâtrale s'arrête.

1. Entretien d'Yvette Étievant avec l'auteur, juin 1994.

La plébéienne est tombée amoureuse d'Eymon. À la ville, il s'appelle Daniel Gélin. C'est un habitué du théâtre des Mathurins qui a hérité du rôle. Ce tout jeune Breton a déjà joué deux pièces chez Marchat et Herrand, il a été choisi pour son physique plus que pour ses qualités de comédien. Il a raconté, sans se donner le beau rôle, l'audition : « Pour tout essai on me demanda de monter sur scène, d'enlever mon pantalon et de montrer mes jambes. Je m'exécutai sous les rires de la troupe et mes jambes apparurent plus que correctes[1]. » En fait, un jeune premier avait obtenu le rôle, mais ses jambes avaient été jugées trop ingrates pour la tenue grecque. Entre le petit Breton timide (décidément, elle les attire !) et la jeune comédienne s'installe très vite une grande complicité. Daniel Gélin a dressé un portrait émouvant de la jeune artiste. Il ressemble étrangement à celui fait quelques années plus tôt par un autre Breton, Alain Resnais : « Une jeune figurante me fascinait. Je n'avais jamais rencontré quelqu'un d'aussi vivant. Par son brio et son goût du rire, sa beauté impressionnante et son franc-parler, Simone Signoret dominait tout. Devant elle, ma naïveté, mon inculture, mon physique frêle et encore enfantin ne faisaient pas le poids[2]. » Daniel Gélin, qui a plus d'audace qu'Alain Resnais, va tenter ce qui lui paraît impossible : séduire Simone. Sa prudence en la matière ne doit rien à la tactique d'un habile séducteur, il l'a avoué : « Je ne sais plus combien de temps il a fallu pour que j'ose l'embrasser[3]. » Daniel Gélin n'est pas sûr de lui, mais il a ses atouts : il est beau – Simone est loin d'être insensible à la beauté masculine – et il est très gai. Daniel Gélin finit par oser prendre l'initiative : « Le soir après le théâtre, j'accompagnais Simone chez elle. Nous y allions à pied. On s'embrassait à chaque coin de rue, jusqu'au vertige, puis je rentrais ensuite seul dans ma mansarde de la

---

1. Daniel Gélin, *Deux ou trois vies qui sont les miennes*, Julliard, 1976.
2. *Ibid.*
3. *Ibid.*

rue Monsieur-le-Prince. Un soir très simplement, je lui demandai si elle voulait bien dormir chez moi. Très simplement, elle me répondit oui[1]. » Simone Signoret a frappé, directe, affranchie pour une époque qui ne l'est pas encore. Elle va pour la première fois habiter chez un garçon. « Le lendemain très simplement je lui ai demandé si elle voulait bien rester chez moi. Elle me répondit oui[2]. » Simone n'abandonne pas pour autant la bande du Flore, les Fabien Loris, Jacques Besse, Marcel Duhamel, mais elle prend ses distances pour entamer une vraie vie à deux. Une vie de femme libre, elle a vingt ans et elle n'est pas mariée. La faim, « quand on avait trop de crampes d'estomac, on prenait un somnifère », est oubliée. La guerre aussi. Simone est heureuse dans sa nouvelle vie, même si elle est un peu moins fascinée que Daniel. Le passage que ce dernier a consacré à Simone dans ses mémoires est lyrique et exalté, les quelques mots de Simone dans *La Nostalgie* sont pleins de tendresse mais beaucoup plus maîtrisés, elle résume leur idylle par un banal « on s'aimait beaucoup ».

Les deux amants sont séparés pour l'été, ils se retrouvent brièvement à l'automne, mais un autre homme va séduire à son tour Simone. C'est Marcel Duhamel. C'est un homme mûr, il a quarante-deux ans et un parcours original. Ancien groom, ancien commis, il est devenu gérant de l'hôtel Ambassador. Surtout, il a rencontré Jacques Prévert – alors qu'il était engagé dans l'armée qui occupait la Turquie – avec lequel il s'est lié d'amitié. L'Ambassador devient vite un refuge pour les Prévert, Desnos, Aragon et à leur contact Marcel Duhamel se met à rêver de cinéma : il passe à la réalisation et fait l'acteur dans *L'affaire est dans le sac*, *Drôle de drame* ou *Les Enfants du paradis*. Comme beaucoup d'autodidactes, Marcel Duhamel a soif de connaissance. Il dévore les auteurs américains, Steinbeck,

1. *Ibid.*
2. *Ibid.*

Hemingway, ceux-là même que Simone a eu la chance de découvrir adolescente. Il lui fait connaître, en revanche, les auteurs policiers : James Hadley Chase, Samuel Dashiell Hammett et Peter Cheyney. En 1942, Marcel Duhamel n'est pas encore l'éditeur en France de ces romanciers qu'il publiera dans la Série noire qui le rendra célèbre. Mais il est déjà passionné et transmet ses goûts à une Simone toujours avide de culture. Marcel protège Simone, elle se laisse prendre en charge, c'est confortable et inédit. Mais Marcel Duhamel est marié et ne compte pas quitter son épouse qu'il adore et qui se trouve pour l'heure en zone libre. L'idylle sera sans suite.

Le prince charmant

Elle n'était [...] *pas prête pour un grand amour,* [...] *elle était si jeune, si belle, si appétissante, si courtisée.*

Robert SCIPION

En cette fin d'année 1942, Simone Signoret avance lentement dans la carrière. Ce n'est pas encore le succès, tout juste des débuts prometteurs. Si l'on s'amuse à mettre bout à bout les journées de tournage des cinq films auxquels l'actrice a participé, on arrive à quelques mois à peine de travail, et cela surtout grâce à l'aventure exceptionnelle des *Visiteurs du soir*. Ce n'est pas la fortune non plus, ni même un début de notoriété : Simone Signoret n'a pas encore eu son nom au générique, elle n'a pas tenu, pour être juste, ce qu'on peut appeler « un rôle » qui lui donnerait une chance d'attirer l'attention du spectateur. Pour l'apercevoir dans *Le Prince charmant*, *Boléro*, *Les Visiteurs du soir*, *Le Voyageur de la Toussaint* ou *L'Ange de la nuit*[1], il faudra l'invention du ralenti et les ressources des nouvelles techniques de traitement de l'image. Elle avouera à Anne Sinclair lui passant au cours d'un *7/7*[2] des images arrêtées de ses appa-

1. Film d'André Berthomieu avec Jean-Louis Barrault et Henri Vidal.
2. *7/7*, janvier 1985.

ritions dans le film de Marcel Carné, en même temps qu'à des millions de téléspectateurs : « Quand le film passait à la télévision je n'ai jamais pu réussir à me voir, et encore moins à me montrer à la famille et aux amis, j'avais beau connaître par cœur l'emplacement des séquences où j'apparaissais, cela passait toujours trop vite. »

En 1942, ces temps où l'actrice ne fait que des apparitions furtives à l'écran, faisant fond avec le décor, ces temps d'une figuration que l'on nomme par correction « intelligente » n'ont pas encore passé. Ceux de la débrouille et des fins de mois difficiles non plus. Le tournage d'*Adieu Léonard* qui commence en janvier 1943 s'annonce comme une nouvelle chance d'échapper à la rudesse de la vie parisienne. Un tournage dans le Midi, Simone en rêve depuis *Les Visiteurs*. Tout le Flore se retrouve dans l'aventure et le générique est prestigieux : Pierre Prévert réalise le film sur une idée qu'il partage avec son frère Jacques. Charles Trenet est la vedette de cette comédie délirante qui réunit Pierre Brasseur, Maurice Baquet[1], Denise Grey[2], Yves Deniaud[3] et tous les sans-papiers du Flore que les frères Prévert protègent. Le tournage se passe dans la joie et l'insouciance. Robert Scipion[4], le célèbre cruciverbiste, a participé à l'aventure, il se rappelle l'atmosphère unique du tournage : « Nous étions une bande de copains qui utilisaient le cinéma pour se planquer. Moi par exemple, j'étais réfractaire au STO, il y en avait d'autres dans ce cas, des anarchistes, des communistes. Pierre Prévert avait déjà trois assistants réalisateurs, il m'a engagé comme quatrième ! J'ai aussi été figurant comme Mouloudji, comme Simone, interprétant un des nombreux petits métiers du film. Ma part c'était reprendre le rôle du marchand de

1. Voir lexique.

2. Voir lexique.

3. Yves Deniaud a composé un personnage comique populaire de *Drôle de drame* (1937) à *Quand la femme s'en mêle* (1957), une de ses dernières apparitions à l'écran.

4. Voir lexique.

marrons auquel Jacques Dufilho avait renoncé. C'était un tournage très gai et très intellectuel. On se passait des livres qui ne circulaient plus, les Faulkner, les Dos Passos et aussi Kafka. Simone vivait avec tous les figurants dans un wagon aménagé et les vedettes étaient à l'hôtel[1]. »

Professionnellement *Adieu Léonard* n'est pas le film qui va révéler Simone Signoret. Elle est encore loin de la pleine lumière, de la visibilité totale. On a beaucoup reconstruit les débuts de l'actrice. Un journaliste très enthousiaste, à moins qu'il ne soit peu scrupuleux, écrit en 1949 dans le très sérieux *Écran français* à propos de ce film : « Voici maintenant qu'elle va dépasser la figuration intelligente. C'est un véritable rôle de composition qu'elle va assumer dans *Adieu Léonard*, le film si cocasse de Pierre Prévert. Mais retenez ce détail significatif de ses tout débuts : un rôle muet. Je précise. Un rôle où il faut exprimer mille sentiments. Mais avec la silhouette, le geste, le regard. » En fait, il faut vraiment que Simone Signoret soit devenue célèbre pour qu'on s'intéresse de si près à une performance tout à fait furtive. Il s'agit de quelques secondes qu'il faut guetter. Ce qui fait l'importance d'*Adieu Léonard* dans la vie et la carrière de Simone Signoret est ailleurs que dans sa performance d'actrice débutante. *Adieu Léonard* marque la fin de son apprentissage pour d'autres raisons. Quelques jours avant son départ pour Dax, sur le tournage, une rencontre va être essentielle.

C'est d'un homme qu'il s'agit. Il a trente-six ans, un regard triste, de l'élégance. Il croise Simone devant le Flore. Yves Allégret est connu à Saint-Germain-des-Prés. Surtout pour être le frère de Marc[2], metteur en scène talentueux. Yves Allégret a lui aussi une assez belle carte de visite. Associé à son frère dans beaucoup de projets, il a également été l'assistant de Jean Renoir

1. Entretien de Robert Scipion avec l'auteur, mai 1994. Il est décédé en décembre 2001.

2. Voir lexique.

avant de réaliser des films publicitaires avec Jean Aurenche, l'ancien collègue du père de Simone. En 1935, il a réalisé son premier film au titre prometteur : *Le Gagnant*. Ce fils de pasteur mi-alsacien mi-dauphinois a aussi pour particularité d'être un militant trotskiste. Secrétaire particulier de Trotsky à Barbizon pendant son exil français, il a participé aux tournées du groupe Octobre à Moscou. Pendant la guerre il a continué dans la clandestinité son métier avec notamment *Les Deux Timides* tourné en zone sud sous un pseudonyme, celui d'Yves Champlain. Deux semi-échecs ont suivi : *La roue tourne*, qui comporte une distribution prestigieuse dont Pierre Brasseur et Yves Deniaud, ne sera jamais achevé. En raison des interdictions de première partie, le film ne trouvera pas son financement. Et surtout, *Tobie est un ange* avec de nouveau Pierre Brasseur, Janine Darcey[1] et Rellys[2] qui sera détruit dans l'incendie des studios de Saint-Laurent-du-Var.

Yves Allégret est fasciné, lui aussi, par Simone. Par son tempérament et sa beauté. Il n'est pas question qu'elle lui échappe. Il a des armes pour la capturer. N'est-il pas séduisant, n'est-il pas mûr et forcément plein de l'expérience qui a manqué au jeune Daniel Gélin ? Libre comme ne l'était pas Marcel Duhamel ? Certes, il n'est pas encore divorcé et il est père d'un petit garçon, mais la rupture avec son épouse est consommée. Surtout, Yves et Simone ont des intérêts communs : elle a choisi ce métier d'actrice qui commence à bien vouloir d'elle et Yves, lui, est promis par tous à un bel avenir dans le cinéma. Pendant les trois mois que dure le tournage d'*Adieu Léonard*, Simone réfléchit. Elle n'est pas encore prête. Yves Allégret, lui, l'a choisie, il lui écrit souvent sa détermination et longuement son amour. Simone hésite. Robert Scipion, un des figurants d'*Adieu Léonard*, se souvient : « Simone recevait des lettres d'Yves Allégret tous les jours. C'étaient des lettres d'amour fou. Elle

1. Voir lexique.
2. Voir lexique.

trouvait tout cela un peu disproportionné, ça la faisait un peu rire, mais sans méchanceté ; elle n'était visiblement pas prête pour un grand amour, pour un amour unique, elle était si jeune, si belle, si appétissante, si courtisée. »

Simone aime cette vie de troupe sans souci au soleil du Midi, elle y est heureuse. Yves Allégret veut convaincre Simone de la sincérité de son amour. La meilleure preuve serait de la faire exister en tant qu'actrice, leur complicité pourrait se jouer sur le terrain professionnel. Le premier essai est vite engagé, plutôt mal. Yves Allégret reprend en marche la réalisation d'un film mineur intitulé *La Boîte aux rêves*. Petit film, encombré par la présence envahissante de la star du moment Viviane Romance [1]. C'est elle qui a apporté l'idée au producteur. Très vite elle se dispute avec tout le monde, des scénaristes au réalisateur Jean Choux. Yves Allégret hérite donc en cours de route de la réalisation de cette comédie légère dont l'action se déroule essentiellement dans un univers qu'il connaît bien : le Flore. Il n'offre à Simone qu'une modeste apparition. Si l'on accorde du crédit aux papiers parus à la sortie du film, c'est peut-être rétrospectivement une chance : le film est qualifié sur le moment de « siphon sans jus », de « monument de sottise ». Les années ne changeront rien à la violence des critiques. Dans une plaquette réalisée en 1985 en hommage à Yves Allégret par l'Institut Louis Lumière, on peut lire : « Si la mise en scène d'Yves Allégret, son sens du mouvement, le soin qu'il apporte à la composition des images rachètent un peu le scénario, si quelques rôles secondaires font passer de bons moments au spectateur : René Lefèvre [2], Henry Bry [3], Pierre Louis [4], si l'on aperçoit Simone Signoret, Gérard Philipe à leurs débuts, il n'y a tout de même

1. Voir lexique.

2. Acteur né en 1898, il fut une vedette avant guerre. On peut revoir son personnage sympathique dans *Le Crime de monsieur Lange* de Jean Renoir (1935) ou *Le Million* de René Clair (1933).

3. Célèbre à l'époque, il a aujourd'hui disparu des dictionnaires de cinéma.

4. Même remarque que précédemment.

pas de quoi rêver, ni de battre en brèche un jugement de l'époque qui voyait dans *La Boîte aux rêves* l'un des plus mauvais films de l'année. » Le film ne sortira qu'en juillet 1945 quand Simone débutera le tournage du premier grand film de sa carrière : *Les Démons de l'aube*.

Pour l'heure, malgré les difficultés ou à cause d'elles, commence pour le jeune couple une vie de bohème, d'hôtel en hôtel, avec un court passage Au petit paradis dans le Xe arrondissement de Paris, l'hôtel tenu par le père de Gérard Philipe [1], une pension pour artistes qui accueille Jacques Dynam, Daniel Gélin, Danièle Delorme et Simone Sylvestre [2]. Une vie presque insouciante pour ce début d'année 1944. Pourtant Yves Allégret n'est pas à l'abri. Comme beaucoup de jeunes gens, il est réfractaire au STO. À partir de l'automne 1943, les polices allemande et française multiplient les rafles contre les jeunes gens qui essaient de se soustraire au STO, le Service du travail obligatoire instauré par l'occupant depuis juin 1942 pour tous les hommes de dix-huit à cinquante ans et dont l'application est intensifiée en février 1943. Mais en ce début d'année 1944 la guerre semble s'éterniser et pèse de plus en plus lourdement sur les Français. Le 12 février s'ouvre le procès dit des « vingt-trois étrangers terroristes ». Les accusés sont pour la plupart des immigrés âgés de dix-huit à vingt-cinq ans. Missak Manouchian et ses camarades sont fusillés le 21 février. C'est au même moment qu'un chanteur débutant vient tenter sa chance à Paris. Il est lui aussi hors la loi, puisqu'il a été appelé au STO, mais il ne pense qu'au spectacle et au succès qui peut lui venir à Paris. Yves Montand quitte à jamais Marseille et la pauvreté. Chaque semaine amène une nouvelle exécution de FTP par les Allemands. Bien sûr la censure est là pour que les Français ne soient pas au courant de ces événements, mais la rumeur se propage.

1. Sur ce passage on lira avec intérêt la biographie que Gérard Bonal a consacrée à Gérard Philipe (Seuil, 1994).

2. Voir lexique.

Alors que les journaux avaient été priés par le gouvernement de Vichy de donner un large écho aux représailles annoncées après les premiers attentats, la consigne devient vite de ne faire aucune publicité aux « terroristes ». La presse rapporte en revanche beaucoup plus facilement les dégâts des bombardements alliés et ils sont de plus en plus fréquents. Le 20 avril par exemple les Alliés bombardent la gare de la Chapelle : trois cent quatre immeubles détruits, six cent quarante et un morts, plus de deux mille blessés. Les Parisiens vivent dans l'inquiétude, d'autant que la vie quotidienne ne s'est pas améliorée. La pénurie frappe toujours les grandes villes. Et surtout les rafles se multiplient, notamment contre les réfractaires du STO dont peu ont eu la prudence de se cacher vraiment. Le 6 juin 1944, la canicule s'est abattue sur Paris. Simone et Yves se décident enfin à fuir. Le refuge est la Sapinière, une grande maison en Haute-Marne à Charmes-la-Grande, la maison du père d'Yves Allégret, un pasteur décédé depuis quelque temps. Les compagnons du « maquis » se nomment Serge Reggiani et sa femme Janine Darcey, Danièle Girard, devenue Delorme grâce à de faux papiers. Elle est en danger, son père est à Londres et sa mère a été déportée à Ravensbrück pour faits de résistance. C'est la plus jeune de la bande. Simone veille sur elle avec amour. Danièle Delorme s'en souvient avec émotion : « Simone, dans toute cette période dramatique de ma vie, a été pour moi une grande sœur, presque une maman. Elle m'écoutait, me consolait, me protégeait. Elle m'a beaucoup aidée[1]. » Daniel Gélin est aussi réfugié chez les Allégret. Il est de nouveau amoureux, cette fois toutes ses attentions se portent sur la jeune Danièle. Danièle succède à Simone dans le cœur de Daniel Gélin, comme elle lui avait déjà succédé dans celui de Claude Jaeger. Les deux amies ont une complicité que les affaires de cœur ne mettent pas en péril, bien au contraire. Elles partagent les mêmes passions amoureuses à tour de rôle, sans rivalité, à l'époque en tout

1. Entretien de Danièle Delorme avec l'auteur, avril 1995.

cas. La vie à la Sapinière s'organise : les hommes sont chargés du ravitaillement, lourde charge qui consiste surtout à faire des kilomètres à vélo pour trouver fermes et victuailles. Les femmes s'occupent pour leur part de la cuisine et du ménage.

À Charmes-la-Grande, on attend la victoire des Alliés avec impatience. La bande de copains vit leur progression l'oreille collée à Radio-Londres. Le 25 août, Paris est libéré, mais en Haute-Marne l'heure de la délivrance n'a pas encore sonné, les Allemands sont encore là. Enfin les premiers Américains débarquent. Le danger s'éloigne. La voie est libre pour rentrer à Paris. Simone porte en elle l'enfant qui devrait être un nourrisson de la Libération. Le petit Patrick naît à la fin de l'été. Il mourra à neuf jours à la clinique, à la suite de négligences. Simone n'évoquera jamais ce deuil, le premier qui l'ait vraiment touchée. Elle n'aura pas d'autre garçon. Cette souffrance enfouie rejaillira plus tard. Pour l'heure, l'actrice se réfugie dans le travail et il y a fort à faire.

Les Démons de l'aube

Ça y était, c'était sur les rails.
Simone SIGNORET

À la Libération, Yves Allégret n'a pas encore offert à la jeune femme le rôle à la mesure de son talent. Elle n'est pas encore son épouse – ils se marieront tardivement en 1948, bien après la naissance de leur fille, chose assez peu courante pour l'époque en milieu bourgeois. *Les Démons de l'aube*, le nouveau film dont Yves Allégret démarre le tournage pendant l'été 1945, va d'abord être un cadeau pour Simone. Le scénario peut paraître austère : il raconte la vie quotidienne d'un commando à l'entraînement en Afrique du Nord et la mission de nettoyage dont il est chargé dans les quelques heures qui précèdent le débarquement allié du 15 août 1944 sur la côte méditerranéenne. Le titre primitif, *Âmes qui vivent*, exprimait mieux l'atmosphère de ce film qui est plus un film de caractère qu'un classique film de guerre. Simone Signoret y incarne une fille légère avec force et conviction. Avec *Les Démons de l'aube*, elle peut enfin sentir le parfum du succès. Dès janvier 1946, trois mois avant la première du film au cinéma Le Madeleine, *L'Écran français* consacre sa une à l'actrice. La sortie du film en avril 1946 confirme les espoirs : les critiques saluent le talent d'Yves Allégret et remarquent particulièrement celui de sa jeune compagne : « Dans ce film d'hommes », peut-on lire sous la plume de Jacques Sigurd,

« passe trop rapidement le beau visage de Simone Signoret, nouvelle venue qui mérite mieux que ce rôle court dans lequel elle parvient pourtant à faire preuve de grandes qualités [1]. » Sa prestation est remarquée, elle remporte après Micheline Presle le prix Suzanne Bianchietti 1946-1947, récompense décernée à un jeune talent féminin laissant espérer une belle carrière cinématographique. La critique de Bernard Zimmer confirme qu'une actrice est en train de naître : « J'avais naguère entendu Simone Signoret, dans une de ces stériles écoles de comédiens où l'on dresse, paraît-il, au cinéma, aux prises avec un texte d'Alfred Capus. Elle s'y débattait gentiment, à peine zézayante, mais il était clair que les démêlés de cette petite femme n'étaient pas son affaire. Joue-t-elle ici un personnage plus conforme à ses dons ? Elle donne vie en tout cas à cette fille de café à soldats qu'on a si souvent rencontrée dans les films de légionnaires, de bataillonnaires aux colonies, et qui attire les confidences des hommes trop seuls, sert à leur plaisir, mais garde un coin réservé au sentiment dont bénéficiera le plus timide du bataillon ou du commando [2]. » Simone Signoret a réussi un coup de maître : avec un rôle modeste elle s'est fait remarquer des professionnels. Car *Les Démons de l'aube*, malgré ses qualités, ne traversera pas les années. On oubliera vite ce qu'elle doit à Yves Allégret. Pour preuve, *Les Démons de l'aube* n'ont pas beaucoup figuré dans les festivals et les rétrospectives, ils ne sont passés pour la première fois à la télévision qu'après la mort de Simone Signoret, pour le quarantième anniversaire du débarquement en Provence en août 1994. Patrick Brion, le spécialiste du cinéma sur France 3, a eu beaucoup de mal à retrouver une copie intacte de ce film, témoin des vrais débuts de Simone Signoret. Sa ténacité a été récompensée. À part André Valmy, dont la critique avait unanimement salué la performance et qui s'est réjoui de l'événement, aucun des héros du film n'a pu le revoir, tous

1. *L'Écran français*, 10 avril 1946.
2. *La Bataille*, 1er mai 1946.

sont morts avant. Ils auraient sûrement apprécié, avec le recul, cette réplique inattendue de Lily-Simone Signoret : « Dans le fond, tu sais, les idées c'est pas grand-chose. » Une phrase que, dans la vie, l'actrice ne pourrait jamais prononcer. Une vraie réplique de composition.

Les Démons de l'aube, succès du couple Allégret-Signoret, n'est pas leur seule réalisation commune. Le 16 avril, quelques jours seulement après la première du film et moins de dix-huit mois après la mort du petit Patrick, Simone met au monde Catherine, une fille. Elle n'aura pas le temps de jouer les mères. Simone Signoret est devenue en quelques mois une actrice qu'on réclame. Les journalistes veulent l'interviewer. Les échotiers s'y intéressent. *Cinévogue* de juin 1946 lui offre une couverture et consacre une page à « cette petite qui a des yeux extraordinaires ». On y apprend que « jeune fille à Saint-Germain-des-Prés, un peu garçon manqué, elle portait les vestes des copains, leurs chemises et lavait elle-même ses longs cheveux noirs ». On y lit aussi que « la Simone Signoret d'aujourd'hui comme celle d'il y a cinq ans fume cette éternelle Gauloise qui lui plisse l'œil droit. Ses cheveux sont devenus blond-roux, son visage s'est encore aminci, mais son étrange regard est resté le même. Bleu trop clair », précise le reporter, « et triste ». Et il ajoute : « Ce n'est plus "la pauvre qui n'a qu'une robe" (sic !). Elle nous reçoit au fond d'un jardin. De ses débuts difficiles, elle n'a gardé aucune amertume, mais une grande sensibilité et beaucoup d'affection pour ses amis. » Et le sens de la famille, pourrait-on ajouter. Jean-Pierre, le deuxième petit frère, raconte avec émotion ses souvenirs de cette époque : « Yves Allégret et Simone habitaient rue Vaneau, mon frère et moi étions pensionnaires au lycée Lakanal de Sceaux à l'époque et nous nous réfugiions régulièrement chez eux, on y mangeait mieux[1]. »

Ce n'est pas un hasard si la presse choisit de suivre Simone Signoret à ce moment précis. En juin 1946 commence pour

1. Entretien de Jean-Pierre Kaminker avec l'auteur, novembre 1993.

l'actrice le tournage du film *Macadam* de Marcel Blistène. Coïncidence ? Dans la vie de Simone Signoret, il y en a trop pour qu'elles soient vraiment le fruit du hasard. Le réalisateur vient d'achever un film avec un certain Yves Montand : *Étoile sans lumière*. C'est le destin et lui seul qui a choisi Simone Signoret pour le rôle principal de cette sombre histoire. Marcel Blistène rêvait de le confier à Sophie Desmarets, mais celle-ci, enceinte, a dû renoncer. Marcel Blistène et Jacques Feyder [1], son directeur artistique, font donc un nouveau tour d'horizon. On leur a parlé d'une Simone Signoret qu'ils se souviennent d'avoir en effet aperçue, ils la convoquent pour des essais. Cette fois la concurrence est talentueuse, les atouts des jeunes actrices rivales sont nombreux : Martine Carol est déjà célèbre, si Janine Darcey et Jacqueline Gauthier sont moins connues, Simone est la seule vraie inconnue du grand public. Mais la « gagneuse », comme l'appelait Mouloudji, réussit. Pour Simone, c'est une étape importante. Elle a confessé à Jean-Pierre Lavoignat en mars 1982 : « Je peux dire que la première grande émotion de ma vie, la grande nouvelle qui, si je me la rappelle, m'apporte une émotion aussi forte que celle que j'ai eue au moment où l'on a ouvert l'enveloppe à Hollywood, pour les oscars, c'est le jour où l'on m'a téléphoné pour me dire que je jouais *Macadam* de Marcel Blistène et Jacques Feyder. C'est pareil. Parce que j'étais en compétition, parce qu'il y avait dix filles qui avaient fait des essais et parce que c'était moi qu'on avait choisie [2]. »

Macadam va faire scandale, son absence de moralité a choqué beaucoup de critiques. À tort, *Macadam* n'est pas une œuvre pessimiste dans laquelle la morale ne trouve pas son compte. Les purs n'y sont pas écrasés et le mal ne triomphe pas. Simone, pour sa part, qui est grande, fait véritablement sensation. Marcel Blistène vole au secours de la victoire quand il écrit : « Je sais que vous aimerez Simone Signoret, tant elle est captivante, et

1. Voir lexique.
2. *Première*, mars 1982.

aussi parce qu'elle s'est acquittée d'un rôle écrasant, avec une maestria que lui envieraient bien des aînés [1]. » Les critiques se sont déjà fait leur opinion et en ce qui concerne Simone Signoret elle est favorable : « Comment Simone Signoret allait-elle tirer son épingle du jeu ? » lit-on dans *L'Écran français* de novembre 1946. « Eh bien, elle s'en est tirée à son éclatant honneur. Elle s'est égalée à ses camarades. Oh il s'agissait d'un rôle bâti en pleine pâte conventionnelle. Une très douteuse demoiselle et une franche amoureuse, un rôle à tirer tantôt dans un registre, tantôt dans un autre. Elle l'enlevait avec une fraîcheur, une sûreté de ton, une conviction sensible, une sensibilité de bon aloi qui achevèrent de la consacrer. » Un seul critique émet quelques réserves : « Simone Signoret est détestable dans la scène (également détestable) qu'elle a avec Félix Oudart [2], émouvante avec Dacqmine [3], moyenne avec Paul Meurisse, juste avec Françoise Rosay. Elle ressemble au film [4]. » Mais le succès domine tout et a raison des plus tièdes. *Macadam* a servi Simone Signoret, le film lui apporte la renommée. Elle écrira dans *La Nostalgie*, à juste titre : « Ça y était, c'était sur les rails ! » Le train est en effet lancé. Même si le voyage qui suit est moins exaltant, Simone Signoret n'est pas sur une voie de garage. *Fantômas*, film de Jean Sacha, dans lequel elle retrouve Marcel Herrand qu'elle a connu dans *Les Visiteurs du soir*, ne figure pas parmi les chefs-d'œuvre du cinéma français ni dans les œuvres majeures de l'actrice. Mais elle y continue d'apprendre son métier aux côtés des plus grands. Elle y sera une fille de Fantômas délicieuse. Pour dire vrai, le film n'est pas pire que la célèbre série des années soixante interprétée par Louis de Funès et Jean Marais. Une œuvre légère, comique, divertissante à souhait, une exception dans la carrière de l'actrice qui ne don-

1. *L'Écran français*, 17 novembre 1946.
2. Voir lexique.
3. Voir lexique.
4. *Libération*, 30 novembre 1946.

nera pas beaucoup dans la comédie, même quand elle peut promettre d'être de meilleure qualité. Une parenthèse, donc, qu'on referme, car la vraie consécration est postérieure et imminente.

Le 8 octobre 1947 débute aux studios Pathé de Joinville le tournage de *Dédée d'Anvers*, sous la direction de son mari Yves Allégret. Le sujet, à première vue, n'est pas original. L'histoire de Dédée est celle d'une jeune Française qui échoue, à la fin de la guerre, à Anvers, dans une boîte à matelots dirigée par un René (Bernard Blier), qui la trouve fort à son goût. Son « homme », Marco, qui la maltraite, est magistralement interprété par Marcel Dalio. Dédée n'est pas à sa place dans cet univers sordide, elle rêve d'une autre vie, d'un autre destin ; alors quand arrive Francesco (Marcel Pagliero [1]), capitaine d'un cargo italien et trafiquant d'armes, l'espoir et l'amour naissent en elle. Dédée, amoureuse et aimée, se voit déjà ailleurs, libérée, loin du sinistre port brumeux d'Anvers. Mais Marco n'entend pas perdre son gagne-pain. Un soir, il tue Francesco. Il ne reste alors à Dédée que la vengeance. À l'aide d'un complice, elle tue à son tour l'assassin, en l'écrasant sous une voiture. Ce film noir est diversement reçu. Les plus virulents déplorent sa sélection pour la Biennale de Venise. Le bourgmestre d'Anvers a d'ailleurs refusé l'autorisation de tourner dans sa ville, soucieux de la réputation d'Anvers. La projection de *Dédée d'Anvers* est même interdite à Bruxelles et à Boston. Mais les critiques les plus sévères épargneront la prestation de Simone Signoret. Claude Hervin écrit, par exemple : « Simone Signoret a trouvé enfin, avec *Dédée d'Anvers*, le rôle qu'elle attendait et qui la classe d'emblée parmi nos grandes comédiennes de l'écran. La sobriété et l'intensité du jeu étonnent chez cette très jeune artiste qui est presque une débutante. Si Simone Signoret ne galvaude pas son talent elle ira très loin [2]. » Pour l'heure, le film n'est pas

1. Voir lexique.
2. *Paris-Presse*, 7 septembre 1948.

indigne de ses dons. Il a au demeurant bien vieilli. Il reste aujourd'hui un des rôles les plus forts interprétés par la jeune actrice. Le couple Allégret-Signoret fonctionne, au moins au cinéma. L'attention de la presse est soutenue. Pendant le tournage de *Dédée d'Anvers*, Simone Signoret obtient une nouvelle fois la couverture de *L'Écran français*, le 9 décembre 1947. Une image rare. L'actrice porte les cheveux longs blonds déployés sur ses épaules, un pull à col roulé lui donne un air sage et doux qui tranche avec le rôle qu'elle incarne. La tête légèrement penchée, le regard se veut plus tendre que langoureux, la photo signée Lucienne Chevert a la classe des clichés d'Harcourt sans la sophistication extrême.

En page 2, Simone Signoret est la vedette du billet très lu signé Le Minotaure. C'est une consécration. Au cours des derniers mois ses croquis à « l'emporte tête » ont salué des talents aussi reconnus que ceux d'Odette Joyeux, de Pierre Prévert, de Suzanne Flon, de Jules Berry, de Raymond Rouleau, de Renée Saint-Cyr, ou encore de Marcel Herrand. Le rédacteur anonyme a saisi le « style Signoret » que les proches amis de l'époque décrivent avec quelquefois moins de force : « Elle a le ton insolent des filles débrouillardes, la voix grave des femmes qui passent pour intellectuelles, un zézaiement intermittent qui a de la grâce et le parler grossier de mise lorsque l'on a fréquenté les cafés littéraires. Elle admire, elle aime, elle adore ses amis, les derniers films italiens, Raymond Radiguet, les étoffes écossaises, les peintres naïfs du dimanche, les acteurs avec lesquels elle tourne, les autres. »

Le portrait ne mérite de subir aucune retouche. Il dépeint bien la Simone Signoret de cette fin des années quarante : furieusement ambitieuse, affichant fièrement sa différence – une jeune première certes –, mais dont le charme physique ne devait pas masquer sa capacité à s'imposer dans un monde encore dominé par les hommes. « Au temps du Flore, elle empruntait les chemises de ses camarades masculins pour se vêtir, répugnait à se coiffer et découvrait un monde, celui ou chacun a du génie mais pas de quoi s'acheter la dernière édition de Lautréamont », continue Le Minotaure. Il y a comme une délectation des journalistes à raconter cette jeune actrice qui à l'écran joue les femmes fatales, les putes et les femmes de petite vertu et dont ils découvrent dans la vie l'exceptionnelle personnalité. « L'intellectuelle » Simone Signoret va faire les gros titres. Ainsi, le 27 juillet 1948, pour la sortie du film, Simone Signoret est de nouveau à la une de *L'Écran français* et bénéficie d'une pleine page ainsi titrée : « *Dédée d'Anvers* impose Simone Signoret, ex-dactylo, ex-figurante qui fréquente les ciné-clubs, admire Renoir et Stroheim ! » Peu importe si Simone Signoret ne fréquente pas vraiment les ciné-clubs et n'admire pas plus Renoir que n'importe quel autre réalisateur, sa culture est sa distinction, sa marque de fabrique, et séduit la presse engagée. De son côté le magazine *Cinémonde*, plus populaire, encense aussi la comédienne sous la plume d'Henri Spade : « Elle apporte beaucoup d'intelligence et de finesse dans un emploi où jusqu'ici les mouvements de hanche et le port des bas noirs ont souvent tenu lieu de talent[1]. » Près de vingt ans plus tard, Pierre Marcabru écrira à son tour : « Et puis il y a Dédée d'Anvers, le front têtu, de jolies gambettes sur talons aiguilles et qui, consolatrice la lèvre humide, pas rechignante, donne à Simone Signoret bien du plaisir à habiter, bonne fille à l'âme garçonnière, petit soldat des mauvais jours, qui attend comme le messie le gros bébé tout en muscles, l'homme désarmé et viril qu'elle pourra bravement dorloter. Signoret, la voix qui attaque, brusque et caressante, à qui on ne la fait pas, et qui pourtant se laisse toujours avoir, place son personnage sans une grimace, sans tour de reins, au rayon de l'imaginaire mythologie populiste, avec un tel naturel qu'il nous fait croire à l'impossible, c'est-à-dire douter de tout, même des complaisances de ce cinéma racoleur[2]. »

Simone Signoret impose sa différence, sa singularité. Elle joue

---

1. *Cinémonde*, 14 septembre 1948.

2. *Arts*, 1er juin 1966, article cité par Joëlle Monserrat dans *Simone Signoret*, Éditions PAC, 1983.

des putes, elle n'a presque joué que des putes jusque-là, mais avec une noblesse digne d'Arletty. Pourtant, elle est consciente très tôt du danger de l'étiquette : « Ce que m'a apporté le succès de *Dédée d'Anvers*, c'est de comprendre que je risquais d'être cataloguée dans les putains et que dès lors j'en avais pour deux, trois ou quatre ans ! [1] » La sage photo de *L'Écran français* n'est pas le fruit du hasard. Peut-être témoigne-t-elle déjà du désir de contrôler l'image, de ne pas se montrer figée dans une expression, réduite à une attitude, enfermée dans un type d'emploi. L'expression douce et mélancolique de *L'Écran français* annonce que Simone Signoret a d'autres registres à explorer et que les metteurs en scène doivent le comprendre. Ils sont lents et encore conventionnels. Les cinéastes hommes n'ont de cesse d'enfermer cette indépendante, cette intelligente, dans des rôles qu'ils peuvent dominer. Simone Signoret va devoir, si elle veut être comédienne, passer sous les fourches caudines de réalisateurs qui mettent en scène leurs fantasmes. Les propositions sont nombreuses, mais elles tournent autour de ces rôles : après le succès de *Dédée d'Anvers*, elle signe pour *Impasse des deux anges* qu'elle tourne en mai-juin 1948 sous la direction de Maurice Tourneur. Le réalisateur, dont c'est le dernier film, lui offre le rôle d'une célèbre vedette de music-hall qui quitte la scène pour épouser un aristocrate et qui retrouve par hasard, la veille de son mariage, un amour d'adolescence, truand au grand cœur, qu'elle va suivre dans de rocambolesques aventures. La distribution comprend à nouveau Marcel Herrand, le méchant Arsito, Paul Meurisse, le voleur sentimental, et Danièle Delorme, autre très jeune première égarée dans ce film médiocre. Maurice Tourneur et Jean-Paul Le Chanois règlent leurs comptes avec une aristocratie qu'ils détestent dans ce film qui se veut « engagé », mais dont les critiques retiendront surtout le simplisme et la médiocrité. Ils épargneront Danièle Delorme et surtout Simone Signoret, dont on continue de vanter le talent bien particulier :

1. *La Nostalgie n'est plus ce qu'elle était, op. cit.*

« Nous tenons une jeune actrice qui fait merveille dans les rôles "nature" ; elle exprime sans effort l'appétit, la sensualité », écrit le sévère Jean-Jacques Gautier. Il décrit une vraie comédienne pas vraiment bien exploitée : « Ses silences ont autant d'importance que ses mots. Elle joue avec sa bouche, avec ses yeux, avec sa peau. Son tempérament est ici beaucoup plus puissant que son rôle. Il se peut qu'on l'oblige à interpréter toute sa vie les héroïnes de faits divers. » Et il ajoute en expert prudent : « Il se peut aussi qu'elle ne donne rien dans d'autres emplois [1]. »

C'est à ce défi que Simone, la combative, voudrait s'atteler. Changer d'emploi, prouver qu'elle est une comédienne et qu'elle peut, sinon tout jouer, du moins jouer ce qu'elle veut. Mais le temps n'est pas encore venu d'éclater dans d'autres registres. La vie connaît des cycles. En cette fin des années quarante, Simone est encore dans le cycle des héroïnes noires, *Macadam*, *Dédée*, bientôt *Manèges*. La lumière de *Casque d'or* est encore loin. À l'automne 1948, elle tourne, à l'étranger, dans un autre film mineur : *Four Days Leave*, réalisé par Léopold Lindtberg. L'action se déroule en Suisse où des soldats américains débarquent après la Seconde Guerre mondiale pour chercher femme. Simone joue la mère d'une petite fille, dont un marin tombe éperdument amoureux. Elle ne prouvera pas grand-chose avec ce film sans grand intérêt, passé inaperçu à l'époque, aujourd'hui oublié. Une particularité cependant mérite d'être notée : le film nous montre une Simone Signoret poussant la chansonnette, ce qu'elle ne tentera à nouveau que très tard avec *Music-Hall*, son dernier film, laissant sur la pellicule les traces d'un talent qu'elle aurait aimé posséder parfaitement. Coïncidence, la chanson de *Four Days Leave*, la complainte de Mandrin, sera plus tard interprétée par Yves Montand, un des grands succès du chanteur.

1. *Le Figaro*, 8 novembre 1948.

C'est un projet d'une autre envergure qui prend forme le 10 janvier 1949 à Neuilly. Yves Allégret offre à celle qui est devenue son épouse depuis quelques mois un nouveau rôle, avec la complicité de son scénariste Jacques Sigurd. Le film s'appelle *Manèges*, ses partenaires sont Jane Marken [1] et Bernard Blier. *Manèges* met en scène l'histoire de Robert, un très brave et très riche propriétaire de chevaux victime de la machination orchestrée par deux femmes, mère et fille. Simone Signoret interprète Dora, la fille, jeune épouse du bon Robert. Dora est un être froid, calculateur et vénal. Elle s'éprend d'un gigolo qu'elle entretient avec la fortune de Robert, puis elle rencontre un quinquagénaire avec qui elle projette de s'enfuir, mais la justice divine se manifeste : un terrible accident d'auto la laisse paralysée. Robert, éclairé par la mère de Dora, comprend enfin son manège et les abandonne toutes les deux. Certes, le personnage de Dora n'est pas celui d'une pute au sens strict du terme. Avec un sens de la précision et de l'humour très particulier, Simone Signoret jugera son personnage : « Elle est pire, c'est une "pute sans trottoir [2]". » Surtout avec ou sans trottoir, Simone Signoret décline sa palette de fille de mauvaise vie qui, cachée ici sous une apparence bourgeoise et respectable, évolue dans une histoire sordide. Le film est précédé d'une réputation sulfureuse et d'une publicité savamment orchestrée par le réalisateur. Yves Allégret publie dans la presse de grands placards ainsi conçus : « Nous croyons prévenir que ce film révèle des aspects impitoyables d'une mentalité qu'il ne convient pas de montrer à la jeunesse. Ce film, où l'amour d'un homme sincère devient la victime des manèges cyniques et cruels d'une mère et d'une fille sans morale, révèle des aspects accablants d'une mentalité sordide. » La sévérité de la critique peut néanmoins surprendre pour un film que l'on considère aujourd'hui au moins sur le plan technique comme un modèle du film noir.

1. Voir lexique.
2. *La Nostalgie n'est plus ce qu'elle était, op. cit.*

Il faut reconnaître que *Manèges* n'est pas un chef-d'œuvre de finesse et que pour que la société (bourgeoise, masculine ?) y trouve son compte, le réalisateur a un peu chargé le personnage de Dora. Les critiques souligneront cette « faiblesse » : cela va de « monument de boue[1] » pour Jean Nery dans *L'Écran français* à « mélodrame attristant[2] » pour Jeander dans *Libération* en passant par l'analyse précise, mais guère plus tendre, d'un Georges Sadoul dans *Les Lettres françaises* : « Comment expliquer la mentalité sordide des héroïnes, leur goût forcené du parasitisme si l'on ne montre pas le monde dont elles veulent vivre ? Leur foncière corruption n'a pas de sens si l'on cache les corrupteurs. Dans ce film noir, faute d'analyse sociale, les caractères deviennent des dons du ciel. Le mari est né avare et naïf, la femme putain, la belle-mère cynique, comme on naît brun, blonde ou rousse. Ces caractères préfabriqués sont taillés dans la noire ébonite dont on fait les stylos pour Uniprix. Cette violente attaque contre les femmes sonne creux parce que tout pour être concerté et inhumain sonne creux. Nous n'avons pas devant nous une catin ou une vieille garce mais des grues métaphysiques[3]. » Pierre Jean Guyo, lui, dans *La Croix* regrettera que « Yves Allégret ne croie pas en l'homme et fasse des films inexorables où le pardon n'a pas sa place ». Tout en acceptant que « cette sorte de cinéma où triomphe la désespérance puisse être le reflet d'un monde en marche vers l'abîme[4] ». Les critiques épargneront Simone Signoret, mais le grand public ne suivra pas.

Avec *Manèges*, Simone Signoret ne s'est pas encore affirmée dans des rôles très variés. Elle montre cependant son goût des films tragiques et des rôles noirs qui se confirmera par la suite.

1. *L'Écran français*, février 1950.
2. *Libération*, 4 février 1950.
3. *Les Lettres françaises*, 2 février 1950.
4. *La Croix*, 4 février 1950.

Pierre Granier-Deferre qui la dirigera bien plus tard, d'abord dans *Le Chat*, puis dans *La Veuve Couderc*, l'explique simplement : « Je ne crois pas que ce soit simplement par hasard si elle n'a pas été exploitée dans le registre de la comédie. Simone Signoret n'était pas tentée par le futile. C'était quelqu'un qui avait un sens du tragique très prononcé. Cela allait de pair avec un évident et admirable désir d'approfondissement, d'engagement[1]. » Jouer est en effet devenu pour elle un engagement. Mais le jeu malgré le succès n'envahit pas sa vie. La vie publique l'intéresse aussi. Qu'on ne s'y trompe pas, elle ne perd pas son temps à faire de la représentation. La figuration n'est plus de son niveau. Ce n'est pas dans les réceptions à la mode ni à la présidence des concours d'élégance qu'on peut la voir. C'est une époque d'engagement politique, elle va se donner à fond dans de vrais combats.

La IVe République, née officiellement en 1946 dans l'indifférence la plus totale, commence déjà à s'essouffler. L'alliance scellée dans l'enthousiasme de la Libération entre la SFIO, le MRP et le PCF a volé en éclats avec le renvoi par Paul Ramadier en mai 1947 des ministres communistes du gouvernement. Le plan Marshall contraint les gouvernements à choisir leur camp. Les communistes n'ont plus de raison de continuer à contenir, comme ils l'avaient fait en 1946, le mouvement revendicatif de la classe ouvrière ; les manifestations se multiplient. En conséquence, jusqu'en novembre, la France est en proie à une vaste agitation économique et sociale sous forme de grèves violentes fomentées par le PCF et la CGT, qui affectent tour à tour les mines, les fonctionnaires, les inscrits maritimes, la métallurgie. Depuis 1947, les alliances extérieures nouées en temps de guerre battent de l'aile : la guerre froide est née. Les manifestations vont toucher jusqu'à la profession cinématographique. C'est dans une France meurtrie par la guerre et envahie par les conflits

1. Entretien de Pierre Granier-Deferre avec l'auteur, mai 1995.

sociaux que Simone Signoret va mener ses premiers combats d'actrice engagée.

L'actrice se retrouve en effet en première ligne de la manifestation du 5 janvier 1948 pour la défense du cinéma français. Abondamment soutenu par une certaine presse politisée ou spécialisée, le rassemblement paraît assez important aux rédacteurs en chef des grands quotidiens d'information générale pour qu'ils envoient des reporters le couvrir.

Le climat est à l'orage, le cinéma français souffre. Les professionnels ne voient qu'un seul ennemi : le cinéma américain qui envahit – disent-ils – les écrans. Cette manifestation du 5 janvier 1948 se veut une marque de protestation contre les accords signés par Léon Blum, ambassadeur extraordinaire de la France, et James F. Byrnes, secrétaire d'État américain au commerce extérieur en mai 1946, accords économiques et financiers qui contiennent une clause concernant l'importation et l'exploitation en France des films américains. Cette clause, jugée inacceptable dans les milieux du cinéma, spécifie entre autres que : « Aucune restriction de quelque nature que ce soit ne sera apportée à l'importation des films américains et la projection en France de ces films ne devra subir d'autres limitations que celles du contingentement à l'écran. » Les accords établissent en effet le principe du quota : quatre semaines sur treize sont réservées aux films français, ce qui laisse neuf semaines aux films étrangers. En fait, les films américains sont les grands bénéficiaires de cette entente. Les manifestants demandent donc la révision immédiate des accords Blum-Byrnes. Les porte-drapeaux se nomment Louis Jouvet, Roger Pigaut [1], Raymond Bussières, Jean Marais, Jacques Becker, Madeleine Sologne [2] et Simone Signoret. Jean Marais qui brandit la pancarte « le cinéma français doit vivre » donne le bras à Simone Signoret

1. Voir lexique.
2. Voir lexique.

qui, comme le rapporte *Combat* du 6 janvier 1948, porte « un imperméable et un béret noirs ». Beaucoup des manifestants sont des sympathisants communistes et certains se retrouveront au stade Buffalo pour écouter Maurice Thorez quelques mois plus tard – le 18 avril –, dont le célèbre discours donne l'esprit de l'époque : « Le film américain qui envahit nos écrans grâce à Léon Blum ne prive pas seulement de leur gagne-pain nos artistes, nos musiciens, nos ouvriers et techniciens des studios. Il empoisonne littéralement l'âme de nos enfants, de nos jeunes gens, de nos jeunes filles dont on veut faire les esclaves dociles des milliardaires américains et non des Français et des Françaises qui restent attachés aux valeurs morales et intellectuelles qui firent la grandeur et la gloire de notre patrie. » Au-delà de cette journée d'action qui marque ses premiers combats, Simone s'engage plus durablement dans le Comité de défense du cinéma créé par Claude Autant-Lara. Des comités locaux sont fondés à Paris et dans toute la France pour sensibiliser le public à la crise du cinéma. Simone Signoret y participe activement en fondant un comité. En juin 1948, elle a les honneurs de *L'Écran français*, une photo illustre sa présence à une réunion des comités de la région parisienne. C'est la seule actrice à figurer dans la pleine page consacrée au sujet. Elle y paraît sérieuse, l'œil attentif, à mille lieues des photos aguichantes tirées des rôles qu'elle a interprétés. Elle compose ainsi un personnage à double face, ou plutôt elle reconstitue la vraie Simone Signoret, plus complexe que ses rôles.

Un peu plus tard aux côtés de Françoise Rosay, avec qui elle vient de tourner *Dédée d'Anvers*, elle anime une réunion du VIIe arrondissement au cours de laquelle sont projetés deux films : *Une vie de chien*, de Charlie Chaplin (le bon cinéma américain ?) et *Goëmons*, de Yannick Bellon [1]. Simone Signoret a occulté cet engagement dans ses mémoires. Il est pourtant effectif. C'est un moyen pour elle de s'installer dans sa profes-

1. Voir lexique.

sion et d'asseoir, tout en défendant des causes justes, sa notoriété naissante. Une telle médiatisation n'est à l'époque que positive. En tout cas dans le milieu qu'elle vise, le cinéma. Elle ne peut l'ignorer.

C'est à peu près à cette même période, en fait quelques mois plus tard, fin 1948, que l'Américain Howard Hughes[1], par l'intermédiaire d'un agent américain très réputé, Charles K. Feldman[2], contacte Simone Signoret et Yves Allégret dans l'espoir de les engager à tourner en Amérique. *Dédée d'Anvers* a plu aux New-Yorkais et aux dénicheurs de talents – *talent-scouts* – dépêchés par la Warner. La proposition mérite intérêt. Beaucoup d'artistes français sont déjà partis ainsi tenter leur chance aux États-Unis. On ne sait pas à l'époque que le succès n'est pas toujours au rendez-vous. Micheline Presle dans *L'Arrière-Mémoire* a évoqué, près de cinquante ans après, ces contrats en or : « J'ai signé un contrat de sept ans avec la Fox, qui ne m'autorisait aucun droit de regard sur les films. Six semaines avant le tournage, les responsables du studio m'informaient du prochain film, et il n'y avait rien à dire. C'était ainsi[3]. » À l'époque, le bouche-à-oreille négatif n'a pas encore fonctionné. Marcel Dalio[4], Jean-Pierre Aumont[5], Simone Simon[6] se laisseront aussi séduire, ainsi qu'un certain Yves Montand. Flatté de la proposition faite par Jack L. Warner en personne, le jeune chanteur qui rêve de cinéma signe un peu vite, en janvier 1947, un de ces contrats pièges qui le lie pour sept ans aux studios américains. Il ne pourra s'en défaire que

1. Voir lexique.

2. Agent et producteur de *La Rivière rouge* (Howard Hawks), *Un Tramway nommé désir* (Elia Kazan), *Sept Ans de réflexion* (Billy Wilder), *La Rue chaude* (Edward Dmytryk), *What's new pussycat ?* (Clive Donner).

3. Micheline Presle, *L'Arrière-Mémoire, conversation avec Serge Toubiana*, Flammarion, 1994.

4. Voir lexique.

5. Voir lexique.

6. Voir lexique.

devant les tribunaux. Simone, elle, hésite longuement, et il n'y a pas – on peut s'en étonner – de raison politique à cette hésitation. D'un côté elle manifeste passionnément pour la défense du cinéma français, de l'autre elle est presque prête à aller faire carrière dans un pays où sévit la Commission des activités non américaines, où les cinéastes sont mis à l'index, en attendant pire, où un grand auteur qu'elle admirait dans sa jeunesse, John Steinbeck, est banni et proclame : « Hollywood ? connais pas. » La grande inquisition, comme l'appellent les libéraux, a en effet commencé à Hollywood, et *L'Écran français*, la bible des acteurs français, s'en fait l'écho, indigné. Simone signe pourtant un contrat qui la lie à Hollywood. Un contrat exceptionnel, il est vrai – seulement quatre ans à raison d'un film par an –, quand sept ans sont généralement exigés par les majors. La réflexion a commandé la prudence, mais malgré les déclarations et les manifestations anticinéma américain, Simone Signoret est prête à se lancer dans une carrière outre-Atlantique. L'incohérence de ce comportement n'aura pas de suite. Un voyage de repérage du couple Allégret-Signoret est prévu à l'automne 1949, après le tournage de *Manèges*.

Le contrat sera jeté, le voyage annulé, *Manèges* le dernier voyage du couple Allégret-Signoret. L'Amérique devrait attendre, elle n'allait de toute façon pas tarder à juger l'actrice indésirable.

En 1949, la guerre froide, comme certains couples, allait éclater vraiment.

II

Signoret, épouse Montand, actrice engagée

1949-1956

Le couple idéal

Elle était outrageusement maquillée, comme on se maquillait à l'époque, où l'on abusait du rouge à lèvres ; j'ai pensé que c'était dommage de peindre une bouche pareille.

Yves MONTAND

En quatre jours, il s'est passé une chose fulgurante, indiscrète et irréversible.

Simone SIGNORET

« Le 19 août à Saint-Paul-de-Vence, à La Colombe d'or vers 20 h 30. »

Là s'arrête la vérité historique, ici commence la légende. Les versions romancées, les vrais faux témoignages, les souvenirs reconstruits par les étrangers à l'histoire, quelquefois aussi par les deux principaux acteurs. Simone Signoret et Yves Montand. Il n'est pas aisé de démêler les fils, de retrouver l'atmosphère juste et simple de ce jour d'été 1949. Il y a le lieu forcément immuable, un hôtel-restaurant, l'auberge La Colombe d'or, entrée elle aussi depuis dans la légende, un endroit au charme indéfinissable, sis à l'entrée d'un village de Provence perché sur les hauteurs du pays niçois. Le sculpteur César, en habitué des lieux, a décrit l'auberge avec les mots qu'il faut : « La Provence a un trésor. C'est une Colombe d'or. Elle a le parfum précieux du thym et de la nostalgie et la couleur dorée de l'huile d'olive et des jours heureux. [...] La Colombe est indéfinissable, inimitable[1]. » La prose est de César, elle pourrait venir de beaucoup de voyageurs attablés un instant, hébergés une nuit à l'auberge. Il n'y a rien à ajouter pour l'atmosphère, sauf les faits, son histoire : La Colombe d'or est née en 1931 de l'imagination de deux Provençaux, Paul et Baptistine Roux. Au début l'auberge n'a que trois chambres et affiche complet toutes les saisons. Très vite, Paul Roux décide de l'agrandir et de faire construire une annexe. La Colombe d'or devient un refuge d'artistes attirés par l'accueil chaleureux de la famille Roux et surtout de Paul, qui entretient certains peintres en échange de leurs œuvres. Matisse, Chagall, Miró, Braque, Léger, tous fréquentent La Colombe d'or. Paul Roux touche un peu aux pinceaux, lui aussi, grâce à quoi il comprend le langage des artistes qui défilent chez lui. Yves Montand, dont il deviendra l'ami avant d'être le témoin de son mariage avec Simone Signoret, l'a évoqué avec estime : « Paul Roux était lui-même peintre du dimanche. Il adorait la peinture : il y a un ou deux tableaux de Paul Roux à La Colombe d'or, avec un côté très naïf, très très joli, un vase avec un couteau par exemple, très beau et deux poissons que même Picasso, qui n'était pas du genre flagorneur, appréciait beaucoup[2]. »

La guerre va amener à Saint-Paul-de-Vence et à La Colombe d'or des nouveaux : la bande à Prévert y fait son entrée, lors du tournage des *Visiteurs du soir*. C'est à cette période que Simone découvre Saint-Paul, où quelques années plus tard elle va acheter une maison, imitant en cela Jacques Prévert, sans pour autant abandonner l'auberge et sa convivialité exceptionnelle, les petits-déjeuners sur la terrasse ombragée, les dîners dans la chaleur de la nuit. Les acteurs ont changé au fil des ans, le décor

1. Cité par Nadine Buchet, *La Colombe d'or, Saint-Paul-de-Vence*, Éditions Assouline, 1999.

2. *Tu vois, je n'ai pas oublié*, *op. cit*

est resté intact, le charme entier. La cour est devenue une vraie terrasse dallée. Elle fait partie du scénario, au centre de l'histoire.

L'histoire, Yves Montand l'a racontée le premier dans un livre de souvenirs paru en 1955 : *Du soleil plein la tête*[1]. « Il y a une cour ensoleillée à l'extrême, des vieilles maisons avec leurs écailles de tuiles, une ronde de collines ; c'est la Provence et le vent est si soigneux qu'il ne remue rien. Au milieu de la cour, entourée d'impondérables colombes, il y a une jeune femme. Ses cheveux sont formidablement blonds. Elle porte un pantalon bleu, une chemisette à col ouvert. Elle sourit comme les jeunes filles des peintres italiens d'autrefois. Je sais qu'elle s'appelle Simone Signoret, je n'ai jamais vu ses films, je ne la connais pas, mais je sais que je vais marcher vers elle en essayant de ne pas soulever les colombes, et lui dire deux ou trois phrases comme ça, n'importe lesquelles, deux ou trois phrases pour qu'elle se tourne vers moi, deux ou trois phrases sans effrayer les colombes. »

Trente-cinq ans plus tard, confiant ses souvenirs à Hervé Hamon et Patrick Rotman, Yves Montand a retouché le tableau : « La scène de la rencontre : "J'ai vu Simone au milieu des colombes et nous avons marché l'un vers l'autre", etc., c'est une image d'Épinal que nous n'avons jamais démentie pour être tranquilles avec les journalistes [...]. En fait la réalité est plus simple et plus jolie[2]. » Dans la nouvelle version Simone n'est plus au milieu de la cour, d'ailleurs elle ne rencontre pas Montand dans la cour, mais dans la salle à manger où il est attablé avec Bob Castella, son pianiste, et Henri Crolla son guitariste. Elle n'est plus seule face à son destin mais accompagnée par Jacques Prévert. Même la tenue, le look comme on dirait aujourd'hui, a changé : « Elle avait les pieds nus et s'était

1. Titre qui reprend celui d'une célèbre chanson. Yves Montand, *Du soleil plein la tête, souvenirs recueillis par Jean Denys*, Les Éditeurs français réunis, 1953.

2. Les citations d'Yves Montand sont issues de *Tu vois, je n'ai pas oublié*, *op. cit.*

habillée en style gitane avec une jupe à fleurs froufroutante et un caraco noué. Elle était outrageusement maquillée, comme on se maquillait à l'époque, où l'on abusait du rouge à lèvres ; j'ai pensé que c'était dommage de peindre une bouche pareille. »

Signe du destin, Henri Crolla est un ami de Simone. Il la présente à Yves Montand déjà séduit, le chanteur entonne un refrain de Jacques Prévert, presque pour elle. « Pendant que je chantais, je regardais cette femme, sans insistance déplacée, et je sentais que je ne lui étais pas indifférent. »

Simone et Yves se sont déjà rencontrés, brièvement. Yves Montand s'en souvient à ce moment précis. Il se rappelle surtout cette voix étrange, assurée et gouailleuse, cette voix qui l'a frappé : « Et tout d'un coup, un souvenir, une image auditive me sont revenus. Je passais chez Carrère, avec Henri, j'avais entendu une voix particulière au fond de la salle, qui criait "Bravo Riton !" et je m'étais demandé à quoi ressemblait la propriétaire de cette voix qu'on n'oublie pas [...]. Je l'avais aperçue en une autre occasion, au jardin des Tuileries, lors d'une "kermesse aux étoiles". Elle avait demandé du vin blanc, "un coup de blanc", et cela m'avait étonné, un peu choqué, non qu'elle boive du vin, mais qu'elle le réclame d'une manière aussi bruyante. »

Cette voix attire, dérange, intrigue. Yves Montand n'est pas le premier à la remarquer. C'est cette voix aussi, on l'a vu, qui reste le premier souvenir d'Alain Resnais, cette voix l'apostrophant, lui et un de ses camarades, à la terrasse d'un café de Saint-Gildas, la voix de Simone demandant bruyamment : « Des Craven, avez-vous des Craven ? » Simone a un aplomb et des attitudes de garçon parfaitement dissimulés sous une apparence féminine idéale. Il est intéressant d'ailleurs que dans la première version de la rencontre, Simone apparaisse à Yves en pantalon. C'est ainsi qu'il la revoit, habillée en garçon. La jeune gitane outrageusement maquillée cache en fait une âme de « mec ». La suite le confirme. « La légende, ce sont les deux ou trois phrases échangées pour qu'elle se tourne vers moi. »

Pour qu'elle se tourne vers Yves Montand. En fait Simone Signoret, vingt-huit ans, s'est déjà tournée vers Yves Montand, vingt-huit ans aussi, ce chanteur qu'elle admire, qu'elle aime applaudir et qui ne la connaît pas. Elle a même fait les premiers pas. La conversation banale va s'installer, le jeu des regards faire le reste. Au milieu de la nuit chaude, chacun retourne dans sa chambre. Le lendemain, Yves Montand va répéter à Nice. Il revient à La Colombe à midi, retrouve Simone sur la terrasse, Prévert et Crolla, attentifs mais discrets, s'éclipsent. La légende des colombes laisse la place à l'érotisme. La version racontée par Yves Montand sur la suite de l'intrigue au sens propre du terme est sûrement la plus proche de la vérité. Yves est fatigué, il voudrait se reposer avant le spectacle du soir au Théâtre de Verdure de Nice : « Vous pouvez vous reposer chez moi, si vous le voulez. J'ai une petite maison dans le village », dira Simone, version Yves. Et le chanteur d'ajouter : « Comme toujours, c'est elle, la femme, qui a pris l'initiative et comme toujours j'en suis resté surpris. Je n'ai découvert qu'ensuite la profonde pudeur de Simone. Nous avons visité la maison, nous avons fait la sieste et nous ne nous sommes plus quittés. » Simone Signoret dans *La Nostalgie* est restée plus discrète : « En quatre jours il s'était passé une chose fulgurante, indiscrète et irréversible. »

Simone a fait le pas vers Yves Montand comme elle fera le pas vers l'autre Yves, son mari, sur la route de Saint-Paul pour lui expliquer, avant qu'il n'arrive à La Colombe, cette chose irréversible qui s'appelle le coup de foudre. Car parfois des petits riens font basculer plus vite son destin. Yves Montand a posé un ultimatum (c'est le premier de leur histoire) à Simone. Elle est décidée à… réfléchir. Mais, en s'éclipsant au petit matin de l'annexe de l'auberge où elle a dormi avec son amant, elle se fait « repérer » par Paul et Baptistine Roux qui raccompagnent des clients. Elle décide donc de tout raconter à Yves Allégret avant que la rumeur ne se propage. Elle a confié à Yves Simon, à la fin des années soixante-dix, ces détails et cette conclusion amusante : « Je n'ai jamais su si j'aurais eu le courage de me décider aussi rapidement et répondre au délai imposé par Montand [N.d.A. : il a demandé à Simone de passer sa vie avec lui et de lui répondre dans les quatre jours], de bouleverser ma vie en un seul jour, s'il y avait eu le mur d'aujourd'hui [1] qui m'aurait cachée aux yeux de tous [2]. » Pour l'heure, Simone Signoret, ce jour d'août 1949, est tombée amoureuse du jeune chanteur, de l'étoile montante du music-hall français. Simone aimait déjà l'artiste. Avec Yves Allégret ils avaient suivi la carrière de celui qui au mois d'avril venait de faire sa première couverture de *Paris Match*. L'actrice citait dans beaucoup d'interviews le nom d'Yves Montand quand on lui demandait ses chanteurs préférés et parmi ses regrets il y avait toujours celui de ne pas savoir chanter. Comment résister à un chanteur de cette trempe, à un personnage aussi attachant ? En cet été 1949, Yves Montand a déjà fait ses preuves au music-hall, il a tout connu, la pauvreté, les demi-succès, le grand amour, et même un début de gloire. Tout va bien alors pour lui. Il tourne en Provence avec ses deux musiciens fidèles, Bob Castella et Henri Crolla, et le succès est au rendez-vous. Mais tout n'a pas toujours été facile pour Ivo Livi. Yves Montand, en effet, est né Ivo Livi dans un petit village toscan, une ville thermale comme Wiesbaden, où est née Simone. Là s'arrête la ressemblance de leur naissance. Yves vient d'une famille unie dans la pauvreté. Un père communiste, la montée du fascisme, et c'est l'exil à l'âge de deux ans pour la France, pour Marseille. Ivo Livi connaît plus tard tous les petits boulots : commis, barman, coiffeur, docker, ouvrier.

Rien de commun avec l'enfance feutrée de Simone, les devoirs d'étudiante et les cours de piano. S'il fallait trouver des points de ressemblance dans leur enfance, ce serait l'apprentissage de

1. En 1959, le chemin qui menait de l'annexe au bâtiment principal de l'auberge était visible depuis la terrasse de l'hôtel qui n'était pas séparée par le mur qui l'entoure aujourd'hui.

2. Yves Simon, *La Manufacture des rêves*, Grasset, 2003.

la responsabilité, par le travail pour Yves, par l'éducation de ses frères pour Simone. Chez les Livi, malgré les difficultés, il y a une vraie vie de famille, ce que ne connaît pas Simone Kaminker. Chez Yves, on parle révolution sociale, prolétariat, Staline. Le jeune Ivo Livi participe aux défilés et aux cortèges du 1er Mai. À quinze ans, il lit *Rouge-Midi* et *L'Avant-Garde*, que rapporte son frère Julien. Mais finalement la politique ne le concerne pas vraiment, pas plus que les jeunes camarades bourgeois de Simone. Ce qui lui plaît, c'est le cinéma, échappatoire miraculeuse d'une jeunesse pauvre et sans but. Son rêve se situe quelque part sur les grands écrans. Il imite chez lui devant la glace les grandes stars américaines, mais à dix-sept ans il n'a pas encore pris un cours de chant. Sa chance s'appelle Francis Trottobas, un impresario régional, qui lui trouve un peu de talent et l'encourage dans ses imitations de Charles Trenet. Sa première vraie scène, c'est celle de l'Alcazar, à Marseille, en juin 1939. Il n'a pas dix-huit ans. La guerre va tout arrêter. Sa carrière recommence au printemps 1941 avec des tournées triomphales dans la région de Marseille, Lyon, Toulon. Un passage obligé aux chantiers de la jeunesse d'Hyères, il n'échappe pas à la guerre. Mais en 1943, quand il est requis par le STO, il fuit en pleine lumière sur la scène de l'ABC, à Paris. En 1944, c'est le succès national. Après l'ABC, Bobino, c'est enfin le Moulin-Rouge en première partie d'Édith Piaf. Son monde est loin de la galaxie des intellectuels du Flore et de Saint-Germain-des-Prés. Son univers, c'est le cabaret et le music-hall, de Pigalle aux Champs-Élysées. Il a vingt-trois ans, une presse enthousiaste et surtout il est amoureux d'Édith. Le cinéma lui réussit un peu moins bien. *Étoile sans lumière* qu'il tourne fin 1945 sous la direction de Marcel Blistène, celui qui lancera Simone dans *Macadam*, ne lui donne pas l'occasion de révéler des talents d'acteur. Quant aux *Portes de la nuit* annoncé comme l'événement artistique de l'année 1946, c'est un véritable échec. La prestation d'Yves Montand donne aux critiques un terrain pour jouer de leur plume, les formules les plus assassines s'étalent dans les magazines spécialisés. C'est une mauvaise passe pour Yves Montand. C'est aussi un choc violent qui restera dans sa mémoire, avec toujours le regret de ne pas avoir eu, à l'instar d'un Serge Reggiani, des débuts éclatants, des débuts remarqués à l'écran. Le moment est d'autant plus dur à passer qu'Édith quelques mois plus tôt l'a laissé tomber. Sa seule thérapie est alors la chanson. Il chante, puisque c'est le seul talent sur lequel il pense alors pouvoir compter, son seul domaine de succès, il chante partout où il peut, de l'Alcazar à l'Étoile. Il est à la mode et ça marche. Malgré la chaleur des applaudissements, la solitude lui pèse quand en 1948 une rencontre va changer le cours de sa vie. Après Bob Castella, son pianiste qui deviendra vite son ami, confident, gouvernant, Jacques Prévert va croiser son chemin. Le poète fait évoluer son répertoire et, pour ce qui nous intéresse ici, l'entraîne à La Colombe, à Saint-Paul, à la rencontre de Simone Signoret. Yves Montand pourtant s'est juré de ne plus retomber amoureux, et Simone a un mari, un beau-fils, Gilles, dont elle a la charge, à peine plus âgé que Catherine, sa fille. L'histoire ne commence pas sous les meilleurs auspices. Simone certes est très amoureuse, mais quitter l'homme dont vous partagez la vie depuis six ans et qui vous a donné votre seul enfant n'est pas une décision facile à prendre. D'autant que l'objet de votre amour, un autre Yves, Montand celui-là, est un saltimbanque aimant les femmes et réticent à s'engager. Pendant quelques mois, chacun de son côté tente d'éviter l'irréparable : l'engagement pour Montand, la rupture pour Simone. Mais la passion l'emporte sur la raison. À l'automne, un voyage Allégret-Signoret, un voyage professionnel à Hollywood était prévu. Simone y renonce. Elle fait ses paquets et s'installe chez Yves Montand. « J'ai eu un ultimatum de Montand. Il m'a expliqué que des dames qui venaient le voir l'après-midi, il en connaissait déjà ; qu'il fallait que je fasse mes paquets et que je vienne vivre avec lui, ou bien ça n'était plus la peine, même, de téléphoner[1]. »

---

1. *La Nostalgie n'est plus ce qu'elle était, op. cit.*

Le couple Montand-Signoret sort de la clandestinité un jour de l'automne 1949. Yves Montand le raconte simplement : « Simone s'installe chez moi rue de Longchamp. Nous avons commencé à vivre ensemble. Pour la vie. Pour de vrai [1]. » Le couple se forme dans la discrétion, la presse n'est alors pas au balcon. Elle se rattrapera. En trente-cinq ans, on ne comptera plus les papiers, interviews et autres couvertures consacrés au couple, tout sera prétexte pour les interroger : un récital de l'un, un film de l'autre, une pièce des deux, un engagement commun. La presse consacrée au cinéma, *Cinémonde*, puis *Cinérevue*, la presse grand public comme *Noir et Blanc* (1945-1971), hebdomadaire consacré à la vie des stars très lu à l'époque, ou encore *Paris Match*, déjà incontournable les questionneront régulièrement sur la vie, l'amour, l'éducation des enfants, le secret de la durée du couple, la réussite, quand ils n'en feront pas leur première de couverture. Les « news magazines » qui naissent à cette époque, nouveaux hebdomadaires inspirés de la réussite anglo-saxonne de *Time* et de *Newsweek*, *L'Express* et *L'Observateur*, devenu rapidement *France Observateur* pour des raisons juridiques, s'intéresseront eux à leurs engagements politiques. La presse féminine ne sera pas en reste avec *Elle* et *Marie-Claire*. Dans ces années cinquante qui marquent le début de leur union, ils poseront ensemble pour quantité de couvertures de journaux à grand tirage et construiront fièrement l'image d'un couple, sinon modèle, du moins à la fois exemplaire et moderne. Les moments de crise qu'ils traverseront plus tard ne feront qu'augmenter leur popularité. Après avoir symbolisé le couple idéal – jeune, beau, riche et célèbre –, ils incarneront le couple solide, solidaire et combatif.

Mais à l'automne 1949 l'alliance reste discrète, pas question de fanfaronner, pas question de publicité. Simone va divorcer,

1. *Tu vois, je n'ai pas oublié*, *op. cit.*

ce qui n'est pas très répandu dans ces années-là. Dans la France nataliste de l'après-guerre, la stabilité matrimoniale fait partie du devoir, qui plus est pour une femme. Les communistes en particulier diffusent le message. Simone curieusement ne sera jamais aux yeux de ses concitoyennes une marginale, une saltimbanque, une infidèle. L'exceptionnelle stabilité, même si elle cache des crises, des ruptures, des compromis, du couple Montand-Signoret effacera l'échec du premier mariage. Simone Signoret évitera soigneusement d'aborder cette première expérience conjugale, de parler de la vie avant Montand. Les journalistes oublieront facilement Yves Allégret, moins médiatiquement exploitable. Son geste à l'époque est interprété comme celui d'une femme qui va au bout de ses passions et qui refuse de sacrifier son bonheur au nom des conventions. D'où lui viennent ce courage, cette liberté ? Simone est une passionnée, une amoureuse, prête à tout par amour : « Je me ferais teindre en blonde, si tu me le demandais », chantait à peu près à cette époque Édith Piaf[1]. Elle, Simone, pour l'anecdote qui a valeur de symbole, changera sa figure pour Yves : « Quand j'ai connu Simone elle était outrageusement maquillée, c'est moi qui l'ai fait se débarbouiller, elle était tellement belle au naturel. C'est comme ça que je l'aime, Simone[2]. » Mais Simone a aussi une formidable confiance en sa destinée. Un désir de réussite absolue. Yves Montand lui plaît aussi par le reflet qu'il lui renvoie. L'ambition fraîche et sincère qu'il dégage. Une jeunesse qu'elle trouve soudain aussi séduisante que la maturité parce qu'elle est accompagnée de l'expérience de la vie.

Dès le commencement de sa vie publique, elle échappe aux normes, aux règles, aux étiquettes, certains lui reprochent bien de « sacrifier » sa carrière, ou de quitter un metteur en scène de talent pour un saltimbanque sans culture, mais ceux-là devront

1. Dans *L'Hymne à l'amour*, écrit par elle en 1949.

2. Entretien d'Yves Montand avec l'auteur, novembre 1988. Trois ans après sa mort, il parlait toujours d'elle au présent.

bien reconnaître leur erreur au jour du bilan. Simone Signoret a confessé dans *La Nostalgie* avoir fait souffrir Yves Allégret et son fils Gilles : « J'ai fait beaucoup de peine à Allégret, à Gilles, moins à Catherine qui était trop petite et qui avait l'habitude de mes absences. » Simone Signoret libre a laissé derrière elle la petite Catherine, qui n'a que trois ans. Ne compte plus que sa passion. Catherine a raconté sa version en se gardant de juger sa mère : « De ma petite enfance, il ne me reste que quelques fragments d'images. Une chaise haute bleu ciel, de la gelée de coing, une couverture bois de rose. Mon père qui se rase et qui me regarde en réflexion dans le miroir de l'armoire de toilette, un regard qui en dit long sur la solitude d'un homme de quarante-cinq ans en tête à tête avec une toute petite fille [...]. C'est comme si ma vie n'avait commencé que lorsque maman est entrée dans la vie de Montand et qu'une vie familiale s'est enfin organisée. Il semblerait donc que j'aie joyeusement occulté toute la période durant laquelle Maman est partie avec Montand, me laissant derrière elle avec Papa [1]. »

Simone quitte Yves Allégret et s'installe à Neuilly, rue de Longchamp, dans le petit appartement qui ressemble plus à une garçonnière qu'à un nid douillet. Le lieu est chargé de mémoire, surtout de la mémoire des conquêtes fugitives de l'artiste. Pour Simone, il n'est pas question d'être humiliée à chacun des appels transmis à « M. Montand » par une gouvernante rendue jalouse par la présence encombrante d'une intruse que son patron semble vouloir installer durablement. Et puis Simone retrouve le Neuilly de son enfance et son conformisme bourgeois sans plaisir. Elle l'a quitté il y a trop peu de temps pour en avoir déjà la nostalgie. La rive gauche où elle avait élu domicile avec Yves Allégret lui manque. D'ailleurs l'appartement de Neuilly ne ressemble ni à Montand ni à Simone. Ils se mettent à la recherche d'un logis à leur image. Colette Crolla, la femme du

1. *Les Souvenirs et les regrets aussi*, *op. cit.*

guitariste d'Yves Montand, va dénicher le lieu qui sera bien vite aussi célèbre que ses habitants. Si Saint-Tropez évoque immanquablement Brigitte Bardot, la place Dauphine évoquera pour la seconde moitié de ce siècle Montand et Signoret. Ils vont aimer ce coin de Midi en plein cœur de Paris, au centre de l'île de la Cité, bien avant d'unir leur destin. La légende veut que Simone, jeune figurante, ait crânement déclaré à ses amis, Fabien Loris et Roger Blin, alors qu'elle passait avec eux place Dauphine, qu'un jour elle habiterait un des seize immeubles qu'elle avait comptés sur la place. C'est un rêve qui se réalise pour la jeune femme. Yves de son côté aimait depuis longtemps cet endroit qui avait pour lui un parfum de *piazza*. Ensemble, ils ont fréquenté l'hôtel Henri-IV, où ils se retrouvaient autour d'un café ou d'un petit-déjeuner du temps de leurs amours clandestines. Colette Crolla qui loge à l'hôtel avec son mari a repéré quelque chose à louer au numéro 15 de la place. Ce n'est pas vraiment un appartement, mais une ancienne librairie, une boutique. Deux pièces donnent sur la place, le plafond est bas : le living-room n'est qu'à un mètre au-dessus des eaux. Peu d'espace, mais beaucoup de cachet. Catherine Allégret a décrit avec humour et nostalgie l'endroit : « Jamais on ne vit un rez-de-chaussée plein nord autant baigné de soleil ! Nous vivons à la lumière électrique toute la journée. Montand doit baisser la tête pour franchir la porte et grimper le tout petit escalier qui mène, au premier, à l'unique chambre de cette drôle de tanière, mais ça ne fait rien. Nous avions la sensation de vivre au dernier étage d'un immeuble plein sud, sous trois mètres de hauteur de plafond [1]. » Le couple a quelques moyens mais refuse de faire appel à un décorateur ou à un architecte. Simone qui a rêvé entre autres d'être brocanteuse chine et ramène bibelots, lampes à huile – qu'elle collectionne – et tableaux d'amateurs, quelques meubles aussi, de-ci de-là. La « Roulotte », comme ils l'appel-

1. *Ibid.*

leront non sans un léger snobisme, sera un lieu chaud et feutré où on ne craindra pas d'accumuler livres, photos et amis. En vrac, au fil des ans et des événements, le 15, place Dauphine conservera le souvenir de Picasso, de Prévert, de l'éclat de *Casque d'or*, de la métamorphose de Simone en madame Rosa, de Montand, une corde au cou, dans *L'Aveu*, de l'oscar de Simone, d'une rencontre Montand-Semprun, d'une admiration pour Charlie Chaplin au travers de photos disséminées un peu au hasard hors des cadres de toutes sortes. Au fil des années, Simone va annexer des pièces. Ce n'est pas l'expression d'un réflexe capitaliste, mais plutôt une réaction clanique, tribale. Simone veut autour d'elle sa famille, celle d'Yves, et ses amis chers. Le cinquième étage sera ce refuge ; le numéro 27 de la place, le bureau de Montand. Le 15, place Dauphine accueille la famille. Julien et Elvire, le frère et la belle-sœur d'Yves, viendront s'y installer à la demande de Simone, qui fera d'Elvire la vraie maîtresse de maison et la mère adoptive de Catherine. Jean-Pierre, le petit frère, viendra y préparer son agrégation de grammaire, qu'il réussira brillamment, puis il s'y installera avec sa femme et ses deux filles. Quelques réfugiés de passage y séjourneront, deux jeunes filles cambodgiennes rescapées des *boat people*[1] ou encore Régis Debray[2]. La Roulotte sera un lieu sans luxe ostentatoire, accessible, ouvert, comme le sera la maison achetée plus tard, en 1954, à cent kilomètres à peine de Paris. Les lieux du couple Montand-Signoret seront aussi importants pour les définir que les films et les engagements politiques. Il y avait eu le lieu symbolique de la rencontre : La Colombe, où ils retourneraient année après année, comme des pensionnaires qui retrouvent un point de ralliement. Pour ces

1. Anecdote citée par Bernard Kouchner dans *L'Île de lumière* (Ramsay, 1980) et confirmée à l'auteur par Catherine Allégret. Les deux jeunes filles, Huong et Mai, seront logées dans un vaste studio du 25, place Dauphine à leur arrivée à Paris en 1979.

2. Voir lexique.

artistes qui n'ont pas d'horaires, pas d'emploi du temps, pas de vie quotidienne au sens courant du terme, ces lieux seront des endroits de vie de famille, de convivialité, des « maisons » qui existeront en leur absence ou en leur présence.

Casque d'or

Célébrer la rencontre de Simone et de Jacques Becker, c'est dire qu'il fait jour à midi.

Jean-Pierre KAMINKER

« Les gens ont dit que je sacrifiais ma carrière. Je ne sacrifiais rien du tout. J'étais simplement assez maligne pour ne pas sacrifier ma vie, et j'ai été assez maligne pour ne pas laisser échapper les bons moments quand on m'en proposait. Voilà pour la légende du sacrifice [1]. »

Avec le recul qu'impose le temps, le bilan d'une carrière et d'une vie achevées, sans doute les propos de Simone Signoret sonnent-ils vrai. La réalité professionnelle de ces années cinquante est un peu différente : la rencontre avec Yves Montand coïncide avec une période de creux dans la carrière de Simone. Elle privilégie la découverte du monde du music-hall, son amour neuf à la poursuite accélérée d'une carrière qui pourtant a très bien démarré. Même si son dernier film *Four Days Leave* a été un échec, l'éclatant succès de *Manèges* est encore dans tous les esprits, ceux des producteurs, ceux des metteurs en scène et celui du public. Pourtant, retrouver un grand rôle n'est pas une préoccupation principale pour Simone Signoret. Seul compte

1. *La Nostalgie n'est plus ce qu'elle était, op. cit.*

pour elle en ce temps-là Yves Montand qui, lui, n'arrête pas les tournées.

Simone Signoret, l'actrice qui monte, se transforme en groupie discrète, mais présente. Tous les amis du couple sont formels, la rencontre avec Yves Montand a quelque peu changé son caractère. Ou peut-être l'a-t-elle seulement révélé. On l'avait crue farouchement libre, incapable de supporter l'autorité d'un homme, féministe avant l'heure, et voilà qu'elle offre un discours pour le moins étonnant. *Cinérevue* rapporte en avril 1962 des propos tenus juste après son mariage : « Si une femme est amoureuse d'un homme, elle n'a rien d'autre à souhaiter que de s'occuper de lui. La femme est d'abord la compagne de l'homme. Le reste vient après. » On serait tenté de mettre en doute la sincérité de ces paroles, d'imaginer une obscure stratégie de communication. En fait, il y a une clé. La « suffragette » que décrivaient Alain Resnais et ses camarades de lycée a baissé la garde, elle attendait l'homme qu'elle jugerait à sa hauteur, elle l'a trouvé avec Yves Montand. Pour elle, il est admirable, incomparable, tout simplement différent des autres. Elle a, en peu de mots, très bien défini elle-même la métamorphose qu'il a imposée à son caractère : « Depuis que ça marchait pour moi, j'avais toujours vécu au milieu de gens de ma discipline avec lesquels je discutais sur un plan d'égalité. Tout à coup, je vivais avec quelqu'un qui savait faire ce que je ne savais pas faire et que je ne saurais jamais faire [1]. » L'analyse peut paraître injuste. Elle montre bien l'aveuglement de l'amour. Car le mari qu'elle quitte, s'il appartient comme elle au monde du cinéma, est surtout un réalisateur confirmé, alors qu'elle n'est encore qu'une apprentie comédienne. En fait Simone est littéralement fascinée par Yves Montand, qui ne ressemble à aucun de ses coups de cœur de jeunesse. « J'étais curieuse, éblouie, intimidée », ajoute-t-elle. Éblouie ? Intimidée ? Il y a de quoi l'être, Yves Montand appartient à un univers magique, celui du music-hall, un monde

1. *Ibid.*

dans lequel il avance seul, déjà reconnu comme une star. Curieuse ? Simone ne connaît pas cet univers, ses lois, ses règles. Son besoin d'admirer va avoir l'occasion d'être satisfait. S'il fallait répondre à tous ceux qui ont dit plus tard que Simone dominait le couple, le retour aux origines, à sa « création », serait éclairant. Montand est amoureux, il est secoué par la beauté de Simone, mais Simone est éblouie, étourdie à en oublier le reste, et le reste, à l'époque, c'est le cinéma qui la réclame. Entre août 1949 et 1951, la filmographie de Simone Signoret connaît quelque faiblesse. Elle tourne certes, mais surtout des films mineurs. On pourrait citer *Le Traqué*, film policier de Frank Tuttle, à de nombreux spécialistes, sans éveiller chez eux le moindre souvenir. Simone Signoret y joue une fois de plus une « maîtresse », celle cette fois d'un gangster américain. Les épouses ne sont décidément pas son emploi. Une prestation sans relief qui lui vaut tout de même l'attention indulgente du critique de *Combat* : « Simone Signoret, sensuelle par son seul visage, émeut par sa sobriété, elle indique seulement, et c'est suffisant [1]. » Il s'agit du seul supporter journaliste de ce qui restera un petit film. Sa participation au sombre mélodrame de Henri Calef ne sera pas plus remarquée. Pour l'anecdote, l'actrice désignera *Ombre et lumière* comme « le seul film de sa carrière dont [elle ait] honte », au cours d'une interview à *Cinémonde*, en 1963. *Ombre et lumière*, cette histoire de pianiste virtuose devenue folle après un concert et qui finira par triompher de son mal aura un certain succès public ; le film atteindra même les Soviétiques très amateurs du genre, ce qui lui vaudra en ex-URSS une grande renommée. Même les cinéphiles locaux trouveront au film des qualités qui ont échappé aux spécialistes français. Dans une biographie de Simone Signoret publiée en russe à Moscou en 1960, un chapitre important est consacré à *Ombre et lumière*, un film qualifié de remarquable !

1. Le 14 décembre 1950.

Simone Signoret occupe tout de même le terrain et ne se fait pas oublier. Si le succès pour *Sans laisser d'adresse*[1] ne peut pas lui être attribué – elle y incarne un trop bref rôle de journaliste –, sa courte mais magistrale apparition dans *La Ronde* de Max Ophuls est mémorable. Participation symbolique puisque, ouvrant et clôturant la « ronde ». Dans le film, elle incarne à nouveau une prostituée, Léocadie, passant d'homme en homme, du soldat Franz – Serge Reggiani – au comte incarné par Gérard Philipe. Elle y est resplendissante. Le spectateur ne verra rien de ce qui se passe en coulisse. Georges Annenkov, le costumier de Max Ophuls, l'a raconté avec humour : « Simone Signoret n'avait pas le temps de se soucier de ses costumes ; elle vivait en plein roman d'amour et Yves Montand passait toutes ses journées dans la loge de la vedette. L'homme d'une simplicité assez sincère, naturel, sans prétention, c'était plutôt lui qui me gênait parfois, pendant les essayages et pas Signoret, rêveuse et absente[2]. »

Absente et rêveuse, Simone réussissait tout de même à se glisser naturellement dans un cinéma de qualité. Sans bruit ni tapage, elle laisse sa trace dans un chef-d'œuvre du cinéma classique. Le film d'Ophuls est récompensé du prix du meilleur scénario à la Biennale de Venise, en octobre 1950. Simone Signoret est, en apparence, indifférente au succès. En apparence. Pour beaucoup, elle semblait avoir déjà choisi : la vie passerait avant le cinéma. C'était surtout que le septième art ne lui avait pas encore fait le grand jeu ; il affûtait en secret toutes ses plus belles armes… de séduction. Son histoire d'amour avec le cinéma ne faisait que commencer.

« *Casque d'or ! Casque d'or ! Casque d'or !* C'est banal, mais c'est *Casque d'or !* Évidemment *Casque d'or ! Manèges* ? Non,

---

1. Il partage l'Ours d'or au Festival de Berlin en juillet 1951 avec *Cendrillon* de Walt Disney.
2. Georges Annenkov, *Max Ophuls*, Le Terrain vague, 1962.

Casque d'or ! Au risque de ne pas paraître original, je dirais *Casque d'or !* »

À la question : dans quel film préférez-vous Simone Signoret ? Quel film vous vient spontanément à l'esprit quand vous pensez à Simone Signoret ? La réponse tombe toujours, presque toujours la même. Personne n'évoque *Le Chat* ou *La Vie devant soi* qui révéleront plus tard une autre Simone Signoret, celle de la maturité. Peu pensent aux *Chemins de la haute ville* qui lui vaudront pourtant d'être la seule actrice française consacrée à Hollywood pour les trois décennies qui vont suivre. Les plus assidus citent *Manèges* quelquefois dans la foulée, mais *Casque d'or* arrive premier au palmarès. Même chez les plus proches. Jean-Pierre, le plus jeune frère de Simone, bien qu'il connaisse par cœur et en profondeur la filmographie de sa sœur, cite, lui aussi, *Casque d'or.* Il est presque gêné d'être si peu original, mais il est catégorique : « Célébrer la rencontre de Simone et de Jacques Becker, c'est dire qu'il fait jour à midi, mais le film que je préfère, évidemment c'est comme tout le monde *Casque d'or*[1]. »

Le monde a besoin de rôles de légende, et même si Simone Signoret laisse au cinéma français d'autres interprétations aussi réussies, *Casque d'or* reste définitivement la plus symbolique. Ce n'est pas un hasard si les titres des journaux le jour de sa mort s'inspireront tous de la référence : « Casque d'or s'en est allée », « Adieu Casque d'or », ou plus simplement « Casque d'or disparaît ». Simone Signoret n'en aurait sans doute pas été affectée ; Romy Schneider détestait *Sissi,* Marlène Dietrich ne voulait plus qu'on lui parle de *L'Ange bleu,* Simone Signoret ne reniera pas *Casque d'or.* Vingt-cinq ans après, elle l'évoquera avec nostalgie et tendresse, dans ses mémoires : « Je pourrais vous raconter pendant des heures comment ce film a été fait dans l'amour, la joie, l'amitié et l'humour. Je crois que cela se voit quand on le voit. [...] J'ai pensé que Jacques nous avait

1. Entretien de Jean-Pierre Kaminker avec l'auteur, novembre 1993.

bien rêvés en pensant à nous tous, Serge, Dauphin, Bussières et tous les autres. Et qu'il nous avait fait faire, je crois, un chef-d'œuvre [1]. »

Ce chef-d'œuvre a failli ne jamais voir le jour. *Casque d'or* a fait partie de ces projets ambitieux qui passent de tiroir en tiroir, suscitent l'enthousiasme de multiples réalisateurs sans pourtant arriver à maturité. Le fait divers avait frappé les esprits et fait travailler les imaginations des écrivains. Le projet avait séduit déjà en 1939 Julien Duvivier, qui comptait faire tourner Jean Gabin sur un scénario de Jeanson. Puis la guerre était arrivée, Jean Gabin était parti aux États-Unis, et l'idée, remise à plus tard, était restée sans suite. Les Américains s'y intéressèrent un moment, sans succès. Après la Libération, Henri-Georges Clouzot y avait jeté un œil à son tour, sans que l'affaire ne débouche. Le premier réalisateur à avoir songé précisément à Simone Signoret pour incarner Marie ne fut pas Jacques Becker mais un homme qui aimait Simone, et qui était alors son mari, Yves Allégret. Simone le cite parmi tous ces prestigieux noms, rapidement, sans mention particulière dans *La Nostalgie*. Catherine Allégret confirme dans *Les Souvenirs et les regrets aussi* l'existence, l'avancement d'un tel projet. Elle confie l'émotion qui s'est emparée d'elle à la découverte, dans la maison de son père qui venait de mourir, d'une valise contenant un projet de contrat adressé à Mlle Signoret.

« Quant au contrat, c'est incroyable ! Il contient des propositions concernant un film qu'elle devra tourner prochainement sous la direction de mon père et qui aura pour titre *Casque d'or*. Le contrat datant de 1948 [2]. » Les raisons pour lesquelles ce projet comme les précédents fut abandonné ne sont pas connues.

Yves Allégret ne tourna pas avec sa jeune femme *Casque d'or*. C'est une autre histoire qui aurait sans doute été écrite. Mais

1. *La Nostalgie n'est plus ce qu'elle était, op. cit.*
2. *Les Souvenirs et les regrets aussi, op. cit.*

Yves Allégret le premier avait bien songé à lui confier le personnage de Marie, cette « poule » de la fin du XIXe siècle, devenue une héroïne de fait divers. Simone Signoret en avait gardé le secret. En 1951, Jacques Becker reprend le scénario de fond en comble et il propose le rôle à Simone Signoret... qui hésite. Il y a Montand qui désormais passe avant tout et elle a décidé de le suivre sur le tournage de son premier film depuis qu'ils se sont rencontrés : *Le Salaire de la peur*. Elle signe donc distraitement, puis part rejoindre Yves sur les lieux de son tournage en Camargue. Ce matin du 15 septembre 1951, Simone prend son petit-déjeuner au Toto Hôtel comme tous les matins depuis qu'elle a rejoint Yves, elle flâne. Jacques Becker appelle Simone pour lui demander de rentrer à Paris commencer le travail. Simone joue les injoignables. Elle a choisi de rester, elle préfère regarder son amoureux faire l'acteur. Jacques Becker, qui a aussi des talents de manipulateur (il en faut pour diriger des comédiens), a trouvé la faille. Il félicite Simone de choisir le bonheur conjugal, il lui fait dire de ne pas s'inquiéter : il saura trouver une remplaçante à la hauteur. L'orgueil de la comédienne sauve le mythe, le tournage commence. La scène est reconstruite pour la légende, mais elle contient une part de vérité. Simone Signoret a désormais un statut. Elle a besoin de se faire prier et elle devient une comédienne avec ses angoisses, ses envies, ses caprices et ses contradictions. Pour Simone, ce tournage marque la première véritable séparation d'avec Montand. Une expérience. « Pendant les huit semaines du tournage de *Casque d'or*, nous nous sommes écrit et téléphoné tous les jours Montand et moi. Jacques m'a laissée aller quelquefois à Nîmes [où Montand tourne *Le Salaire de la peur*]. Je prenais le train de nuit le samedi soir, arrivais au petit matin et repartais le dimanche soir pour être sur le plateau à l'heure, le lundi. Une fois on s'est croisés : Montand ne m'avait pas trouvée au téléphone et je ne l'avais pas davantage trouvé au Toto Hôtel. Il a pris sa voiture pour venir me surprendre... alors que je roulais déjà dans le train pour Nîmes. On était très malheureux d'être séparés, mais, étrangement, ça ne nuisait pas à nos travaux[1]. »

Yves et Simone sont comme indissociables. Alors, dès la fin de leurs tournages respectifs et malgré leur aversion totale pour les conventions bourgeoises, ils vont se dire officiellement leur amour selon les règles les plus communes qui soient. Le mariage célébré le 22 décembre 1951 à Saint-Paul-de-Vence a une sobriété qui n'exclut pas l'élégance. Les deux protagonistes ont choisi de se dire « oui » dans le village où ils se sont rencontrés un peu plus de deux ans auparavant. C'est vers les 11 heures du matin que Simone Kaminker-Signoret devient Mme Ivo Livi, l'épouse d'Yves Montand. La cérémonie se passe à la maison commune qui est située dans le donjon de la cité forteresse. La salle des mariages est l'ancienne salle d'audience des seigneurs du Moyen Âge. Le jeune maire, Marius Issert[2], a trente-trois ans. Il est de la génération des mariés et les appelle par leur prénom. Il unit ses premières vedettes. Il a préparé un bref discours, qu'il a conservé précieusement parmi tous ses souvenirs. Ému, il émeut l'assistance : « Je ne pensais pas que cette cérémonie que vous vouliez intime prendrait une telle ampleur : c'est la rançon de la gloire. Je suis fier et heureux à la fois, car je mesure à sa juste valeur l'honneur que vous faites à mon village en le choisissant comme témoin de votre bonheur. » Simone se tourne au moment de la conclusion vers Jacques Prévert : « Il va réussir à me faire chialer, le maire », murmure-t-elle. Les quelques mots classiques l'ont touchée. Elle retient ses larmes au moment de passer l'alliance au doigt de Montand. Le village, quant à lui, en verra d'autres. Marius célébrera le mariage de Gene Wilder, le chanteur des Rolling Stones, celui de Bernard-Henri Lévy avec Arielle Dombasle. Des témoins prestigieux apposeront leur signature sur d'autres registres : Jean

1. *La Nostalgie n'est plus ce qu'elle était, op. cit.*

2. Marius Issert a été maire de Saint-Paul-de-Vence pendant cinquante ans, les descriptions et propos qui suivent ont été recueillis par l'auteur en 1995.

Cocteau, Curd Jurgens, Marc Chagall, Marcel Pagnol... Pour l'heure, c'est la foule au village : badauds et journalistes ont envahi la minuscule place devant la mairie. Marius Issert rapporte un échange de propos quelques jours avant la cérémonie, entre Montand et lui :

« Il y aura beaucoup de journalistes. Fais qu'il n'y en ait pas trop, avait dit Montand.

– Tu sais, c'est difficile de refuser, il y en aura entre vingt et trente.

– Bon, ça va. »

« Il y en a eu le double », conclut Marius Issert amusé, « et ils étaient très contents tous les deux. »

Malgré la foule, l'atmosphère est légère. Les jeunes mariés ont opté pour une simplicité de bon aloi : le chic et le sobre. Simone porte un tailleur de soie beige imprimée de chez Balmain avec un bibi noir sur la tête, et par-dessus – on est au mois de décembre – un manteau de vison. Autour du cou, elle a passé un collier or et diamants. Yves Montand, lui, porte un simple costume de serge bleu.

Sitôt la cérémonie achevée, le cortège se dirige vers La Colombe d'or. Sur la photo prise au cours du déjeuner on reconnaît Paul Roux, le témoin du marié, Jacques Prévert, celui de Simone, Marcel et Jacqueline Pagnol et leur fils Frédéric. Le maire est également présent, le poète André Verdet [1] et la comédienne Deana Durbin [2] qui habitent le village sont aussi de la fête.

Picasso a fait envoyer un dessin exécuté avec l'un des premiers stylos-feutres parvenus en France et, signe heureux, au moment où le chauffeur du peintre apporte le cadeau, les colombes du jardin pénètrent à l'intérieur de l'auberge, et l'une d'elles vient

1. Voir lexique.
2. Voir lexique.

se poser sur la tête de Simone. Le photographe immortalise ce moment.

Ce 22 décembre 1951 est une belle journée d'hiver, c'est finalement une journée presque comme les autres. Simone et Yves compteront leurs anniversaires de mariage à partir de leur première rencontre, à Saint-Paul, le 19 août 1949. Les dates ne sont pourtant pas toujours anodines. Ils s'unissent pour la vie à l'aube de leur trentaine respective, ils réunissent leurs forces pour des combats qui commencent à peine à les mobiliser. Mais avant les projets et les batailles en commun, il y a pour Simone une déception à digérer, un échec qu'elle ne prévoit pas, celui de *Casque d'or*.

« J'ai pensé qu'il [Jacques Becker] nous avait fait faire un chef-d'œuvre. Malheureusement, à part moi, mon mari, quelques bons amis et quelques très rares spectateurs anonymes, le gros de l'intendance n'a pas suivi. Le film a été un échec total [1]. » Le chef-d'œuvre du cinéma français, le rôle culte de la filmographie de Simone Signoret connaît un rejet critique et public assez inexplicable aujourd'hui. Surprenant mais réel. Le film est projeté en avant-première à Bruxelles en février 1952 devant une salle qui cache difficilement son ennui. Quelques jours plus tard il est retiré de l'affiche. La sortie parisienne n'est pas plus encourageante. La presse, elle, est déroutée, quand elle ne manifeste pas carrément son hostilité. Les journaux communistes se déchaînent, ils reprochent à Jacques Becker sa vision de la classe ouvrière : « Comment le héros, le charpentier Manda, interprété par Serge Reggiani, peut-il abandonner sa fiancée prolétarienne ? » Jacques Becker a certes pris beaucoup de libertés avec la véritable histoire d'Amélie Hélie, mais il a fait une œuvre originale qui ne mérite pas tant de mépris. Le réalisateur Marcel Bluwal, qui fera tourner Simone Signoret bien plus tard, se souvient d'avoir vu le film à sa sortie, de l'avoir fortement

1. *La Nostalgie n'est plus ce qu'elle était, op. cit.*

apprécié et de ne pas avoir, comme beaucoup, compris son échec. Danièle Delorme le minimise : « Certes cela n'a pas été un succès, mais à l'époque ce n'était pas aussi grave qu'aujourd'hui, en tout cas pas pour l'interprète principale. Et pour moi *Casque d'or*, ça a plus été la révélation de Simone que l'échec de Becker[1]. » Simone Signoret a avancé une explication : « Il y a vingt ans, dans une histoire d'amour, il fallait que le héros soit un grand, costaud, et les gens n'ont pas pu voir la force fantastique qui émanait de Serge Reggiani sous une fragilité apparente[2]. »

Simone Signoret est cependant épargnée, distinguée même, par la critique. Georges Sadoul, le seul qui ne déteste pas le film, salue, dans un article des *Lettres françaises*, l'actrice qui « atteint, dans *Casque d'or*, le sommet de son art[3] ».

« Tout en elle », écrit-il, « vibre de sincérité. Elle fait sans cesse oublier la "pierreuse" parce qu'elle est dramatiquement femme. Il n'est pas besoin d'un battement de ses cils pour nous bouleverser, et elle n'a jamais été plus belle. » Georges Charensol dans *Les Nouvelles littéraires* insiste : « Simone Signoret compose un Lautrec ou tout au moins un Steinlen de grande allure. Elle est peuple sans être vulgaire. Elle a à la fois du mordant et du style[4]. »

Pour la première fois surtout, on la fait entrer dans la catégorie des comédiennes, elle n'est plus seulement dans celle des jolies filles qui passent sur les écrans. C'est Paule Sengissen qui écrit : « Simone Signoret n'est pas seulement une nature c'est aussi une comédienne[5]... »

Casque d'or ne sera pas longtemps un échec. À Londres, à Rome, à Berlin, le film est récompensé. Simone reçoit le British

1. Entretien de Danièle Delorme avec l'auteur, avril 1995.
2. *La Nostalgie n'est plus ce qu'elle était*, *op. cit.*
3. Le 18 avril 1952.
4. Le 24 avril 1952.
5. *Fiche Téléciné*, 1952.

Film Academy Award pour son rôle dans le film que les Britanniques ont rebaptisé *Golden Mary*. Déjà l'Angleterre vient à sa rencontre…

Mais cet échec relatif laisse des marques, des cicatrices. Simone a évoqué l'épisode avec légèreté dans ses mémoires, elle a sans doute été plus blessée qu'elle ne l'a reconnu.

Simone est déçue, pour Jacques Becker d'abord, pour Serge Reggiani ensuite, qui sera victime de l'insuccès du film. Elle est meurtrie par une telle injustice. La battante se heurte à l'incompréhension, et cette fois-là elle n'est pas loin d'abandonner le combat.

Thérèse Raquin

Ce jour-là je tricotais comme aime à le faire une épouse effacée et comblée.

Simone SIGNORET

Simone Signoret a-t-elle sérieusement songé à abandonner le cinéma après l'échec de *Casque d'or* ? Aurait-elle vraiment renoncé à rejoindre le tournage pour rester avec Yves Montand ? Personne ne pourra jamais dire la part de bluff et la part de sincérité. Danièle Delorme qui a été son amie intime pendant quarante ans sourit quand on lui pose la question. « Simone, renoncer au cinéma ? Je n'y ai jamais cru une seconde, elle aimait trop cela, jouer, mais aussi tout ce qu'il y avait autour. Être une star, cela lui plaisait beaucoup. Évidemment il y a eu la période où Montand passait avant tout, mais elle avait besoin de lui montrer qui elle était. » Le portrait dessiné par Danièle Delorme est celui d'une Simone Signoret combative, voulant rester sur le devant de la scène. Ce qui est sûr cependant c'est que ces années de passion sont aussi celles où Simone laisse sa carrière flotter. L'insuccès de *Casque d'or* ne la touche pourtant pas vraiment et les propositions continuent de venir.

Parmi ces propositions, il en est une pour laquelle refuser est un vrai sacrifice. Au temps où tout marchait pour elle, elle avait donné son accord verbal aux frères Raymond et Robert Hakim, producteurs à succès, pour tourner une adaptation de *Thérèse Raquin* à condition que la mise en scène soit confiée à Marcel Carné. Celui-là est désormais d'accord, mais c'est au tour de Simone de se dérober. Elle a décidé d'abandonner le métier pour se consacrer à son mari. Elle choisit d'oublier l'amoureuse de littérature qui est en elle, elle renonce à retrouver les joies d'un tournage sous la direction de celui qui avait présidé à ses tout débuts cinématographiques en lui donnant un rôle de figuration dans *Les Visiteurs du soir*. Simone, un temps, semble refuser d'admettre que son destin d'actrice est autant écrit que son destin d'épouse de chanteur à succès. C'est l'époux en question qui va se charger de le lui rappeler. Simone Signoret a raconté avec humour la scène :

« Ce jour-là, je tricotais comme aime à le faire une épouse effacée et comblée. Il [Yves Montand] répétait, et ça n'allait pas exactement comme il voulait. C'est alors qu'il s'avisa de la disparition d'un petit bout de papier qu'on avait posé sur le piano auquel on n'aurait jamais dû toucher, sur lequel il avait noté des choses de première importance [...]. Je ne sais qui était responsable de ce transfert [...]. Toujours est-il que, le bruit des aiguilles à tricoter aidant, j'ai agacé mon mari. Il m'a contemplée un moment et a dit :

"Tu fais quoi ? Tu es là, tu tricotes...

— Je suis là parce que je suis bien, si je n'étais pas là, je serais en train de travailler.

— Travailler, c'est vite dit. Pour travailler, il faut qu'on vous demande.

— ... Pour travailler, il faut qu'on vous demande ? Je pourrais être en train de tourner *Thérèse* !

— Pour *Thérèse*, ils ne te voulaient pas vraiment, d'ailleurs, il paraît que c'est X qui va le faire."

Comme c'est un truc qui fonctionne toujours très bien avec moi, je me suis levée, j'ai roulé consciencieusement mon ouvrage, planté parallèlement mes aiguilles à tricoter et pris un temps fou pour aller jusqu'au téléphone. J'ai cherché studieusement le numéro de la production. Je le connaissais par cœur.

Je me disais : il va m'arrêter. Il lisait le journal. Lentement, j'ai composé le numéro [...]. J'ai dit : "C'est moi, Robert, je veux bien faire *Thérèse*."

Je m'attendais à tout, par exemple : "C'est trop tard, ça ne nous intéresse plus, Carné est fâché, Mlle X a signé son contrat..." Mais si Robert Hakim a jamais eu la voix d'un séraphin, il l'a eue ce jour-là en me répondant : "Je suis bien content, signons demain."

J'ai raccroché. J'ai dit : "Tu vois"[1]. »

Le tournage de *Thérèse Raquin* commence le 2 mars 1953 aux studios de Neuilly. Le climat ne sera pas celui de *Casque d'or*. Mais *Thérèse* visse définitivement Simone Signoret au cinéma.

Marcel Carné a choisi une véritable adaptation de l'œuvre de Zola. L'époque et le lieu sont transposés : de Paris au XIXe siècle chez Zola, l'intrigue se noue, dans le film, dans les années cinquante, à Lyon. Simone Signoret joue Thérèse. La jeune femme traîne l'existence d'une bourgeoise de province entre une belle-mère méchante (interprétée par Sylvie) et un époux stupide et égoïste (Camille, interprété par Jacques Duby). La rencontre avec un beau camionneur italien (Laurent, Raf Vallone) va faire basculer son existence dans le drame. Elle est amoureuse mais refuse de s'enfuir avec son amant comme il le lui demande. Laurent rôde autour des Raquin dont il devient un familier ; il finit par raconter à Camille qu'il est l'amant de sa femme. L'époux, lâche, décide de cacher Thérèse à Paris, mais Laurent les suit dans leur voyage. Dans le train, au cours d'une dispute, Camille est précipité par la portière. Personne n'a vu Laurent monter dans le train. Thérèse est soupçonnée. Arrêtée, puis relâchée, elle retourne auprès de sa belle-mère. Mais quelqu'un connaît la vérité : c'est un ancien marin interprété par Roland Lesaffre, il vient réclamer le prix de son silence. Ce personnage

1. *La Nostalgie n'est plus ce qu'elle était*, *op. cit.*

a été créé de toutes pièces par Marcel Carné pour remplacer le fantôme qui hante le roman de Zola. Thérèse et Laurent acceptent de remettre l'argent au marin. Thérèse a touché la prime de la SNCF après la mort de son mari. Mais le maître chanteur craint les représailles des « criminels ». Avant d'aller au rendez-vous il confie à sa petite bonne une lettre de dénonciation adressée au juge d'instruction, à poster s'il ne revient pas. Un camion l'écrase sur le chemin du retour. La lettre est partie.

Le roman comme l'adaptation de Marcel Carné sont particulièrement noirs. Pour Simone Signoret, c'est l'occasion d'abandonner les emplois de prostituée ou de fille légère. Avec ses cheveux tirés en arrière, son gilet de laine sur les épaules, elle ressemble à toutes les petites bourgeoises de province enfermées dans une vie étriquée, droites mais sans amour. La Thérèse de Marcel Carné n'est pas la brute humaine du roman de Zola, c'est une victime. Simone Signoret lui donne de la présence. Elle n'a plus besoin de jouer les aguicheuses pour impressionner la pellicule. Les critiques ne s'y trompent pas. Jean Dutourd écrit dans *Carrefour* : « Simone Signoret est une actrice admirable, une sorte de Gabin féminin. Elle est belle, mille fois plus belle que la plus belle des pin-up [1]. » Imperceptiblement, elle est déjà, à trente-deux ans, sortie des rôles de femme fatale ou de fille de mauvaise vie. Subtilement, elle marque sa différence, ouvre des perspectives.

Cette fois, le succès sera au rendez-vous. Malgré les libertés prises par Marcel Carné avec le roman d'Émile Zola, malgré les conflits entre le metteur en scène et ses acteurs (Marcel Carné reproche dans ses mémoires à Simone Signoret d'avoir « monté » Raf Vallone contre lui), le film sera bien accueilli par la presse et le public. Ultime consécration, il recevra à Venise le Lion d'argent [2].

1. Le 11 novembre 1953.

2. Pas de Lion d'or décerné cette année-là au festival de Venise. *Thérèse*

Simone a bien fait de ne pas oublier le cinéma. *Thérèse Raquin* enrichit sa filmographie. Elle entre peu à peu dans la catégorie des grandes comédiennes capables de tout jouer. *Les Diaboliques* confirmeront son talent et la justesse de ses choix. Le film dirigé par Henri-Georges Clouzot, qui a offert avec *Le Salaire de la peur* l'année précédente le rôle principal à Yves Montand d'un film primé à Cannes en 1953 [1], ne lui permet pas de s'exprimer dans un registre très différent de celui abordé jusque-là, mais ajoute un chef-d'œuvre à sa filmographie. Les critiques saluent une nouvelle fois ses qualités d'interprète, et aucun ne souligne le défaut d'interprétation que le metteur en scène et elle-même reconnaissent : « La femme que je jouais était une coupable, une tueuse et la complice de son amant, que jouait Paul Meurisse. Elle prétendait être une alliée du personnage que jouait Véra. J'avais malgré moi tendance à la jouer en coupable, alors que tout le suspense tenait au fait que le public devait la croire innocente jusqu'aux dernières minutes du film [2]. » Vingt ans après le tournage, Simone Signoret semblait encore en proie au doute à propos de la justesse de son jeu, déstabilisée par un metteur en scène aussi talentueux que tyrannique qui se reprocha à l'époque de lui avoir fait lire la fin du scénario. On peut penser au contraire que cette stratégie a conduit Simone Signoret à coller au personnage qui est bien un personnage de coupable. Il est assez improbable qu'un spectateur non averti [3]

Raquin partage sa récompense avec *I Vitelloni* de F. Fellini, *Les Contes de la lune vague après la pluie* de K. Mizoguchi, *Moulin Rouge* de John Huston et *Little Fugitive* de R. Ashley, M. Engel et R. Orkin.

1. *Le Salaire de la peur* obtient le Grand Prix international du film et une mention spéciale pour Charles Vanel désigné comme le meilleur interprète masculin du Festival, à Cannes en 1953.

2. *La Nostalgie n'est plus ce qu'elle était*, *op. cit.*

3. Très judicieusement, étant donné le rebondissement final, le réalisateur insérera un panneau après le générique de fin demandant aux spectateurs d'éviter de dévoiler la chute autour d'eux pour ne pas gâcher le plaisir des futurs spectateurs.

puisse déjouer le piège de l'intrigue. Simone Signoret n'a rien gâché, les critiques sont élogieuses : « Il y a autre chose dans ce film que son aspect policier », écrit par exemple Claude Mauriac. « Dès les plans d'ouverture, le cinéma s'empare de nous, et il nous confisque jusqu'aux dernières images. Les personnages sont situés et décrits avec une telle puissance que nous sommes prêts à tout accepter d'eux. Ils nous entraînent peu à peu dans une aventure criminelle, soit, mais nous les aurions aussi bien et aussi loin suivis dans des drames de sortes différentes. Ils sont, cela suffit. Leur présence est même écrasante. Je songe surtout à Simone Signoret et Véra Clouzot [1]. » Le sévère critique de *Télérama*, Gilbert Salachas évoque lui « la fragilité bouleversante de Véra Clouzot et l'autorité altière de Simone Signoret [2] ».

Simone Signoret entre en ce milieu des années cinquante dans la catégorie des actrices dramatiques de premier plan. Pour l'heure, enceinte, elle doit se reposer. Mais, fatiguée sans doute par le tournage de *Thérèse Raquin*, elle perd en août 1953 l'enfant qu'elle attend de Montand. Par deux fois le malheur se produira, à chaque fois lors d'une grossesse bien avancée.

Simone ne parlera jamais, sauf à de très rares proches, de cette blessure. Yves Montand, moins pudique, l'évoquera une fois au hasard d'une interview au magazine *Elle* en 1966 : « Il y a une chose que personne ne sait, qu'on ne dit jamais. Simone deux fois a attendu un enfant de moi. Aujourd'hui nous devrions avoir deux mômes, l'un de seize ans et l'autre de quatorze ans [3]. » On peut aisément imaginer la fragilité, la

1. *Le Figaro littéraire*, janvier 1955.

2. *Télérama*, janvier 1955. Le misérable remake américain (*Diabolique*, de Jeremiah Chichik), dans lequel Isabelle Adjani et Sharon Stone reprennent les rôles de Véra Clouzot et Simone Signoret, ne pourra que nous remettre en mémoire les remarquables compositions des deux pionnières…

3. Interview citée par Michel Giniès, dans *Montand*, Éditions Vade Retro, 1995.

détresse de Simone, dans cette incapacité à rendre père le mâle italien. Ce drame intime, ajouté à celui de la perte d'un petit garçon de neuf jours, a sans doute beaucoup compté. Il explique en partie un comportement quasi maternel reporté sur des hommes jeunes qui l'entoureront dans sa vie. Des enfants de substitution jalonneront son existence. Elle s'occupera d'eux avec la tendresse et l'exigence d'une vraie mère, comme elle aimait le faire avec ses deux petits frères. Des hommes qu'elle entourera d'une affection définitive remplaceront le fils manquant. Alain [1], Jean-Claude [2], Régis [3], Jean-François [4], Costa [5], Yves [6], certains ne feront que passer dans sa vie, d'autres resteront fidèles jusqu'à la fin. Il reste qu'Yves Montand et Simone Signoret n'auront jamais d'enfant ensemble. Un manque absolu. Pour l'heure, Simone va s'occuper de sa fille Catherine et de Montand qui prépare sa première à L'Étoile pour octobre 1953. Un récital historique.

Simone est là tous les soirs, elle prend soin du chanteur, l'entoure de toute son admiration et de tout son amour. Montand s'installe dans le succès, il a maintenant les moyens d'agrandir son espace de vie. Ainsi Simone et Yves deviennent propriétaires. Ils font l'acquisition d'une maison bourgeoise à cent kilomètres de Paris avec une ferme en dépendance. « Les salles pleines de L'Étoile et les ventes de disques ont permis ce miracle », a écrit Simone Signoret dans *La Nostalgie*.

---

1. Alain Dhénaut, réalisateur.

2. Jean-Claude Dauphin, fils de Claude Dauphin (le malfrat Félix Leca de *Casque d'or*), lui-même fils du poète Franc-Nohain. Acteur, il tournera plus tard au côté de Simone, comme greffier dans *Madame le juge*.

3. Debray.

4. Jean-François Josselin, écrivain, journaliste au *Nouvel Observateur*, a été le confident des dernières années de sa vie, auteur d'un très beau témoignage paru chez Grasset, *Simone*. Il est décédé depuis.

5. Constantin Costa-Gavras, réalisateur français qui la dirigera dans *Compartiment tueurs* et *L'Aveu*.

6. Yves Simon. Le chanteur était son voisin, place Dauphine.

Autheuil va devenir comme la place Dauphine, plus que la place Dauphine, la maison de Simone. Elle y est à la tête d'une tribu, veillant sur ses invités et son monde comme elle avait veillé sur ses petits frères. Simone qui n'est pas une cuisinière aime, en revanche, recevoir. Elle apprécie par-dessus tout la chaleur des maisons pleines d'amis, ce qu'elle n'a pas connu dans son enfance. À Autheuil, certains s'y installent des mois, comme Jacques Becker. On y répète des spectacles de Montand, on s'engueule dans les grands moments de crise politique. C'est aussi là que Simone vivra ses derniers instants. Les vrais amis connaîtront tous Autheuil. C'est José Artur qui a le mieux « raconté » Autheuil. Car Autheuil se raconte, Autheuil n'est pas seulement une grande et belle maison normande entourée d'un immense parc, avec une jolie allée pour y accéder. Ce qui est important à Autheuil, c'est ce qui se passe à l'intérieur : « Nous avions tous une propriété dans l'Eure qui appartenait à Yves Montand. Nous l'avions choisie ensemble, il était passé seul chez le notaire régler les petites formalités. Chacun de nous avait sa chambre attitrée. La mienne avait et a encore des cœurs, des piques, des trèfles et des carreaux en feutre découpés et collés aux murs par Simone Signoret [...]. Certains week-ends, il y avait près de vingt clients en pension complète. Les enfants et les chiens étaient admis et même recherchés. Pour avoir les chambres du premier étage, il fallait être âgé, très connu ou venir pour la première fois. Je couchais au second car je n'étais ni âgé ni connu et j'y étais toutes les semaines. J'ai vu François Périer à mon étage, Françoise Arnoul, Roger Pigaut, Serge Reggiani, Pierre Mondy et Jacques Becker. On jouait aux ambassadeurs et au poker menteur, au jeu du bachot, au volley-ball ; on se baignait et même on se lavait. On tirait au fusil sur des disques de chanteurs ou chanteuses mal aimés et invendables que j'apportais [...]. C'est une maison où quand il pleut à verse c'est dehors ; où l'avenir est aux gens qui se couchent tard. C'est une maison en bonne santé[1]. » François Périer l'a aussi évoquée

1. José Artur, *Micro de nuit*, Stock, 1974.

dans le passage de *Profession menteur* qu'il a consacré à Simone Signoret : « Quand Yves a acheté leur maison d'Autheuil, elle a convoqué tous les copains. La décision était prise, mais elle a voulu nous y associer. Ce serait notre maison : effectivement chacun y eut sa chambre, à laquelle il accédait en toute liberté, même si les propriétaires n'étaient pas là. Elle y est morte. Autheuil concrétisait le rêve que tout le monde fait mais ne réalise jamais : avoir une maison ouverte à tous, où la gaieté règne en permanence[1]. » Mais gare à ceux qui refuseront d'y passer ou qui voudront reconquérir leur liberté. François Périer, toujours, explique : « Maîtresse d'un clan dont la devise aurait pu être fidélité, elle supportait mal qu'on lui fît défaut ne serait-ce qu'un moment. Des années plus tard, quand avec Colette nous avons acheté à notre tour une maison de campagne, Simone l'a pris comme une désertion[2]. » Danièle Delorme confirme : « Quand avec Yves Robert, mon mari, nous avons acquis notre maison en Normandie, j'ai délaissé Autheuil. Simone nous en a voulu. Elle n'aimait pas beaucoup aller chez les autres. Avec Simone, on était convoqués[3]. » Alain Resnais le raconte, s'il n'a pas conquis totalement Simone, c'est parce qu'il a refusé les règles de son « clan » : « Simone m'appelait de temps en temps et me disait : "Viens passer le week-end à Autheuil". » Je trouvais toujours une excuse, le travail, la distance. En fait elle savait que j'étais un marginal et que je n'aimais pas beaucoup le monde, mais ça l'énervait beaucoup, ça l'empêchait, je crois, de m'aimer vraiment. On ne pouvait pas plaire complètement à Simone, être vraiment un intime si on lui résistait[4]. » Alain Resnais et Danièle Delorme ne sont pas les

1. François Périer, *Profession, menteur*, Presses Pocket, 1991.

2. *Ibid.* Anecdote amusante, dans un film familial issu de la collection de François Périer, on peut voir cependant Simone, filmée par l'acteur, visitant avec Colette Périer des maisons en Normandie à une époque qui correspond à l'acquisition de leur maison.

3. Entretien avec l'auteur, février 2010.

4. Entretien d'Alain Resnais avec l'auteur, mars 1994.

seuls à définir cette tendance à exiger l'exclusivité, cet engagement total réclamé par leur amie. Simone Signoret pouvait étouffer ses proches de son affection. Mais le cinéaste est lucide. Simone a les défauts qui correspondent à des qualités d'exception. Il ajoute : « Il y avait vraiment chez elle une volonté de tout contrôler. Mais finalement, c'était une qualité, c'est grâce à cette force qu'elle faisait avancer les choses. »

Avancer les choses… Le couple Montand-Signoret fonctionne très vite comme une association qui se veut progressiste. Ils sont unis pour la vie, ce qui signifie aussi, pour eux, qu'ils le sont dans tous les petits et les grands combats de la vie sociale et politique. En ce début des années cinquante, l'histoire qui se déroule autour d'eux va leur donner bien des occasions de s'indigner, selon le jugement des plus indulgents, de s'agiter, pour les plus critiques.

Les sorcières de Salem

Celui qui ne sait pas est un ignorant, celui qui sait et qui se tait est un malfaiteur.

La Vie de Galilée, Bertolt BRECHT

Quand dans une réception, quelqu'un avait l'air de faire une plaisanterie sur des camps possibles en Union soviétique, on se levait et on sortait. Parce qu'on ne pouvait pas le supporter.

Simone SIGNORET

Nous exigeons l'interdiction absolue de l'arme atomique, arme d'épouvante et d'extermination massive des populations.

Nous exigeons l'établissement d'un rigoureux contrôle international pour assurer l'application de cette mesure d'interdiction.

Nous considérons que le gouvernement qui, le premier, utiliserait contre n'importe quel pays l'arme atomique commettrait un crime contre l'humanité et serait traité comme criminel de guerre.

Nous appelons tous les hommes de bonne volonté dans le monde à signer cet appel.

STOCKHOLM, 19 mars 1950.

Ce texte est célèbre. Pour l'histoire, il porte le nom d'appel de Stockholm. En cette année 1950, c'est l'actualité quasi quotidienne pour beaucoup de citoyens de tout pays. Six cents millions d'individus vont en quelques mois signer ce texte dans soixante-quinze pays. Douze millions rien qu'en France. La crainte d'une troisième guerre mondiale est bien présente dans les esprits, cinq ans à peine après la fin de la Seconde Guerre mondiale. En fait, il s'agit d'une des plus importantes campagnes d'opinion menées à travers le monde par les organisations communistes.

C'est la guerre froide entre les alliés d'hier, l'URSS et les États-Unis ; officiellement ouverte par Winston Churchill le 5 mars 1946 par un discours prononcé à Fulton (Missouri). Il y dénonce les régimes policiers de l'Europe de l'Est et se déclare convaincu que l'URSS ne « respecte que la force ». Staline n'a pas suivi les accords de Yalta et le partage du monde qui y a été peu ou prou organisé. Un peu partout à l'Est, il étend son influence à coup d'élections truquées et de mobilisations populaires organisées. En Pologne, en Hongrie, en Roumanie comme en Bulgarie, les communistes prennent le pouvoir. Le 12 mars 1947, le président Truman, après Churchill, appelle le congrès américain « à soutenir les peuples libres qui résistent à des tentatives d'asservissement par des minorités armées ou des pressions venues de l'extérieur ». Cette déclaration qui définit ce qu'on appelle la doctrine Truman signifie que désormais la sécurité des États-Unis se trouve mise en jeu partout où « une agression directe ou indirecte » menace la liberté d'un pays, que derrière toute crise locale les Américains voient dorénavant se profiler l'ombre d'un chef d'orchestre soviétique et qu'ils sont décidés à contrecarrer toute manifestation de la politique expansionniste de l'URSS.

La réponse de l'URSS ne tarde pas. C'est l'idéologue officiel du régime, Andreï Jdanov, qui l'apporte quelques mois plus tard : « Deux camps se sont formés dans le monde ; d'une part le camp anti-impérialiste et démocratique dont le but essentiel consiste à saper l'impérialisme et d'autre part le camp impérialiste et antidémocratique qui a pour but essentiel l'établissement de la domination mondiale de l'impérialisme américain et l'écrasement de la démocratie. » Si l'expression est quelque peu hermétique, la réalité se charge d'expliquer la théorie. La division du monde n'est pas que dans les discours. Le Coup de Prague en février 1948, le blocus de Berlin qui démarre en juin 1948, puis la victoire de Mao en Chine et le conflit coréen en témoignent.

Toute l'habileté de la propagande soviétique consiste à présenter le camp américain comme celui qui veut la guerre et l'agression, et le camp soviétique comme celui de la paix. Pour la diffusion de sa propagande, L'URSS dispose des partis communistes occidentaux qu'elle peut manœuvrer à sa guise. Mais il y a plus, voire mieux : les intellectuels progressistes hantés par la crainte d'une troisième guerre mondiale peuvent lui servir de précieux relais pour rallier à sa cause des millions de citoyens.

Ces intellectuels se retrouvent l'été 1948 à Wroclaw en Pologne. Des écrivains comme Vercors, l'auteur du *Silence de la mer*, ou des poètes comme Paul Éluard, Aimé Césaire[1] y côtoient des scientifiques comme Irène Joliot-Curie et des peintres comme Fernand Léger ou Pablo Picasso. On y rencontre aussi des chrétiens comme l'abbé Boulier[2], animateur de la Jeunesse ouvrière chrétienne, qui sera suspendu par le Vatican. Pour les historiens, cette réunion est l'acte fondateur du Mouvement de la paix qui selon Pascal Ory et Jean-François Sirinelli est « une organisation de masse, association relais, exclusivement vouée à la diffusion de mots d'ordre diplomatiques soviétiques en direction des non-communistes[3] ». De la propagande déguisée, dont les mots d'ordre sont : défense de la paix et « non » à la bombe atomique.

La deuxième étape se déroule en avril 1949 à Paris, salle Pleyel, pour le Congrès national du mouvement. Deux mille

1. Voir lexique.

2. Sa présence à Wroclaw illustre le ralliement d'une partie des catholiques aux thèses du Parti communiste français.

3. Pascal Ory et Jean-François Sirinelli, *Les Intellectuels en France, de l'affaire Dreyfus à nos jours*, Armand Colin, 1987.

délégués sont réunis sous la présidence du secrétaire mondial le physicien Frédéric Joliot-Curie[1]. Cinq jours pendant lesquels les délégués exaltent le pacifisme de l'URSS.

Le Mouvement de la paix se veut une internationale pacifiste. Sa première tâche est de faire signer l'appel, lancé à Stockholm par le Comité permanent en mars 1950, au-delà des communistes, « à tous les hommes de bonne volonté », qui en signant ne sont pas obligés de renoncer à leurs opinions politiques même si elles ne correspondent pas à celles des communistes. C'est ce qu'on appelle « embrigadement ».

La presse communiste joue à fond son rôle de courroie de transmission. Dans *L'Humanité*, dès le mois de mars, un article est quasi quotidiennement consacré à l'appel et au bilan des campagnes de signatures organisées par le PCF. L'appel prend autant de place que le compte rendu de l'anniversaire de Maurice Thorez ou que ceux de la bataille du livre. Bien sûr les familles humbles et anonymes sont privilégiées : « “Je signe de tout mon cœur”, a dit madame Roy en remettant au nom de sa famille le bulletin de consultation sur l'interdiction de l'arme atomique[2] » ; ou encore les travailleurs : « Avec les vendeuses du Printemps, nous signons de tout cœur contre la bombe A[3] » ; ou encore : « Au dépôt de Pantin des chaussures André, cent trente et un travailleurs sur cent cinquante-six signent l'appel[4] ». Mais les artistes sont aussi à l'honneur, souvent mis en vitrine : une rubrique « Ceux qui signent et ceux qui font signer » est instaurée en mai, et on y retrouve beaucoup de personnalités du cinéma, du théâtre et du music-hall ; parmi les pionniers, les réalisateurs Yves Allégret, Marcel Carné et Alain Resnais, les comédiens Jean Marais, Yves Montand, Noël-

1. Professeur au Collège de France, membre de l'Académie des sciences et prix Nobel de chimie.

2. *L'Humanité*, 14 avril 1950.

3. *L'Humanité*, 23 avril 1950.

4. *Ibid.*

Noël[1], Madeleine Sologne, Serge Reggiani, Gérard Philipe, Pierre Brasseur, Pierre Larquey[2], des peintres comme Chagall, Matisse, Gromaire, des écrivains comme Aragon, Ilya Ehrenbourg[3], Thomas Mann, Pablo Neruda[4]. Le 25 mai 1950, Simone Signoret est présentée sur une ribambelle en haut de la page 2 en compagnie de Jean Stock, boxeur, champion de France, de Serge Reggiani, d'Eugène Criqui[5], de Pierre Larquey, de Gérard Philipe et de Pierre Brasseur. Yves Montand l'a précédée, on l'a vu, le 22 mai dans un encadré dont la légende est la suivante : « Je signe l'appel de Stockholm parce que j'estime qu'il faut faire reculer la guerre. J'espère que tous ceux pour qui je chante et qui aiment mes chansons le signeront aussi. »

L'appel, on l'a vu, touche plus de douze millions de Français. Les communistes ne sont pas les seuls à signer les yeux fermés. La politique de la main tendue à l'égard des catholiques marche à fond. L'ambiguïté permet de rallier le plus grand nombre. Qui n'aurait pas signé contre une bombe atomique ? Qui n'aurait pas voté pour la paix au lendemain d'un conflit si meurtrier ? En juin 1950, *Le Figaro* organise une campagne pour connaître les motivations de ces signatures célèbres, la réponse de François Périer est bien symbolique de l'attitude générale : « J'ai signé », explique-t-il, « parce que je n'ai rien trouvé à redire au texte de l'appel, je ne veux pas me mêler de questions politiques. Pourquoi les chrétiens n'y ont-ils pas pensé ? Ils auraient peut-être eu encore plus de signatures ? J'ajoute que je suis contre toutes les guerres. » Pour beaucoup, il s'agit d'un combat entre le bien et le mal. Le manichéisme est un trait de l'époque. Simone le reconnaîtra, trente ans plus tard : « Il y avait les bons et les méchants. Les méchants c'étaient

1. Voir lexique.
2. Voir lexique.
3. Voir lexique.
4. Voir lexique.
5. Voir lexique.

ceux qui avaient la bombe A et qui vous interdisaient de venir chez eux si vous n'aimiez pas leur bombe. Les autres avaient raison, ils étaient pauvres, ils avaient perdu près de vingt millions d'hommes, leurs enfants étaient morts de faim dans des villes assiégées [...]. Stalingrad avait résisté, vaincu et les communistes français étaient le parti des fusillés. Je vous le dis, tout redevenait simple, croyait-on. C'était simpliste[1]. »

Avec l'appel de Stockholm et les meetings du Mouvement de la paix, Simone Signoret et Yves Montand entrent dans la famille des compagnons de route. Au long des années cinquante, Montand et Signoret vont être constamment sollicités par le parti pour signer des pétitions ou participer à des manifestations.

C'est la guerre froide et, quand on est sympathisant communiste, on se doit vis-à-vis de l'extérieur de soutenir son camp, même s'il faut pour cela renoncer quelquefois à sa clairvoyance. Simone a été beaucoup moins préparée qu'Yves à un engagement total. Elle a fréquenté de nombreux jeunes gens venus au communisme à la Libération, portés par le romantisme de la Résistance, ou encore des trotskistes déjà, par définition, peu respectueux de l'orthodoxie. Yves, lui, par son milieu d'origine et l'engagement de son frère, est un plus farouche défenseur du parti de la classe ouvrière. Il l'exprimera lui-même sans nuances à l'époque : « Quand j'ai connu Simone, étiquetée frénétique *pasionaria*, elle était apolitique, mais cultivée. Elle savait parler. Et de mon côté, j'étais politisé parce qu'à l'usine dès onze ans[2]. » Une façon de tordre le cou à la légende qui voudrait que Simone soit à l'origine de l'engagement politique d'Yves. Sur ce terrain, ils sont à armes égales.

Malgré cela ou à cause de cela, Simone l'intellectuelle bourgeoise a le respect du passé ouvrier de son mari et va défendre à son côté sans retenue ni réserve les positions de fond du Parti.

---

1. *La Nostalgie n'est plus ce qu'elle était, op. cit.*
2. *L'Aurore*, mai 1950.

La prudence n'est pas à l'ordre du jour [1]. La vigilance de Simone Signoret s'exerce tout de même sur les positions culturelles du parti, c'est le moins qu'elle puisse faire. Les lectures de son adolescence sont clouées au pilori. André Gide meurt en 1951 et la presse communiste le traîne dans la boue. Les militants les plus zélés n'y vont pas avec délicatesse : Jean Kanapa [2] écrit dans *Les Lettres françaises* du 20 novembre 1947 que « l'écrivain s'est détourné des bolcheviques parce qu'ils n'étaient pas homosexuels ». André Gide a commis le crime de revenir « critique » d'URSS et de le faire savoir [3]. Mais Simone, elle, a en mémoire *Paludes* et les lectures de sa jeunesse. De même, quand Hemingway est accusé de se détourner de sa mission en écrivant des contes vides de sens comme *Le Vieil Homme et la mer*, la lectrice insatiable est forcément choquée. À ce titre, son lapidaire « Fougeron [4], on n'a pas aimé » a résumé avec talent la position de nombreux intellectuels à l'époque. Mais elle tait comme beaucoup ses réserves et ses doutes en public. Même si dans le cercle de famille il y a parfois des moments de tension,

1. Elle reviendra sur son engagement auprès du parti communiste, très représentatif de l'époque, au cours d'une interview à *L'Express* en mai 1970 : « Et puis, il y a eu la guerre. Et mes sentiments procommunistes viennent absolument, uniquement de l'occupation nazie. À cette époque, il y avait les salauds, les ordures et les autres. Le monde était manichéen. Ça vous marque quand vous avez vingt ans. C'est l'Occupation qui m'a rapprochée du communisme. »

2. C'est Jean Kanapa et son camarade Laurent Casanova qui vont appliquer à la lettre les préceptes de l'idéologue du PCUS Andreï Jdanov ; le jdanovisme, au sein du PCF : l'art doit servir les intérêts du peuple, mettre en forme les aspirations des masses et combattre les valeurs bourgeoises et réactionnaires. L'art abstrait est particulièrement mal vu.

3. André Gide, *Retour de l'URSS*, Gallimard, 1936.

4. Peintre autodidacte né en 1913, formé à l'école du militantisme et de la Résistance. Après avoir pratiqué divers métiers, André Fougeron s'engage en 1938 dans le groupe des « Indélicats » dans lequel figurent aussi Édouard Pignon, Germaine Richier et Tal Coat. Le groupe s'assemble autour de l'idée d'un art réaliste et engagé s'opposant à la vogue de l'abstraction. Il adhère au parti communiste et expose dès 1946. Sa peinture figurative et réaliste traduit ses engagements politiques.

on n'en saura rien à l'extérieur. Julien Livi a raconté à Hervé Hamon et Patrick Rotman : « C'est une erreur de croire que Simone a influencé mon frère dans le sens de l'engagement. Elle le poussait plutôt dans l'autre sens. Elle était critique vis-à-vis du Parti. J'avais avec elle des discussions interminables sur la guerre d'Espagne, par exemple, où elle défendait les "anars". On s'accrochait souvent et violemment[1]. » Simone et Yves vont pourtant pratiquer en public la langue de bois et jouer le jeu du soutien. Il y aurait eu pourtant des occasions de doute, de révolte, voire de rupture.

En novembre 1949, David Rousset, ancien déporté, auteur d'un des premiers témoignages sur les camps de concentration[2], propose de créer une commission d'enquête sur les camps soviétiques. Il n'est pas le premier à poser publiquement la question de l'existence de camps en URSS. Un certain Kravchenko l'a précédé en signant en avril 1947 un livre au titre évocateur, *J'ai choisi la liberté !*[3], dans lequel il décrit par le menu « la dictature communiste en URSS ». Kravchenko compare, ose comparer le système stalinien au système nazi. En lisant les actes d'accusation des criminels nazis, il note : « Voilà enfin une description exacte du régime soviétique. Il suffit de changer quelques mots. Que l'on écrive "soviets" au lieu de "nazis" et l'on aura un tableau véridique de ce que le Kremlin a fait de la Russie. »

Le poids des mots, le choix des mots. Kravchenko est allé loin, très loin, trop tôt. La réponse est immédiate, presque facile pour les communistes. Il suffit par l'intermédiaire des *Lettres françaises* de publier le témoignage d'un certain Sim Thomas, ancien fonctionnaire des services secrets américains, intitulé *Comment fut fabriqué Kravchenko*, pour que l'affaire n'en soit plus une, au moins dans les cercles des sympathisants du parti.

1. *Tu vois, je n'ai pas oublié*, *op. cit.*

2. David Rousset, *L'Univers concentrationnaire*, Pavois, 1946.

3. Victor Andreïevitch Kravchenko, *J'ai choisi la liberté ! La vie publique et privée d'un haut fonctionnaire soviétique*, Self, 1947.

Kravchenko est un agent de la CIA, l'affaire est réglée. Pierre Daix, ancien déporté et éditorialiste aux *Lettres françaises*, fait partie des plus violents accusateurs. L'amalgame entre le régime nazi et le régime soviétique ne peut passer pour ceux qui reviennent de l'enfer. Ils ne défendront pas Kravchenko. Kravchenko sera lavé des accusations qui font de lui un agent de la CIA, mais la cour se déclare incompétente à juger de l'existence de camps en URSS [1]. Quelques mois plus tard, David Rousset se heurte à la même indifférence, à la même pudeur politique des intellectuels de la gauche communiste ou non communiste. Simone Signoret et Yves Montand comme Camus, Sartre, et Simone de Beauvoir sont absents du procès. Ils craignent de verser dans l'anticommunisme s'ils entament un débat sur le sujet. « Quand dans une réception quelqu'un avait l'air de faire une plaisanterie sur des camps possibles en URSS, on se levait et on sortait parce qu'on ne pouvait pas le supporter [2] », a reconnu Simone Signoret. Leur entourage d'alors ne les incite guère à adopter une position plus mesurée. Leurs conseillers politiques de l'époque s'appellent Sartre, Aragon, ou Claude Jaeger que Simone consulte souvent. Et avec les vrais amis on n'évoque pas ces sujets. « La politique ne jouait pas un rôle prépondérant à Autheuil [...]. Mais c'était une vie ludique que nous menions : on jouait plus aux ambassadeurs qu'on ne s'étripait sur l'idéologie [3] », rapporte François Périer.

C'est l'époque où l'on ignore encore, en France, l'existence des procès staliniens. L'épuration dans les démocraties populaires a pourtant commencé. Le chef d'accusation principal : déviationnisme, titisme. Titisme, de Tito. Le chef d'État yougoslave qui jusque-là avait bonne presse devient du jour au lendemain un ennemi de l'Union soviétique. Pour l'intellectuel

1. Réhabilité, Victor Andreïevitch Kravchenko se suicidera cependant, oublié de tous, en 1966 à New York.

2. *La Nostalgie n'est plus ce qu'elle était, op. cit.*

3. *Profession Menteur, op. cit.*

communiste Renaud de Jouvenel, Tito a mis en place en Yougoslavie un « régime fasciste » servi par les « agents de la Gestapo ». Quand on veut tuer son chien, on l'accuse d'avoir la rage. Pour se débarrasser des dirigeants les moins fidèles ou les moins contrôlables, Staline et ses agents montent des procès pour titisme à la pelle. Ainsi Lazlo Rajk, le ministre hongrois des Affaires étrangères, jugé et exécuté en septembre 1949 pour ces motifs [1], est l'un des premiers sur la liste de la première vague d'épuration des leaders des démocraties populaires. Le Bulgare Kostov suivra en décembre 1949 [2]. Les deux sont des traîtres qui mettent en péril la construction du socialisme. Peu importe s'ils nient en bloc les crimes qu'on leur impute. À l'époque, dans un climat de complotite aiguë, les réflexes d'appartenance au clan jouent à fond. Simone Signoret est encore dans la logique selon laquelle dénoncer les crimes reviendrait à passer dans le camp ennemi. Ils ne s'informeront même pas. Il y a pourtant de quoi être bouleversé, à parcourir les écrits d'un François Fejtó dans la revue *Esprit* [3]. Dans un article intitulé : « L'affaire Rajk, une nouvelle affaire Dreyfus internationale », il démonte point par point les manipulations des procès communistes. Mais dans l'état d'esprit de l'époque, ce genre de littérature n'est pas pris en considération ; y accorder un peu d'attention, c'est déjà servir l'autre camp, celui de l'impérialisme. Simone Signoret et Yves Montand restent dans la ligne dictée par le Parti. Peu d'intellectuels donneront l'exemple en quittant le Parti dès cette époque, ou s'ils le font, c'est dans la discrétion. Marguerite Duras et Dionys Mascolo [4] partent en décembre 1949 « pour raisons personnelles », Edgar Morin [5] sera exclu en 1951. Simone et Yves feront toujours remarquer par la suite, à leur défense, qu'eux n'y étaient jamais entrés :

1. À l'issue d'une semaine de procès du 16 au 22 septembre 1949.
2. Après une semaine de procès également, du 7 au 16 décembre 1949.
3. L'article du réfugié hongrois est publié en novembre 1949.
4. Voir lexique.
5. Voir lexique.

« On est fiancés mais on n'épouse pas », écrira Simone dans *La Nostalgie*. Dans les faits et vu de l'extérieur du parti – qui, lui, fait la différence entre les amis et les camarades –, il y a peu de nuance. La période est au dogmatisme, voire au sectarisme. Trois ans plus tard, ils n'ont pas évolué : lors du procès Slansky, secrétaire général du parti tchèque, jugé pour « titisme et sionisme », interrogés sur l'affaire Simone va laisser Yves répondre à un journaliste du *Figaro* qui reprendra la formule tristement célèbre, de Paul Éluard : « J'ai trop à faire à m'occuper des innocents qui plaident leur innocence, pour m'occuper des coupables qui plaident leur culpabilité. »

Dans le box à Prague, il y a deux protagonistes dont l'histoire va retenir les noms, deux individus qui vont croiser l'histoire du couple Montand-Signoret. Le premier se nomme Artur London, il est ministre des Affaires étrangères. Montand lui demandera pardon à sa manière plus tard en tournant, dans la douleur, *L'Aveu*, sous la direction de Constantin Costa-Gavras. Le second est moins célèbre, il est témoin à charge, il s'appelle Oskar Langer. C'est un communiste sincère qui a connu l'exil après l'Anschluss en 1938. Il est rentré dans son pays en 1946 pour contribuer à la construction du socialisme. En 1952, il est arrêté par la police politique. Accusé, il avoue « être rentré en Tchécoslovaquie pour participer au complot sioniste – il est juif – orchestré par Slansky, et destiné à renverser le régime socialiste ». Il sera condamné à vingt-deux ans de réclusion pour haute trahison et espionnage. Simone aura aussi ses dettes comme Montand : Oskar Langer est son cousin par alliance, sa femme Jo Langer est une cousine directe. C'est très exactement la petite-fille de la sœur de sa grand-mère paternelle, la sœur d'Ernestine Kaminker. Cette famille de l'Est dont on lui a si peu parlé dans son enfance.

Mais le temps des regrets n'a pas encore sonné, celui des ruptures non plus. L'heure est à la dénonciation unilatérale de l'impérialisme américain économique et militaire. Simone reste tout de même très réservée sur le trop systématique encensement de la culture soviétique et sur l'antiaméricanisme primaire de ses amis du Parti. Elle a noté dans *La Nostalgie* son agacement devant l'enthousiasme de commande que pratiquent les critiques communistes à l'égard des films soviétiques. Le numéro spécial de *L'Écran français*[1], « Le cinéma soviétique a trente ans », résume à merveille les positions du journal sur le sujet. Le réalisme soviétique est élevé au rang de l'art dans un article de Louis Daquin, tandis que Georges Sadoul pourfend l'antisoviétisme « des critiques de cinéma ». À côté de cela les comédies de Billy Wilder sont sévèrement condamnées. Ce sont finalement des détails. L'essentiel, dans ce que Simone lit et croit, concerne la persécution que subissent les intellectuels américains. Le compte rendu régulier qu'en donne *L'Écran français* lui prouve qu'elle n'a pas tort dans ses engagements et que l'antiaméricanisme, un peu systématique à son goût, du Parti et de ses fidèles n'est finalement peut-être pas aussi injustifié. Qu'attendre en effet d'un pays où sévit la Commission des activités anti-américaines, où les cinéastes sont mis à l'index, où des grévistes sont abattus[2] et où se développe au fil des années une horrible et hideuse répression contre les intellectuels ? Où, pour finir, comme l'a rapporté Françoise Rosay, « contrainte » – on apprécie la formule – d'aller travailler aux États-Unis, « l'Américain moyen vit dans la peur du chômage – inconnu en URSS – et dans la hantise de la guerre[3] ».

Dès 1947, on apprend que « Adolphe Menjou, Robert Taylor et Gary Cooper veulent tuer tous les communistes ». La grande inquisition a commencé à Hollywood. Selon Mme Éleanor Roosevelt elle-même, « l'enquête sur le cinéma ressemble étrangement aux procédés des tribunaux hitlériens[4] ». Il faut bien croire que l'« Amérique est enragée » quand elle va jusqu'à finalement jeter en prison, en 1950, neuf scénaristes et un réalisa-

1. N° 232, 12 décembre 1949.
2. 9 septembre 1947.
3. *L'Écran français*, 13 février 1950.
4. *Ibid.*

teur[1] pour un simple délit d'opinion. Et les souvenirs de la petite enfance doivent remonter chez Simone Signoret à la vue des deux paisibles cinéastes américains Trumbo et Lawson, menottes aux mains, comme autrefois Sacco et Vanzetti, victimes communes de l'hystérie. L'heure est à la chasse aux sorcières.

Tous ces faits ont une origine précise. En 1947 une commission d'enquête, la Commission des activités anti-américaines créée par la Chambre des représentants en 1938, décide de s'intéresser de plus près au monde du cinéma, où le parti communiste a acquis une influence. La commission retient dix noms : ceux de neuf scénaristes et un réalisateur qui ont refusé de dire si oui ou non ils ont été membres du parti communiste. Ils vont être connus sous le nom des « Dix de Hollywood ». Il faut cependant attendre l'arrivée sur la scène politico-médiatique d'un obscur sénateur alcoolique du Wisconsin, Joseph McCarthy, pour que l'inquisition atteigne son paroxysme. Le climat empire : Steinbeck, Zola, Sartre mais aussi Einstein, Hammett[2], Gorki sont étiquetés « auteurs maudits ». Ils sont éliminés des programmes des universités et des lycées. Les bibliothèques publiques doivent épurer leurs rayons. Certains, dans la panique, brûlent les livres interdits ou ceux qu'ils pensent interdits, quand ils n'ont pas accès à des listes précises. Des listes noires alignent les noms de ceux qu'il ne faut surtout pas embaucher. Beaucoup se mettent à dénoncer leurs camarades. Leur principal mobile : la peur du chômage. Edward Dmytryk[3], l'un des Dix de Hollywood, muet en 1947, cède, à sa sortie de prison, pour retrouver du travail : il finit par dénoncer en avril 1951 vingt-six personnes, dont Jules Dassin. D'autres agissent par conviction idéologique. Le cas d'Elia

1. Adrian Scott, Edward Dmytryk, Sam Ornitz, Lester Cole, Herbert Biberman, Albert Maltz, Alvah Bessie, John Howard Lawson, Ring Lardner Jr et Dalton Trumbo.

2. L'auteur du *Faucon maltais*, Gallimard, 1967.

3. Voir lexique.

Kazan, fondateur de l'Actors Studio et auteur de films aussi célèbres qu'*Un tramway nommé désir* ou que *Le Lys de Brooklyn*, fait grand bruit : il s'offre une page dans le *New York Times* le 12 avril 1952 pour expliquer les raisons pour lesquelles il a appartenu au parti entre 1934 et 1936 et dire haut et fort « sa haine éternelle pour la philosophie et les méthodes communistes ». En même temps, il livre soixante-dix de ses anciens camarades. Un traître qui revendique sa trahison et fera même l'apologie du délateur dans son film *Sur les quais*. Il a expliqué son geste dans ses mémoires : « Des amis troublés m'ont demandé pourquoi je n'avais pas choisi "l'option décente" tout dire à mon sujet sans dénoncer ceux du groupe. Mais ce n'était pas ce que je voulais. Peut-être les ex-communistes sont-ils implacables dans leur lutte contre le Parti. Je pensais que cette commission, que tout le monde méprisait – je nourrissais moi-même de nombreux griefs contre elle –, avait une mission justifiée. Je voulais aider à briser le sceau du secret[1]. » L'attitude d'un Elia Kazan qu'on juge avec plus de mesure aujourd'hui sert la gauche communiste française : les anticommunistes utilisent les méthodes des collabos, ce sont de vulgaires délateurs. Simone dans ses mémoires a donné son sentiment : « C'est à avoir envie de vomir, d'avoir aimé ses films[2]. » Tout cela ne peut que la confirmer dans l'idée qu'elle a choisi le camp de la justice. D'autant que la chasse aux sorcières en Amérique va produire des victimes idéales : Julius et Ethel Rosenberg.

L'affaire Rosenberg : le point d'orgue. La preuve que l'Amérique est devenue fasciste. L'événement va être le déclencheur d'un engagement plus profond chez Simone et Yves Montand. Julius et Ethel Rosenberg sont arrêtés en juillet 1950 devant leurs deux jeunes enfants, Michael et Robert, et conduits en prison. Ils ne seront jugés que neuf mois plus tard, le 5 avril 1951. Ils sont accusés d'avoir monté un réseau d'espionnage au

1. Elia Kazan, *Une vie*, Grasset, 1989.
2. *La Nostalgie n'est plus ce qu'elle était*, *op. cit.*

service des Russes, destiné à leur livrer les secrets de la bombe atomique. C'est David Greenglass, le propre frère d'Ethel, qui accuse Julius Rosenberg de travailler pour le NKVD : les services secrets soviétiques. Il a avoué au FBI avoir, pendant son service militaire à Los Alamos, fourni des croquis qui ont permis à Julius de donner des renseignements très précieux aux Soviétiques, avec la complicité d'Ethel. Julius et Ethel sont condamnés à mort. Sur le moment, le verdict n'enflamme pas l'opinion publique. L'opinion et la presse sont convaincues de la culpabilité des Rosenberg. Mais les Rosenberg ont clamé leur innocence et les chefs d'accusation – il n'y a qu'un témoin et aucune preuve – paraissent bien maigres à certains observateurs, plus attentifs que d'autres. *The National Guardian*, hebdomadaire radical, rompt le premier la « conspiration du silence » dénoncée par l'avocat des Rosenberg, Emmanuel Bloch, en publiant à partir d'août 1951 une série d'articles sur l'affaire. Un comité, « Justice pour les Rosenberg », soutenu par le parti communiste, est fondé et manifeste régulièrement autour de la prison de Sing-Sing où sont enfermés les Rosenberg, et dans bien d'autres endroits, surtout après le rejet de l'appel en février 1952. Commence alors à travers le monde une vaste campagne destinée à sauver les époux Rosenberg. Elle comprend des soutiens prestigieux et symboliques comme celui d'Albert Einstein, de la famille du capitaine Dreyfus ou de celle de Vanzetti. Le pape Pie XII demande la grâce des Rosenberg au président Eisenhower qui remplace Truman début 1953. On attend de lui un acte de clémence en début de mandat, il craint que ce ne soit interprété comme un geste de faiblesse. En France, c'est *L'Humanité* qui relaie le premier l'affaire. L'intelligentzia se mobilise. Les intervenants sont à peu près les mêmes que les signataires de l'appel de Stockholm : Picasso, Claude Roy, Albert Camus mais aussi Jean Cau[1], André Maurois, Gaston

1. Avant d'être journaliste pour *L'Express*, *Le Figaro* et *Paris Match*, Jean Cau, qui sera prix Goncourt en 1961 pour son livre *La Pitié de Dieu*, a été pendant dix ans secrétaire de Jean-Paul Sartre.

Gallimard ou René Julliard. Le juge a fixé l'exécution au jeudi 19 juin 1953, l'avocat demande la suspension, la cour doit répondre au matin du 19 juin 1953. Le 18 juin 1953, le Parti communiste français organise un grand meeting au Vél d'Hiv. Simone Signoret et Yves Montand y participent. Mais il est déjà tard. Emmanuel Bloch, le courageux avocat des Rosenberg, va se battre jusqu'au bout pour éviter à ceux qui sont devenus bien plus que des clients la chaise électrique. Le 19 juin, il demande le report de l'exécution, finalement décidée par la cour suprême pour le jour même… à 23 heures, en raison du début du sabbat. Il ne gagnera pas : le juge décide l'avancement de l'exécution à 20 heures. Les deux jeunes enfants sont conduits à la prison de Sing-Sing pour embrasser une dernière fois leurs parents. À 20 h 06 Julius est mort, quelques minutes plus tard Ethel succombe plus difficilement, après deux séries de décharges électriques. Aucun détail ne sera épargné au public, l'Amérique reste une démocratie. L'émotion provoquée par l'exécution n'en est que plus considérable, d'autant que les époux Rosenberg sont parents de deux jeunes garçons de dix et six ans, désormais orphelins. Ethel écrira dans le livre qui lui servira de testament : « Souvenez-vous que nous étions innocents, aucune puissance ne nous séparera ni dans la vie ni dans la mort ; je ne vous demande qu'une chose, consolez mes petits [1]. » Dès le lendemain de l'exécution, Jean-Paul Sartre écrit dans *Libération* un article dont le début est resté célèbre : « Attention, l'Amérique a la rage. Tranchons tous les liens qui nous rattachent à elle sinon nous serons à notre tour mordus et enragés. » *L'Humanité* titre : « Ils les ont tués », avec comme chapeau : « Que leurs assassins soient maudits à jamais. Le monde entier soulevé d'indignation à l'annonce du crime fasciste. » Le mot est scandé ; il est repris par Pierre Courtade dans l'éditorial : « Nous avons maintenant la mesure du fascisme américain. »

1. Julius et Ethel Rosenberg, *Lettres de la maison de la mort*, Gallimard, 1953.

L'horreur suscitée dans le monde, et en particulier en France, par l'exécution des époux Rosenberg permet d'occulter les crimes commis par les communistes. Deux jours avant l'exécution des Rosenberg, la révolte ouvrière à Berlin a été matée dans le sang par les chars soviétiques. Le bilan est lourd : une centaine de victimes. Simone Signoret confiera à *L'Express* son sentiment rétrospectif d'avoir péché par ignorance : « Dans cette période abominable de la vie américaine, Julius et Ethel Rosenberg furent les seuls condamnés, exécutés sans preuves. De l'autre côté, il y en a beaucoup qui sont morts pour avoir fourni les preuves d'une culpabilité dont ceux qui les jugeaient savaient qu'elle n'existait pas. Les réflexions que je fais aujourd'hui n'étaient pas les miennes à l'époque[1]. »

Dominique Desanti dans *Les Staliniens* a parfaitement démonté le procédé qui a conduit à l'aveuglement de la gauche française et occidentale en général : « Au moment même où l'URSS s'avérait incertaine, où l'insurrection de Berlin écornait notre image du camp socialiste, cette preuve du déni de justice absolu aux États-Unis a fait beaucoup, je pense, pour affermir notre attachement au Parti[2]. »

L'exécution des Rosenberg accorde un sursis aux communistes. L'ouverture d'archives américaines et soviétiques a apporté de nouveaux éclairages sur l'affaire, en revanche il n'a jamais été prouvé que les Rosenberg étaient coupables. Bien au contraire, en 2001, à la suite de la parution d'une biographie sur l'affaire[3], le frère d'Ethel dans l'émission *60 minutes*, a avoué avoir fabriqué, avec l'aide du FBI, un faux témoignage qui conduisit sa sœur et son beau-frère à la mort[4]. Les Rosenberg

1. Le 11 mai 1970.

2. Dominique Desanti, *Les Staliniens : 1944-1956, une expérience politique*, Fayard, 1974.

3. Sam Roberts, *The Untold Story of the Rosenberg Case*, New York Ramdom House, 2001.

4. Interviewé par Bob Simon le 5 décembre au cours de la célèbre émission de CBS.

ont été exécutés pour un acte de trahison extrêmement grave, sous l'accusation d'avoir donné le secret de la fabrication de la bombe atomique aux Russes, ce qu'ils n'étaient pas en mesure de faire. C'était la première fois dans l'histoire des États-Unis que des civils étaient exécutés pour espionnage.

Si on voit peu Yves Montand et Simone Signoret dans les galas organisés par le parti après la mort des Rosenberg pour aider leurs deux jeunes enfants, le couple va s'engager d'une autre manière, plus personnelle, en jouant au théâtre : *Les Sorcières de Salem*.

Arthur Miller, l'auteur, cherchait depuis longtemps l'idée d'une pièce qui parlerait de l'intolérance et qui illustrerait le climat de délation qui règne alors en Amérique. Un jour, il découvre un ouvrage, *Le Diable de Massachusetts*, qui relate l'histoire de procès en sorcellerie tenus dans la ville de Salem en 1692. L'intrigue et les procédés offrent à ses yeux des similitudes troublantes avec la réalité contemporaine : « Peu à peu au cours des semaines une connexion vivante entre Salem et moi, et entre Salem et Washington se fit dans mon esprit, car, en dehors de ce qu'ils pouvaient être, les interrogatoires menés à Washington me semblaient appartenir à un rituel profond. Après tout, dans la grande majorité des cas, la commission savait à l'avance ce qu'elle voulait obtenir de son témoin : les noms de ses camarades du parti communiste. Cela faisait longtemps que le FBI avait infiltré le Parti et que des informateurs avaient identifié les participants de diverses réunions. L'objectif essentiel de ces interrogatoires, précisément comme à Salem au XVIIe siècle, était de pousser l'accusé à se livrer à une certaine confession publique[1]. » À partir de cet ouvrage, Arthur Miller écrit *The Crucible*. Les Américains cultivés savaient qu'Arthur Miller avait écrit cette pièce pour s'insurger contre le maccarthysme et en partie parce qu'il avait été choqué qu'Elia Kazan, son ami, ait vendu par dizaines ses amis communistes à la Commission des activités anti-américaines de la Chambre, tout

1. Arthur Miller, *Au fil du temps : une vie*, Grasset, 1988.

en s'acharnant à clamer haut et fort sa bonne conscience. Mais dans une Amérique en proie au maccarthysme, par ailleurs assez peu portée sur l'autocritique, la pièce *The Crucible* connut un succès confidentiel. Même si le public new-yorkais se lève le 19 juin 1953 au moment de l'exécution de John Proctor[1] et garde le silence tête baissée pour rendre hommage aux Rosenberg qu'on électrocutait à Sing-Sing, manifestant par la même sa compréhension de l'actualité de la pièce.

Elvire Popesco, bien informée, entend parler de la pièce d'Arthur Miller, inconnu alors en France. Elle se la procure et en transmet une traduction au couple Montand-Signoret à la fin de l'année 1953. Les deux acteurs lisent la pièce d'une traite, en une nuit. Montand chante alors à L'Étoile. Et le lendemain ils disent oui à Elvire Popesco et au directeur du théâtre Sarah Bernhardt. Ils ne mettent qu'une condition à leur engagement : le choix du metteur en scène, Raymond Rouleau. Simone Signoret accepte de jouer avec Yves Montand pour la première fois au théâtre. Le premier défi est celui-là : monter sur les planches. Simone a déjà eu une première expérience assez peu convaincante, en 1942, au théâtre des Mathurins. Aujourd'hui, il ne s'agit pas de faire la figurante dans le peuple de Thèbes. La peur est à la hauteur de l'enjeu. Le metteur en scène choisi par Yves et Simone les conseille dans leurs débuts au théâtre. Ayant constaté que Simone a une voix qui porte peu pour l'immense théâtre Sarah Bernhardt, il demande à sa décoratrice Lila de Nobili de construire un faux plafond qui fera office de caisse de résonance. Les copains comédiens, François Périer et Serge Reggiani, sont recrutés pour entraîner Montand à la diction de textes de théâtre. Les premières mises en place ont lieu à Autheuil avec les principaux comédiens pressentis, Nicole Courcel qui doit jouer Abigael et Pierre Mondy qui incarnera le pasteur puritain. Raymond Rouleau utilise toutes les réfé-

1. Héros et victime dans la pièce d'Arthur Miller d'une incroyable machination qui le conduira à la pendaison. Les époux Proctor resteront solidaires jusqu'à la mort comme… les époux Rosenberg.

rences françaises possibles pour faire comprendre à ses comédiens la mécanique de l'Inquisition. Simone Signoret l'a raconté : « Une ligne maîtresse au cours de ces répétitions était le rappel constant des formes d'intolérance que nous autres Français avions pu constater pendant l'Occupation. Raymond se servait beaucoup de cette étoile jaune qui, du jour au lendemain, avait fait son apparition sur le cœur des juifs. À ceux qui jouaient les juges, il parlait des tribunaux d'exception. Il parlait des lettres anonymes qui s'amoncelaient sur les bureaux de la Gestapo. La mise en scène de Raymond Rouleau, c'était aussi une formidable imagerie politique. [...] Bien entendu, la référence aux époux Rosenberg était constante [1]. » Nicole Courcel le confirme : « Beaucoup dans la troupe n'avaient pas d'opinions politiques bien précises, mais pour Yves, Simone et moi, jouer *Les Sorcières de Salem* avait un sens. Nous avions tous les trois signé pour que les Rosenberg ne soient pas exécutés, on était convaincus de leur innocence. On avait vraiment l'impression de dénoncer des choses qui étaient vraiment d'actualité, là-bas en Amérique. On n'avait pas encore découvert que les faux procès étaient bien plus nombreux de l'autre côté. Quand j'ai su la vérité sur les procès de Prague, l'amoncellement de morts, de tyrannies, de déportations, je peux dire que j'ai fait partie de ceux qui en ont pris plein la gueule (sic) et s'il y en a qui sont aussi tombés de haut, c'est bien Yves et Simone [2]. » Yves Montand l'a reconnu : « La seule chose que nous ne savions pas à l'époque, c'est que ce qui se passait à l'Est était bien pire [3]. »

Simone Signoret s'est totalement identifiée au personnage d'Ethel Rosenberg, martyre, victime, solidaire de son mari jusqu'à la mort, obligée d'avouer des crimes qu'elle n'a pas commis. C'est la première fois dans l'histoire de ses engage-

1. *La Nostalgie n'est plus ce qu'elle était, op. cit.*
2. Entretien de Nicole Courcel avec l'auteur, mars 1988.
3. Entretien d'Yves Montand avec l'auteur, novembre 1988.

ments qu'elle utilise la fiction et pas seulement des tribunes spécialisées pour diffuser ses idées. Cependant, ce qui compte avec le recul, c'est qu'à l'époque où se donne la pièce c'est l'Amérique qu'elle veut dénoncer, la naïveté des acteurs est encore totale. Simone le regrettera à sa façon : « J'ai dit assez combien l'image de ce couple nous a aidés à jouer cette pièce en toute bonne foi. Au risque de me répéter, je dirai que nous ne l'aurions pas jouée aussi bien si à l'époque nos consciences avaient été plus troublées par le drame des autres de l'autre côté du monde[1]. » À l'époque en effet, ce qui compte pour Simone, c'est de réussir un doublé : dénoncer l'injustice, les injustices, et prouver qu'elle peut être une comédienne de théâtre.

Le premier pari est gagné. La pièce est un succès. La presse y voit une pièce universelle, ce qui évite à Simone Signoret et Yves Montand d'avoir à regretter leur engagement dans cette entreprise. Ainsi un Thierry Maulnier, dans *Combat* du 23 décembre 1954, résume bien ses confrères : « Seuls éprouveront peut-être une déception légère les bons militants que la presse communiste enverra au théâtre Sarah Bernhardt voir *Les Sorcières de Salem* car, en toute objectivité, je ne vois, je n'ai senti dans la pièce d'Arthur Miller, rien qui puisse apporter la moindre goutte d'eau à quelque moulin que ce soit […] je ne veux pas dire qu'Arthur Miller ne prenne pas parti. Mais il prend parti contre le fanatisme, la délation, le mensonge, la stupidité, la cruauté, pour la dignité de l'individu, pour l'indépendance de jugement et pour la justice dans la justice. Est-ce en songeant aux sottises et aux périls de l'inquisition maccarthyste qu'Arthur Miller a écrit *Les Sorcières de Salem* ? C'est possible, c'est même probable. Mais il a suivi de près l'histoire, et s'est abstenu de toute allusion précise à l'actualité politique, ce dont on ne peut, du strict point de vue théâtral, que lui savoir gré. »

1. *La Nostalgie n'est plus ce qu'elle était, op. cit.*

Le second pari l'est aussi : les prestations des comédiens sont aussi remarquées. Ce sont d'abord celles d'Yves Montand et de la jeune Nicole Courcel qui font l'unanimité. C'est cette dernière qui aura la couverture de *Paris Match*, avec cette mention : « Les sorcières révèlent une tragédienne : Nicole Courcel, vingt-trois ans. » Yves Montand a son opinion sur ce choix : « Nicole était mieux que parfaite, elle était exceptionnelle, elle méritait ce qui lui est arrivé, mais à mon sens elle a profité du fait que *Paris Match* voulait nous boycotter, car tout de même, l'événement c'était la réunion du couple Montand-Signoret sur la scène d'un théâtre et les débuts de Simone au théâtre ; au pire on aurait dû apparaître tous en une avec Pierre Mondy[1] qui était remarquable[2]. » Pierre Mondy est moins véhément : « Boycott ? C'est possible, en tout cas cela n'a pas empêché le succès[3]. » Pas de couverture pour le premier vrai rôle au théâtre de Simone Signoret, mais les articles élogieux font venir le public et oublier la déception : « Remarquable de dignité[4] », lit-on sous la plume du très redouté Jean-Jacques Gauthier. Yves Montand l'a rappelé : « Jean-Jacques Gauthier faisait trembler tous les gens de théâtre, il tapait juste dans 99 % des cas, avoir un bon "Jean-Jacques" c'était le bonheur ! » Le reste de la presse est à l'unisson : « Simone Signoret prend possession de la scène

1. Pour l'anecdote, le choix par Raymond Rouleau d'un comédien rond et jovial apparaissait à certains comme un pari. Pierre Mondy s'en défend, c'est oublier en effet qu'il avait à l'époque joué dans *Crime et Châtiment* pour la télévision. En revanche, il se souvient de l'effroi de Simone et d'Yves, venus quelques jours avant de commencer les répétitions des *Sorcières*, de le voir jouer au théâtre avec un final dans lequel tous les acteurs de la troupe portaient un casque des pompiers de Paris sur la tête. Raymond Rouleau, sur le rapport de Simone et d'Yves, exigea qu'il arrête au plus vite de faire le comique troupier pour se refaire une virginité qui lui permettrait d'être crédible dans le rôle du très austère pasteur.

2. Entretien d'Yves Montand avec l'auteur, novembre 1988.

3. Entretien de Pierre Mondy avec l'auteur, novembre 2004.

4. *Le Figaro*, le 24 décembre 1954.

et de la salle par la sincérité et par une sensibilité intérieure extériorisée avec les moyens les plus sobres [1] », « une présence et une intériorité indéfectibles [2] ». Quelques-uns regrettent cependant qu'elle manque encore un peu de métier dramatique et qu'elle n'ait pas tout à fait réussi à transposer pour la scène le talent dont elle fait preuve au cinéma, mais le bilan est positif, surtout quand on lit sous la plume d'un journaliste de *Carrefour* : « Le cinéma avait condamné Simone Signoret à la vulgarité en lui faisant jouer les filles perdues ; sans le théâtre, sans Raymond Rouleau, comment aurions-nous su qu'elle pouvait être toute retenue, toute gravité, toute pudeur ? [3] » Les spectateurs de *Thérèse Raquin* avaient déjà pu la voir dans ce registre, avec le rôle d'Élisabeth Proctor elle montre son goût et ses capacités pour la tragédie.

Les représentations durent toute l'année 1955, avec une pause à l'été, pendant laquelle Simone Signoret se rend en Allemagne de l'Est pour tourner une adaptation de *Mère Courage* de Brecht. C'est la première fois que l'actrice traverse le rideau de fer. Parfaitement protégée, comme tous les artistes invités, de tout contact avec la population, elle se garde d'interpréter les petits signaux d'alarme : téléphones qui ne fonctionnent pas vers l'Ouest, clôtures gardées par des chiens-loups. Sa foi n'est pas ébranlée. Le projet capote, l'actrice jouant le rôle-titre, Helen Weiger, par ailleurs épouse de Bertolt Brecht, quitte le tournage pour des raisons qui ne seront jamais élucidées. Mais la collaboration franco-allemande va s'en remettre. La DEFA [4] tente de rattraper le coup en couvrant Simone Signoret de fleurs et de propositions. Un contrat est finalement signé entre les Alle-

1. Jean Gaudray-Rety, *Les Lettres françaises*, décembre 1954.

2. Gabriel Macé, *Les Nouvelles littéraires*, décembre 1954.

3. Un papier signé Morvan Lebesque, 22 décembre 1954.

4. Firme productrice devenue société d'État de l'Allemagne de l'Est, fondée en 1946. La DEFA a coproduit deux films avec la France : *Les Misérables* de J.-P. Le Chanois et… *Les Sorcières de Salem*.

mands et les Français pour adapter *Les Sorcières de Salem* au cinéma. Sartre se propose de faire une nouvelle version. La distribution connaît des bouleversements : Mylène Demongeot remplace honorablement Nicole Courcel. *Les Sorcières* doivent se tourner entre l'été et l'automne 1956, car Yves Montand a signé pour un grand tour de chant dans les pays de l'Est, à l'automne 1956. Le film sortira en 1957. Dans un tout autre contexte.

Au printemps 1956, Simone Signoret doit honorer un engagement pris avec Luis Buñuel pour un film qu'il tourne au Mexique, *La Mort en ce jardin*. Elle part donc pour Mexico. Cette séparation coûte à Simone, Luis Buñuel le remarque : « Je crois que Simone Signoret n'avait aucune envie de faire *La Mort en ce jardin*, préférant rester à Rome avec Yves Montand[1]. » La jeune actrice retrouve vite sa bonne humeur naturelle et s'évertue à dissiper ses camarades de jeu, Georges Marchal, son partenaire des *Démons de l'aube*, et Charles Vanel, qu'elle a connu sur le tournage des *Diaboliques*. Michel Piccoli n'est pas en reste. Le metteur en scène a du mal à faire son métier : « Comme elle se montrait assez turbulente pendant le tournage, distrayant les autres comédiens, je demandai un jour au chef machiniste de prendre un mètre, de mesurer une distance de cent mètres à partir de la caméra et d'installer à cette distance les sièges des acteurs français[2]. » Les événements qui se passent en Europe parviennent au Mexique. Ils ne manquent pas d'intéresser les membres de la troupe qui sont pour beaucoup des anciens engagés, trotskistes, combattants républicains. Car ils sont d'importance : dans la nuit du 24 février 1956, Khrouchtchev, le nouveau dirigeant soviétique, a présenté aux délégués du comité central un réquisitoire violent contre Staline. Chaque chapitre est rempli de sang et de victimes. Le rapport est très

1. Luis Buñuel, *Mon dernier soupir*, Robert Laffont, 1982.
2. *Ibid.*

vite divulgué. *The New York Times* en publie des extraits le 16 mars, sans l'aval de Moscou qui ne confirme pas l'authenticité des publications. Les partis communistes étrangers vont parler pour la plupart de « rapport attribué à ». C'est le cas des Français. *Le Monde* publie le 6 juin 1956 le document. Les staliniens en contestent immédiatement l'authenticité et parlent avec circonspection de ce « rapport attribué à » Khrouchtchev, on n'est jamais trop prudent. Dans la famille communiste les discussions font rage, dans la famille Montand aussi. Simone et Yves reviennent de l'étranger où les partis communistes ont accusé réception du rapport, ils comprennent mal qu'en France on mette en cause son authenticité. Simone a raconté dans *La Nostalgie* avec un peu de forfanterie combien ils avaient été heureux de ce rapport : « On était de fort bonne humeur, on allait aborder les pays de l'Est avec une autre optique, les mystères et les ambiguïtés n'existaient plus. » La réalité du moment est un peu différente. L'exégèse familiale se fait dans les cris et les larmes. Julien reste dans la ligne du Parti. Simone et Yves sont ébranlés. Il y a de quoi, même quand on n'a jamais participé au culte de Staline. En même temps, c'est l'occasion pour eux de reporter toute leur confiance, à un moment où les doutes auraient pu se faire plus nombreux, sur ce Khrouchtchev qui a fait preuve d'un si grand courage.

C'est dans cet état d'esprit que Simone et Yves se rendent l'été en Pologne et en Allemagne de l'Est pour tourner *Les Sorcières de Salem*. Le tournage s'achève à Paris en septembre avec les scènes d'intérieur. Montand et Signoret passent leurs journées enfermés dans les studios de la rue Francœur à répéter les scènes d'intimité entre les époux Proctor. Les événements qui se déroulent dans le monde ne sont pas, pour une fois, au centre de leurs préoccupations. La seule chose qui compte pour Yves Montand et par conséquent pour Simone, c'est d'en finir au plus vite avec ce tournage qui s'éternise. Le temps passe et le chanteur s'est engagé pour une tournée dans l'est de l'Europe qu'il n'a pas l'intention de retarder. D'autres événements, bien plus graves, vont l'y contraindre, mais pour l'instant leur vie se passe dans un autre espace-temps, celui de Salem, 1697. Pourtant la grande histoire va être liée une nouvelle fois à leur histoire personnelle, dramatiquement.

Si le rapport Khrouchtchev a jeté le trouble dans la famille communiste occidentale, dans le bloc de l'Est il a agi comme un détonateur. La dénonciation ne peut suffire à des peuples opprimés. Pourquoi, se demandent certains, continuer à supporter l'autorité de chefs qui ont soutenu tant de crimes ? En Pologne notamment, la déstalinisation va produire dès l'automne 1956 des secousses. Les staliniens perdent du terrain et les Soviétiques acceptent ce qui est inscrit presque noir sur blanc dans le rapport : l'expérience d'un communisme national, une voie propre pour le communisme polonais. Le dénouement de la crise polonaise est heureux. Le sang a été évité. À quelques kilomètres au sud, il va couler.

Les premiers signes de libéralisation nés des conséquences du rapport Khrouchtchev s'étaient traduits en Hongrie par quelques réhabilitations. Le scénario que l'on imaginait pour la Hongrie comme pour la Pologne était celui de la transformation dans l'ordre et la légalité. La réforme viendrait d'en haut, d'un comité central qui comprendrait à temps qu'il s'agissait de céder sur quelques réformes aux intellectuels, économistes et cadres du régime qui les réclamaient. En ce mois de novembre les Hongrois ont un modèle : les Polonais. Eux aussi ont eu leur Gomulka. À Budapest il s'appelle Imre Nagy, il a été chassé du pouvoir en 1954 par les staliniens pour avoir voulu des réformes. Personne n'imaginait en ce mois de novembre que Budapest allait être le théâtre d'une insurrection violente qui secouerait le monde. Comme souvent dans les révolutions, celle-ci arrivait tard. Les Hongrois allaient s'insurger contre un pouvoir qui changeait de forme. Les vrais despotes avaient laissé la place à des hommes maladroits, manquant de pragmatisme et de sens politique. Les cercles dirigeants sont paniqués par un mouvement qui les dépasse. Les manifestations de rues se multiplient : ouvriers, intellectuels, communistes, anciens détenus réclament le retrait des troupes soviétiques et abattent symboliquement la statue de Staline. Les dirigeants répondent à la révolte par des initiatives contradictoires : le 23 octobre le comité central nomme Imre Nagy, le leader si populaire auprès des manifestants, au poste de président du Conseil, mais dans le même temps les dirigeants appellent au secours les troupes soviétiques, qui sont à Budapest dès le 24 octobre pour rétablir l'ordre. Aucun compromis ne semble dès lors possible. Des conseils ouvriers se forment dans les usines, la révolution s'étend à la province. Le 1er novembre, Nagy, dépassé, affirme l'indépendance politique et internationale de son pays dont il proclame le retrait du pacte de Varsovie. La réponse soviétique est aussi ferme qu'immédiate : pour les Russes, la ligne jaune est franchie, une nouvelle intervention militaire, totale celle-là, est décidée au Kremlin, ainsi que la restauration du système. La déstalinisation à Budapest tourne à la tragédie. Ce même 1er novembre, Anglais et Français interviennent à Suez pour empêcher la nationalisation du canal, mais l'opération frappe moins les esprits, tournés vers le drame des insurgés hongrois. L'écrasement brutal de ce soulèvement populaire déchire la gauche française. En ce mois de novembre 1956, l'Est s'enflamme et Budapest remplace Suez à la première page des magazines. À l'heure où la télévision fait son apparition dans les foyers, les Français voient défiler, au moment du repas, les chars soviétiques dans une capitale hongroise dévastée. Jean-Pierre Piedrazzini, le photographe de *Paris Match* qui meurt au milieu des insurgés de Budapest, devient le symbole de la liberté contre la dictature. L'histoire va retenir ce mois de novembre 1956 comme une des dates charnières de l'histoire du communisme et de ses supporters. Un certain nombre d'entre eux peuvent retrouver leurs sentiments d'alors dans la formule laconique que Simone Signoret a employée vingt ans après dans *La Nostalgie* pour qualifier les événements de Budapest dans sa vie : « Novembre 1956 est le mois le plus triste, le plus bête mais aussi le plus instructif de nos trente ans de vie commune. »

L'impasse des deux anges

Je regardais ses beaux yeux bleus, son sourire et je revoyais les regards russes, ceux qu'il fallait être très vigilant pour dépister. J'avais une très grande envie de pleurer. Je ne voulais pas pleurer devant Aragon. Je ne voulais pas prendre le risque d'être consolée par Louis Aragon.

Simone SIGNORET

C'est dans ce contexte agité que Simone et Yves partent à l'Est. Le moment est mal choisi, mais la tournée est prévue depuis plus d'un an et il est difficile de se dérober. Les événements de Budapest brouillent les cartes. La presse se fait l'écho de questions, d'indignations. En fait, il y a deux bataillons : d'un côté les défenseurs des révolutionnaires hongrois qui sont à droite et de l'autre les défenseurs de l'armée soviétique. Ces deux camps règlent leurs comptes. Au milieu il y a un certain nombre d'honnêtes gens qui refusent de tomber dans l'anticommunisme primaire mais ne peuvent taire leur écœurement devant la répression hongroise. Parmi ceux-là, on compte beaucoup d'amis du couple Montand-Signoret : Jean-Paul Sartre, Gérard Philipe, Claude Roy sont les plus ébranlés. Ils le disent publiquement. Le 1er novembre, Claude Roy dans une interview pour le journal *Le Monde* explose littéralement : « Ne venez pas nous dire, poètes, artistes, que vous n'étiez pas au courant, que vous ne possédiez pas les éléments du dossier, que vous n'aviez entendu parler de rien… Vous vous êtes tus. Ce grand silence atterré et honteux, vous n'avez pas su, pas osé le rompre. Ainsi m'adressai-je, le 26 juin 1953, aux intellectuels américains qui venaient sans souffler mot de laisser exécuter Ethel et Julius Rosenberg. En octobre 1956, je n'ai rien à retrancher à ces lignes […]. Mais garder, aujourd'hui, le silence sur les crimes, prétendre ne pas voir les oppressions, ne pas faire écho à la voix de ceux qui les dénoncent, les corrigent, les abjurent, refuser d'analyser les raisons qui purent nous y rendre aveugles, refuser de se demander comment il faudra s'y prendre pour ne plus jamais voir cela, ne serait-ce pas renier toutes les raisons du cœur et toutes les raisons qui nous ont conduits au socialisme et nous y tiennent ? » Le poète redira en gros la même chose à Simone et Yves lors d'une visite à Autheuil quelques jours plus tard. Il leur parle des conditions de vie désastreuses des ouvriers en URSS, il y a séjourné à plusieurs reprises, il évoque la censure et l'antisémitisme, il ne s'arrête plus de parler, comme en état de choc. Le 7 novembre, il va jusqu'au bout en signant avec Roger Vailland[1], Claude Morgan[2], Vercors et Jacques Prévert une lettre dénonçant l'envoi des canons et des chars pour briser la révolte du peuple hongrois. Simone de Beauvoir et Jean-Paul Sartre sont aussi signataires. *L'Express* publie le 10 novembre un article du professeur de philosophie : « Je condamne entièrement et sans aucune réserve l'agression soviétique […]. Les dirigeants diront qu'ils avaient eu raison depuis longtemps de m'appeler hyène et chacal… Mais il m'est totalement indifférent de savoir ce qu'ils diront de moi étant donné ce qu'ils disent des événements de Budapest. » Sartre qui est venu tardivement au communisme – en 1952 – prend déjà ses distances avec fermeté et détermination. Il se garde en revanche de jouer avec Montand et Signoret les donneurs de leçons, il sait que le couple

1. Voir lexique.
2. Voir lexique.

est dans une situation difficile. Il leur dira simplement : « En partant, vous cautionnez les communistes, en restant, vous cautionnez les réacs », il ne joue pas les moralisateurs. Pour Simone et Yves, c'est finalement pire : Sartre leur rappelle qu'ils sont dans une impasse. Claude Roy a la même attitude : « Je ne donnais pas de conseils. Je n'étais pas payeur [1]. » Ces vrais amis qui refusent de jouer aux conseillers politiques sont les plus culpabilisants pour Simone et Yves, leur attitude publique les touche forcément, d'autant plus qu'elle ne s'accompagne pas de grands discours d'explication en privé. Les ruptures sont nombreuses, les compagnons de route qui ont encaissé les procès de Moscou commencent à ouvrir les yeux et démissionnent en rafale. Le Mouvement de la paix éclate lui aussi au cours d'une réunion houleuse à laquelle assistent Montand et Signoret. Vercors et Gérard Philipe rompent avec leurs amis communistes.

Si Yves Montand est forcément troublé, Simone, elle, est carrément torturée. Elle a compris très vite que ce voyage est une bêtise. À tout choisir, la rupture est peut-être la décision la plus intelligente à prendre. Avant l'hémorragie du Mouvement de la paix, elle a tenté d'obtenir auprès d'Aragon, bien introduit à l'ambassade d'URSS, qu'il intercède auprès des Soviétiques pour qu'ils annoncent eux-mêmes l'annulation ou le report de la tournée. L'idée n'est pas si saugrenue : les Russes ont bien annulé les tournées de leurs artistes en Occident pour leur éviter l'hostilité des populations. Mais Aragon n'a pas voulu de cette mission délicate, il s'est dérobé en conseillant à ses amis de partir.

Place Dauphine, le calme ne règne pas dans la famille élargie – comme souvent – aux amis de passage : Simone pleure, Montand crie, Julien hurle, Elvire essaye de temporiser. C'est la crise.

Claude Roy a été un témoin privilégié de ces heures : « Ses discussions avec Montand étaient mouvementées [...]. Le comité familial de crise Simone-Montand siégeait en perma-

1. Claude Roy, *La Fleur du temps 1983-1987*, Gallimard, 1988.

nence nuit et jour place Dauphine. Y va-t-on ? Y va-t-on pas ?[1] » Le couple est divisé sur la réponse. Montand subit l'influence de Julien qui n'a pas rompu avec le Parti. Et comme son honneur d'homme lui commande de ne pas renoncer à un engagement pris, la balance a tendance à pencher vers le oui. Mais il y a Simone qui, elle, a tout à perdre dans cette expédition, elle raisonne à plus long terme et envisage toutes les conséquences. Elle pressent – il ne faut pas être tellement visionnaire – qu'aller à Moscou aujourd'hui n'est pas vraiment dans le sens de l'histoire, ni même dans le camp du progrès. Danièle Delorme, elle aussi témoin privilégié de l'époque, se souvient : « Simone était malade à l'idée de ce départ. Elle était morte de peur. Cela prenait des proportions inouïes, au-delà de la raison. Elle avait peur de l'erreur politique bien sûr, mais il y avait autour des faits comme le développement d'une paranoïa : elle était obsédée à l'idée qu'on allait lui enlever Catherine. Ça ne tenait pas debout, bien sûr. Qui aurait eu intérêt à ce kidnapping ? Elle était complètement déboussolée. À les écouter on avait l'impression que le monde entier était suspendu à l'attente de leur décision. Elle était d'importance, mais il fallait quand même relativiser[2]. »

La lecture de la presse de novembre 1956 est à cet égard révélatrice. Elle évoque bien les inquiétudes et les atermoiements des deux artistes, mais elle transmet aussi parfois des communiqués dictés par les protagonistes eux-mêmes. Yves Montand et Simone Signoret ne sont pas les seuls boucs émissaires de la presse de droite : s'il est incontestable que, comme elle l'écrit dans *La Nostalgie*, « nous, on était bien les seuls à être placés dans la situation qui était la nôtre », il n'est pas exact que les querelles des deux bataillons de choc se cristallisent sur eux. Montand et Signoret n'occupent pas les premières pages des quotidiens français et sont cantonnés aux pages « spectacles ».

1. *Ibid.*
2. Entretien de Danièle Delorme avec l'auteur, avril 1995.

D'ailleurs Simone amplifie son rôle *a posteriori* dans la polémique, car son nom n'apparaît que rarement, c'est sur la personne de Montand que se focalisent toutes les attaques. Mais il n'est pas la seule victime des éditorialistes. Le 14 novembre, on relève cette brève information dans *France-Soir* : « Picasso n'est plus visible, il peint, dit-on, un tableau sur Budapest qui serait une réplique de son fameux *Guernica.* » Pas au centre, donc, mais exemplaire tout de même, symbolique certainement de l'attitude embarrassée et attentiste de toute une partie de la gauche. Tout se passe comme si la décision de Montand, du compagnon de route, en disait plus long que les déjà nombreuses démissions du Mouvement de la paix. S'il reste c'est que l'heure de la rupture a sonné, s'il part c'est un sursis. Yves Montand est fort conscient de sa responsabilité. Le 11 novembre, il diffuse un communiqué rédigé avec Simone, acte qui lui permet de gagner du temps. Le communiqué dit ceci : « Nous avons pris en commun, mes musiciens et moi, la décision de remettre notre tournée en URSS et dans les démocraties populaires. Les événements mondiaux et la situation intérieure de la France nous empêchent à l'heure présente de quitter notre pays et nos familles pour aller dans quelque pays que ce soit. » Peine perdue, les événements des jours suivants n'éclaircissent pas le terrain. Le 22 novembre, Nagy, symbole de la révolte, est arrêté et emmené en Roumanie. La répression s'intensifie. La police politique est reconstituée. L'« ordre » règne à nouveau à Budapest. Le prix ? Tant de victimes !

La décision définitive, Montand va finalement la prendre seul sur un coup de tête, malgré l'opposition de Simone. La raison : le chantage du producteur qui le menace de ne plus lui donner le rôle de Modigliani dans le prochain Max Ophuls s'il va chanter à Moscou. C'est l'étincelle, justement le type de comportement qui signifie à Montand comment sera interprétée l'annulation de sa tournée. Le courage, pour lui, à partir de là, est clair, c'est celui de partir contre tous les conseils, les mises en garde, malgré l'opposition des vrais amis et l'angoisse de Simone.

Simone a cette qualité que lui reconnaissent tous ses amis : elle est entière, quand elle aime, elle aime à fond. Dans cet épisode elle est foncièrement opposée à la décision de son mari, malgré sa combativité elle n'a pas gagné la partie. Sportive, elle va manifester une solidarité exemplaire. S'il part, elle part avec lui et s'associe à toutes ses prises de position. C'est le cas dès le jour de l'annonce. Ils rédigent ensemble une lettre à l'attention du directeur du Théâtre de Moscou. La lettre est envoyée par leurs soins à *France Soir*, au *Figaro* et au *Monde*. Les trois quotidiens la publient :

Mon cher Obratzov,

Vous avez été un de ceux qui, avec Moïsseïev et les ballets de Moscou, ont le plus contribué au rapprochement culturel de nos deux pays et par conséquent à la détente, ne serait-ce que par le succès que vous avez rencontré à Paris.

Vous avez d'autre part – et ceci me concerne personnellement – permis au public soviétique de me connaître, et si on fredonne en URSS les chansons que je chante, je sais que c'est à votre parrainage que je le dois.

C'est donc à vous que j'ai choisi d'écrire cette lettre.

Ce que je voudrais que vous sachiez aujourd'hui, c'est le trouble profond dans lequel le drame hongrois a plongé un grand nombre de Français et en particulier des membres du Mouvement de la paix, qui est la seule organisation dans laquelle je milite.

Beaucoup de Français, qui ont tenu bon devant l'énorme et monstrueux appareil de propagande antisoviétique et l'ont prouvé en ne donnant aucune adhésion publique à cette propagande, se sont néanmoins posé des questions et s'en posent encore.

Je suis parmi ceux-là.

Aujourd'hui, à l'issue du conseil national extraordinaire du Mouvement de la paix, si des divergences d'opinion subsistent parmi les militants sur l'interprétation à donner aux événements hongrois, alors que l'unanimité absolue s'est faite contre la poursuite de la guerre d'Algérie et contre l'aventure de Suez, nous avons, tous ensemble, nous, militants de la paix de toutes opinions politiques, de toutes confessions religieuses et philosophiques, que nous soyons intellectuels ou manuels, pris la résolution solennelle d'empêcher par tous les moyens le retour à la guerre froide et par conséquent la possibilité de la guerre tout court.

C'est pourquoi, en ce qui me concerne, je suis heureux de vous demander d'annoncer au public soviétique mon arrivée prochaine : j'aiderai ainsi dans mon domaine, j'en suis sûr, à maintenir et développer les échanges culturels qui sont une contribution à la consolidation de la paix. À bientôt donc, mon cher Obratzov. Bien à vous.

Yves Montand

Cette lettre est la seule prise de position publique du couple sur les événements de Budapest. Simone Signoret n'est pas signataire mais elle se solidarise complètement, elle ne cache pas qu'elle a aidé son mari à la rédiger. Ce document mérite d'être cité en entier pour éviter les contresens. Il peut en effet frapper par sa retenue. Il parle de divergences, de trouble, de questions. Certes le trouble est qualifié de profond mais il n'entraîne pas de condamnation publique des événements. Il n'est pas question de rupture mais de fidélité aux idéaux du Mouvement de la paix, que la tournée doit exalter : le chanteur s'investit d'une mission : consolider la paix ! Avec pareille langue de bois au cœur de la tourmente, il est difficile d'échapper aux railleries de la presse. Gabriel Macé dans *Franc-Tireur* en décembre 1956 écrit : « Si nous n'avons pas la guerre, ce sera grâce à Yves Montand. » Les caricaturistes ne sont pas en reste, Sennep à la une du *Figaro* croque Montand et Khrouchtchev : « Khrouchtchev est au téléphone ; à l'autre bout du fil, Yves Montand qui lui demande l'envoi d'une division de chars pour assurer la liberté de chanter[1]. » Dans *France Soir*, sous une rubrique intitulée « BD des ragots » on peut lire : « Pour sa

1. Le 15 décembre 1956.

tournée en URSS et dans les pays de l'Est, Yves Montand a emporté une chanson intitulée : *La liberté est passée par là* (sic) [1]. » Mais les journalistes ne sont pas, et de loin, les plus violents : les Montand reçoivent du courrier, des appels anonymes, des passants lancent des insultes sous leurs fenêtres. Au 15, place Dauphine, les derniers jours ne sont pas, malgré le soulagement que procure la décision prise, les plus sereins. La famille est en train d'éclater. Jean-Louis Livi, qui est encore un jeune garçon, a gardé en mémoire ces moments douloureux : « Je me souviens d'une scène d'une violence inouïe entre mes parents, Simone et Yves. C'était glaçant. C'était comme un enfant qui sent que ses parents vont se séparer. Aussi violent et irréversible. J'ai senti, et j'avais raison, qu'à partir de là plus rien ne serait comme avant, on ne pourrait plus vivre dans cette harmonie qui était aussi le reflet d'une communauté de pensée [2]. » L'ami Claude Roy raconte incidemment à Simone, la veille du départ, qu'Aragon dit dans les dîners en ville qu'il juge ce voyage « inopportun ». C'est le même qui a refusé quelques jours plus tôt d'arranger à l'amiable une annulation de la tournée. Simone est ulcérée. Elle tente en vain de le joindre pour lui dire son sentiment. Le téléphone ne répond pas. Simone et Yves se sentent seuls face à une décision dont ils ne peuvent pressentir toutes les conséquences. Le cercle des fidèles est cependant présent. Ils sont tous à l'aérogare des Invalides le 16 décembre 1956 pour manifester leur soutien : François Périer, José Artur, Danièle Delorme, Yves Robert, Francis Lemarque, Roger Pigaut, Raymond Rouleau, Lila de Nobili, Hubert Rostaing. La joie ne se lit pas sur les visages. Danièle Delorme se souvient : « Ils étaient élégants, souriants devant les photographes, mais il était facile de voir que c'était une composition. Simone avait passé tout le mois de novembre à essayer de dissuader Yves de partir, et si

1. Le 14 décembre 1956.

2. Fils de Julien et neveu d'Yves. Jean-Louis Livi est aujourd'hui producteur de films et directeur de théâtre. Entretien avec l'auteur, mai 1994.

elle partait quand même c'était par solidarité, pas par conviction d'avoir pris la bonne décision. Elle était bouleversée [1]. »

Ce n'est que le lendemain à la nuit tombée – il est environ 21 heures – que l'Iliouchine 22 du couple vedette se pose enfin à l'aéroport de Vnoukovo. Les voyageurs ont dû faire deux escales imprévues : Prague, Vilnius. Trois cents journalistes, malgré le froid et les heures de retard, attendent leur arrivée. Plusieurs centaines d'anonymes sont aussi venus de Moscou, vingt-cinq kilomètres en autobus ou taxis pour acclamer leur chanteur préféré. Montand prononce quelques mots issus de la lettre envoyée à Obratzov. L'artiste soviétique, dont la tournée en Occident vient d'être ajournée, est visiblement très ému. C'est lui qui a fait connaître les disques d'Yves Montand en URSS, après l'avoir découvert à L'Étoile en 1953. Cette tournée est pour lui un grand moment de sa vie. Simone Signoret est en retrait. Les Soviétiques la connaissent peu. Pour eux, c'est l'épouse du chanteur. Certains l'ont vue au cinéma, mais dans un seul film, celui que Simone aurait bien volontiers rayé de sa filmographie : *Ombre et Lumière*. La chaleur de leur accueil lui est en tout cas également destinée, elle est couverte de fleurs et de cadeaux. Il faut peu de temps au couple pour constater que l'atmosphère a bien changé en quarante-huit heures : injuriés à Paris, ils sont acclamés à Moscou. Il y a bien des motifs d'être finalement heureux d'être partis. À l'hôtel Sovietskaïa, le palace réservé aux étrangers et aux dignitaires du Parti, Simone et Yves sont attendus par quatre jeunes interprètes – moyenne d'âge vingt ans – dont une fille, Nadia. On leur a réservé la suite princière. Les musiciens ne sont pour leur part pas moins bien lotis ; en tournée ils n'ont pas l'habitude d'un tel luxe. Il y a de quoi endormir les angoisses et les doutes.

La première de Montand a lieu le 19 décembre : ce qui laisse peu de temps pour flâner. À la salle Tchaïkovski, ce soir-là comme tous les soirs qui vont suivre, la foule est au rendez-vous.

1. Entretien de Danièle Delorme avec l'auteur, avril 1995.

Les places se sont vendues au marché noir. Une partie de la presse française en profite pour lancer à nouveau quelques flèches : « Les billets sont, au grand scandale de l'homme de la rue, incroyablement chers. Les fauteuils du parterre coûtaient officiellement vingt roubles, un peu plus que le quart du salaire mensuel moyen et le marché noir multipliait le prix. » Trois mille cinq cents personnes auront le privilège d'être là le 19 décembre. Le Tout-Moscou assiste au spectacle : ministres de la Culture, des Affaires étrangères, officiers, intellectuels. Simone Signoret est présente telle une épouse modèle au premier rang. Montand n'aime pas que ses proches soient trop près de lui au moment de la concentration finale, et Simone a toujours respecté ce rite, elle le soutient, mais elle est aussi discrète, sa présence est indiscernable depuis la scène. Son arrivée au théâtre n'est pas passée inaperçue : « Avec son manteau gris perle et son chapeau bordé de zibeline, elle se glissa la première hors de la carlingue, puis plongea dans cette foule avec la grâce et la force d'une ondine[1]. » Les Soviétiques ont très vite adopté Simone Signoret, elle leur paraît digne du chanteur qu'ils adulent. Leurs manifestations d'affection lui seront aussi destinées : « Des enfants naissaient dans le fin fond de la Sibérie, on recevait des télégrammes nous annonçant qu'ils avaient été prénommés Yves Montand. Il y eut même des jumeaux qui eurent le bon goût d'être une fille et un garçon, la fille fut prénommée Simone et le garçon Yves[2]. » Passé les premiers soirs, la représentation est transportée au stade Ouljniki qui peut accueillir vingt mille personnes. C'est un triomphe. Simone Signoret prend toute la mesure de la force de Montand. Le plus spectaculaire est pourtant à venir.

Au soir de la quatrième représentation, Montand et ses musiciens retrouvent la salle Tchaïkovski. Simone, exceptionnellement, n'assiste pas à la représentation. Elle a décidé d'aller,

1. *La Pravda*, 20 décembre 1956.
2. *La Nostalgie n'est plus ce qu'elle était, op. cit.*

accompagnée d'une amie, au Bolchoï. Au cours du deuxième acte, un officiel vient la trouver dans sa loge : c'est important, elle doit retourner au théâtre immédiatement. Salle Tchaïkovski, dans la loge officielle à gauche de la scène, les places réservées qui restent habituellement vides sont occupées : Khrouchtchev, Molotov, Mikoïan, Boulganine, Malenkov applaudissent la fin d'une chanson d'Yves Montand. Simone est soulagée : il n'est rien arrivé à Montand, mais elle est un peu sous le choc. Le monsieur Culture la prévient qu'un dîner est prévu après le spectacle. Il leur faut peu de temps pour comprendre que les autorités soviétiques ont décidé d'accorder de la publicité à la venue de deux artistes français à Moscou. Il n'est pas aisé d'échapper à la récupération politique de leur présence sur le sol soviétique. Ils sont venus et il est trop tard pour faire machine arrière. Khrouchtchev a décidé de se montrer sous son meilleur jour, accepter une invitation à dîner n'engage à rien. L'épisode a été beaucoup repris, beaucoup commenté. Il a énormément servi à Simone Signoret et à Yves Montand pour justifier leur voyage à Moscou et témoigner de leur courage et de leur indépendance politique. Simone Signoret a rapporté avec précision les échanges vifs du dîner officiel, extraits choisis parmi les souvenirs qui restent après trois heures de dialogue. Il faut rappeler que c'est Montand qui vient chanter à Moscou, c'est aussi lui qui est le principal hôte et le principal auteur-acteur des propos racontés par Simone et authentifiés depuis par un des seuls témoins vivants et impartiaux : l'interprète Nadia, retrouvée par Hervé Hamon et Patrick Rotman. Simone est forcément réduite à la figuration intelligente. En racontant l'épisode dans *La Nostalgie*, elle s'est remise au centre de la scène, elle passe de la figuration au vrai rôle. Selon Simone Signoret, c'est Khrouchtchev lui-même qui entame le débat en provoquant Montand :

« Les fascistes vous ont laissé partir.

— Ce ne sont pas les fascistes qui m'empêchaient de partir,

c'est ce qui s'est passé à Budapest. Les fascistes eux étaient très contents de ce qui se passait à Budapest[1]. »

Et Montand d'expliquer l'éclatement du Mouvement de la paix, le désarroi des militants, la tristesse des amis de l'URSS, d'un Vercors, d'un Claude Roy, d'un Gérard Philipe écœurés par l'intervention soviétique en Hongrie, par l'écrasement d'un peuple qui ne demandait que du pain et un peu de liberté, ce qui était au programme du socialisme nouveau de M. Khrouchtchev.

Khrouchtchev écoute et tente de raisonner son interlocuteur, d'expliquer par l'histoire la situation actuelle des Républiques socialistes et les difficultés du présent. Khrouchtchev, face à Montand et Signoret, relit avec quelques détails inédits le rapport qu'il a présenté quelques mois auparavant devant le XXe congrès. Il évoque la liquidation du parti politique par Staline, les seize millions de morts, la déportation des juifs. Et il répond aux questions qu'il lit dans les yeux des deux Français :

« Vous vous demandez ce que je faisais durant cette période. Rien, je ne faisais rien. Parce que nous avions peur. »

Montand a décidé d'en finir. Simone est attentive, elle a rapporté le moment fort de l'empoignade :

« À Budapest, assène Khrouchtchev, nous avons sauvé le socialisme de la contre-révolution.

— Mais, dit Montand, Tito aussi vous l'avez pris autrefois pour un contre-révolutionnaire et un traître.

— Erreur du passé.

— Il n'y a donc pas d'erreur possible au présent ?

— Notre armée est à Budapest parce que les Hongrois nous ont appelés au secours.

— Le peuple ?

— Oui, le peuple qui veut être protégé contre les fascistes hongrois et les agents de l'impérialisme.

— Et si c'était plutôt le peuple qui s'était cru autorisé à

1. *Ibid.*

réclamer plus de liberté, dans le socialisme nouveau que vous lui aviez promis, M. Khrouchtchev, et qu'on ne l'ait pas compris ?

— C'est vous qui ne pouvez pas comprendre.

— Alors, nous sommes beaucoup à ne pas comprendre[1]. »

Montand a vidé son cœur, il continue en expliquant qu'il faut se garder d'interpréter sa venue. Il n'entend pas cautionner la répression en Hongrie. Le repas se termine à la russe, c'est-à-dire avec les toasts traditionnels et beaucoup de vodka. Dans le récit que Simone Signoret a fait de ce dîner, on sent la fierté de l'épouse devant le courage de son mari. Les Montand s'endorment, la conscience tranquille, avec le sentiment d'avoir accompli leur mission. Ils se sont fait les porte-parole d'intellectuels occidentaux désorientés, ils sont en paix avec eux-mêmes. Ils se décerneraient presque la palme du courage politique. En fait ils ont été séduits par un Khrouchtchev rusé, malin, qui a eu l'intelligence de leur accorder de l'importance. Ils ne demandaient qu'à être rassurés : ils le sont, Khrouchtchev a bien fait son travail. Mais la blessure est profonde et peut se rouvrir à tout moment. Dès le lendemain, l'enthousiasme retombe : le poète Ehrenbourg les invite à venir passer un moment dans sa *datcha*, il veut les entendre raconter – non sans arrière-pensées sans doute – ce dîner dont tout Moscou parle. L'expédition leur réserve des surprises : « Presque par hasard, en cherchant la maison d'Ehrenbourg, on a découvert la réalité de la vie quotidienne des Soviétiques que nos accompagnateurs cherchaient à nous masquer. On s'était égarés dans une lointaine banlieue constituée de cabanes en bois misérables où vivaient plusieurs familles. Tout cela me choquait. Nous en parlions tout le temps Simone et moi, et un phénomène curieux se produisait : j'étais ébranlé, je voyais bien que ce n'était pas le paradis, mais le vieux réflexe jouait encore. Simone mettait

1. *Ibid.*

l'accent sur ce qui m'avait heurté (la queue devant les magasins, les différentes sortes de restaurants) et, aussitôt, je lui volais dans les plumes parce que ce qu'elle me disait sonnait juste et que je ne voulais pas l'accepter. Je répondais : "Attends un peu Simone, laisse faire le temps. Khrouchtchev a eu le courage de nous le dire : ils ont commis des erreurs, d'accord, il faut leur laisser le temps de se redresser. On ne va pas tout jeter maintenant.[1]" » Yves Montand a bien évoqué le sentiment qui les habite à ce moment-là. L'heure des désillusions a bien sonné. Ils ne reviendront pas intacts et le cœur léger.

Arrivés chez Ehrenbourg, ils taisent à nouveau leur malaise intérieur, ils évoquent avec enthousiasme et fierté le dîner. Le poète sourit des illusions de ses amis français. Il leur raconte qu'une militante du Mouvement de la paix qui a obtenu récemment une audience avec Khrouchtchev s'est fait flanquer à la porte avant d'avoir pu finir un dixième de son discours, son propos était le même que celui des deux acteurs. Ehrenbourg les remet à leur place : ce ne sont pas des héros, ce sont des hôtes privilégiés qu'on ménage. Tout est fait pour les maintenir dans leur aveuglement. Le poète désacralise Khrouchtchev aux yeux de ses amis, il évoque Pasternak, un grand écrivain censuré, inconnu dans son pays. Les listes noires n'existent pas qu'au pays de Mickey, ici le talent est dicté par l'esprit de Staline. L'épisode les trouble comme les queues devant les magasins, les regards misérables et tristes des ouvriers, la pauvreté des Moscovites et les inégalités qu'ils peuvent percevoir. Mais ils ont encore la foi. Ils ont besoin de garder les repères qui constituent le fondement des engagements qui sont les leurs depuis la fin de la guerre. C'est encore plus vrai pour Montand, qui a été plus habitué à l'orthodoxie : on prend ou l'on rejette, il n'y a pas de troisième voie. Le marxisme lui donne une explication du monde très efficace et son compagnonnage avec les communistes lui a en plus valu un soutien extraordinaire. Il fait partie

1. *Tu vois, je n'ai pas oublié*, *op. cit.*

d'une famille dans laquelle il se sent aimé, idolâtré même. Michel Strulovici, trente-cinq ans passés au parti communiste, ancien correspondant de *L'Humanité* au Viêtnam, qui a terminé sa carrière à la tête du service culture de France 2, le rappelle : « Montand, pour les gens de ma génération [N.d.A. : enfants de la guerre] et de mon milieu [père militant du Parti], c'était l'incarnation du héros thorézien : il était beau, il chantait admirablement bien, ses interventions étaient écoutées, attendues même. Tout cela, c'est difficile à quitter [1]. » Simone, si entière, a toujours été plus circonspecte avec la chose politique, et puis elle est venue à Moscou, sans enthousiasme, à reculons. Elle est ébranlée, elle le dit. Montand, lui, se protège : « J'étais dans un état étrange parce que je ne demandais qu'à croire et que je n'y arrivais pas ; je voyais bien que cela ne fonctionnait pas. Je le sentais instinctivement, mais je n'avais pas envie que Simone enfonce le clou. Ce soir-là, je chialais vraiment sur mes illusions perdues, mais je cherchais à les empêcher de se dissiper complètement. Alors j'ai agrippé Simone, qui avait dû faire une remarque particulièrement pertinente, et je l'ai secouée en hurlant qu'elle ne comprenait jamais rien à rien. Cette colère, je le sais aujourd'hui, était une forme de désespoir [2]. »

La profondeur du choc n'efface pas les images d'Épinal, et si le séjour est bien un séjour de déniaisement, le folklore l'emporte aussi parfois sur la sinistre réalité qu'il découvre. C'est tout le talent des maîtres du Kremlin qui s'expose alors. Le 31 décembre 1956 est un de ces moments privilégiés que Simone Signoret a gardés en mémoire. À minuit, Khrouchtchev en personne embrasse Simone sur la bouche selon la tradition. L'intimité des grands, toujours flatteuse pour des saltimbanques, fait oublier les doutes accumulés. Il faut dire qu'il a de quoi leur en mettre plein les « mirettes » : « Des danseurs de chez Moïsseïev faisaient des bonds prodigieux tandis qu'on pas-

1. Entretien de Michel Strulovici avec l'auteur, décembre 2004.
2. *Tu vois, je n'ai pas oublié*, *op. cit.*

sait les volailles. J'avais l'impression d'avoir déjà vu cela quelque part. Bien sûr, parbleu, quand j'étais "dame du château" dans *Les Visiteurs du soir*. Vers 3 heures du matin, Khrouchtchev et Boulganine dansaient dans un petit salon de la salle Saint-Georges. Ils tapaient des pieds et s'accroupissaient sur leurs talons comme de jeunes paysans d'Ukraine. Un cercle d'ambassadeurs du monde occidental frappait dans leurs mains comme au Schéhérazade pour les encourager[1]. » Toutes les réserves tombent devant un tel spectacle. Le séjour moscovite s'achève dans le folklore, les angoisses et les soucis sont restés de l'autre côté du rideau de fer. Les étapes suivantes de la tournée réservent pourtant leur lot de surprises.

Un crochet est fait par Leningrad et Kiev, puis le cap est mis sur les pays de l'Est. Montand et Signoret débarquent à Varsovie dans un avion privé du PCUS réservé aux amis du régime. Khrouchtchev a toutes les meilleures intentions pour ses hôtes, sauf que les faire débarquer à Varsovie dans un avion du Kremlin n'est pas le meilleur moyen pour leur rendre l'accueil agréable. Le chef du Kremlin n'est pas des plus populaires à Varsovie, où l'on se souvient d'une visite inopportune quelques mois plus tôt. Des moments que les Polonais sont sur le point d'effacer : le pays a conquis un semblant d'autonomie et la déstalinisation prend un bon tour. D'ailleurs les Polonais s'apprêtent à voter pour leurs premières élections libres et à élire Gomulka, celui-là même qui a tenu tête face à Khrouchtchev quand il a débarqué à Varsovie en octobre 1956. Les amis de Moscou sont très rarement les amis des Polonais. Première leçon pour Simone et Yves, qui vont en recevoir quelques-unes pendant leur séjour à Varsovie en Pologne. On ne voit pas avec bienveillance la tournée des deux compagnons de route. La presse polonaise propage des rumeurs de toutes sortes sur leur compte. La plus tenace est celle selon laquelle le chanteur Yves

1. *La Nostalgie n'est plus ce qu'elle était*, *op. cit.*

Montand est payé en dollars. Simone et Yves comprennent mieux la tiédeur de l'accueil, qui tranche avec l'enthousiasme moscovite. Sur ce point délicat en tout cas, aussitôt mis au courant de l'étrange calomnie, ils s'empressent de mettre les choses au point en publiant dans la presse des démentis. L'atmosphère se réchauffe un peu. Entre deux concerts de Montand, le couple reçoit des Polonais qui racontent les événements d'octobre. Simone et Yves apprennent vite. Ils comprennent que tout n'est pas aussi simple. Ils écoutent raconter ce qu'ils n'ont pas lu dans la presse française, trop occupés par les répétitions des *Sorcières de Salem*, trop enfermés dans leur dogmatisme d'alors. L'espoir et la gaieté de ces citoyens de l'Est, dont le rêve d'un socialisme humaniste fidèle aux idéaux du mouvement d'octobre est en train de prendre forme avec Gomulka, les touchent. Ils sont intelligents, ils sont communistes, mais ils sont aussi antisoviétiques. Le socialisme universel est pour eux, définitivement, une utopie, une affaire classée. Ils n'y croient plus. L'expérience, la lucidité des Polonais est une nouvelle leçon pour les deux Français. Leurs croyances sont soudain ébranlées. « Où était-il le temps où, sur le chemin de Babelsberg, je m'imaginais ce grand compagnonnage et ces fraternels échanges de produits régionaux : "Passez-moi un peu de charbon, je vous refilerai de l'uranium, partageons nos pommes, notre caviar, notre pain et notre sel. [1]" » Force est de constater que l'Est ne forme pas un bloc de pays frères, unis dans la construction d'un monde meilleur. La suite de la tournée ne fait que confirmer ce constat. Pour les Soviétiques en revanche, il faut maintenir l'illusion d'un bloc soudés : aucun pays n'est laissé de côté dans la tournée organisée pour le chanteur. Le programme est complet, dans l'ordre : Pologne, Allemagne de l'Est, Tchécoslovaquie, Roumanie, Bulgarie, Yougoslavie, Hongrie. Simone et Yves ne sont donc pas au bout du parcours quand ils débarquent à Prague en février 1957.

1. *Ibid.*

Le passage dans la capitale tchèque est une étape aussi importante que celle de Moscou. Simone et Yves ont eu le loisir d'apprécier à Moscou, et un peu à Varsovie, des morceaux de vie quotidienne. Ils ont pu constater la vétusté des logements, les queues devant les magasins vides, le besoin de témoigner, pour ceux qui ont pu les approcher. À Prague, ils sont isolés dans la tour d'ivoire qu'est l'hôtel Alkron. À Varsovie, au début du périple, ils avaient pris le temps de recevoir journalistes, étudiants et citoyens ordinaires. Simone Signoret l'a exprimé avec humour : « Les conversations se déroulèrent à notre hôtel, dans des restaurants, dans un appartement, ainsi que dans la loge de Montand [...]. Ils ne venaient pas toujours pour entendre le récital. Ils venaient pour parler. Ils parlaient pratiquement jusqu'à l'heure du lever du rideau. Puis Montand les vidait gentiment en leur montrant l'heure. Ils comprenaient, ils disaient qu'ils reviendraient reprendre la conversation après le spectacle. Finalement, pendant cette semaine à Varsovie, chanter finit par correspondre, pour Montand, à une sorte d'entracte entre deux conversations [1]. » À Prague, ils sont moins attentifs, beaucoup plus fatigués ; ils ratent des rencontres. Celle de Lise London par exemple, dont le mari Artur, coaccusé dans le procès Slansky, n'est sorti de prison que depuis un an. Lise London se souvient : « Avec une petite délégation que je présidais on était allés voir le récital de Montand, les billets n'étaient pas chers, c'était la fête. Le lendemain du spectacle avec mes quatre copines on a décidé d'aller à l'hôtel Alkron pour saluer Montand et Signoret. Je les avais déjà rencontrés en 1948 car j'étais responsable de la propagande à l'Union des femmes françaises et on faisait quelquefois appel à des vedettes. Yves était très timide et Simone très belle. Ce jour-là à Prague, je ne leur ai pas dit qui j'étais, j'ai simplement dit à Montand que je connaissais son frère, et il nous a parlé du dîner avec Khrouchtchev, du drame hongrois. J'ai eu le sentiment qu'il

1. *Ibid.*

avait un énorme besoin de parler, c'était un homme torturé. Simone, elle, semblait très nerveuse, elle a abandonné devant nous le bouquet qu'on lui avait apporté. Elle faisait les cent pas, elle a fini par écourter notre conversation en disant très fort que c'était l'heure de partir. Elle nous a totalement ignorées [1]. »

Simone Signoret, qui aime les coïncidences, les histoires croisées, est passée à côté d'une rencontre étonnante, d'un signe du destin. Quelques jours plus tôt, elle s'est fait remarquer dans le train qui l'amenait en Tchécoslovaquie en demandant à des officiels tchèques des nouvelles de Mme Slanska, la veuve de Slansky, fraîchement réhabilité. Une fanfaronnade qui n'a guère été appréciée. Ce jour-là, en face d'elle, à Prague, se trouve la femme d'Artur London, coaccusé du procès Slansky, à qui elle ne demandera rien, même pas son identité. Vingt ans plus tard, elle incarnera Lise London à l'écran dans le film *L'Aveu* de Costa-Gavras, comme un acte de pardon.

Dans le hall de l'hôtel Alkron d'autres admirateurs se pressent pour apercevoir Yves et Simone, les approcher, leur dire un mot. Les deux Français commencent à être las de ces démonstrations d'affection. La fatigue est désormais plus forte que l'envie de connaître, de comprendre, de saisir une part de vérité sur ce qui se passe vraiment à l'Est et qui leur a échappé pendant ces années d'engagement aveugle. Le jeu consiste maintenant à éviter ces contacts avec les Praguois qui racontent tous la même chose ; à limiter au maximum les rencontres. Après les dîners officiels, les visites aux usines, les meetings avec les étudiants, Simone et Yves ont le désir compréhensible de se retrouver un peu seuls. Leur état d'esprit est celui-là quand le téléphone sonne dans la chambre des Montand. Au bout du fil, la voix d'une femme qui se dit la cousine de Simone. Discrète, elle n'en dévoile pas plus, explique simplement leur filiation. Simone ne manifeste pas plus d'intérêt que de curiosité pour cette cousine de l'Est qui ne tombe pas vraiment au bon

1. Entretien de Lise London avec l'auteur, juin 1995.

moment. Elle écoute assez attentivement cependant pour se rendre compte que la cousine n'est pas mythomane : elles ont bien la même grand-mère paternelle : Ernestine. La cousine – Simone, à ce stade de la conversation n'a toujours pas demandé son nom – a entendu parler d'un récital de Montand à Bratislava où elle habite, et elle aimerait les rencontrer. La femme du chanteur joue les désolées et explique à sa cousine que c'est bien dommage, mais que le récital va sans doute être annulé. Simone enregistre distraitement son nom, Jo Langer. Il ne lui dit rien, elle raccroche, ignorant tout du destin édifiant de cette cousine, tout de ses intentions. Elles sont pourtant précises : le mari de Jo, Oskar Langer, un des coaccusés des procès de Prague, est toujours en prison. Jo espère qu'un mot des deux Français puisse changer cette situation, elle croit en leur bonne foi même si, vus de Prague par ceux qui souffrent encore du stalinisme, Simone et Yves sont plutôt à ranger du côté des complices des bourreaux : « J'ignorais tout des convictions profondes de Simone, mais la mienne de conviction me soufflait que si je pouvais trouver le moyen d'être seule un moment avec elle pour lui raconter comment Oskar était toujours en prison, elle m'écouterait, me croirait et essaierait de m'aider. Il était impensable qu'après avoir découvert ce qu'elle avait dû découvrir, Budapest, les procès truqués dans toutes les Républiques, tous les mensonges, elle ne croie pas à mon histoire.[1] » Jo Langer anticipe. Le couple n'est pas encore totalement averti. Ils débutent dans le parcours des découvertes, ils encaissent peu à peu. Simone Signoret le confirme dans la préface du livre de Jo Langer qu'elle écrira vingt ans après : « Nous avions vu en URSS, en Pologne, en Allemagne de l'Est, pas mal de choses discutables, mais nous étions à cent mille lieues de nous douter que trois ans après la mort de Staline il y avait encore en prison des gens qui ne seraient réhabilités qu'en 1964[2]. » Jo Langer connaît le système, le sien. Elle a sa

1. Jo Langer, *Une saison à Bratislava*, Seuil, 1981.
2. *Ibid.*

stratégie prête à servir : « Je n'avais pas l'intention de lui demander grand-chose juste de poser une petite question à propos d'Oskar, comme ça, l'air innocent, à la fin d'un banquet ou d'un cocktail, à l'un des officiels officiants. Il s'en serait probablement suivi une telle panique que ça aurait peut-être suffi pour qu'Oskar soit discrètement libéré[1]. » À voir le trouble créé par Simone dans le train Berlin-Prague, il y a des raisons de penser que le scénario aurait pu fonctionner. Jo Langer rate sa plus belle occasion de le tester, le concert de Bratislava est bel et bien annulé. Il lui reste une solution de secours, plus aléatoire, faire le voyage jusqu'à Prague et forcer la rencontre. Jo Langer se décide donc à se rendre à l'hôtel Alkron, à se fondre dans la foule des admirateurs et à attendre de pouvoir approcher Simone. Elle s'assoit sur une banquette du hall de l'hôtel. Elle se sent surveillée, elle a peur pour sa vie, peur aussi de l'échec. Finalement, Jo Langer n'essaie pas de forcer le destin qui la condamne à attendre encore des mois la libération de son mari. Elle renonce à aborder sa cousine. « Elle passa devant moi, le temps d'un éclair, élégante, royale, pressée, la tête redressée, si haut que j'eus quand même le temps de lire sur ce superbe visage les signes de la contrariété, de la nervosité et de l'ennui[2]. » Timide et remplie d'orgueil, Jo Langer a renoncé à sa démarche, sans doute pressent-elle qu'entre elle et sa cousine se dresse encore un mur d'incompréhension, de méconnaissance, et qu'on ne l'abat pas en une fugitive rencontre. L'actrice, pour Jo Langer, n'est pas la Simone Signoret attentive à autrui, traquant et dénonçant les injustices. Cette Simone-là n'est pas encore née. Ou plutôt est-elle née de ces rendez-vous manqués à l'Est. En tout cas en ce matin de février 1957, c'est l'indifférence qui la caractérise aux yeux de la jeune femme. Jo Langer ressent avec cette confrontation ratée à quel point elles sont éloignées l'une de l'autre.

1. *Ibid.*
2. *Ibid.*

Elle n'a pas tort, Simone Signoret est encore prisonnière des réflexes anciens, de l'accueil chaleureux qui lui est réservé. Elle ne demande qu'à croire que la Tchécoslovaquie et les autres pays frères ont pris le chemin de la libéralisation et s'attachent à effacer les erreurs du passé. Simone n'a pas encore mis son énergie au service des droits de ces hommes-là. Ses yeux sont encore mi-clos. L'épisode est terminé, le chapitre pourrait se refermer, mais l'histoire a une suite…

La réhabilitation d'Oskar Langer au milieu des années soixante n'a pas fait beaucoup de bruit en Occident, Simone de toute façon a oublié le nom de sa cousine de Bratislava. Mais elle va la retrouver sur son chemin une nouvelle fois.

À Londres en 1966, Simone répète *Lady Macbeth*. Elle est concentrée sur ce rôle qu'elle a eu l'inconscience d'accepter. Elle n'est pas particulièrement réceptive à quoi que ce soit d'autre. La cousine tombe une nouvelle fois sur une Simone Signoret indifférente, préoccupée par ses problèmes. Elle se force à écouter Jo Langer raconter avec force détails l'exil après l'Anschluss, le retour en Tchécoslovaquie, l'arrestation d'Oskar pour déviationnisme. Simone l'interrompt brutalement. Elle montre ses connaissances : « À New York, vous ne croyez pas qu'il aurait eu autant d'ennuis[1] ? » Jo Langer n'a pas la force d'argumenter. Écœurée, elle se lève et laisse Simone à ses préoccupations shakespeariennes. L'heure des doutes et des remords n'a pas encore sonné. Jo Langer a conclu : « J'étais triste d'avoir à constater le degré d'aveuglement du monde dans lequel elle vivait[2]. » Dix ans après leur retour de l'Est, Simone et Yves n'auront pas encore définitivement rompu avec les anciens réflexes. L'expiation viendrait plus tard.

En mars 1979, Simone lit la biographie de Josefa Slanska dans laquelle est racontée l'histoire d'Oskar Langer[3]. Elle

1. *La Nostalgie n'est plus ce qu'elle était*, *op. cit.*
2. *Une saison à Bratislava*, *op. cit.*
3. Josefa Slanska, *Rapport sur mon mari*, Mercure de France, 1968.

retrouve sa cousine et traduit son autobiographie qui paraîtra aux éditions du Seuil en 1981 [1].

En mars 1969, le couple avait fait une première lecture déterminante, celle de *L'Aveu* d'Artur London. Tous deux participeront au film, tous deux y mettront leur âme.

Mais nous sommes encore en 1957, après Prague, une étape rapide en Roumanie et en Bulgarie, les Montand arrivent dans un Belgrade plus gai où ils sont accueillis par le président Tito, fraîchement réhabilité, à qui ils doivent expliquer les nuances de leur engagement : « Comme il nous croyait membres du Parti, c'est avec une malice assez sarcastique qu'il nous demanda si, maintenant, nous étions bien persuadés qu'il n'était plus le traître vendu à l'impérialisme qu'il avait été entre 1948 et 1956 [2]. » Une nouvelle fois les deux acteurs reçoivent des leçons : « Maintenant il était l'oncle Iossip et il en savait long sur ce qu'on n'avait jamais raconté aux neveux crédules [3]. »

Il reste, dernière étape de la tournée, la Hongrie, objet de toutes les polémiques. Quatre mois après l'automne bouleversé, ils se contentent d'un passage très bref et ne vont pas à la rencontre des dissidents, des résistants qui distribuent des tracts pour dissuader leurs compatriotes d'aller applaudir Yves Montand. *Le Figaro* du 14 mars 1957 reproduit un de ces papiers qui circulent alors à Budapest, avec la traduction : « Un bon Hongrois n'ira pas au concert d'Yves Montand. Pensez aux jeunes héros d'octobre ! Aucun vrai Hongrois ne sera présent à ce concert. »

De ce brouillard qui s'épaissit, de ce flou qui n'a rien d'artistique, il faut pourtant bien émerger. Revenir s'annonce, après

1. La biographie parue en anglais s'intitulait *Convictions. Memories of a life shared with a good communist*. La traduction que Simone cosignera avec un jeune historien, Éric Vigne, s'intitulera *Une saison à Bratislava*.

2. *La Nostalgie n'est plus ce qu'elle était*, *op. cit.*

3. *Ibid.*

cela, une épreuve. Les Montand acclamés à Moscou comprennent après quatre mois de voyage que Paris les jugera sans pitié. Le folklore russe et est-européen ne sera plus là pour dissiper le malaise. Ils n'avaient pu passer de l'autre côté du miroir qu'en le brisant par endroits. Le bonheur ne se reflétait pas dans les morceaux qu'ils avaient ramassés et tenté de recoller. Yves Montand mit seul les choses au point lors d'une émission avec François Chalais et Frédéric Rossif, dans laquelle il n'expliqua pas grand-chose, sauf que la rupture était consommée[1]. Finalement la presse se calma. Même *Le Figaro* le 27 février 1958 reconnut que Montand n'attendait rien de son geste : « C'est affaire de conscience. De courage aussi. Car les communistes ne pardonneront pas à l'ex grand camarade d'avoir levé le rideau de fer. » Ce n'est que le 25 novembre 1983 que Simone Signoret dit clairement, dans une interview au *Nouvel Observateur* : « Le samovar, c'est fini. J'ai eu beaucoup de chagrin d'avoir à dire à tout jamais, adieu Sonia, Vania, Dimitri et les balalaïkas. J'ai comme cela des visages slaves dans ma mémoire, gentils, avec lesquels j'ai eu beaucoup de mal à rompre. Mais maintenant, ça y est c'est fini. »

1. Au même moment, ils enregistreront, à deux voix, le commentaire d'un film documentaire de leur tournée, fruit de la collaboration entre Sovexportfilm et Dauphine productions. L'ensemble est assez édifiant, entre le traditionnel film de propagande et le plus classique *Connaissances du monde*. On peut y voir et entendre Montand et Signoret, rencontrant des étudiants, des ouvriers (visages réjouis), visitant et nous invitant à la visite des « merveilles du Kremlin », vantant les échanges culturels entre les deux pays : « Pendant qu'à Paris on applaudit Gogol, Gorki et Tchekhov, à Moscou on applaudit les auteurs français, Balzac, Victor Hugo, on joue les œuvres des grands musiciens français. » Si le plus souvent on reste dans le folklore – « On aurait pu aller à Leningrad en troïka, finalement on a pris le train » –, la politique n'est pas totalement absente du document : les souffrances de l'URSS sont rappelées au spectateur : « Si Kiev a l'air d'une ville toute neuve, c'est qu'elle a été détruite à 90 %. »

III

Ouvertures et ruptures : la métamorphose

1957-1969

Les chemins de la haute ville

Quand je raconte une histoire, évoque un souvenir, même sans aucun rapport avec mon jeune frère, je sais toujours si c'est avant ou après le 10 décembre 1958. Dans ma vie désormais, il y a ce qui s'est passé avant ou après le 10 décembre 1958.

Simone SIGNORET

« Chez les comédiennes, le mot repos peut avoir plusieurs sens. On se repose les jours de relâche. On se repose après une longue tournée. On se repose après un film difficile. Le repos, c'est sacré. Le repos cesse d'être sacré lorsqu'il s'éternise. Il ne s'appelle plus repos, il s'appelle chômage [1]. »

Au début de cette année 1957, la carrière de Simone Signoret est au point mort. Bien sûr, l'idéologie fournit en partie l'explication des difficultés nouvelles auxquelles la comédienne doit faire face. La longue tournée de l'Est a laissé des traces.

La sortie des *Sorcières de Salem*, version cinématographique, au mois d'avril, n'a rien fait pour effacer les stigmates d'un engagement fort mal apprécié. Autant la pièce a été bien

1. *La Nostalgie n'est plus ce qu'elle était, op. cit.*

accueillie et saluée comme impartiale, autant le film est rejeté. L'adaptation très marxisante de Jean-Paul Sartre ne rencontre pas d'écho dans le climat de l'époque. La critique conseille aimablement à Simone Signoret de retourner à ses rôles de garce dans lesquels elle est bien plus convaincante. Le caractère, l'engagement de Simone Signoret effraient certains producteurs, mais, au-delà de l'idéologie, Simone Signoret connaît les difficultés d'une comédienne qui aborde la quarantaine. À l'aube des années soixante, la relève arrive. Elle a la magnifique plastique de Brigitte Bardot, et le cinéma français de ces années-là n'est pas plus qu'aujourd'hui soucieux d'offrir à une comédienne un rôle mettant en valeur la maturité. Simone Signoret aurait pu abandonner le métier – la quarantaine approchant – ou être abandonnée par son métier. Greta Garbo, Marlène Dietrich, Arletty avaient montré l'exemple, Simone Signoret aurait pu le suivre, laissant pour les dictionnaires de cinéma et les cinéphiles le souvenir de l'incomparable *Casque d'or* et pour les revues de dames l'image d'une épouse modèle se consacrant à la carrière de son mari. Mais l'histoire ne va pas s'écrire comme cela. De Londres était déjà revenu *Casque d'or* récompensé, triomphant de l'esprit blasé français, de Londres viendrait aussi le succès qu'elle n'espérait pas, qu'elle n'attendait même pas.

Au cours de l'hiver 1958 un jeune réalisateur anglais, Peter Glenville, qui admire le talent de l'actrice, propose à Simone Signoret de tourner sous sa direction à Hollywood. Il est accueilli avec une ironie bienveillante. Ne sait-il pas qu'on refuse à l'actrice, ancienne compagne de route du Parti, le visa pour les USA ? McCarthy est mort, mais les restes du maccarthysme continuent à polluer le monde du cinéma. Comme le soupçonnait Simone, le producteur du film, William Goetz[1] malgré beaucoup de bons sentiments – c'est un Américain libéral – finit par renoncer à ce qu'on a dû lui dire être une bien mauvaise idée. Simone serait presque rassurée. Mais Peter Glenville est

1. Voir lexique.

acharné. Quelques mois plus tard, il revient à la charge, avec une nouvelle proposition de film, à tourner cette fois sur le sol anglais. Il a apporté le livre qu'il veut adapter au cinéma. Son titre : *Room at the Top*, littéralement *Une pièce au soleil.* Le best-seller de l'année en Angleterre, le roman que tous les Anglais se sont arraché et que la critique a encensé. On a comparé son auteur à Michel Butor[1], le héros à Julien Sorel, l'héroïne à Scarlett O'Hara. Le *Daily Express* donne le ton des critiques : « Il est évident que John Braine est l'un des plus brillants jeunes romanciers que nous ayons eu depuis un bout de temps… Ce roman est fort, nul doute là-dessus. L'observation est là, pénétrante. L'émotion et la comédie sont si véridiques que cela fait mal. » La mise en scène revient après maints rebondissements à un autre réalisateur, Jack Clayton, mais l'histoire reste intacte : dans l'Angleterre industrielle, un jeune homme de condition modeste s'éprend d'une femme plus âgée, une grande bourgeoise d'origine française : Alice Aisgill. Son cœur penche pour Alice, mais son ambition dévorante le porte vers la fille d'un riche industriel britannique qu'il va finalement choisir. Alice, désespérée, mettra fin à ses jours.

Le tournage de *Room at the Top*, *Les Chemins de la haute ville* en français, commence au printemps 1958 à Bradford dans le Yorkshire. Yves Montand, lui, est en Italie où il tourne un nouveau film, *La Loi*, mis en scène par Jules Dassin. Les deux acteurs se retrouvent pendant l'été et confrontent leur dernière expérience : Montand n'est pas franchement enthousiasmé par ce dernier tournage, le cinéma n'est pas encore pour lui source d'épanouissement, il est décidé à remonter sur une scène de music-hall le plus tôt possible, maintenant que les souvenirs de son engagement trop voyant s'estompent. Simone, elle, est conquise par son séjour anglais, mais, prudente, elle ne pavoise pas : « Quand les gens me demandaient où j'étais allée pendant tout ce temps, je disais : "J'ai fait un film à Londres." Ma

1. Voir lexique.

réponse n'impressionnait pas. Tout le monde savait ici que le cinéma anglais n'existait plus. J'avançais timidement qu'il me semblait pourtant avoir fait un très bon petit film. On ne voulait pas être désagréable. Après tout, j'étais toujours dans le creux de la fameuse vague. Il eût été peu charitable de m'enfoncer la tête sous l'eau[1]. » Le film, comme le livre, reçoit à Londres un accueil critique et public qui dépasse les espérances. Simone décroche au passage un nouveau British Academy Award ; le prix d'interprétation féminine à Cannes sera quelques mois plus tard un cadeau d'autant plus inattendu que le film est un échec en France. Simone Signoret a avancé une explication : « *Les Chemins de la haute ville* n'étonnèrent pas en montrant à Paris des amants dans le même lit, le thème de la femme mûrissante, cousine de Léa et de Mme De Rénal, vivant son dernier amour malheureux avec un jeune ambitieux, ne surprenait pas le Français par son audace[2]. » Les critiques français reconnaissent cependant que Simone Signoret a acquis grâce au rôle d'Alice une dimension nouvelle. Ainsi, Claude Mauriac : « Il faut admirer la performance de la comédienne. Si belle et si jeune, Simone Signoret montre avec simplicité et courage un visage et un corps qui ne sont plus tout à fait les siens. Son rôle l'exigeait et elle n'a pas composé avec son rôle [...]. Elle a renoncé le temps d'un film à cette surveillance continue des femmes sur elles-mêmes lorsqu'elles n'ont plus dix-huit ans. La beauté est une conquête de minute en minute recommencée. Des digues innombrables contiennent la marée du temps. Chair longtemps préservée, puis soudain submergée. La vraie beauté est là encore, celle de la vérité. Simone Signoret n'a donc jamais été plus fascinante[3]. » L'actrice est en effet à la frontière de deux images d'elle-même. Nous n'en sommes plus à *Casque d'or* et pas encore à *La Vie devant soi*.

1. *La Nostalgie n'est plus ce qu'elle était, op. cit.*
2. *Ibid.*
3. *Le Figaro littéraire*, juin 1959.

Le terme « frontière » définit bien ces années-là : frontière dans sa vie d'actrice qui passe en douceur aux rôles de la maturité ; frontière dans sa vie de femme qui atteint la quarantaine ; frontière dans une vie de couple qui va connaître des moments de crise. « Frontière », c'est Simone elle-même qui emploie ce terme pour évoquer avec pudeur un événement dramatique de cette année 1958 : la mort accidentelle de son frère Alain, vingt-sept ans, le 10 décembre 1958. Car la joie de renouer avec le cinéma est assombrie par la douleur du deuil. Simone, depuis qu'elle vit avec Yves Montand, a trouvé la chaleur d'une vie de famille, celle d'Yves : Julien, Elvire, Jean-Louis. Elle remplace la sienne aux abonnés absents : son père est reparti aux États-Unis. Avec sa mère, qui apprécie modérément le saltimbanque Montand, les relations sont devenues difficiles. Georgette, au grand désespoir de sa fille, devient de plus en plus fantasque en vieillissant, s'enfermant dans une solitude dont on ne peut la convaincre de sortir. Les deux femmes ne se voient guère, mais Simone est restée pour les petits frères une mère de substitution, une sœur très aimante. Jean-Pierre, le plus jeune des deux, habite place Dauphine d'octobre 1951 à début 1962, d'abord dans une vaste chambre du cinquième dont l'entrée est en face de l'appartement des Livi, puis dans un studio situé sous les combles au-dessus de chez Elvire et Julien, avec sa femme, puis leurs deux filles. Bien qu'ils s'adorent et malgré la proximité de leur foyer respectif, Simone et son plus jeune frère se voient peu, l'engagement politique de Jean-Pierre est une des causes de la difficulté du dialogue : « J'ai bien du mal à me rappeler ce qu'on pouvait se dire en politique dans ces années où je profitais, avec pas mal d'ingratitude, du lieu sans pareil qu'elle nous offrait. Il y a un moment que je situe mal, où on ne s'est plus dit grand-chose. J'avais adhéré au PCF à vingt ans en 1952 et dans les années 1956 et suivantes, celles que Simone et Montand ont vécu si dramatiquement, nous étions dans deux mondes différents, politiquement parlant. Et pas seulement à cause de l'infirmité dont se trouvait frappée la pensée du Parti, et donc en gros, la mienne. » Si Jean-Pierre, membre actif du parti communiste, agace un peu sa sœur par son sectarisme, elle est épatée par son savoir, il a réussi très jeune l'agrégation de lettres. Alain, qui a deux ans de plus, n'a pas eu un destin moins brillant. Après ses études secondaires au lycée Lakanal de Sceaux, puis à Charlemagne à Paris, il part un an aux États-Unis à l'université de Middleton. À son retour il compte passer le concours de l'IDHEC [1] section « mise en scène », mais déception suprême, le concours a été supprimé cette année-là, Alain est donc contraint d'envisager un cursus plus classique. Jean-Pierre, son petit frère, se souvient : « Il me semble que mon père en a profité pour lui imposer un stage strasbourgeois. Alain s'est retrouvé inscrit en droit et à l'institut d'études politiques, il n'a pas ouvert un seul manuel en cette année 1950-1951 et a été reçu à sa grande surprise à l'examen de fin de première année. Ces études "pour rire" étaient une concession à mon père. Après cela il a fait son service militaire et on n'a plus jamais entendu parler de l'IDHEC [2]. » Mais Alain n'a pas renoncé à devenir cinéaste, il se formera sur le tas, comme assistant stagiaire. Sa filmographie mérite qu'on s'y intéresse. Il a été l'assistant de Jean Delannoy sur *Notre-Dame de Paris* avec Gina Lollobrigida en 1956, puis a travaillé sur le *Van Gogh* de Vincente Minnelli avec Kirk Douglas. Tout à fait à ses débuts, Simone l'avait mis en relation avec Henri-Georges Clouzot pour un film, *Si tous les gars du monde*, qui a finalement été tourné par Christian-Jaque. Il a aussi travaillé avec Pierre Zimmer sur un scénario qu'il a pris très au sérieux et pour lequel il est parti en Israël. En décembre 1958, il a vingt-sept ans quand il part réaliser son premier film, un documentaire sur la vie des pêcheurs de l'île de Sein [3], qui doit s'appeler *La Mer et les Jours*.

1. Institut des hautes études cinématographiques.

2. Entretien de Jean-Pierre Kaminker avec l'auteur, novembre 1993.

3. L'île de Sein, à neuf kilomètres de la pointe du Raz et vingt-trois kilomètres de la baie d'Audierne, est une île minuscule de moins d'un kilomètre carré, ouverte en permanence aux tempêtes les plus effroyables. La plupart des quelque deux cent cinquante habitants sont des retraités (à l'exception du personnel de

Alain, comme Simone, témoigne d'un esprit curieux et d'un intérêt prononcé pour le destin de ses contemporains. Pour Simone, cela s'exprime dans des engagements politiques, dans la constitution autour d'elle d'une famille de pensée et d'action, pour Alain, par le choix d'un métier fondé sur le témoignage, les rencontres. Discret, un brin sauvage, il fait son chemin loin des lumières de la ville. Arrivé en septembre 1958 à Sein avec son ami et coréalisateur René Vogel, Alain a acquis peu à peu la confiance des Bretons de l'île. Les habitants de Sein rendus rudes par l'adversité et le climat, par la difficulté de leur existence sont réputés peu accueillants pour les étrangers de passage sur l'île[1]. Pourtant ils ont très vite adopté le jeune garçon qui travaille comme eux sans relâche et ne les regarde pas comme des bêtes curieuses. Marceline, une îlienne en coiffe, a dit son respect d'Alain Kaminker dans un film hommage réalisé, en 1971, par le cinéaste René Vautier[2] à sa mémoire : « Alain, il travaillait tout le temps. Il y avait de la lumière jusque tard dans la nuit dans sa chambre et le matin il était debout très tôt pour suivre les pêcheurs. » Un soir de novembre, les deux hommes

---

la Société nationale de sauvetage en mer) très attachés à leur caillou, fiers de leur passé glorieux : tous les insulaires valides partirent en effet rejoindre le général de Gaulle après l'appel du 18 juin, connu le 22 sur l'île : cent cinquante hommes, le quart des premiers volontaires de la Résistance. Le général de Gaulle eut ce mot resté célèbre dans la région : « L'île de Sein est donc le quart de la France. » Pour plus de détails on se référera au très documenté Guide Gallimard sur les îles en France.

1. L'île sauvage, dont le dicton populaire dit : « Qui voit Sein, voit sa fin », a inspiré une dizaine de films longs-métrages. Un film muet en 1930 réalisé par Jean Epstein, *Mor Vran* (*La Mer des corbeaux*), mais surtout quelques années avant l'expédition d'Alain Kaminker, Jean Delannoy a réalisé sur l'île *Dieu a besoin des hommes*, avec Pierre Fresnay et Madeleine Robinson, inspiré par le roman de Henri Queffélec, *Un recteur de l'île de Sein*. Le film a suscité la polémique chez les habitants de l'île et leurs défenseurs car ils y sont présentés comme des sauvages. Plus tard Jeanne Labrune, avec son *L'Île à ma dérive* (1980), ne sera pas mieux acceptée. L'île a aussi servi de cadre au controversé *Élisa* de Jean Becker (1994) avec Gérard Depardieu et Vanessa Paradis.

2. Voir lexique.

assistent au premier drame de la mer. Un chalutier de Concarneau, *L'Anne Gaston*, a percuté la roche. Le bateau s'est couché. Les sirènes sonnent. Le canot de sauvetage est prêt en quatre minutes. Les deux cinéastes attendent ce moment, filmer le travail des sauveteurs est une partie essentielle de leur témoignage. En fait, ils participeront plus au sauvetage qu'ils ne filmeront. Leur matériel d'éclairage se révélera fort utile pour repérer l'épave et les naufragés. Faisant preuve en la circonstance d'humanité – ils renoncent à filmer pour sauver des hommes –, les deux cinéastes après cet épisode douloureux sont définitivement acceptés par les îliens. Alors, quand Alain réclame quelques jours plus tard de filmer la mer démontée, par très gros temps, près du phare, là où c'est le plus spectaculaire, Lec, le patron du canot de sauvetage, n'a pas le cœur de refuser. Ce 10 décembre, la tempête fait rage, le canot se dirige vers le phare. Alain a le mal de mer mais il refuse de renoncer à poursuivre l'expédition. Soudain, ne pouvant se retenir, il se penche sur la rambarde du côté opposé à la lame pour vomir. La vague se brise alors sur le bateau qui manque de se retourner. Alain est emporté. Sur le canot c'est la stupeur. André, qui a participé au sauvetage de *L'Anne Gaston* quelques jours plus tôt, ne veut pas croire que le pire est arrivé. Lec, qui a l'expérience de la tempête et qui en connaît les lois, sait lui qu'on ne retrouvera pas Alain vivant. Pour lui le scénario n'est pas inédit : la lame a collé Alain au fond, il a été tué sur le coup. Le marin, par amitié pour les deux cinéastes, fait tourner son bateau deux heures, avant de rentrer au port sans le naufragé. Le lendemain, le triste verdict du patron se confirme. À 10 heures, Alain est retrouvé sur le rivage, bottes aux pieds et ciré sur le dos, enfoui sous les goémons.

Les rares touristes qui font l'été le voyage jusqu'à l'île de Sein peuvent remarquer une tombe pas comme les autres dans le petit cimetière de l'île des Veuves. Une tombe qui réunit un homme et une femme que le destin n'aurait jamais dû rassembler : Alain Kaminker, le petit Juif, fait protestant pendant la guerre, péri en mer, enterré sous la croix catholique ; rejoint en 1977 par Marceline Guillandre, née en 1897, morte à quatre-vingts ans sans avoir jamais quitté son île. Le matin du 11 décembre, elle avait demandé qu'à sa mort on l'enterre auprès du jeune homme qui souriait tout le temps et qui les avait si bien compris. Leur tombe est faite avec des pierres ramassées sur la grève où l'on a retrouvé le corps d'Alain Kaminker qui allait fêter ses vingt-huit ans.

Le chagrin de Simone est resté secret. C'est un chagrin indéfinissable qui ne sortira pas de la famille. Comme Simone est encore, malgré le succès de *Room at the Top*, dans le creux de la vague, les journaux n'iront pas la traquer dans sa douleur. Elle ne se rendra pas à l'enterrement, c'est presque une tradition dans la famille, les morts vivent en vous, pas besoin de se rapprocher géographiquement d'eux. Tous les amis savent que la mort d'Alain a été pour Simone une perte irréparable. Pour elle qui attachait une importance démesurée à la conservation intacte du passé, à sa mémoire, à ses témoins, la mort du petit frère était, en plus du drame de la disparition d'un être cher, l'enterrement soudain d'une partie de son enfance et de son passé. Chris Marker explique cette caractéristique de Simone Signoret : « Je n'étais pas dupe de ce que je représentais pour Simone, j'étais le témoin de ses jeunes années, un témoin presque unique, indispensable, je servais de relais et à ce titre je comptais beaucoup. » La mort accidentelle d'un garçon de vingt-sept ans est forcément injuste. Simone qui depuis des années n'avait connu presque que des joies – si l'on oublie la mort d'un bébé de neuf jours, et peut-on l'oublier dans ces moments-là ? –, des succès, des événements heureux, est confrontée soudain à l'inacceptable. Face à cela elle se refuse à partager sa douleur. Chris Marker précise : « J'avais bien imaginé que ça avait été quelque chose de triste pour Simone, mais ce n'est qu'en lisant *La Nostalgie* que j'ai réalisé à quel point c'était une vraie cassure. Simone ne parlait jamais de la mort de son frère, c'était en elle[1]. »

1. Entretien de Chris Marker avec l'auteur, octobre 1994.

Yvette Étievant, qui a été son amie proche, confirme : « Simone parlait souvent d'Alain, de ses souvenirs avec lui, mais elle n'évoquait jamais le chagrin qui avait pu être le sien à sa mort[1]. »

Le Festival de Cannes rendra un hommage à Alain Kaminker en même temps qu'il décernera le prix d'interprétation féminine à Simone Signoret[2].

Simone encaisse et regarde devant elle. Comme toujours dans les moments de flottement, personnels ou professionnels, elle se réfugie dans son rôle de groupie. Montand est à L'Étoile depuis le 6 octobre 1958 et c'est un triomphe. Il a réussi son retour. Son répertoire est allégé des chansons trop « politiques » comme *C'est à l'aube* ou *Quand un soldat*. C'est le fantaisiste, le saltimbanque, l'homme de music-hall, le chanteur engagé mais pas le chanteur porte-drapeau qui occupe la salle de l'avenue de Wagram. Pourtant, l'époque aurait pu inspirer un répertoire grave. Les temps sont troublés. À la faveur d'événements de plus en plus incontrôlables en Algérie, Charles de Gaulle a réussi à revenir aux affaires. La IVe République est enterrée. On crie : « Vive la Ve République ! » Les Français, las de tant de batailles, ont fait un véritable triomphe au Général : quatre électeurs sur cinq ont approuvé la Constitution qu'il leur a proposée le 28 septembre 1958. Comme en 1917 avec Clemenceau, comme en 1940 avec Pétain, les Français remettent leur destin à un sauveur.

Finalement, le spectacle léger d'Yves Montand – il chante *Sanguine*, *Le Fanatique du jazz* – est dans l'air du temps, il divertit les spectateurs. 1956 est bien loin. C'est l'Amérique à l'horizon. Là-bas, le couple va jouer de nouveaux rôles, dans des pièces inédites ; certains sont gais, d'autres laisseront un goût amer.

---

1. Entretien d'Yvette Étievant avec l'auteur, juin 1994.

2. En 1959, la Palme d'or revient à *Orfeu Negro* de Marcel Camus, le prix de la mise en scène à François Truffaut pour *Les Quatre Cents Coups*. Orson Welles, mort le 10 octobre 1985, onze jours après Simone Signoret, partage quant à lui le prix d'interprétation masculine avec Bradford Dillmann et Dean Stockwell pour *Le Génie du mal*.

Les amours célèbres

Elle n'aura jamais su combien je ne l'ai jamais détestée, et comme j'avais bien compris cette histoire qui ne regardait que nous quatre et dont le monde entier s'est occupé dans un temps troublé où il se passait pourtant des choses plus importantes.

Simone SIGNORET

And the winner is... Simauauaune Signoret.

Rock HUDSON

L'Amérique, cela faisait bien longtemps qu'on n'y pensait plus chez les Montand-Signoret. La guerre froide avait mis fin aux rêves de carrière outre-Atlantique. En 1950 en signant l'appel de Stockholm, ils s'étaient fermé une frontière. Simone avait failli partir avec l'autre Yves, Allégret, à Hollywood, mais Montand était arrivé et le voyage ne s'était jamais fait. Yves Montand avait eu aussi beaucoup de propositions après la guerre, mais la politique les avait gelées. Le regrettaient-ils ? Certes pas. L'Amérique rêvée, celle de leur enfance, celle des films de Fred Astaire et des stars de Hollywood, celle de leurs vingt ans, celle des GI bronzés qui venaient délivrer les Français des criminels nazis, avait disparu au profit d'une Amérique puritaine, autoritaire, fasciste selon certains, celle des disciples du sénateur McCarthy, celle qui interdisait sur son territoire les compagnons de route. L'imagerie soviétique d'un peuple d'ouvriers libres et libérés par le travail construisant le paradis socialiste sur terre dans la fraternité n'avait pas cependant complètement effacé les souvenirs du rêve américain. En cette fin d'année 1958, il remonte à la surface. En décembre, Yves Montand reçoit dans sa loge de L'Étoile la visite d'un fameux impresario américain de variétés, Norman Granz. C'est l'agent d'Oscar Peterson et d'Ella Fitzgerald, il possède une maison de disques. Le producteur veut proposer au chanteur vedette un récital en français, dans le temple du music-hall : Broadway. La proposition est alléchante, mais Simone et Yves savent qu'obtenir un visa n'est pas une simple formalité. Au premier essai, c'est un échec. Norman Granz, têtu, remue ciel et terre et finit par obtenir les visas pour les deux artistes. *One entry*, le visa minimum. En 1959, Simone Signoret inaugure donc ses premiers rapports avec l'Amérique. L'ex-compagne de route du PCF peut enfin toucher le sol américain, l'ambassade a donné son aval. Le visa est toutefois barré de l'inscription *waver* signifiant que les autorités condescendent seulement à renoncer à l'utilisation de certaines mesures de protection politique ; les douaniers sauront que la détentrice de ce document a pris dans le passé des positions qui déplaisaient au grand pays qui l'accueille aujourd'hui.

« Amérique nous voilà ! » auraient pu s'exclamer les Montand, car l'Amérique, ils l'avaient espérée, attendue pendant longtemps, avec des départs reportés, des projets remis. Dès 1949, Simone Signoret aurait pu connaître de l'intérieur la Mecque du cinéma. À la Libération, les Américains avaient dépêché en Europe leurs dénicheurs de talents pour renouveler le stock du cinéma, cruellement épuisé par l'essor de la télévision qui vidait les salles obscures. La plupart des jeunes vedettes recrutées firent long feu aux États-Unis : elles ne purent échapper aux inévitables rôles d'Européennes dépourvues d'intérêt et de profondeur. On l'a vu, une seule proposition avait à l'époque retenu quelque peu l'attention de Simone Signoret : celle de Howard Hughes.

Simone Signoret remporte l'oscar en avril, 1960.

À NOUS DEUX, L'AMÉRIQUE

Les Diaboliques
de Henri-Georges Clouzot, 1954.

Les Sorcières de Salem,
de Raymond Rouleau, 1956.

Thérèse Raquin,
de Marcel Carné, 1953.
Lion d'or à Venise.

LES FILMS DE LA CONSÉCRATION

Casque d'or, *de Jacques Becker, 1951.*

Avec Jean Gabin, Le Chat, *de Pierre Granier-Deferre, 1970.*

LES RÔLES DE LA MATURITÉ

Avec Philippe Noiret, L'Étoile du Nord, *de Pierre Granier-Deferre, 1982.*

Simone Signoret dans La Vie devant soi, *de Moshé Mizrahi, 1977.*

Avec Alain Delon,
Les Granges brûlées
de Jean Chapot, 1972.

Avec Yves Montand, Police Python 357, *d'Alain Corneau, 1975.*

Aux côtés de Jean Marais, de Madeleine Sologne et de Jacques Becker, Simone Signoret manifeste contre les accords Blum-Byrnes pour la défense du cinéma français. 6 janvier 1948.

Manifestation contre l'intervention des États-Unis au Vietnam. 22 octobre 1967.

Avec Simone Veil, Marek Halter et Harlem Désir, manifestation contre le racisme et l'antisémitisme.

Simone Signoret, Yves Montand et le Dr Bernard Kouchner lors d'une manifestation pour le soutien aux mères argentines, le 6 octobre, 1983.

UNE ACTRICE ENGAGÉE

Janvier 1982, à l'Olympia, Lech Walesa, de passage à Paris avec son conseiller Bronislaw Geremek, vient saluer Yves le militant et Simone.

UN ÉCRIVAIN EST NÉ…

Simone dédicace son livre à la seconde édition du Salon du livre de Paris.

Le 1er février 1985, Simone Signoret présente son roman Adieu Volodia *dans l'émission de Bernard Pivot, « Apostrophes ».*

4,50 F • MARDI 1er OCTOBRE 1985 • NELLE SERIE • N° 1358

Libération

Beyrouth: quatre Soviétiques enlevés par le Jihad islamique

Dans la soirée, le Jihad islamique revendiquait l'enlèvement et menaçait d'exécuter les otages si les combats ne cessaient pas à Tripoli. Lire pages 23 et 24

SIMONE

LA NOSTALGIE COMMENCE AUJOURD'HUI

Morte hier d'un cancer à l'âge de 64 ans, Simone Signoret était plus qu'une star. Elle engagea sa beauté dans le cinéma et mit un peu de beauté dans les engagements de l'époque. Jeune, elle fut notamment « Casque d'Or ». Vieillissante, elle était devenue une formidable présence. Lire pages 2 à 8.

Roger Corbeau

ANTILLES-REUNION 7,20 F • ALGERIE 2,50 D.A. • ALLEMAGNE 2 DM • AUTRICHE 17 Sch • BELGIQUE 32 F • CANADA $ 1,20 • COTE D'IVOIRE 315 CFA • DANEMARK 10 Kr • ESPAGNE 130 Ptas • ETATS-UNIS $ 1 • FINLANDE 8,50 Mkf • GRANDE-BRETAGNE 60 P • GRECE 90 Dr • ITALIE 1 700 L • LUXEMBOURG 32 F • MAROC 5 Dh • PAYS-BAS 2,25 Fl • PORTUGAL 100 Esc • SENEGAL 335 CFA • SUEDE 10 Kr • SUISSE 1,80 F • TUNISIE 430 M

Simone Signoret dans *La Nostalgie* écrit à ce sujet : « Howard Hughes, je ne le connaissais pas, je savais qu'il construisait des avions, je savais aussi qu'il avait produit des films dans lesquels les actrices avaient de beaux rôles. » Simone Signoret n'était pas des plus mal informées. Howard Hughes, passionné d'aéronautique, avait établi le record du tour du monde. En 1948, il rachetait la RKO [1]. Il avait produit des œuvres importantes comme *The Front Page* [2] en 1930, *Scarface* [3] en 1932. Il avait aussi réalisé *Les Anges de l'enfer*, film épique sur les combats aériens de la Première Guerre mondiale, qui avait coûté quatre millions de dollars, dans lequel débuta Jean Harlow, bombe parmi les bombes. Des femmes avaient en effet tenu une place importante dans quelques-uns de ces films, mais *The Outlaw* (1943), western sexy, ridiculisa Jane Russel en même temps qu'il la révélait. En décidant de ne pas prendre les chemins de Hollywood en 1949, Simone Signoret ne passait pas à côté de grand-chose : « Le voyage à Hollywood de l'automne 1949, je ne l'ai jamais fait. Sans Montand vous ne m'auriez pas fait aller de la porte de Vincennes à la porte d'Asnières. Alors l'Amérique vous pensez… [4] »

Le premier départ annulé, on le remettait à des heures plus propices, une fois passées les inquiétudes d'une jeune amoureuse. Mais les heures propices seraient longues à venir… « En

1. Les studios RKO sont issus du regroupement des studios Films Booking America (FBO), de la Radio Corporation Association (RCA) et du distributeur Orpheum. Concurrents des majors, les studios ont accueilli Orson Welles, John Ford, George Stevens, les acteurs John Wayne, Robert Mitchum, Frank Sinatra ou encore Michèle Morgan. Ils sont à l'origine de quelques chefs-d'œuvre du cinéma américain comme *L'Impossible Monsieur Bébé*, *La vie est belle* ou *Citizen Kane*.

2. Film réalisé en 1931 par Lewis Milestone à qui on doit également *À l'Ouest rien de nouveau*.

3. Réalisé par Howard Hawks, le film est inspiré de la jeunesse du gangster Al Capone. Il demeure un chef-d'œuvre du cinéma.

4. *La Nostalgie n'est plus ce qu'elle était*, *op. cit.*

1950, Montand et moi, avons tous les deux signé l'appel de Stockholm[1]. »

1959 serait donc l'année américaine tant attendue. Bien qu'elle ait répondu, préalable obligatoire à l'obtention du visa, « Mouvement de la paix et Confédération générale du travail » à la question n° 20 du formulaire de l'ambassade américaine qui demandait : « Êtes-vous ou avez-vous été associée à des activités communes à celles du PC ? », Simone Signoret s'envolait bien pour la première fois, le 9 septembre 1959, pour les États-Unis. Elle prenait le chemin que d'autres actrices françaises avaient emprunté quelques années plus tôt, mais pour elle il ne s'agissait pas de carrière, c'était la femme qui accompagnait son chanteur de mari. L'oscar n'en serait que plus merveilleux, extraordinaire cadeau surprise d'où sortiraient des bons de retour au pays du cinéma. Simone Signoret connaîtra finalement cinq fois Hollywood en moins de dix ans. Elle a donné à travers *La Nostalgie* une vision personnelle de l'Amérique des années soixante, qui n'exclut pas les clichés. La description qu'elle consacre à ce pays n'échappe pas aux conventions, en ce sens que son Amérique, celle des sixties, est bien l'Amérique de la légende. Rien n'y manque : « L'étonnant, quand on traverse New York en venant de l'aéroport pour atterrir au cœur de Broadway, c'est qu'on ne soit pas étonné. Ou plutôt qu'on soit étonné par l'absence de dépaysement. New York pour des Français qui aiment le cinéma et y débarquent pour la première fois, c'est comme un montage de la cinémathèque dans lequel Langlois aurait collé bout à bout des morceaux de *Scarface*, de *L'Extravagant Mr Deeds*, de *Vous ne l'emporterez pas avec vous*, de *King Kong*, des *Anges aux figures sales*, de *La Cité sans voiles*, de *Breakfast at Tiffany's*, d'*Easter Parade*, de *Douze Hommes en colère*. On pourrait ajouter *Fenêtre sur cour* pour les escaliers de fer à l'extérieur des portes cochères jusqu'au trottoir au bord

1. *Ibid.*

duquel la grosse limousine vient attendre la dame que le portier galonné salue. »

Dans l'Amérique de Simone Signoret, on trouve le gigantisme si souvent souligné par les observateurs français de toutes les époques. « Nous étions dans le petit appartement 1005-1006 au dixième étage, c'est-à-dire au sommet de l'Algonquin, par conséquent très peu au-dessus de l'entresol pour la plupart des hôtels new-yorkais. » Mais aussi le modernisme technologique de la vie domestique que la France des années soixante ne connaît pas et qu'elle découvre avec une fascination amusée grâce au film de Jacques Tati[1] : *Mon oncle*. « Norman nous initia au fonctionnement des poignées de porte qui font verrou si on appuie sur le petit bouton, au dosage de la douche, suivant qu'on l'aime tiède, chaude, froide, glacée, pluvieuse ou cinglante. » Apparaît également une civilisation de l'éphémère, dans les succès : « Catherine avait été mise au courant. Elle savait que si la première de Montand était un succès, elle viendrait nous retrouver. Elle savait aussi que si c'était un bide, elle verrait sa famille revenir quarante-huit heures plus tard », comme dans les échecs qui n'étaient pas définitifs non plus. « Les débouchés étaient tels qu'il y avait toujours du travail pour tout le monde. Entre le théâtre, le cinéma, les treize chaînes de télévision [N.d.A. : la France n'en possède alors qu'une seule], les tournées, la décentralisation et Off-Broadway qui commençait à prendre sa grande importance, il fallait être très très mauvais ou très fainéant pour rester chômeur après un bide, ou alors trop noir de peau à l'époque pour retrouver immédiatement un emploi. » Ou tout simplement dans la vie quotidienne : « Il n'était pas rare que d'une semaine à l'autre un petit magasin de disques soit transformé en magasin de chaussures et c'était marrant de retrouver le disquaire dans une boutique spécialisée dans le tissage indien, deux rues plus loin. » Il y a les chiffres qui remplacent les noms : « En quarante-huit heures,

1. Voir lexique.

Catherine eut appris comment se servir de Manhattan. Il suffit de savoir lire les chiffres et d'avoir pris soin de noter si c'est à l'ouest ou à l'est de l'épine dorsale, la Cinquième Avenue, qu'on a le désir de se rendre. » Autant de lieux communs sur cette Amérique de légende, sur lesquels Simone Signoret insiste parce qu'en définitive ils correspondent à une certaine réalité, au moins celle de surface. Et si à New York Yves Montand et Simone Signoret n'étaient pas accueillis comme à Moscou, avec les honneurs dignes des chefs d'État, il y avait d'autres sources d'émerveillement. Pour Simone, en tout cas, la surprise d'être connue. Alors que, comme en 1956 lors de la tournée de l'Est, elle s'apprêtait à composer son personnage favori, celui d'accompagnatrice du chanteur triomphant, elle découvre qu'on la connaît dans d'autres rôles, dans un en particulier : « Quand je suis arrivée à New York, *Room at the Top* passait déjà depuis plusieurs mois. Et là-bas les gens me reconnaissaient, les chauffeurs de taxi, tout le monde. En général, quand on apprend qu'on a un film qui passe aux États-Unis on est bien content, mais finalement, on s'aperçoit qu'il passe pour ainsi dire aux Ursulines et que peu de gens l'ont vu [...]. Mais avec *Room at the Top* ça s'est passé autrement : le film avait réellement touché le public américain. Jamais je n'aurais pensé qu'il aurait un pareil succès. » Un risque existe, que Simone pressent, celui d'éclipser Yves Montand. « À New York pendant ces journées qui précédaient la première, ma grande angoisse c'était qu'on prît Montand pour le mari d'une actrice. » Le risque est limité. Yves Montand a une actualité qui intéresse les journalistes et Norman Granz a choisi un attaché de presse réputé, Richard Maney, qui mitonne au chanteur une série d'interviews à un rythme stakhanoviste. Une demi-heure pour les débutants, une heure pour les spécialistes, l'heure du déjeuner pour les plus importants. Au lieu de se retirer et de laisser à Yves Montand seul le soin de répondre aux journalistes, Simone va l'accompagner dans le marathon. Ils fonctionnent plus que jamais en couple. Mais Simone intervient là dans un rôle secondaire, complémentaire, classique. Elle répond aux questions plus intimes, elle dessine le portrait d'un couple d'artistes modèle et elle traduit, ou souffle, les questions et réponses. Ils ont pu constater combien leur association les rend encore plus populaires. Ils ne refusent pas – en période de promotion, la nuance mérite d'être signifiée – les papiers célébrant leur couple. Catherine a été mise à l'écart de ces reportages – pas question d'exploiter une enfant – mais ils ont accepté les reportages photos de la presse people : « 24 heures dans la vie de Montand et Signoret », « Une chaumière pour deux cœurs ». Les magazines de l'époque leur font honneur. À Moscou, c'est aussi le couple qui a été mis à la une, célébré, médiatisé. Aux États-Unis, l'attaché de presse a très vite saisi l'intérêt d'axer les papiers selon cet angle. Yves Montand et Simone Signoret se prêtent au jeu avec bonne humeur. Ils savent que, pour Montand, remplir le Henry Miller's Theater n'est pas gagné, alors si Alice Aisgill peut donner un coup de pouce, pourquoi pas ? Une telle complicité dans le monde du show-business est assez rare pour qu'elle suscite intérêt et enthousiasme chez les Américains. Le procédé fonctionne. L'envoyée du *New York Times*, Helen Dudor, est subjuguée par le comportement de la comédienne : « Bien que sa renommée soit plus vive aux USA grâce au cinéma, Miss Signoret avait songé à retarder son arrivée d'une semaine à l'autre afin de ne pas priver son mari de la moindre parcelle d'attention[1]. » Il n'y a pas de dérapage. Tous les entretiens se déroulent comme prévu. Simone et Yves ont presque oublié qu'il n'y a pas si longtemps ils étaient indésirables sur le sol américain. Un seul journaliste cultivé tente de les ramener sur le terrain politique. Ils évoquent leurs problèmes avec le visa, McCarthy. Mais le cœur n'y est pas. Les temps ont changé. Ils sont heureux d'être là. Le reste est du passé. Grâce au talent de Richard Maney, à la participation de Simone et à l'authenticité de la prestation d'Yves Montand – qui ne parlait pas un mot

1. Citée dans *Tu vois, je n'ai pas oublié*, *op. cit.*

d'anglais quelques mois auparavant et a fait des progrès considérables –, la promotion est réussie. Reste le principal, le show.

Ce 21 septembre 1959, comme pour la plupart des premières de Broadway, le spectacle est aussi dans la salle. Marilyn Monroe accompagnée de Montgomery Clift, Lauren Bacall, Ingrid Bergman, Marlène Dietrich, Paulette Goddard, Sidney Lumet sont venus applaudir l'« *explosive Frenchman* » comme le titre *Newsweek*. L'homme de communication déniché par Norman Granz a bien travaillé, le chanteur français aussi. Le spectacle est un triomphe. Ce qui veut dire, pour Simone et Yves, prolongation de séjour. Trois semaines au Henry Miller's, puis la suite au Long Acre. Quarante-deux séances au total. Une tournée était prévue de longue date en cas d'échec du programme new-yorkais. Elle est maintenue : Montréal, le Canada puis Los Angeles et San Francisco. Comme prévu, on reconstitue la famille de l'autre côté du monde. Catherine est inscrite au lycée français. Colette, la jeune veuve d'Alain, est invitée par Simone à les rejoindre aussi. Elle veillera sur Catherine, puisque Simone est occupée. Catherine Allégret se souvient : « Très vite maman doit se rendre à l'évidence : elle ne pourra pas appliquer ici les mêmes principes d'éducation qu'à Paris. Et puis elle a déjà fort à faire avec son "grand fils". C'est ainsi qu'elle appelle Montand parfois, lorsqu'il a besoin d'elle, et à New York, ce besoin est constant[1]. » Catherine Allégret confirme aussi que cette période est une période heureuse pour le couple dans un équilibre qui semble parfait : « Le film *Room at the Top* [...] fait déjà un tabac à New York, c'est maintenant au tour de Montand. Le couple est parfaitement équilibré professionnellement ; quant à leur passion elle est intacte[2]. »

Le triomphe de Montand change leur statut. Ils sont acceptés dans la famille de Broadway. Le Tout-New York les célèbre. Ils

1. *Les Souvenirs et les regrets aussi*, *op. cit.*

2. *Ibid.*

s'y font vite. Pour Simone, l'heure n'est plus aux prudences de jeune première. Effacés les premiers pas dans le monde new-yorkais, où pénétrer dans un lieu à la mode comme chez Sardi's se fait encore avec émotion, Simone l'a raconté : « Nous nous étions sentis si provinciaux que nous avions décidé de ne pas faire la petite fête après la première dans ce temple d'un monde qui n'était pas encore le nôtre [1]. » Le succès efface du jour au lendemain les pudeurs et les craintes de se sentir déplacés. Quand les grands noms du cinéma viennent à faire la queue à la porte de la loge de Montand, on réalise bien vite qui l'on est devenu. Simone l'a évoqué avec fierté : « Ce qu'il y avait de plus beau, c'était l'arrivée de ceux qui avaient été tous les chauffeurs de taxis, les pères millionnaires, les tantes folles, les chefs de gare de la voie menacée par les Indiens, les soupirants riches et évincés, les propriétaires de bars louches, les témoins de la dernière heure, les copines confidentes, les reporters sans scrupule, les maîtres d'hôtel complices… Ils entraient. Disaient : "You don't know, my name is…" [2] » Évidemment, Yves Montand reconnaît tous ceux qui l'ont ébloui au cinéma dans sa jeunesse. Ce qui a changé aujourd'hui, c'est qu'ils ne sont plus les acteurs principaux de la pièce qui se joue. Les premiers rôles sont tenus par Montand et Simone.

Le couple découvre la décontraction et le sens de la fête des gens du spectacle. À Paris, il est de bon ton de réserver son talent pour les représentations publiques et de bien se tenir dans les réunions privées, en évitant de se faire remarquer. Ici chacun exerce son talent, sans timidité feinte. Le terme cabotinage est exclu du vocabulaire. Pas de tabous. Ils trouvent à New York un peu de l'ambiance qu'ils ont su créer à Autheuil quand tous les amis sont réunis. Les plaisanteries grivoises qui ne manquent jamais de jaillir choquent un peu Simone comme à l'habitude, mais elle apprécie par-dessus tout l'humour juif, qu'elle

1. *La Nostalgie n'est plus ce qu'elle était,* op. cit.
2. *Ibid.*

découvre, et l'ouverture de la « communauté » new-yorkaise. « À New York c'est la Hora dans un kibboutz qui n'est pas nécessairement juif[1]. » C'est anodin, mais c'est important pour Simone qui n'a jamais oublié qu'elle avait du sang juif – celui de son père – dans les veines et qui pourtant est rangée par ceux qu'elle considère de sa famille – chez les juifs, la religion se transmet par la mère – du côté des goyim. Plus tard, par ses engagements, et à travers l'écriture, elle montrera qu'elle n'a pas oublié ses racines et qu'elle tient par-dessus tout à l'esprit de tolérance que cette différence lui a inspiré.

Pour l'heure, parmi toutes ces rencontres, une est plus marquante que les autres. Il s'agit d'Arthur Miller. Le grand dramaturge n'a pas pu assister à la première de Montand le 21 septembre, il avait du travail en retard. Seule sa femme Marilyn Monroe le représentait. Il ne veut pas manquer de revoir ses interprètes des *Sorcières de Salem*. Le lendemain de la première, il se rend au spectacle avec Marilyn. Ce sont des retrouvailles joyeuses. Arthur Miller n'a pas pu assister au succès de sa pièce à Paris en décembre 1954. Comme il était suspecté par la Commission des activités anti-américaines, le Département d'État lui interdisait alors de quitter le territoire. Ce n'est que deux ans plus tard en novembre 1956, tout jeune marié – il a épousé Marilyn Monroe cinq mois plus tôt – qu'il peut enfin faire connaissance avec les Montand. Le maccarthysme déclinant, il est autorisé à voyager en Europe. Sa femme tourne à Londres, *Le Prince et la Danseuse* avec Laurence Olivier, il profite d'une visite sur le tournage pour passer par Paris saluer les époux Proctor qui terminent le tournage des *Sorcières*. Le courant passe entre les deux acteurs et le dramaturge. Ils sont du même monde et connaissent les mêmes difficultés. Montand et Signoret commencent à être victimes de leur engagement. Arthur Miller, lui, sort à peine des tracas. Le 21 juin, il a été convoqué par la commission de Washington. Il choisit de ne

1. *Ibid.*

Simone Signoret de retour du Mexique.
Tournage de La Mort en ce jardin *(1956) de Louis Buñuel.*

Photo Harcourt.

À la une, pour ses vrais débuts à l'écran (Les Démons de l'aube, *Yves Allégret*). L'Écran français, *9 janvier, 1946.*

LES DÉBUTS D'UNE ACTRICE DE LÉGENDE

Simone Signoret avec Gérard Philipe, Jean Servais et Yves Allégret, son premier mari, 1946.

Impasse des deux anges, *de Maurice Tourneur, 1948.*

Macadam, *de Marcel Blistène, 1946.*

SIMONE, ÉPOUSE ET GROUPIE

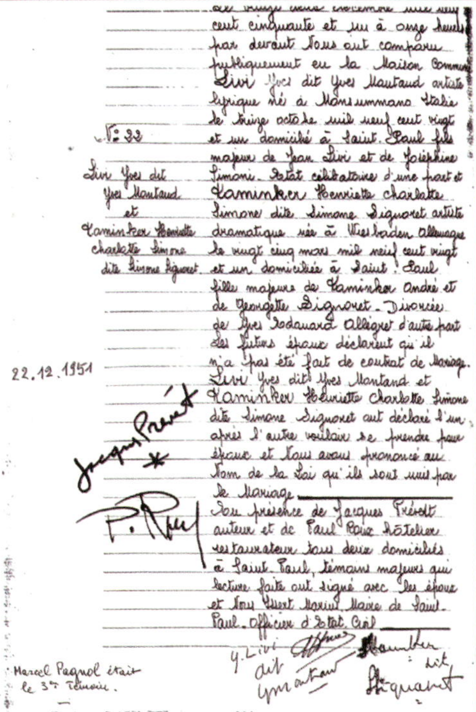

N° 22

Livi Yves dit Yves Montand et Kaminker Henriette Charlotte Simone dite Simone Signoret.

cent cinquante et un à onze heures par devant Nous ont comparu publiquement en la Maison Commune Livi Yves dit Yves Montand artiste lyrique né à Monsummano Italie le treize octobre mil neuf cent vingt et un domicilié à Saint Paul fils majeur de Jean Livi et de Joséphine Simoni. Etat célibataire d'une part et Kaminker Henriette Charlotte Simone dite Simone Signoret artiste dramatique née à Wiesbaden Allemagne le vingt cinq mars mil neuf cent vingt et un domiciliée à Saint Paul fille majeure de Kaminker André et de Georgette Signoret. Divorcée de Yves Edouard Allégret d'autre part. Les futurs époux déclarent qu'il n'a pas été fait de contrat de Mariage. Livi Yves dit Yves Montand et Kaminker Henriette Charlotte Simone dite Simone Signoret ont déclaré l'un après l'autre vouloir se prendre pour époux et Nous avons prononcé au Nom de la Loi qu'ils sont unis par le Mariage.

En présence de Jacques Prévert auteur et de Paul Roux hôtelier restaurateur tous deux domiciliés à Saint Paul, témoins majeurs qui lecture faite ont signé avec les époux et Nous Issert Marius Maire de Saint Paul. Officier d'Etat Civil.

22.12.1951

Jacques Prévert

P. Roux

Y. Livi dit Y. Montand

Kaminker dit Signoret

Marcel Pagnol était le 3e Témoin.

Acte de mariage de Simone Kaminker et Ivo Livi. Témoins Paul Roux et Jacques Prévert.

« Un mari, je dois l'admirer. »

Un moment rare, Catherine,
la fille de Simone, est du voyage.

Arthur Miller, Simone Signoret, Marilyn Monroe et Yves Montand, dîner à New York, 1959.

À Hollywood, les Montand fréquentent Marilyn Monroe et Arthur Miller, les femmes sympatisent. Simone part en tournage en Italie, son mari se retrouve seul avec Marilyn. C'est dans les journaux que Simone apprendra leur liaison.

pas invoquer le cinquième amendement dont le principe essentiel est que personne ne peut être obligé à témoigner contre lui-même. Cela laisse au président Walter la possibilité de condamner Miller, puisqu'il renonce à la protection offerte par la Constitution. Bien sûr, l'écrivain ne fournit à la commission aucun nom ami. Simone et Yves ont suivi l'affaire. Ils admirent profondément celui qui incarne à leurs yeux la rectitude, la morale de la gauche américaine, celui qui a su résister à la commission. Celui qui n'a pas dénoncé. Celui qui s'est démarqué de son confrère, Elia Kazan. En ce mois de novembre 1956, nos protagonistes sont sur la même longueur d'ondes. Ils n'ont aucune raison d'être joyeux, mis à part celle de se trouver entre camarades de combat. Simone Signoret a résumé le climat de la journée : « Un jour de la mi-novembre, le plus célèbre jeune marié du monde fit son apparition rue Francœur. Arthur Miller venait enfin faire la connaissance des Proctor. Ils ne les trouva pas gais. Il n'était pas gai non plus. Les intellectuels de la gauche américaine n'avaient aucune raison d'être gais [...]. Il n'était pas gai mais il était beau et chaleureux, il passa la journée avec nous et repartit pour Londres retrouver Marilyn qu'il promit de nous amener si nous devions ne pas partir[1]. » On le sait, les Montand partirent finalement pour Moscou, la rencontre des deux couples n'eut pas lieu.

C'est donc avec plaisir que les Montand répondent à l'invitation des Miller au lendemain de la première. Arthur et Marilyn reçoivent chez eux dans leur grand appartement blanc de Sutton Place. La soirée est intime : à part les deux hôtes d'honneur, il y a Bob Castella et un vieil ami de Marilyn, le poète Norman Rosten accompagné de sa femme Hedda. On est en famille. Marilyn n'a pas fait d'effort particulier pour ressembler à la Marilyn des posters, à l'icône hollywoodienne. Les deux Français qui la voient de près pour la première fois sont surpris de découvrir une charmante maîtresse de maison,

1. *Ibid.*

sans faux cils ni paillettes, une femme presque banale. Simone a pour elle l'avantage de parler couramment anglais, elle occupe vite le centre de la conversation. Interlocutrice privilégiée de Miller, elle traduit pour Montand le dialogue qui s'instaure entre eux. Yves tente quelques phrases en anglais, Miller quelques mots de français, mais c'est Simone qui dirige. Marilyn, un peu à l'écart, reste silencieuse. Elle jette des regards et quelques sourires à Montand, qu'elle a déjà applaudi deux fois au Henry Miller's. Entre le chanteur, flatté, et Marilyn, éblouie, s'instaure un dialogue sans paroles. Mais Montand ne veut pas manquer la conversation principale, plus politique celle-là, que son épouse s'évertue à lui faire suivre. Entre Arthur Miller et les Montand s'installe une vraie connivence. Ils sont de la même famille. Hier, ils ont partagé à distance les mêmes engagements, aujourd'hui ils sont face aux mêmes doutes, aux mêmes remises en question. Malgré son expérience de la commission, Miller a retrouvé confiance en l'Amérique et il tient à faire partager au couple son sentiment. Comme le rappellent Hervé Hamon et Patrick Rotman[1], l'Amérique change. Pour preuve, un jeune sénateur démocrate de religion catholique, John Kennedy, va briguer l'investiture de son parti pour les élections présidentielles de novembre 1960. La réflexion que le dramaturge a entamée l'a amené à rompre avec une vision trop manichéenne du monde, là où Simone et surtout Montand sont encore tentés de défendre avant tout l'URSS et l'avenir de Khrouchtchev. Arthur Miller, qui a définitivement pris ses distances avec le marxisme et regarde désormais son pays avec plus d'indulgence – sans exclure la critique –, leur montre le chemin qu'ils vont prendre eux aussi progressivement. Simone Signoret n'a pas accordé beaucoup d'importance à ce dîner dans ses mémoires. Il marque pourtant un temps fort de leur séjour américain. Pour deux raisons. C'est d'abord leur première vraie rencontre avec un des représentants les plus symboliques de la gauche améri-

1. *Tu vois, je n'ai pas oublié, op. cit.*

caine, rencontre que la guerre froide a toujours empêchée, c'est surtout la première fois qu'ils rencontrent Marilyn. Il ne semble pas que Montand ait été bouleversé par l'apparition. Il ne le confiera pas. En revanche d'après les souvenirs – sujets, certes, à caution – de la cuisinière Lena Pepitone [1], Marilyn, la star américaine, a été subjuguée par le chanteur français. Simone comme toujours a frappé par sa culture et son intelligence, mais elle a commencé à changer, à vieillir. Sa beauté n'est plus sa marque de fabrique, une évidence reconnue par tous. Sur ce plan, Yves et Simone ne sont soudain plus à égalité. C'est ce que remarque en tout cas Lena Pepitone : « Yves Montand forme avec Simone Signoret un couple étrange : elle est plus âgée que lui (sic), sans aucun charme (sic), assez corpulente, très peu maquillée, sous des cheveux courts et blonds. » Sa description terrible est discutable, mais elle n'est pas sans intérêt. L'image du couple Montand et Signoret change. Pour certains, il y a Montand encore jeune et beau et Simone, l'intellectuelle, qui a moins bien vieilli. Mais cette image est encore peu répandue. Pour le moment Simone est encore dans la lumière – elle va connaître quelques mois plus tard une gloire internationale –, et Montand ne souffre pas d'avoir à ses côtés une épouse dont la beauté est moins éclatante.

La découverte du continent américain, Montréal, Toronto, ne les surprend pas ; c'est un peu de France qu'ils y retrouvent. Il reste à découvrir Los Angeles, Hollywood. L'accueil en ce mois de novembre 1959 est grandiose. Montand et Signoret, invités d'honneur de Kirk et Anne Douglas – Mme Anne Douglas est française –, sont fêtés comme des stars. Les invités de Richard Nixon, qui reçoit dans une propriété voisine, désertent la réception pour venir voir les deux Français. Après New York, c'est le Tout-Hollywood qui les intronise. Richard Burton,

1. Lena Pepitone, William Stadiem et Maurice Hakim, *Marilyn Monroe secrète*, Pygmalion, 1979.

George Cukor, Kim Novak, Judy Garland, Walt Disney font partie de la distribution. Entre galas et interviews, Montand n'a pas une minute pour lui, Simone reste à ses côtés. Elle n'a pas encore flâné sur Walk of fame, ni visité les boutiques de Rodeo Drive quand le départ pour San Francisco est demandé… Simone suit Montand, qui passe de récitals en répétitions et de répétitions en récitals. Très vite le couple fait donc un crochet par San Francisco, où Montand doit se produire à partir du lundi 16 novembre pour une semaine au Geary Theater. Simone participe de son côté à quelques interviews, dont la plus importante est celle accordée à Ed Murrow[1] pour *Small World*. Son nom commence à circuler pour les oscars. Simone Signoret s'offre le luxe de refuser les propositions qui lui parviennent. Elles sont nombreuses : une adaptation du *Lion* de Joseph Kessel avec William Holden, le rôle titre dans *Justine* de Laurence Durell – le film sera finalement tourné en 1968 sous la direction de George Cukor avec Anouk Aimée –, Elia Kazan la demande pour une nouvelle adaptation de *Chéri*. Même George Cukor la contacte. Simone dit non à tous, même à Cukor. Mais oui pour Montand. Car la Twentieth Century Fox, par l'intermédiaire de Spyros Skouras, producteur exécutif, propose à Yves Montand de jouer aux côtés de Marilyn Monroe sous la direction du célèbre metteur en scène George Cukor. La tournée au Japon est annulée, l'année 1959 s'achève dans une agitation inhabituelle. Le couple regagne à la hâte Los Angeles, plus précisément les bungalows du Beverly Hills Hotel.

Le Beverly Hills Hotel, encore un endroit qui ne va pas tarder à entrer dans la légende du couple. À quelques mètres de l'agitation de Rodeo Drive, en venant de la mer par le boulevard le plus mythique du cinéma, Sunset Boulevard, le boulevard du crépuscule, au pied des montagnes de Beverly Hills. L'hôtel du même nom ne peut pas échapper à la vue avec sa façade rose, inspirée de la Renaissance italienne, qui lui vaut le surnom

1. Voir lexique.

de « Pink Palace ». Derrière l'hôtel, les fameux bungalows sont plus recherchés que le bâtiment principal. Le terme peut paraître trompeur, on n'est pas dans un club de vacances. Une trentaine d'habitations au confort américain avec kitchenette entièrement équipée, cheminée à gaz, meublées et décorées avec goût et esprit européen, fauteuils confortables, *king size beds* recouverts de couvre-lits à grosses fleurs, gravures vénitiennes aux murs. L'ensemble est disséminé dans un jardin tropical rempli d'orangers, de séquoias, de palmiers dont on jurerait qu'il est naturel. L'hôtel a été rénové en 1994, il a gardé cette atmosphère de jardin d'Éden où le temps semble s'être arrêté. Les bungalows sont divisés en quatre appartements, deux à l'étage, deux au rez-de-chaussée. Les numérotations ont été bouleversées par les travaux, mais les n° 20 et 21 où vont loger Yves Montand et Simone Signoret d'un côté, et Arthur Miller et Marilyn Monroe de l'autre, hasard ou destin, sont restés à la même place. Marilyn et Miller n'arriveront qu'en janvier 1960 quand tous les détails de l'opération seront mis en place. Simone Signoret y lit le script de *Let's Make Love* (*Le Milliardaire*) proposé à Montand, et tous deux donnent leur accord à Spyros Skouras pour la participation du chanteur. C'est dans l'euphorie de ce qui leur arrive que le couple fête la Saint-Sylvestre 1959. À minuit, célébrant le passage à une nouvelle décennie qui s'annonce bien, Simone est dans les bras de Gary Cooper, trois ans plus tôt elle embrassait Khrouchtchev au Kremlin.

Dans la deuxième semaine de janvier 1960, Marilyn donne à la Fox une réception en l'honneur d'Yves Montand. Elle porte alors un toast à la santé de son hôte, la légende veut qu'elle ait alors déclaré : « Montand est l'homme le plus séduisant que j'aie rencontré à l'exception de mon mari et de Marlon Brando[1]. » Si la légende ne ment pas, la réponse d'Yves Montand ne fut pas tout à fait dans le même registre : « Tout

1. *Tu vois, je n'ai pas oublié*, *op. cit.*

ce qu'elle fait est original, même se lever pour dire bonjour. Elle se concentre avec une force inouïe. Travailler dur, recommencer les mêmes scènes encore et encore, jusqu'à la perfection ! Elle m'aide et moi aussi j'essaie de l'aider. » Paroles chaleureuses certes, mais ne laissant pas de place à l'ambiguïté.

L'histoire commence comme une banale histoire de relations de voisinage. La renommée des protagonistes et le hasard des calendriers vont changer le scénario. Les acteurs sont connus, ils vont deux par deux : l'actrice la plus sexy du monde, Marilyn, est accompagnée de son mari, un des plus célèbres dramaturges de l'époque, Arthur Miller ; le *French lover* Yves Montand et son épouse Simone Signoret. Miller et Signoret sont censés faire de la figuration, ils accompagnent leurs conjoints respectifs qui eux sont embarqués dans l'aventure d'un film : *Le Milliardaire*, dont le titre anglais *Let's Make Love* paraîtra avec le recul prémonitoire. Le scénario n'est pas un modèle d'exigence : le milliardaire est un industriel français du nom de Jean-Marc Clément. À la suite d'un quiproquo, il est engagé comme doublure par une troupe de théâtre pour jouer dans une revue musicale une caricature de lui-même. La vedette du spectacle, c'est Marilyn, dont le milliardaire va tomber amoureux. Pour la séduire, il est prêt à tout acheter, le théâtre, le spectacle. Elle sera finalement conquise par les qualités humaines cachées de ce monstre froid. Une histoire très morale pas forcément grandiose. Pour Yves Montand c'est l'occasion d'une carrière internationale, de son côté Marilyn rêve toujours désespérément d'un vrai rôle de comédienne. Simone et Yves découvrent la vraie Marilyn qu'ils avaient déjà aperçue à Sutton Place. Une jeune femme pleine de doutes, enfantine, capricieuse, dégageant une tristesse sans fond. Entre Montand et elle s'installe une franche complicité de camarades issus des mêmes milieux avec les mêmes ambitions et les mêmes craintes de ne pas être à la hauteur. Simone materne Marilyn, qu'elle trouve gentille, et Marilyn respecte cette grande sœur qu'elle trouve si intelligente et cultivée. Le désir de Marilyn d'étendre ses connaissances se trouve assouvi avec Simone. Il y a peut-être un peu de jalousie à son égard, mais elle est balayée par la joie de vivre qui règne entre les quatre amis. Ce qui est sûr, c'est que Marilyn, qui rêve d'être reconnue, peut envier Simone en cette fin du mois de février 1960. Tout semble réussir à l'actrice française : son époux triomphe en Amérique, et la liste des oscars qui vient d'être publiée la consacre. Le 22 février 1960, elle est parmi les cinq meilleures actrices sélectionnées. Elizabeth Taylor, nommée pour la troisième fois consécutive, concourt pour sa prestation dans *Soudain l'été dernier*, de Joseph L. Mankiewicz. Katharine Hepburn, qui a déjà eu un oscar, est sélectionnée pour le même film. Audrey Hepburn [1] pour *Au risque de se perdre* [2] de Fred Zinnemann et Doris Day pour *Confidences sur l'oreiller* de Michael Gordon [3] sont ses deux autres concurrentes. Simone Signoret, dernière de la liste dans l'ordre alphabétique, est choisie pour son interprétation d'Alice Aisgill dans *Les Chemins de la haute ville*. Deux mille cinq cents professionnels ont établi cette première sélection, ils seront deux cent cinquante mille à voter pour le second tour, celui qui décide à qui sera attribuée la statuette dorée, récompense suprême. Une actrice française concourant pour les oscars, c'est déjà un événement. Pour sa prestation dans un film étranger, anglais en l'occurrence, c'est encore plus rare. Quand en plus, la comédienne sélectionnée a été longtemps interdite de séjour sur le territoire, il y a un symbole. En mars, Marilyn recevra le Golden Globe décerné par la presse étrangère en tant que meilleure actrice de comédie pour *Certains l'aiment chaud*. La comparaison est cruelle, la récompense sans commune mesure. L'oscar seul est un prix auquel les comédiennes attachent une importance.

1. Déjà oscarisée pour *Vacances romaines* de William Wyler.

2. Le film est l'adaptation d'un best-seller de la littérature qui raconte l'histoire d'une religieuse belge qui demande à être relevée de ses vœux pour s'engager dans la Résistance.

3. Elle partage l'affiche de cette sympathique comédie américaine avec Rock Hudson.

C'est un événement chez les Montand-Signoret, mais il est vite mis en sourdine par une autre nouvelle : la grève du syndicat des acteurs qui s'unit aux auteurs, déjà en grève contre les producteurs et les studios, paralyse le tournage de *Let's Make Love*. L'enjeu pour les syndicats est le paiement d'un supplément de salaire aux acteurs et aux écrivains dont les films passent à la télévision, rapportant ainsi d'énormes bénéfices aux studios. Le tournage est suspendu. Les couples se rapprochent dans l'oisiveté. C'est de cette époque que datent les clichés si connus pris dans les bungalows du Beverly Hills où l'on voit Simone et Marilyn préparant des petits plats.

Rien que de très quotidien si les protagonistes n'avaient pas cette renommée. Marilyn a trouvé dans la chaleur que lui témoignent les deux Français une compréhension que n'a peut-être plus Arthur Miller à son égard. Simone, entre deux tournages, fait des journées de flânerie à Beverly Hills, tandis qu'Yves continue à se perfectionner en anglais et s'acharne à apprendre les dialogues de ce scénario sans humour et pas très réussi. La grève s'éternise et Miller décide de retourner à New York pour mettre une touche finale au scénario des *Misfits*, cadeau qu'il veut offrir à sa femme. À la fin du mois de mars, les deux couples se séparent et Montand et Signoret se retrouvent face à face. La parenthèse est refermée. Marilyn est oubliée.

L'urgence est à la préparation de la grande fête des oscars. Un investissement commun du couple, car Simone est bien sûr la vedette principale, nominée sur la liste, mais Yves Montand a décroché un rôle secondaire, Vincente Minnelli, le grand metteur en scène de la soirée a en effet demandé au chanteur français d'interpréter deux chansons. La gloire vient les couronner ensemble sur le sol américain.

Pour les habitants de Hollywood, ces soirs d'oscars ont tous le même parfum d'exception. Los Angeles s'illumine, la ville se pare de tous ses atours, les limousines défilent devant le Grauman's Chinese Theater, d'où descendent les invités privilégiés, les hommes en smoking, les femmes en robe du soir, préparées de longue date par un couturier tenu au secret. Les correspondants de la planète sont massés sur Sunset Boulevard. Ce 4 avril 1960 au soir, Simone et Yves font leur entrée aux oscars par la grande porte. Simone en robe décolletée de plumetis noir a le trac des nominées, doublé du trac de la groupie. Pour eux deux le moment est particulier. C'est Fred Astaire qui appelle Montand sur la scène, lequel imite le grand danseur dans *Un garçon dansait* puis enchaîne *À Paris* avant de retourner en coulisse. Vincente Minnelli lui demande de regagner sa place, mais le superstitieux Yves Montand veut rester derrière la scène pour y attendre Simone, tant il est sûr qu'elle va gagner. Au moment où Rock Hudson ouvre l'enveloppe et prononce la célèbre formule : « *The winner is...* » suivi de « Simone Signoret », Simone est seule face à son émotion. Montand n'est pas là pour la retenir. Elle vacille, Simone, elle se retourne vers la salle puisqu'il n'y a pas son mari pour soutenir sa joie. Le tourbillon. Mais la force de Signoret est là. Le texte préparé sera dit en anglais, sans hésitation, avec seulement une pointe d'émotion bien légitime [1]. La surprise, le choc. En coulisse Yves est en larmes, fier et heureux pour sa femme. Il y a de quoi ! Simone Signoret a triomphé, comme *Ben Hur* [2], des sorcières américaines. L'oscar fait d'elle une star internationale.

Simone Signoret a longtemps été la seule actrice française à avoir reçu la statuette tant convoitée pour un film étranger, elle a été rejointe par Juliette Binoche pour *Le Patient anglais* et par Marion Cotillard pour *La Môme*. Surtout la récompense vient

1. En voici la traduction : « Je ne peux rien dire, je vous remercie beaucoup. Vous ne pouvez pas imaginer ce que cela représente pour moi qui suis française, vous ne pouvez l'imaginer. Merci, merci, beaucoup. »

2. Oscar du meilleur film. William Wyler est également récompensé en tant que réalisateur du film, comme c'est la règle depuis 1957. Charlton Heston, l'acteur principal, reçoit l'oscar du meilleur comédien. Les Français sont particulièrement à l'honneur cette année-là avec l'oscar du meilleur film étranger pour *Orfeu Negro* de Marcel Camus, déjà Palme d'or à Cannes 1959, et celui du meilleur court-métrage pour *Histoire d'un poisson rouge* d'Édmond Sechan.

d'un pays qui l'a boudée, lui refusant pendant plusieurs années l'entrée sur son territoire. Lucide, Simone Signoret ne manquera pas de le rappeler : « Quand j'ai eu l'oscar… je n'ai pas été complètement dupe du symbole que cela représentait. Les Américains voulaient se prouver à eux-mêmes que McCarthy était bien mort. C'était une façon de dire : nous, les acteurs, les metteurs en scène, enfin les gens qui fabriquent le cinéma américain, on se permet de donner un oscar à cette femme qui vient d'ailleurs et qui plus est a été mise à l'index pendant longtemps… Je ne veux pas dire que je ne le méritais pas cet oscar, j'étais bien dans le film. Mais les autres n'étaient pas mal non plus. Leur geste donc a été une manière d'affirmer leur totale liberté[1]. » La presse française ne fait aucune allusion à la politique, elle salue le triomphe de l'actrice que le plus passionné des fans, son mari, selon *Paris Match*, partage. La soirée des vainqueurs se déroule dans les somptueux salons du Beverly Wilshire, le palace concurrent du Beverly Hills situé près de Rodeo Drive au centre de la ville, aucun nuage ne vient assombrir la fête. Une absente de marque cependant, la voisine, la partenaire de Montand : Marilyn, éternelle oubliée des professionnels, n'a pas le cœur à se réjouir pour sa copine française. Ces moments-là lui rappellent trop son impuissance à se faire reconnaître par le monde du cinéma. Sait-elle alors qu'elle va prendre sa revanche sur un autre terrain ? En tout cas, les lendemains de fête vont se révéler douloureux.

Le tournage de *Let's Make Love* peut redémarrer maintenant que les syndicats ont décidé la reprise du travail. Mais beaucoup de retard a été pris sur le calendrier des événements. Simone est obligée de quitter Hollywood pour Rome, en mai, où l'attendent son partenaire Marcello Mastroianni et le metteur en scène Antonio Pietrangeli pour tourner *Adua et ses compagnes*. Il y a plus exaltant pour une oscarisée qu'un petit film italien, mais le contrat signé depuis longtemps doit être honoré. Il serait faux

1. *Le Nouvel Observateur*, le 27 mars 1982.

d'imaginer une Simone Signoret inquiète à l'idée de laisser son mari seul avec la blonde la plus sexy de Hollywood. Montand et Marilyn, en ce printemps de 1960, ne cherchent pas par tous les moyens à se retrouver en tête à tête. La solitude soudaine des deux acteurs va cependant être fatale. Il semble bien établi que Marilyn a fait les premiers pas. Avant de partir un week-end à Reno dans le Nevada avec Miller en repérage pour *Misfits*, elle glisse à Montand en anglais : « *I'll miss you.* [1] » L'acteur comprend encore mal l'anglais, il doit demander la signification des mots à un ami. La liaison, puisqu'il faut l'appeler ainsi, débute donc fin avril. La presse à scandales se déchaîne, l'affaire passionne les échotiers et les rédacteurs en chef qui y voient vite un feuilleton juteux. *Paris Match* et *France Dimanche* prennent le relais français de *Life* et de publications moins prestigieuses outre-Atlantique.

La production du film dont le succès est loin d'être assuré n'a rien à perdre à ce genre de publicité. Simone est à Rome, au pays des paparazzi, où elle est vite rattrapée par la nouvelle. Elle demande des explications à Montand seul à seul. Sur l'affaire ils feront front, ils nieront, opposeront aux ragots et aux questions la loi du silence. Yves Montand doit débarquer à Orly le 1er juillet 1960. Des centaines de reporters et photographes sont au rendez-vous. Leur espoir : assister aux retrouvailles entre le *French lover* et son épouse, mais malheureusement pour eux Simone Signoret n'est pas là. Ils n'ont pas affaire à des débutants en matière de communication. Pas question pour Simone d'offrir la primeur d'un événement privé à la presse. Encore moins de donner l'occasion à Yves Montand d'apparaître comme celui dont on attend le retour. Simone ne rentrera d'Italie qu'après son mari comme si rien ne s'était passé.

Plus de quinze ans après, Simone Signoret reviendra sur une histoire qu'elle s'était toujours refusée à commenter. « Elle n'aura jamais su combien je ne l'ai jamais détestée, et comme j'avais

1. *Tu vois, je n'ai pas oublié*, *op. cit.*

bien compris cette histoire qui ne regardait que nous quatre et dont le monde entier s'est occupé dans un temps troublé où il se passait pourtant des choses plus importantes.[1] » Simone efface, avec ses mots à elle, l'aventure. Elle n'est plus la femme trompée, mais une femme au-dessus des autres. Le drame finalement assez quotidien de sa vie privée la rapproche des autres femmes trahies, même si le trio des protagonistes sublime le tableau. Être trompée avec la plus belle femme du monde, c'est à la fois une douleur que personne ne peut sans doute juger, c'est aussi quelque part une marque d'exception. Simone, dans les quelques phrases qu'elle consacre dans ses mémoires à cet épisode, restera dans un flou pudique, se donnant le beau rôle de décrire une Marilyn à la fois merveilleuse et perdue, sans jamais préciser les détails de l'affaire, ni évoquer le chagrin qui avait pu être le sien. Jusqu'à sa mort l'histoire ne sera jamais avouée, racontée, reconnue. Ainsi, sa revanche consistait à s'approprier l'histoire des relations avec Marilyn, enlevant à Montand jusqu'au souvenir de son idylle d'un printemps. Ce qui peut expliquer que l'acteur ait tenu à raconter après la mort de Simone la vraie histoire de son aventure avec Marilyn, en tout cas sa vérité à lui[2].

---

1. *La Nostalgie n'est plus ce qu'elle était*, *op. cit.*

2. Ce qu'il fera avec force détails dans les confidences qu'ont recueillies Hervé Hamon et Patrick Rotman pour *Tu vois, je n'ai pas oublié*. Benjamin Castaldi rapportera plus tard dans son livre, *Maintenant, il faudra tout se dire* (Albin Michel, 2004), un échange assez peu élégant entre son beau-grand-père et lui-même au sujet de la blonde la plus sexy de Hollywood :

« Et c'était comment ?

– Elle n'était pas bien foutue, elle avait de beaux seins mais le reste n'était pas terrible.

– Tu étais amoureux ?

– Non, je n'étais pas amoureux d'elle, en même temps cette histoire m'avait tourné la tête. »

Dragées au poivre

Entre elle et moi maintenant, c'est plus profond qu'une nuit d'amour.

Yves MONTAND

« Croyez-moi, la quarantaine, ce n'est pas quelque chose qu'on attrape comme une maladie, ce n'est pas la débâcle. Si les vingt ans qui précèdent ont été remplis de vie, avec de la joie et de l'amour et des larmes, alors se réveiller tout à coup à quarante ans doit être une terrible expérience pour une femme. Mais si ces années ont été remplies jusqu'à plein bord, alors ce n'est rien du tout et certainement pas fatal. Trop de femmes semblent croire que c'est l'âge où on doit déposer les armes. Parce que c'est la guerre entre hommes et femmes. Mais moi je n'ai jamais appartenu à ce genre d'armée, je suis déserteur [...]. Les gens veulent vivre sans histoires, propres, aseptisés, tout vidés. Jamais rien de déplaisant. Du coup, ils ratent tant de choses. C'est merveilleux d'avoir des problèmes. Ça forme[1]. »

En 1961, Simone Signoret a quarante ans. Un cap à franchir.

1. En mars 1966, lors du tournage du film de Sidney Lumet, *M15 demande protection*, répondant à une interview de Roderick Mann à Londres, citée par Joëlle Monserrat, dans *Simone Signoret, op. cit.*

Ces propos tenus cinq ans plus tard sont troublants de sérénité et d'orgueil mêlés. Simone Signoret dit renoncer au combat entre hommes et femmes. Les disputes conjugales et la compétition constante qu'ils s'imposent démontreraient pourtant le contraire. Pour justifier son acceptation des incartades de son homme, et surtout de l'affaire Marilyn, elle se dit « déserteur », presque complice de la faiblesse masculine. Son indulgence n'est-elle pas feinte ? Facilitée en tout cas par les derniers événements. Elle sait que si Montand est revenu, c'est pour longtemps et qu'ils ont réussi à éviter la rupture. Ce nouvel équilibre va tenir. Ils ne sont plus comme avant deux amoureux fous mais fragiles. Ils sont unis parce qu'ils ont décidé de demeurer ensemble, côte à côte. « Entre elle et moi maintenant c'est plus profond qu'une nuit d'amour[1] », confiera Montand en 1966. Malgré ce lien ressoudé, leurs chemins sont quelquefois parallèles, ils ratent des occasions de rencontre. Plus ou moins volontairement. L'affaire algérienne est un bon exemple de leur nouveau mode de relation. Il est surtout symbolique de l'indépendance nouvelle de Simone.

À part la signature en septembre 1960 du manifeste des 121, l'implication de Simone Signoret dans ce qu'on appelait à l'époque « l'affaire algérienne » est peu connue du grand public. Or en 1960, les « événements » durent depuis six ans. L'engagement de Simone Signoret dans ce domaine a été limité, et elle en a d'ailleurs minimisé elle-même l'importance, en occultant ce pan de sa mémoire dans *La Nostalgie*. Elle confirme que le problème algérien ne la soucie pas beaucoup en 1959, car elle prépare son départ aux États-Unis avec Montand. Elle mentionne simplement l'achat, chez un libraire d'Ostende, de trois exemplaires de *La Question*, ouvrage de Henri Alleg, publié aux Éditions de Minuit en 1958 et interdit par la censure en France, qu'elle lit et fait circuler parmi ses connaissances. Elle conclut sans illusions : « C'était peu, mais c'était mieux que rien. » Le

1. *Elle*, décembre 1966.

véritable engagement militant se produit en 1960 avec la diffusion, le 6 septembre, du manifeste des 121, le lendemain de l'ouverture du procès du réseau d'aide au FLN animé par Francis Jeanson. Les « porteurs de valise » sont condamnés par tous les grands partis, le scandale de l'aide effective à l'ennemi – y compris pour collaborer à la préparation d'attentats – suscite une vaste réprobation dans la presse et l'opinion publique. L'appel des 121 a circulé tout l'été précédent, contrairement à ce qui se produit à notre époque où les signatures sont collectées par téléphone ou mail en quelques jours. Il s'intitule « Déclaration sur le droit à l'insoumission dans la guerre d'Algérie » et ce titre à lui seul cause un énorme scandale. C'est sans doute pour réparer son indifférence que Simone Signoret accueille avec empressement Claude Lanzmann, l'instigateur de la pétition. Elle manifeste ici sa solidarité à des individus dont elle ne partage pas tous les points de vue, attitude commune à de nombreux signataires. Hervé Hamon et Patrick Rotman [1] relèvent que bien des personnalités de gauche se sont abstenues : Claude Bourdet, Gilles Martinet et toute la direction politique de *France Observateur* : Jean-Jacques Servan-Schreiber, Jean Daniel, Claude Estier, Jean Lacouture, ainsi que l'équipe du *Monde*. L'appel des 121 fait aussi peur aux partis traditionnels, parce qu'il les ignore. Apposer sa signature au bas d'un tel texte est un acte courageux et grave. Les fonctionnaires subissent une répression sévère, mais le monde du spectacle fait aussi l'objet d'une chasse aux sorcières, et Hervé Hamon et Patrick Rotman évoquent à juste titre « l'atmosphère maccarthyste qui s'abat alors sur la France ». L'accès à la télévision et à la radio d'État est désormais refusé à Roger Blin, Danièle Delorme ou Catherine Sauvage. Il est même interdit pendant deux ans de citer les noms des signataires et par conséquent de diffuser leurs œuvres antérieures. Le préjudice pour certains est considérable.

1. Hervé Hamon, Patrick Rotman, *Les Porteurs de valise : la résistance française à la guerre d'Algérie*, Albin Michel, 1979.

Beaucoup de signataires sont chassés des plateaux et voient leurs contrats résiliés. Les scènes de théâtres subventionnés sont interdites aux pétitionnaires. Simone Signoret justifie sa position dans une interview à *L'Express* le 15 septembre 1961, elle confie à Madeleine Chapsal sa détermination : « Je sais que je vais à la rencontre d'ennuis et de publicité dont je me serais bien passée... J'ai bien réfléchi, pesé le pour et le contre. » *Paris-Presse*, dramatique comme sait l'être la presse populaire, donne le ton du climat : « Jean-Paul Sartre, Simone Signoret et cent autres risquent cinq ans de prison », titre le journal le 8 septembre 1960. Le 29 septembre, *Libération* évoque les « hargneuses représailles gouvernementales ».

Après un certain passage à vide dans sa carrière, Simone Signoret, auréolée de son oscar, ne dédaigne pas de montrer ainsi à tous qu'elle n'est décidément pas une vedette conformiste. Encouragée par la présence de ses amis à ses côtés, elle s'est engagée dans un domaine nouveau pour elle et plein d'écueils : la politique intérieure. Plus révélateur des temps nouveaux : Yves Montand n'est pas associé à son engagement. Il est toujours à Los Angeles et Simone n'a pas réussi à le joindre. Pas réussi ou pas voulu, pas pu, l'histoire ne le dira pas. Yves Montand en tout cas est vexé de n'avoir pas pu participer au combat et s'empresse de réparer l'erreur politique en refusant de participer aux programmes de fin d'année sur les chaînes publiques. L'absence de Montand parmi les signataires est cependant commentée abondamment dans les milieux de gauche. On salue d'autant plus le courage de Simone Signoret. Les difficultés de notoriété publique qu'elle a dû affronter dans sa vie privée renforcent son aura. Simone Signoret devient malgré elle une héroïne populaire.

Elle reprend le cinéma. Après *Adua et ses compagnes*, Simone Signoret tourne le premier film d'un cinéaste ami : François Leterrier. Ce jeune philosophe, ancien assistant d'Yves Allégret, a aussi été comédien, il a joué en particulier dans *Un condamné à mort s'est échappé* de Robert Bresson dont il admire le style. Il choisit pour ses premiers pas de réalisateur d'adapter son roman, *Les Mauvais Coups*. Simone Signoret en interprète le personnage principal. C'est un rôle difficile, celui d'une femme trompée par son mari, ancien coureur automobile à la retraite et grand séducteur. Roberte noie dans l'alcool sa peur de vieillir et son angoisse de l'abandon. Simone Signoret ne sort pas grandie de ce rôle sombre et assez peu apprécié. Paul-Louis Thirard des *Lettres françaises* écrira pourtant : « Simone, sarcastique, ivre et déchirée » trouve avec ces *Mauvais Coups* un de ses meilleurs rôles. Le film qui ne figure pas au palmarès des meilleurs films de l'actrice offre de troublantes similitudes avec sa propre actualité. Un des techniciens des *Mauvais Coups* raconte combien il a été surpris par l'attitude de Simone Signoret, qui pendant les extérieurs paraissait vivre et se comporter d'une façon absolument opposée à son intérêt, buvant et mangeant trop, sans souci d'une ligne qui « n'a plus à être celle d'une adolescente mais doit rester celle d'une femme désirable ». Il ne s'agit pas pourtant d'une composition à la Robert de Niro, d'une identification poussée au rôle. Catherine Allégret, avare de ce genre de confidences, racontera à son tour : « *Les Mauvais Coups*, c'est le film de maman que je n'aime pas du tout. Pour moi c'est un film très pénible à voir car il me rappelle trop de mauvais souvenirs ; il correspond trop à une réalité [1]. » On n'en saura pas plus, il n'est pas difficile d'imaginer un Montand de plus en plus attiré par les aventures extraconjugales, il a quarante ans, une silhouette de jeune homme et un charme qui opère facilement. On imagine difficilement une Simone complice. Malgré le discours public, elle souffre de vieillir plus vite que son mari. Elle souffre de ne plus être l'unique objet de ses attentions. La dignité de son attitude publique depuis l'affaire Marilyn force l'admiration, mais se comporter à tout instant en grande personne – l'expression est de Montand – coûte parfois beaucoup. Simone a du mal à faire face et se met à boire. Ce n'est encore que de l'alcoolisme

1. Entretien de Catherine Allégret avec l'auteur, mai 1988.

mondain, un scotch de temps en temps, mais le pli est pris. Ce sujet, tabou s'il en est, Simone Signoret l'abordera pourtant au hasard d'une longue interview accordée à Pierre Démeron pour *Marie-Claire* en septembre 1979 : « L'alcoolisme commence toujours par le besoin de quelque chose, de communiquer, de se donner du cœur au ventre pour se mettre à l'ouvrage… Je ne vais pas vous raconter *L'Assommoir*, on trinque et on s'habitue. Le premier verre de scotch que j'ai bu, c'était à la fin d'un jour de tournage en Angleterre. J'ai trouvé que cela avait le goût de la punaise. J'ai dû m'y habituer. C'est vrai que c'est pas bien, mais c'est bon ! »

Les Mauvais Coups comme *Adua* sortent au printemps 1961, entre-temps Simone Signoret participe à quelques autres aventures cinématographiques. Un sketch dans *Les Amours célèbres* de Michel Boisrond pour lequel elle joue une demi-mondaine, puis elle tourne *Le Verdict* sous la direction de Peter Glenville à qui elle doit *Les Chemins de la haute ville. Le Verdict*, malgré la présence de Laurence Olivier, est un échec public.

Le film marquant de la période qui suit l'oscar est assurément celui que lui propose en 1962 René Clément, *Le Jour et l'Heure*. C'est leur premier contact professionnel, même s'ils ont fréquenté les mêmes lieux pendant l'Occupation. *Le Jour et l'Heure* est un film sur la guerre comme sait en faire l'auteur de *Jeux interdits* et d'*Un barrage contre le Pacifique*, mais surtout il offre un vrai rôle de femme à Simone Signoret. Elle doit y incarner Thérèse, une grande bourgeoise qui vit la guerre murée dans son égoïsme, affichant une indifférence constante, jusqu'au jour où un aviateur américain atterrit dans sa vie et lui demande de l'aider. De bourgeoise endormie elle se transforme en héroïne. C'est un rôle qui convient à Simone Signoret, inscrit dans une époque qu'elle a traversée avec insouciance, mais dont elle a toujours dit qu'elle l'avait formée, marquée pour la vie. *Le Jour et l'Heure*, écrit René Clément, « c'est l'aventure d'une femme qui, se trouvant au tournant décisif de son existence, entre dans une phase pleine de périls parce que la période où elle vit cette expérience est peut-être faite pour lui permettre de se révéler totalement ; c'est le jour et l'heure où cette femme décide de passer du oui au non, de l'attentisme à l'engagement [1] ».

Deux ans ont passé depuis l'oscar. Malgré *Le Jour et l'Heure*, Simone n'a pas trouvé le grand rôle populaire qui la consacrera. Depuis *Thérèse Raquin* elle n'a pas eu de rôle marquant le grand public. Il est vrai que depuis que l'orage Marilyn a passé, elle a repris sa place de groupie. Elle suit Montand début 1962 au Japon, puis en Angleterre. Sans doute parce que le cinéma ne lui apporte pas totale satisfaction, un peu par défi personnel, Simone Signoret se décide, à cette période, à prendre la plume. Il ne s'agit pas encore d'une production personnelle, mais seulement d'une traduction. Simone est assez intelligente pour ne pas se lancer dans des aventures qui la mèneraient à l'échec. L'actrice choisit *Les Petits Renards*, une pièce de Lillian Hellman écrite en 1936 et qui a déjà inspiré William Wyler. Bette Davis en a interprété le rôle principal au cinéma dans un film intitulé *La Vipère*. La pièce de Lillian Hellman est une œuvre militante. L'action se situe au lendemain de la guerre de Sécession dans la petite bourgeoisie sudiste qui a pris le relais des aristocrates vaincus par le Nord. Cette classe montante, sans principes, est comparée par l'auteur à des petits renards pour lesquels tous les moyens sont bons pour réussir. La pièce a l'ambition de revisiter le mythe d'*Autant en emporte le vent*. En décembre 1962, au moment où Yves Montand investit une nouvelle fois le Théâtre de l'Étoile, elle affronte sans lui les planches du théâtre Sarah Bernhardt qui a supporté huit ans auparavant la tragédie des époux Proctor. Si Yves Montand n'est pas présent, la « famille » est au rendez-vous : Pierre Mondy assure la mise en scène, et la distribution comprend par ailleurs le fidèle Marcel Bozzuffi, le tout jeune Claude Berri, pas encore passé à la réalisation ni à la production, Suzanne Flon et Raymond Pellegrin. Pourtant bien entourée, Simone va connaître avec ce double défi de

1. *Le Monde*, 6 avril 1963, cité par Joëlle Monserrat dans *Simone Signoret*, *op. cit.*

comédienne traductrice un semi-échec. La traductrice s'est réservé le rôle de la monstrueuse Regina, avide de puissance et d'argent, totalement dépourvue d'humanité. Sa traduction n'emporte pas l'adhésion. Les critiques lui reprochent sa fidélité de débutante au texte original : « Son travail de copiste, consciencieux et sans valeur dramatique. » Bertrand Poirot-Delpech se montre définitif, le talent d'actrice de Simone Signoret a disparu, noyé par une traduction ampoulée : « Tout se passe comme si Simone Signoret traductrice et comédienne avait choisi ce drame d'un autre âge pour la seule leçon sociale qu'il contient. Ce parti expliquerait pourquoi elle semble parfois s'absenter avec mépris et laisse la part belle à l'innocente belle-sœur[1]. » L'interprétation ne rattrape pas les faiblesses de la traduction, elle ne fait que les renforcer. Lillian Hellman en personne, débarquée de New York, ne reconnaît pas sa pièce et repart consternée[2]. Simone Signoret admettra son erreur : « Je n'ai pas eu raison de jouer le rôle de Regina dans *Les Petits Renards*. J'avais une façon d'écouter les répliques qui n'avait rien à voir avec les regards qu'on doit accorder à son partenaire quand il vous parle. J'écoutais, je surveillais. Je ne voulais pas, en tout cas au début, qu'on abîme ma belle traduction[3]. » Pierre Mondy, le metteur en scène, malgré l'admiration qu'il porte à la comédienne, avance une autre explication : « Simone ne savait pas faire deux choses à la fois. Au moment où on aurait dû avoir le théâtre du Gymnase qui était un petit théâtre, elle tournait *Le Jour et l'Heure*. Et quand Marie Bell [N.d.A. : directrice du théâtre] essayait de la joindre, elle était aux abonnés absents. Le temps a passé, on a perdu le théâtre et on a dû jouer à Sarah Bernhardt. Ce qui plaisait à Simone parce qu'elle

1. *Le Monde*, 7 décembre 1962.

2. Pierre Mondy raconte qu'il y a quelques années, ayant voulu remonter la pièce à Paris, il obtint l'accord des héritiers à condition qu'il ne s'agisse pas de la traduction de Simone Signoret ! Entretien de Pierre Mondy avec l'auteur, novembre 2004.

3. *La Nostalgie n'est plus ce qu'elle était*, *op. cit.*

pouvait s'y rendre à pied de la place Dauphine, mais c'était un théâtre de mille places, et autant Simone avait une fantastique présence à l'écran, autant le fait de couvrir une grande salle devenait un problème avec son défaut de prononciation. Son extraordinaire présence se diluait. Dans *Les Sorcières*, cela ne s'était pas senti, car le rôle d'Élizabeth Proctor était intérieur, rempli de mutisme. » Et il précise : « Ça n'était pas qu'elle jouait mal, à mon avis, ou qu'elle écoutait son texte, c'est simplement qu'il y avait un problème de puissance vocale. » On peut avancer une autre explication à cette interprétation ratée. Simone Signoret a sans doute choisi la pièce et la leçon sociale qu'elle contient, oubliant au passage « d'incarner » ce personnage odieux, cousin des rôles de sa jeunesse. Au résultat, cela se voit : « Elle ne domine pas le rôle, ce n'est pas la bête sournoise à l'affût. Elle est trop charnelle, plus lionne assoupie que renarde[1]. »

Cette expérience théâtrale lui apporte au moins de bons moments. Elle retrouve le plaisir de la vie de troupe et les enfantillages qui l'accompagnent. Suzanne Flon, sa partenaire dans la pièce, s'en souvenait avec précision : « Pour la centième, Michel Piccoli qui ne faisait pas partie de la distribution a surgi habillé en pasteur au milieu d'une scène que je partageais avec Simone. Il nous a forcées à intégrer son rôle dans le déroulement de la pièce. Ç'a été un grand moment. On était partagées entre la terreur et l'envie d'exploser de rire. C'est une pièce dans laquelle on a beaucoup ri. Simone était très gaie, elle participait à toutes ces bêtises de bon cœur. Je savais qu'elle traversait une période un peu difficile, mais elle n'en laissait rien paraître[2]. »

1. *L'Aurore*, 5 décembre 1962.

2. Entretien de Suzanne Flon avec l'auteur, novembre 1995. Suzanne Flon est morte en juin 2005.

L'Américain(e)

Je n'ai jamais été une star, je n'ai jamais lancé une mode ou un style. C'est miraculeux que je sois encore là, je m'épate qu'on me propose des scénarios. C'est comme une histoire d'amour : c'est stupéfiant qu'elle dure et il faut s'étonner qu'elle dure.

Simone SIGNORET

C'est une vie plus nomade, plus indépendante qui commence pour Simone Signoret en 1964, à quarante-trois ans. Elle poursuit une carrière ouverte sur l'étranger avec *Room at the Top*, *Le Verdict* et *Adua* en tournant son premier film sur le sol américain, *La Nef des fous*, avec un producteur-réalisateur indépendant : Stanley Kramer. Stanley Kramer est connu comme producteur notamment du *Train sifflera trois fois* de Fred Zinnemann. *La Nef des fous* est son deuxième film en tant que réalisateur. Il commence une carrière dans des genres très variés, allant de l'historique au burlesque. Le cinéaste a des convictions libérales déclarées, il vient de tourner *Judgement at Nuremberg*, film dans lequel il dénonce le nazisme sans éviter les clichés. Simone Signoret signe avec lui en connaissance de cause. *La Nef des fous* n'est pas un film politique au sens strict du terme, mais c'est un film à message. L'action se situe en 1933, dans un cargo allemand qui réunit des hommes et femmes de toutes nationalités et de tous horizons politiques unis dans la même détresse. Le film, tiré du roman de Katherine Anne Porter, est une cynique parabole de l'humanité. Simone Signoret interprète la Contessa, une riche Espagnole morphinomane, expulsée de Cuba puis déportée aux Canaries en raison de ses sympathies pour les pauvres et les démunis. Le médecin de bord incarné par le bel Oskar Werner va s'éprendre de cette femme étrange et hors du commun. Une distribution prestigieuse entoure Simone Signoret : Vivien Leigh qui trouve là son dernier rôle, Lee Marvin, José Ferrer, et Oskar Werner, l'inoubliable interprète de *Jules et Jim*, qui est son principal partenaire. Pour les besoins du tournage, Simone s'installe à nouveau au Beverly Hills Hotel. Ses amis sont ses partenaires du film : Lee Marvin d'abord, qui a le même âge qu'elle et qui n'arrive pas à se sortir des seconds rôles ; George Segal, lui, est plus jeune – né en 1934, il débute une carrière dans les rôles de looser – ; surtout, la grande Vivien Leigh se prend d'amitié pour la Française et l'invite aux fastueuses réceptions qu'elle organise. L'actrice est très malade et ses soirées sont aussi pathétiques que grandioses. Simone les a décrites avec tendresse : « À la lueur des candélabres, les repas cuisinés par un vrai cordon-bleu étaient servis par un maître d'hôtel qui n'était pas non plus un extra, tous deux étaient engagés pour la durée du film. Elle était aussi belle que du temps de Scarlett O'Hara, elle avait de cette ville des souvenirs fabuleux, elle s'y accrochait. En fin de soirée, la sono jouait le thème d'*Autant en emporte le vent*, ça la rendait triste, mais elle le faisait exprès. D'une heure à l'autre, elle était pétillante ou désespérée. Elle était très malade [1]. » Plus gais sont les souvenirs des balades avec Katharine Hepburn. Simone sympathise avec l'actrice qu'elle a battue aux oscars, et dont les combats antimaccarthystes ont suscité toute son admiration.

La politique n'est pas absente du séjour. En 1964, les Américains doivent voter pour élire un nouveau président. Johnson

1. *La Nostalgie n'est plus ce qu'elle était, op. cit.*

est à la tête de la démocratie américaine depuis l'assassinat de John Kennedy, il a un concurrent sérieux en la personne de Barry Goldwater. Les Américains libéraux qui entourent Simone Signoret militent tous contre ce candidat du parti républicain qui prône un retour au passé et dont certaines thèses paraissent ultraréactionnaires. Johnson n'est pas le candidat idéal, mais son projet de « grande société » prolonge celui de « nouvelle frontière » cher aux supporters de Kennedy. Ce sont des démocrates convaincus et fidèles qui attachent de l'importance à le montrer par des petits signes symboliques. Simone Signoret est sensible à ces gestes : « Les gens avec lesquels je travaillais ne mangeaient jamais dans un restaurant qui n'arborait pas un portrait de Kennedy[1]. » Simone est familière de ces attitudes sentimentales qui ont marqué son enfance. Elle a gardé en mémoire, comme un symbole d'intégrité, le geste de sa mère rapportant, au début des années trente, une brosse à dents chez le marchand parce qu'elle avait découvert qu'elle était « *Made in Japan* » et qu'elle ne souhaitait en aucun cas et d'aucune manière manifester son approbation du pacte *anti-Komintern* qui réunissait à l'époque les Japonais, les Italiens et l'Allemagne nazie contre les Alliés[2]. À Los Angeles, elle retrouve donc une famille de pensée.

La Nef des fous, qui sera un bide en France, est reçu comme un grand film à Hollywood. En février 1966, il se retrouvera dans la course aux oscars. Avec cinq nominations principales : meilleur film, meilleur scénario, meilleur interprète masculin et meilleur second rôle masculin. Simone Signoret pour la deuxième fois est nommée dans la catégorie meilleure actrice. Elle laissera cette fois la statuette à une concurrente, actrice européenne comme elle, la comédienne anglaise Julie Christie, touchante interprète de *Docteur Jivago* nommée pour *Darling*

1. *Ibid.*

2. Anecdote rapportée par Simone dans *La Nostalgie n'est plus ce qu'elle était*, *op. cit.*

de John Schlesinger[1]. La légèreté de *La Mélodie du bonheur* est préférée à l'univers noir de *La Nef des fous*, le film n'obtient que des récompenses techniques. Avant même l'annonce de la nomination aux oscars, le succès de *La Nef des fous* apporte à Simone une autre proposition américaine ; elle vient de la télévision, une expérience nouvelle pour l'actrice. Stuart Rosenberg lui offre d'être à l'automne 1964 la vedette d'un téléfilm ambitieux : *A Small Rebellion*. Ce téléfilm met en scène un jeune auteur et une actrice célèbre qui dialoguent sur leurs rôles et la création. Un bon choix, puisque son interprétation séduit les professionnels de la télévision qui lui décernent l'Emmy Award, l'oscar de la télévision. Nous sommes alors en 1965, l'Amérique bouge. La nation américaine qui se croit toute-puissante connaît de plus en plus de fissures. Les Noirs multiplient les manifestations, les réformes généreuses de Johnson font prendre conscience au plus grand nombre d'entre eux de l'inégalité de leur condition. La rumeur des émeutes de Watts parvient jusqu'en France. *Paris Match* consacre sa une et quinze pages de documents photos, le 28 août 1965, à la révolte de Los Angeles.

À l'origine des émeutes de ce ghetto, un soulèvement de la population contre l'arrestation d'un chauffard de vingt et un ans, Marquette Frye. La police boucle le quartier et abat une première victime, un jeune Noir qui tentait de franchir un barrage de poubelles. Mille policiers venus en renfort n'auront pas raison de l'émeute. Quinze mille gardes nationaux appelés par Johnson sur la demande du gouverneur Brown entrent en action. Leur première mission est de protéger les pompiers. Dès l'aube, l'émeute tourne au pillage : le feu a détruit la cité des Anges. Bilan : trois mille quatre cent trente-cinq Noirs arrêtés, huit cent soixante-dix-neuf blessés, trente-six morts dont trois

1. Les autres concurrentes étaient Samantha Eggar pour *L'Obsédé* et Elizabeth Hartman pour *Un coin de ciel bleu*. Vivien Leigh n'est pas nommée, contrairement à ce que Simone Signoret écrit dans *La Nostalgie*.

Blancs. Intégration ou partition, le problème noir commence à se poser. CNN n'existe pas encore, mais les médias sont déjà omniprésents. Simone suit les événements sur le petit écran avec intérêt ; ici la télévision est privée. C'est une expérience inouïe pour l'actrice qui s'est toujours intéressée aux rapports sociaux.

Dans cette période, elle alterne grands films français et petits films étrangers. Il ne faut pas oublier son escale parisienne de fin 1964-début 1965 qui lui fait enchaîner *Compartiment tueurs* et une participation au *Paris brûle-t-il ?* de René Clément.

Compartiment tueurs est le premier film de Constantin Costa-Gavras, qui la voit tourner pour la première fois avec sa fille. À cette occasion elle donne une interview au magazine *Noir et Blanc*[1] pour un article consacré aux relations mères-filles, événement assez rare pour être signalé. Elle y évoque ainsi sa conception de l'éducation : « Je l'ai laissée pousser comme une herbe folle. Je lui ai appris les quatre choses que je crois les plus importantes : ne jamais rapporter, ne jamais mentir – le moins possible –, avoir le respect des autres et aimer partager ce qu'on a. » Catherine a vingt ans et commence une carrière au théâtre et au cinéma pendant que sa mère cherche à l'étranger ce que le cinéma français ne lui apporte plus.

En mars 1966, elle quitte de nouveau la France, cette fois c'est Londres qui l'attend : elle rejoint Sidney Lumet pour *Deadly Affair* (en français *M15 demande protection*). Pour la première fois Simone incarne une femme juive. Elle renouvellera l'expérience. Dans *M15 demande protection*, elle est rescapée des camps de concentration. Mais il s'agit surtout d'un film d'espionnage tiré d'un roman de John Le Carré. C'est un film honorable qui n'a rien d'exceptionnel. L'exceptionnel, c'est Montand qui est en train de le vivre. Sa métamorphose a commencé, il devient, enfin, à plus de quarante ans, un comédien reconnu. Une rencontre est à l'origine de cette transformation, qui va marquer sa vie professionnelle et sa vie

1. 22-28 avril 1965.

personnelle : celle de Jorge Semprun. L'homme est alors peu connu. Son parcours est étonnant ; il se confond avec l'histoire du XXe siècle. Enfant de la grande bourgeoisie castillane, il a un père ancien gouverneur civil de Tolède. La guerre d'Espagne contraint la famille à l'exil en Hollande. Le jeune Jorge est envoyé poursuivre ses études en France, il atterrit au lycée Henri-IV où il se révèle brillant. À dix-huit ans, en 1942, il choisit de s'engager dans la Résistance et au PCF. Arrêté par la Gestapo, il est déporté à Buchenwald. Grâce à sa connaissance de l'allemand, il est affecté à des tâches administratives. La Libération arrivée, il retrouve Paris et la douceur de vivre de Saint-Germain-des-Prés. En stalinien convaincu, il sert le PCF, puis le Parti communiste espagnol dans la lutte clandestine contre Franco. En 1963, quand il rencontre Yves Montand, il commence à prendre ses distances avec un PCE dirigé par Santiago Carillo. C'est Simone qui a présenté celui qui va devenir son ami à Yves. Simone et Jorge se sont connus pendant la guerre quand ils fréquentaient tous les deux le Flore. Simone avait repéré le « bel Espagnol » et Jorge Semprun n'avait pas ignoré la jeune femme blonde, dont il dira dans le livre qu'il consacrera plus tard à Yves Montand qu'elle était « belle comme le jour ou la nuit, le soleil ou la pluie, la vie qui passe ou les rêves qui demeurent [1] ». La clandestinité de Semprun sépare les jeunes gens, mais au début des années soixante le hasard – qui avec Simone marque très souvent sa présence au point qu'il fasse douter qu'il soit seul en cause, seul responsable des croisements, des coïncidences, des rebondissements, des rencontres – les réunit. La belle-fille de Jorge Semprun a une camarade d'école préférée, c'est Catherine. Les adolescentes recoupent les histoires de leur famille, et Jorge retrouve Simone.

Avec Jorge Semprun, Simone va inaugurer ses premières actions médiatiques au service d'individus isolés : en avril 1963, quand un ancien camarade communiste espagnol de Jorge

1. Jorge Semprun, *Montand : la vie continue*, Denoël, 1983.

Semprun, Julien Grimau, est arrêté puis, après avoir été attiré dans un traquenard par le gouvernement franquiste, exécuté, elle conduit sa veuve chez Pierre Lazareff et obtient pour elle une tribune dans l'émission « Cinq Colonnes à la une ». C'est le début d'une forme d'engagement qu'elle va privilégier. Cette même année, Simone présente Semprun à Montand à Saint-Paul-de-Vence, à La Colombe d'or. Yves, qui est toujours méfiant, craint la concurrence masculine quand elle a aussi belle prestance que celle de Semprun et accueille l'inconnu un peu froidement, mais très vite la glace est rompue. Entre le militant communiste qui commence à douter et l'artiste engagé qui a perdu ses illusions, une relation très forte, quasi charnelle, en tout cas fraternelle va se nouer. Une relation faite d'admiration et de tendresse partagées. Elle est d'abord professionnelle. Dans une entreprise artistique commune ils vont marquer leur évolution. Jorge Semprun écrit un scénario avec Alain Resnais : *La guerre est finie*. L'histoire est celle d'un militant professionnel qui s'interroge sur l'utilité de ses engagements. Il choisit Yves Montand pour incarner Diego, le héros. Avec ce film, Yves prouve enfin qu'il est un acteur, la presse est unanime, il a gagné la reconnaissance des professionnels, celle qu'il attendait depuis vingt ans. Dans le couple Montand-Signoret, où la compétition professionnelle n'est jamais totalement absente, Montand a marqué un point avec *La guerre est finie*. Simone avec ses aventures anglo-américaines n'a pas obtenu de succès particulier, il lui faut un nouveau défi. Elle va mettre la barre très haut, un peu trop haut.

En octobre 1966, l'actrice se retrouve à nouveau sur les planches d'un théâtre. *Les Petits Renards* a été un succès public, mais sa prestation a été fraîchement accueillie. Yves Montand a prouvé qu'il pouvait être un vrai acteur de cinéma, à elle maintenant de montrer qu'elle peut réussir au théâtre. Elle ne choisit pas la facilité. Elle accepte de jouer *Macbeth*, Shakespeare dans le texte, sur la scène d'un théâtre londonien, sans la présence d'amis à ses côtés, sans Montand. C'est une gageure qu'elle a du mal à relever. La presse n'est pas tendre, on peut lire dans le grand quotidien londonien *The Times* cette critique définitive : « La première apparition de Simone Signoret est magnifique. Avec son port lent et majestueux et une bouche telle une large blessure. Mais cette impression s'évanouit dès que s'ouvre cette bouche. » Simone Signoret n'est pas la seule victime, Alec Guinness qui joue Macbeth est égratigné lui aussi. Surtout, les deux comédiens sont victimes d'une bataille qui oppose deux écoles de mise en scène. C'est le metteur en scène, William Gaskill qui est visé parce qu'il a choisi de « dépoussiérer » Shakespeare et choque les puristes. Deux vedettes de cinéma sont à l'affiche, la pièce malgré leurs faiblesses se joue à guichets fermés. Malgré l'angoisse, le trac et l'envie de tout abandonner, Simone Signoret tient jusqu'à la fin des représentations. Cette expérience lui laisse un goût amer : « Pardon William Shakespeare, je ne le ferai plus ; ce n'est pas pour me vanter mais je crois bien être la personne qui a le plus travaillé le rôle de Lady Macbeth dans le monde entier, ce qui ne m'a pas empêchée de rater complètement mon coup [1]. » Et elle poursuit avec humour : « Il m'arrive encore de me réveiller certains matins et de me dire : "Chouette ce soir je ne joue pas Lady M. [2]" »

C'est soulagée qu'elle s'envole fin 1966 pour les États-Unis, afin de tourner *Games* (*Le Diable à trois*) sous la direction de Curtis Harrington. Un film mineur qui lancera James Caan [3] et Katharine Ross [4] mais ne touchera pas un large public. Dans le style, les Français préféreront toujours l'original, *Les Diaboliques*, à cette pâle copie. Le nouveau court séjour américain de

1. *La Nostalgie n'est plus ce qu'elle était, op. cit.*

2. *Marie Claire*, mars 1985.

3. En 1972, il s'imposera en fils aîné du parrain dans le film de Coppola. Il sera repéré dans *Rollerball* de Norman Jewison (1975) par Claude Lelouch qui le fera tourner dans *Un autre homme, une autre chance* (1977) et *Les Uns et les Autres* (1980).

4. L'actrice, dont ce sont les débuts à l'écran, fera une carrière assez médiocre (en qualité, pas en volume de films), excepté *Le Lauréat* en 1967 et *Butch Cassidy et le Kid* en 1969.

Simone Signoret est en revanche passionnant. Il est l'occasion de nouvelles découvertes. La guerre du Viêtnam est au centre de toutes les conversations. L'Amérique commence à bouger. Simone trouve les acteurs américains bien plus concernés par ce qui se passe autour d'eux que leurs confrères français. En Californie, son action serait presque banale pour une actrice. Ici les Lauren Bacall, Jane Fonda [1], Katharine Hepburn sont mobilisées par beaucoup de combats politiques. C'est un séjour éclair, mais éclairant. La France va bientôt subir l'onde de choc partie des États-Unis.

1. On lira avec intérêt sur ce sujet les mémoires de Janes Fonda *My Life so far* (éditions Ramdom House, 2005 ; à paraître en France, septembre 2005). L'actrice américaine dessine un portrait émouvant de ses relations avec Simone Signoret, sa « *sometime mentor* ».

Paris brûle-t-il ?

Vous avez contribué à la formation de l'opinion publique de votre époque.

Pierre MENDÈS FRANCE

Il peut paraître étrange de ne pas trouver Simone Signoret engagée dans la plupart des combats de gauche de l'après-guerre aux côtés des manifestants de Mai 68.

Sa participation aux événements est très limitée. On peut la voir en avril 1968 manifestant devant le palais de Chaillot avec quelques professionnels du cinéma, là où Jean-Luc Godard va perdre ses lunettes dans une de ces bagarres homériques. Il y a une raison objective : Simone est bloquée à Saint-Paul-de-Vence, où elle est partie se reposer, par les grèves qui paralysent le trafic ferroviaire et aérien. Elle vit Mai 68, depuis la Côte d'Azur, en professionnelle du cinéma. Son principal souvenir : l'arrêt du festival auquel elle souscrit et les déclarations de Truffaut, Malle, Godard et Polanski qu'elle applaudit. Il serait faux de conclure que Simone Signoret est indifférente aux événements. En retrait, elle suit avec sympathie ce mouvement de la jeunesse qui ne peut que l'attendrir. En même temps, elle sent parfaitement que cette révolution n'est pas la sienne. Trente ans la séparent des manifestants, une génération, et ces jeunes n'attendent rien des aînés. Montand qui est resté à Paris, aux premières loges – du cinquième étage de la place Dauphine on aperçoit le bas du boulevard Saint-Michel et les échauffourées entre jeunes et CRS –, lui raconte au téléphone l'évolution des événements. Il ne se mêle pas non plus aux manifestants et refuse même de participer à un récital aux portes des usines Renault. Ce qui est le plus désagréable pour Simone qui aime être actrice, c'est son éloignement du centre de l'action. Ne pas être au cœur, ne pas partager, ne pas sentir l'émotion de la révolte lui est douloureux : « En ne rentrant pas, j'ai loupé des trucs, c'est certain : des trucs émotionnels[1]. » Pour compenser, elle va coucher sur le papier des réflexions au jour le jour sur les événements sous forme de lettre adressée à elle-même : « Si je rentrais, ce serait pour tomber immanquablement dans un quelconque panneau. Dans la passion de la minute qui suit une certaine information. À cause de l'indignation irrésistible, à propos d'un propos. » Dix ans après, pour *La Nostalgie*, elle concluait : « Je crois bien que j'ai évité beaucoup de bêtises que j'aurais sûrement faites. » Simone a vieilli. Elle a acquis de l'expérience, de la lucidité, de la prudence. Elle a appris, peut-être aussi, à « gérer » son image. L'idée de ressembler à une vieille actrice qui veut faire jeune en se mettant à la remorque des étudiants lui fait horreur. On ne la verra pas à la Sorbonne, pas plus qu'à l'Odéon d'où Madeleine Renaud et Jean-Louis Barrault ont été expulsés, pas non plus à Bobino, aux Assises du cinéma et de la chanson. Ce soudain engouement pour la politique de comédiens et chanteurs qui ne sont jamais montés en première ligne comme leurs confrères américains lui paraît suspect. Elle en ricane. Elle n'a pas besoin des suffrages des jeunes : elle ne se présente pas aux élections. D'ailleurs Simone n'a jamais cherché à séduire la jeunesse. Ce n'est pas son souci premier. Pour Montand ce sera différent, il aime plaire et par la suite, quand il deviendra presque un porte-parole de ses propres idées et songera même à se présenter aux élections, il n'aura de cesse de convaincre et de mettre en garde les jeunes

1. *La Nostalgie n'est plus ce qu'elle était, op. cit.*

avec l'exemple de ses propres erreurs. Simone, elle, ne donne pas de leçons à la jeune génération, elle sait qu'à vingt ans on fait ses propres expériences. Pour l'heure en tout cas, ils se contrôlent, ils évitent la démagogie. Ils ne signent aucune pétition. Beaucoup circulent, pourtant, qui séduiront des intellectuels amis comme Claude Roy, comme Jean-Paul Sartre, heureux de voir une jeunesse longtemps considérée comme indifférente à la chose politique prendre le relais, se réveiller enfin. À la fin du mois de mai, les événements deviennent de plus en plus incontrôlables. La grève s'étend. Les industriels et les syndicats finissent par signer les accords de Grenelle qui comportent des augmentations salariales sensibles. Mais la base rejette au matin du 27 mai « les cadeaux du patronat ». À Charléty, les contestataires se rassemblent. Pierre Mendès France prend la parole. Montand lit à Simone, au téléphone, sa déclaration. Ils sont proches de l'esprit de l'homme politique. Ils se connaissent un peu, sont voisins en Normandie, mais ne se fréquentent pas beaucoup. Lors d'une interview au micro de Jean-Pierre Elkabbach sur France Inter, Pierre Mendès France dira publiquement quelques années plus tard à Simone Signoret la réciprocité de son admiration : « Vous avez toujours eu la volonté d'apporter quelque chose dans une œuvre ou dans un film et par là de contribuer à la formation politique de votre époque[1]. » Pierre Mendès France ne prendra pas le pouvoir comme beaucoup l'espéraient à gauche. Fin mai, De Gaulle, malgré sa « fuite » à Baden-Baden, reprend le contrôle. La répression met fin à la protestation. C'est le seul moment où Simone Signoret et Yves Montand décident d'un engagement individuel, par le biais d'un communiqué. Il s'agit de défendre les étrangers que le gouvernement veut expulser : « Ni notre âge ni notre condition ne nous ont incités à jouer des rôles pendant ce mois de mai 1968. Mais, après les menaces d'expulsion clairement exprimées par M. le ministre de l'Intérieur à

1. France Inter, *12/14*, 17 janvier 1976.

l'encontre d'étrangers dits "indésirables", nous aurions honte d'être Français si nous ne protestions pas immédiatement contre des mesures dont nous serions déjà les complices tacites en faisant semblant de ne pas les avoir entendues. »

Fin juin 1968, les gaullistes ont fait un raz-de-marée aux élections législatives, la France est retournée à son ennui. L'heure des bilans et des regrets n'est pas encore arrivée. Ce n'est qu'au début des années soixante-dix que Simone Signoret croisera sur sa route certains des leaders de Mai 68. Si en France le calme semble revenu dès l'été et la révolution reportée, la masse des jeunes, adossés à une élite de militants expérimentés, a cependant failli renverser un régime sûr de lui malgré ses aveuglements et ses erreurs. La France va refermer la parenthèse et approuver le discours du président de Gaulle le 31 décembre à l'occasion des vœux traditionnels : « Enterrons… » Mais le reste du monde continue à bouger. À Berkeley, Varsovie, Prague ou Mexico où, aux jeux Olympiques, deux Noirs américains, Tommy Smith et John Carlos, ont brandi un poing ganté, celui des Black Panthers, sur le podium même.

Mais revenons à l'été 1968. Au début du mois d'août, Simone Signoret s'envole pour la Suède, pour tourner près de Stockholm *La Mouette* sous la direction de Sidney Lumet. Montand, de son côté, a accepté de tourner à nouveau avec Costa-Gavras dans ce que *L'Express* qualifiera de « premier grand film politique français ». Montand, absent comme son épouse des combats de Mai 68, s'engage dans une nouvelle dénonciation de la dictature en incarnant Lambrakis, ce professeur de médecine, député de la gauche démocratique, assassiné en mai 1963 par les colonels. Simone elle, s'offre un grand rôle du théâtre classique, revisité pour le cinéma mais détaché de toute allusion contemporaine. Elle joue Tchekhov, le rêve de toute comédienne exigeante, sous la direction d'un metteur en scène renommé et entourée d'une distribution de prestige, Vanessa Redgrave, James Mason. Ses journées se passent dans la Russie de la fin du siècle dernier. Les événements de Pologne n'avaient pas, douze ans plus tôt, arraché les époux Proctor de Salem et du XVIe siècle. C'est au milieu de l'ambiance tchekhovienne que les troupes du pacte de Varsovie font leur entrée en Tchécoslovaquie. Simone Signoret a suivi avec enthousiasme les premiers pas d'Alexandre Dubcek[1] et ses essais de socialisme à visage humain. Le Printemps de Prague ne perce pas la bulle dans laquelle Simone est enfermée. Sur le moment, elle ne réagit pas : « Le monde pouvait s'écrouler », écrit-elle. « Il s'écroulait. En 1968, à Stockholm on vit à la télévision les images de jeunes tchékhoviens à bord de tanks à l'arrêt, ne comprenant visiblement pas pourquoi des jeunes filles, tchékhoviennes elles aussi, essayaient de leur expliquer qu'ils n'avaient rien à faire à Prague [...]. Nous regardions ces images commentées en suédois, c'était avant le dîner. Nous les commentions un peu en anglais, pas longtemps. Nous retournions vite dans notre monde à nous, nous ne désirions pas être dérangés[2]. »

Simone Signoret s'est souvent justifiée sur cette apparente contradiction de sa personnalité. Préoccupée par la politique dans la vie, elle pouvait s'extraire totalement du monde le temps d'un tournage, vivre dans le monde de la fiction. Yves Montand connaît aussi cette nécessaire concentration. En août 1968, il tourne un film politique à Athènes dont l'action est quasi contemporaine. Il n'échappe pas au choc de l'invasion de Prague. Et puis il revient dès la fin du mois d'août préparer un récital dans un Paris où l'affaire est encore à la une des journaux. Simone ne regagne la capitale qu'en septembre. Sidney Lumet lui a interdit de rejoindre Montand. Il tient à ce que la troupe reste unie jusqu'à la fin du tournage. Elle est vite rattrapée par les événements. Place Dauphine, le Printemps de Prague achève de diviser la famille. Yves Montand a participé en l'absence de Simone, juste au début du récital, à une émission sur Radio Luxembourg dans laquelle il s'est exprimé sur les événements de mai et sur l'invasion de la Tchécoslovaquie. Pour la première

1. Voir lexique.
2. *La Nostalgie n'est plus ce qu'elle était*, *op. cit.*

fois, il attaque de front les communistes : « Déjà il y avait eu Budapest, difficilement acceptable, et que j'ai accepté en allant à Moscou. Mais ce coup de poing monstrueux de l'invasion du mois d'août décoché en pleine figure et auquel on ne peut trouver aucune explication, ah ça non ! Quand c'est mal, il faut le dire. Qu'on continue à mentir, à tuer, et ce qui est encore plus dégueulasse, à moucharder, tout cela condamne une politique[1]. » Surtout interrogé sur le rôle de Georges Séguy dans les événements de mai 1968, il lance « Séguy, connais pas[2] ». Julien Livi est ébranlé. Son frère a rompu le pacte moral qui lui interdisait de porter les querelles sur la place publique. Yves Montand a mis fin à l'autocensure familiale dictée par la discipline du Parti. Personne ne peut mettre en cause Simone et son influence dans cette affaire. La faute est mise au compte de Jorge Semprun, le nouveau frère de sang de Montand. Simone, absente au début de la crise, retrouve la « place » le 26 septembre où règne une atmosphère pesante. Les deux frères ne s'adressent plus la parole, seule Elvire fait le lien entre les deux familles. Ainsi Simone mesure-t-elle les effets personnels de l'invasion tchécoslovaque. Comme pour Budapest, douze ans plus tôt. Comme pour signifier la fin de l'histoire, le 7 octobre 1968, le chef de famille, Giovanni Livi, meurt à soixante-dix-sept ans. Quelques mois plus tard, Julien et Elvire, constatant que la cohabitation n'est plus possible, quittent la place Dauphine. Désormais Simone et Yves n'ont plus de proches à ménager. La défense des opprimés du communisme va les mobiliser. Le 16 octobre, quelques jours seulement après la mort du père de Montand, le couple monte sa première action de défense des dissidents. Avec Alain Resnais, Jorge Semprun, Vanessa Redgrave, ils signent un télégramme dans lequel ils prennent la défense de la poignée d'intellectuels soviétiques arrêtés pour

1. 21 septembre 1968.

2. Qui renvoie au « Cohn-Bendit, connais pas », lancé par le leader de la CGT pendant les événements de mai 1968.

avoir manifesté à Moscou contre l'intervention de l'armée Rouge en Tchécoslovaquie. Pour être justes, ils associent dans leur protestation les noms d'autres hommes libres, des Américains, les intellectuels qui ont été condamnés pour avoir incité leurs jeunes compatriotes à refuser de se battre au Viêtnam, des Français, comme Henri Martin qui a déserté la guerre d'Indochine, Maurice Audin et des résistants. Ils se positionnent en défenseurs des droits de l'homme en général, même si le problème du jour est soviétique.

Simone a beaucoup insisté sur l'aspect plus global, plus universel de ce télégramme qui est tout de même adressé à l'ambassade d'URSS à Paris. Elle a conclu : « Pendant cet automne 1968 nous avons voulu être solidaires de ceux qui avaient le courage de ne pas être d'accord avec ce qui se commettait en leur nom à l'Ouest comme à l'Est. C'est tout[1]. » C'est l'état d'esprit de Simone Signoret, qui justifie une évolution vers la défense des opprimés, quelle que soit leur origine et quels que soient les systèmes qu'ils combattent. Yves Montand, lui, est à l'époque beaucoup plus engagé dans une logique de réparation des erreurs commises au nom d'une fidélité aux idéaux communistes. Ce sera quelques mois plus tard l'entreprise, *L'Aveu*, dans laquelle il va se jeter corps et âme, qui va l'occuper et le préoccuper dès la fin de 1968. Il est en effet encore aux États-Unis où il tourne *Mélinda* avec Barbra Streisand[2], quand Costa-Gavras l'appelle pour lui demander de lire le livre d'Artur London et d'incarner son personnage. Simone sera contactée plus tard. La fin de l'année 1968 et le début 1969 marquent pour elle une période de grande activité professionnelle.

À l'automne 1968, Simone Signoret s'engage dans une nouvelle aventure, celle de la télévision française. Pierre Lazareff et Éliane Victor, dans le cadre de leur émission « Festival » ont proposé à quelques grands comédiens, dont Michel Piccoli et

1. *La Nostalgie n'est plus ce qu'elle était, op. cit.*
2. *Melinda*, de Vincente Minnelli.

Michel Bouquet, d'incarner un rôle de leur choix. Simone Signoret propose *La Femme juive*, un extrait de *Grand-peur et Misère du IIIe Reich*, une pièce de Bertolt Brecht, comme pour effacer sa participation inachevée à *Mère Courage*. L'histoire se déroule à Francfort en 1935. Simone incarne l'épouse juive d'un médecin aryen gagné par la contagion nazie. Cette tragédie d'un couple, victime de l'histoire, est mise en scène par le jeune réalisateur Alain Dhénaut que Simone a connu enfant. Simone Signoret découvre à l'occasion que la télévision peut permettre la réalisation d'œuvres de qualité. Alain Dhénaut raconte : « Simone, à l'époque, comme beaucoup d'acteurs de cinéma, considérait la télévision avec un peu de mépris. Elle me reprochait d'y travailler, elle me disait que c'était le choix de la facilité. Le tournage de *La Femme juive* l'a fait un peu évoluer sur la question [1]. » D'autant que sa prestation est saluée par la critique. Jacques Siclier écrit : « Simone Signoret vit ce drame avec une sobriété, une intensité qui fait serrer les poings. L'humiliation, le désespoir et la colère d'un être brutalement rejeté comme différent qui ne s'y résigne pas, pas plus qu'à la lâcheté des autres, poussent en elle le feu et la glace. Quelle condamnation du racisme ! [2] » Le téléfilm diffusé sur la deuxième chaîne marque l'intérêt grandissant de Simone Signoret pour les sujets graves tirés de ces années noires. Et pour cette fidélité discrète et retrouvée à ses origines juives. Passé l'intermède du séjour américain au côté de Montand, Simone n'abandonne pas cette époque en tournant sous la direction de Jean-Pierre Melville, en 1969, *L'Armée des ombres*. Tirée d'un livre de Joseph Kessel, l'adaptation n'est pas aisée. L'ouvrage atypique est en effet composé pour partie de témoignages vécus, pour partie de fiction. Jean-Pierre Melville évite le cinéma vérité comme le grand spectacle. Son film est austère, rigoureux, académique. Simone Signoret incarne Mathilde, la correspondante

1. Entretien d'Alain Dhénaut avec l'auteur, mars 1995.
2. *Le Monde*, 1968.

parisienne d'un réseau de résistance marseillais. Elle répare son passé. En exergue du film, un mot de Courteline : « Mauvais souvenirs, venez, vous êtes ma jeunesse lointaine. » Une phrase chère à l'ancien résistant Melville que Simone Signoret ne peut pas ne pas adopter, elle pour qui le passé est si présent. Simone Signoret joue pour la deuxième fois un rôle de résistante et elle est crédible, bien que sa résistance aux nazis dans la vie ait été encore plus hypothétique que celle de Sartre.

Au printemps 1969, Simone Signoret offre sa participation à la première réalisation de son ami l'acteur Marcel Bozzuffi. *L'Américain* est un beau film sur l'amitié et les souvenirs. Il raconte l'histoire d'un homme qui revient chez lui après avoir longtemps vécu en Amérique et part à la recherche de ses amis dispersés. Au rendez-vous, des souvenirs, un peu de nostalgie, beaucoup de déception. L'Américain est heureux de retrouver à travers ses copains le passé, mais le temps a effacé beaucoup d'espoirs. L'un est mort en Algérie, l'autre est devenu un petit-bourgeois sans ambition, enfin Léone, tenancière de café, ne cesse de ressasser regrets et remords. L'Américain repartira sans avoir défait ses bagages. Le film vaut surtout par son interprétation. La distribution réunit Jean-Louis Trintignant, le héros, Bernard Fresson, Rufus, Jacques Perrin, Jean Bouise, José Artur. Cette recherche du temps perdu a séduit la passéiste Simone Signoret, mais le film ne rencontre pas un grand succès public. L'échec va être vite oublié, une entreprise d'une autre envergure s'annonce : le tournage de *L'Aveu*.

Acte politique autant que cinématographique, premier engagement commun du couple d'acteurs depuis *Les Sorcières de Salem*, le livre d'Artur London, ancien ministre des Affaires étrangères qui relatait son incarcération en 1952 et son passage aux tribunaux de Prague – dont il fut l'un des trois seuls rescapés –, avait été repéré un an auparavant, à la Noël 1968, par le réalisateur Constantin Costa-Gavras. Bouleversé par cette histoire, il en parle au passage à Jorge Semprun – ils sont en plein montage de *Z* – et propose le rôle principal à Montand alors en tournage à Hollywood. L'acteur n'ignore pas le destin d'Artur London que Jorge Semprun lui a déjà raconté, mais il hésite à se lancer dans ce qui pourra vite apparaître comme une dénonciation sans nuance du communisme, faisant le jeu des forces impérialistes. On n'en est pas encore là. À ce stade Simone n'est pas encore entrée dans le projet. Elle a lu le livre écrit par Artur London à partir des feuillets rédigés à chaud en 1947. Après l'échec du Printemps de Prague, il avait décidé que le moment était venu de publier le livre. Simone n'émet aucune réserve sur ce texte qui la bouleverse. Signe de son intérêt pour l'ouvrage, elle en conseille la lecture autour d'elle. Jean-Pierre Kaminker se souvient avec précision et émotion du jour où sa sœur lui a tendu le livre d'Artur London : « C'était une période où nous ne nous parlions plus beaucoup, on évitait les sujets politiques. Mais elle venait de lire *L'Aveu* qui l'avait marquée, et elle m'a demandé avec autorité de bien vouloir le lire. Ce que j'ai fait. Ç'a été une grande leçon pour moi [1]. » Jean-Pierre Kaminker confirme que beaucoup de membres du parti communiste souhaitent alors la diffusion du livre.

Le scénariste et le cinéaste s'activent en coulisses. Ils rencontrent Artur et Lise London pour obtenir leur accord. Les deux préféreraient qu'un Tchèque tourne le film plutôt qu'un Occidental. Une dénonciation de l'intérieur sous forme de repentir leur semble plus forte. Mais le seul contacté, Milos Forman, a décidé de faire carrière aux États-Unis. Ils choisissent donc d'accorder leur confiance aux deux hommes. Le scénario de Semprun est fidèle point par point au calvaire raconté par Artur London dans son livre. Mais Jorge Semprun écrit seul, sans l'aide du héros, comme pour mieux acquitter sa dette à son égard. En effet, un des coaccusés de London est Joseph Frank, un ancien camarade communiste de Semprun, accusé par les procès de Prague d'être un agent nazi. Le militant communiste Jorge Semprun a suffisamment connu Frank pour savoir qu'il

1. Entretien de Jean-Pierre Kaminker avec l'auteur, novembre 1993.

ne pouvait être cet agent double dénoncé par ses détracteurs, mais il s'est tu – discipline du parti oblige. L'époque était alors à la division des camps et au manichéisme, Yves Montand et Simone Signoret n'ont pas échappé à la loi. Ils ont rejeté Kravchenko et Arthur Koestler [1]. Ils leur ont préféré les victimes du maccarthysme et du capitalisme : les époux Rosenberg, les Dix de Hollywood… Désormais, ils décident d'accorder leur attention aux coupables qui clament leur culpabilité et pas seulement aux innocents qui clament leur innocence. L'heure est venue de s'interroger sur la validité de leur attitude passée. Pour Constantin Costa-Gavras et Jorge Semprun, le message sera plus efficace si le couple est réuni dans *L'Aveu*. Derrière les silhouettes d'Artur et de Lise London, Yves et Simone vont faire bien plus qu'interpréter des rôles. Si Simone Signoret a reconnu que le livre « a posé des problèmes à tous et particulièrement à eux. Pour beaucoup de gens de gauche de ma génération, ç'a été un coup de tonnerre et un coup de chagrin épouvantable [2] ». L'hésitation de Simone à s'engager dans *L'Aveu* n'est pas directement liée à l'idéologie. La remise en cause de leur compagnonnage est déjà faite. Le Printemps de Prague a définitivement engagé la rupture. Le dire publiquement n'est pas un cas de conscience aigu pour Simone Signoret. D'autant qu'elle n'a pas ses racines familiales engagées dans le communisme. Les réticences sont d'ordre psychologique. Elle hésite à « jouer » Lise London. Le comportement de cette femme qui, croyant en la trahison de son mari, s'affirme prête à témoigner contre lui lui paraît totalement étranger. Pire, indéfendable. Lise London se souvient : « Simone n'était pas une militante comme je l'avais été. Elle ne me comprenait pas et elle était très réticente pour interpréter mon histoire. Chris Marker lui a montré un document de la télévision italienne dans lequel j'expliquais mon attitude et le cheminement qui m'avait conduit à écrire une

1. Voir lexique.
2. *La Nostalgie n'est plus ce qu'elle était*, *op. cit.*

lettre de “dénonciation” contre mon mari, de solidarité avec le parti. J’expliquais que si j’avais accepté tous les procès antérieurs, toutes les peines antérieures et pas celles de mon mari, j’aurais été dégoûtante. Je disais aussi que mon mari avait compris ma position. C’était dans l’ordre des choses, de notre conditionnement psychologique que je prenne position contre lui. Le contraire lui aurait semblé anormal. Finalement mon honnêteté l’a décidée [1]. » Décidée, oui. Convaincue ? Certes non, l’intelligence lui impose la compréhension, mais les deux femmes ne se ressemblent pas. Lise London l’a perçu : « J’ai senti une distance entre nous qui n’a jamais disparu. » Il est en effet impossible d’imaginer Simone Signoret dans la peau d’une femme qui désavoue son mari. Jorge Semprun est formel : « Dans la vie, même dans l’hypothèse où l’homme de sa vie eût été réellement traître à ses idées, il est impossible d’imaginer qu’elle l’eût trahi publiquement. Elle aurait attendu pour s’en expliquer avec lui, en tête à tête, face à face [2]. » Mais l’acte politique emporte la décision.

1. Entretien de Lise London avec l’auteur, juin 1995.
2. *Montand : la vie continue*, *op. cit.*

IV

Citoyenne Simone

1970-1985

Madame le juge

Je n'ai finalement jamais eu d'options politiques. J'ai eu des options sociales et sentimentales, humanistes, avec tout ce que ce mot comporte.

Simone SIGNORET

C'est l'égoïsme qui me sauve.
Pour être bien avec moi-même, pour ne pas devenir celle qui est revenue de tout.
Et puis aussi, c'est une façon de lutter contre l'âge.

Simone SIGNORET

Avec le début des années soixante-dix, marqué par l'effacement des camps, les désillusions du militantisme et la perte des repères traditionnels, Simone Signoret va devenir une des rares personnalités françaises à pouvoir prétendre, sans qu'elle l'ait jamais revendiqué, au titre d'intellectuelle, selon la définition sartrienne : « Est intellectuel celui qui intervient hors de son champ de connaissance, de spécialité. » Bien qu'elle se soit toujours intéressée à la vie de la cité, il semble que ces années de la maturité lui laissent plus de temps à occuper dans ce domaine. Simone Signoret devient plus citoyenne encore que comédienne, intervenant en permanence dans la vie sociale et politique. Avec le temps, les erreurs d'un engagement dogmatique de jeunesse, le confort de la célébrité, elle aurait pu renoncer à l'intervention publique et entre deux films combler l'oisiveté relative, la solitude, en jouant à la grand-mère avec son petit-fils Benjamin, né le 28 mars 1970 de l'union de sa fille Catherine avec le comédien Jean-Pierre Castaldi. Mais Simone Signoret ne pouvait vivre sans action. Il lui fallait influencer la société de son temps.

Peu à peu l'engagement va devenir pour l'actrice un mode de vie parallèle, un combat quotidien, une vigilance absolue, un exutoire aussi. À Montand les grandes causes, auxquelles elle s'associerait toujours, à elle le travail de l'ombre, dans l'obscurité presque, dans la minutie et l'acharnement. Peu surprenant finalement chez cette « tenace » (l'expression vient de Françoise Giroud), cette femme habitée par une énergie hors du commun (« Rarement un être humain n'a donné un tel exemple de détermination et de courage, que ce soit pour la préparation d'un rôle, ou pour la libération d'un prisonnier », dira Jean Lacouture dans une lettre adressée à l'auteur en février 2005), cette patiente, passionnée par le point de croix et les mots croisés, autant d'activités qui exigent une immense concentration et révèlent une attention portée aux détails. Ce qui frappe chez Simone Signoret, au-delà des causes choisies, c'est la méthode poussée à la perfection. Simone Signoret compense l'âge et la dégradation physique par une formidable ouverture sur le monde. Depuis la place Dauphine ou sa maison d'Autheuil, elle voit tout passer, exige que tout passe, veut être au courant de tout ce sur quoi elle pourrait user de son pouvoir, et bientôt on se donne le mot, on connaît le chemin, on sait trouver celle qui est prête à s'investir pourvu que la cause lui agrée.

Dans ce monde d'après 1968, elle va choisir de défendre les droits de l'homme partout où ils sont menacés, option plutôt classique pour une ancienne compagne de route, si cet engagement moral, cette activité de pétitionnaire, n'était doublé d'un engagement physique exceptionnel. Certains l'ont résumé par des formules. Ivan Levaï : « Simone Signoret, on dira les yeux, on l'a dit, mais il faut dire aussi l'oreille collée au transistor, la lecture de tout ce qui s'écrit[1]. » José Artur : « C'était un puits de science. À 9 heures du matin, elle avait lu tous les journaux, écouté toutes les infos. Je l'avais surnommée l'agence Reuter.[2] » De son côté Régis Debray l'appelle le « chef d'orchestre des gazettes », Philippe Labro ne dit pas autre chose : « Simone Signoret, dans le contact que nous avions avec elle, jouait un rôle de rédactrice en chef d'un journal qui ne verrait jamais le jour. Elle avait au plus haut point le sens et le goût de l'actualité. On eût dit qu'elle était branchée en permanence sur tout ce qui restituait l'air de notre époque, l'air de son temps. Une passionnée, j'écrirai même une cinglée de l'information[3]. »

Simone Signoret s'appuie sur un réseau, assez exclusivement masculin. Chacun est utile là où il se trouve. La place sociale des amis de Simone Signoret a toujours un sens. Le réseau est composé d'intellectuels : Jean-Paul Sartre, Maurice Clavel, Jorge Semprun, Michel Foucault, mais aussi les plus jeunes : Régis Debray – qu'elle hébergera place Dauphine un certain temps –, ou encore Bernard Kouchner et Constantin Costa-Gavras. Rémy Rieffel, dans l'ouvrage de référence qu'il a consacré aux intellectuels, introduit Simone Signoret dans cette catégorie. Elle est distinguée au chapitre des réseaux et des cercles intellectuels comme un cas spécifique, officiant depuis un domicile privé, là où d'autres en d'autres temps tenaient plus formellement salon. Pour le sociologue : « Détestant les gens de cour et protégeant les gens de cœur, Simone Signoret était à la tête d'un important réseau d'amitiés et de complicités, irriguant aussi bien les milieux du spectacle que la microsociété intellectuelle[4]. » Il analyse ce que beaucoup ont vécu, raconté, constaté : « Le ciment dont est composé le réseau Signoret est celui de la proximité et de l'émotionnel. » Il emploie le terme

1. Europe 1, 30 septembre 1985.
2. Entretien de José Artur avec l'auteur, mai 1994.
3. Philippe Labro, *Journal du dimanche*, octobre 1985.
4. Rémy Rieffel, *La Tribu des clercs, les intellectuels sous la Ve République*, Calmann-Lévy, 1993.

« d'affinités électives » et confirme que sa légitimité ne se discutait pas dans sa capacité à déclencher l'attention de la presse. En effet, on l'a constaté au fil de l'enquête, beaucoup de journalistes font partie du réseau et assurent le relais : ils sont précieux. Ils décrivent une Simone Signoret passionnée par son époque, attentive à tous les événements, traquant l'injustice, cherchant les non-dits, les censures de l'information, voulant être avertie et avertir, démasquant à travers une brève une information de la plus haute importance. Anne Sinclair, une des rares femmes du réseau, témoigne : « Simone Signoret pensait qu'il ne fallait jamais aller gratuitement dans les médias. Quand il y avait des gens qu'elle aimait bien qui participaient à des émissions comme celle de Michel Polac ou la mienne [N.d.A. : *7/7*, grand rendez-vous politique de TF1 à l'époque], elle nous téléphonait jusqu'à dix, quinze fois, jusqu'à épuisement pour nous sensibiliser[1]. » Guy Bedos le confirme : « Quand je passais à *7/7*, j'avais toujours un message de Simone à passer pour tel ou tel[2]. » Pour Bernard Pivot, dont en passionnée de littérature elle ne ratait jamais un *Apostrophes* et qui la reçut à cinq reprises, Simone Signoret était « une stratège de l'intervention et de la parole, elle choisissait le moment, l'interlocuteur[3] ». Lucide et modeste, il ajoute : « Je n'étais pas très intéressant pour elle, je n'étais pas un intellectuel, ni un journaliste politique, je n'étais qu'un littéraire, non engagé dans le mouvement des idées, qui recevait ses amis, de Michel Foucault à Jorge Semprun à la télévision, mais je sais qu'elle donnait aux gens qui lui paraissaient importants des conseils, voire des ordres. » Michel Drucker ne dit pas autre chose : « Pour Simone, quand on était célèbre, il valait mieux faire que ne pas faire[4] », et il rapporte un souvenir qui l'a marqué : « C'était en

1. Entretien d'Anne Sinclair avec l'auteur, juin 1987.
2. Entretien de Guy Bedos avec l'auteur, octobre 1989.
3. Entretien de Bernard Pivot avec l'auteur, janvier 2005.
4. Entretien de Michel Drucker avec l'auteur, décembre 2004.

1978, on parlait beaucoup de la coupe du monde de football qui devait se jouer en Argentine, pays qui vivait sous un régime dictatorial, puisqu'une junte militaire était au pouvoir. J'avais décidé de consacrer une émission – *Rendez-vous du dimanche* – aux joueurs français. Simone, que je ne connaissais pas à l'époque, m'a appelé un soir et m'a "convoqué" à la Roulotte. Elle m'a expliqué simplement qu'elle souhaitait s'adresser à Michel Platini pour lui demander de ne pas cautionner le régime des généraux en allant jouer en Argentine. J'ai accepté qu'elle intervienne dans l'émission. » Et il poursuit : « Simone savait se servir des émissions de télévision, même de variétés. Elle avait compris très vite que pour toucher le grand public, il était important d'aller aussi dans des lieux de divertissement et de ne pas se contenter de rester entre soi, dans l'élite. » En l'occurrence, l'intervention, un cri lancé face caméra, ne changera pas le cours des événements. L'équipe de France se rendra en Argentine, les enjeux financiers ou sportifs seront déterminants. Mais si l'issue est décevante, Simone Signoret aura sans doute gagné son opération de sensibilisation.

La lobbyiste Signoret va désormais intervenir sur tous les terrains que lui dicte sa conscience, ses « coups de cœur ». Les exemples d'action dans ces années-là sont trop nombreux pour être tous rappelés, on se souviendra de son investissement auprès de grévistes de la faim qui réclament une réforme pénitentiaire en 1971 [1], sa première rencontre avec des militants gauchistes qu'elle aide en contactant Pierre Lazareff, le très influent directeur du quotidien *France Soir*, au tirage alors important. Jean-Pierre Le Dantec rapporte un exemple similaire : « Il s'agissait d'une affaire d'OS, début 1972, à l'usine Renault de Boulogne-Billancourt. Il y avait eu une grande grève quelques mois aupa-

1. C'est la grande époque du GIP (Groupe d'information sur les prisons) créé par Michel Foucault en février 1971 qui s'était donné pour tâche de « faire savoir la prison », « une des régions cachées de notre système social, une des cases noires de notre vie ».

ravant, les comités de lutte animés par les militants maos continuaient à harceler la maîtrise. Un certain nombre de militants dont Christian Riss, un établi, se sont trouvés licenciés et pour attirer l'attention sur le caractère inique des licenciements ont organisé une grève de la faim. J'ai eu l'idée, pour que cette affaire devienne celle de la population tout entière, de mobiliser des célébrités. Maurice Clavel m'a conduit chez Simone et Yves[1]. » Le militant du « front démo », spécialisé dans les relations avec les intellectuels et les artistes, a compris que la critique de l'intellectuel pétitionnaire est facile et finalement stérile, il est décidé à utiliser la célébrité de Simone Signoret et de son époux. Il découvre une Simone Signoret avec qui le dialogue est évident : « Elle voulait aider concrètement, sortir d'une activité de pétitionnaire. Il y avait chez elle une volonté de comprendre les mouvements de la société et les individus qui les animaient. Le mouvement n'a pas abouti, parce qu'une star ne peut pas fabriquer un mouvement de soutien de l'opinion s'il n'y a pas de soutien à l'intérieur, dans l'usine. Mais je garde le souvenir de quelqu'un qui était à l'opposé de la dame patronnesse en manteau de vison qui vient visiter ses malheureux, elle était généreuse, recherchait la discrétion, et ne décrochait son téléphone que quand elle avait vérifié sur le terrain la justesse du combat. »

Encore plus symbolique de son nouvel investissement auprès des combats d'une nouvelle génération est son intervention dans la défense de Pierre Goldman.

Le procès de l'homme qui s'ouvre le 9 décembre 1974 n'est pas celui d'un délinquant ordinaire. Pierre Goldman est juif, né à Lyon en mai 1944 d'un couple d'israélites résistants. Il participe au mouvement de Mai 68, part en Amérique du Sud puis rentre à Paris, en octobre 1969, sous une fausse identité. En fait, l'histoire personnelle de Pierre Goldman ne se résume pas, tant le personnage, demi-frère par ailleurs du chanteur Jean-

1. Entretien de Pierre Le Dantec avec l'auteur, mars 1996.

Jacques Goldman[1], est complexe. Très tôt en tout cas il a conscience qu'un destin tragique l'attend, la sensation d'être maudit et la certitude qu'il transforme en décision de « rater sa vie ». Le 20 septembre 1979, il sera abattu dans le XIXe arrondissement de Paris de trois balles dans le dos par un obscur groupuscule baptisé « Honneur de la police », qui ne fut jamais identifié. Pierre Goldman avait été arrêté, le 8 avril 1970, sur dénonciation d'un seul informateur. Il est alors accusé de trois vols avec violence, de deux tentatives d'assassinat et surtout de deux assassinats. Il reconnaît les trois vols mais pas les deux assassinats qu'on lui impute : ceux de deux pharmaciennes au boulevard Richard-Lenoir, lors d'un hold-up meurtrier, le 19 décembre 1969. Le jeune homme fournit un alibi et indique que lors des vols qu'il a commis et reconnus, il n'a jamais fait usage de son arme, même lorsqu'il a rencontré de la résistance. Au cours d'une identification sur place, les différents témoins le reconnaissent comme l'auteur des faits. Le samedi 14 décembre, il est condamné, avec le bénéfice des circonstances atténuantes, à la réclusion criminelle à perpétuité. L'ambiguïté du personnage et l'apparente sincérité de ses propos entraînent un mouvement de sympathie chez des personnalités venues d'horizons divers : Jean-Paul Sartre, Jean-Michel Folon, Anne Philipe, Claude Sautet, André Cayatte. Simone Signoret est un peu le chef de file du comité « Justice pour Pierre Goldman », mis sur pied à l'issue du verdict et qui réclame notamment une reconstitution du drame, celle-ci n'ayant jamais été faite lors de l'enquête judiciaire. Le 20 novembre 1975, la Cour de cassation casse le jugement (le procès-verbal n'ayant jamais été daté) et ordonne un nouveau procès à la cour d'Amiens. L'avocat maître Kiejman, grand ami de Simone Signoret, entre en scène. Simone a assisté à toutes les audiences du procès parisien, elle sera présente à Amiens, comme fascinée par l'antihéros. « Qu'il me suffise de

1. À l'époque des faits, Jean-Jacques Goldman n'a pas la notoriété qui est la sienne aujourd'hui. Chanteur du groupe Taï Phong, il est dans l'ombre de son demi-frère.

dire qu'entrée en voisine dans la salle des assises, à Paris, un après-midi de décembre 1974, parce qu'on m'avait signalé l'ouverture du procès d'un jeune homme que je ne connaissais pas, auquel étaient reprochés des faits dont je savais seulement qu'ils n'avaient jamais été prouvés, je ne ratai plus une seule audience pendant les jours qui suivirent, jusqu'à la dernière qui se termine vers minuit et demi sur un verdict de réclusion à perpétuité[1]. » Verdict inacceptable pour beaucoup, prononcé en l'absence de preuves et condamnant surtout le gauchiste révolutionnaire, l'aventurier. Beaucoup choisissent de défendre l'homme parce qu'il est une victime symbolique de ceux qui veulent en finir avec le gauchisme. D'autres s'engagent dans ce combat parce que la condamnation de Pierre Goldman leur paraît être la première manifestation d'un retour de l'antisémitisme, qui sera confirmé par l'attentat de la rue Copernic[2], quelques années plus tard. Pour Simone Signoret, il s'agit plus d'un investissement affectif, quasi maternel : l'homme la séduit, mais surtout sa solitude face à l'erreur judiciaire la touche particulièrement. Quelques années plus tard, elle s'investira avec autant de force dans le soutien à Roger Knobelspiess, condamné à quinze ans de réclusion criminelle dans des conditions obscures[3]. Elle sera une des quatorze personnalités qui lui permettront d'écrire depuis la prison de Fresnes un livre pour sa défense, *L'Acharnement*[4], et elle militera pour sa libération.

Plus atypique dans son parcours de tête de liste de pétition

---

1. Simone Signoret, *Le Lendemain, elle était souriante*, Seuil, 1979.

2. Le 3 octobre 1980, à l'heure du shabbat, une bombe posée sur une selle de moto explose à une quinzaine de mètres de la synagogue de la rue Copernic à Paris. On dénombre quatre morts et trente blessés.

3. Multirécidiviste, Roger Knobelspiess aura passé vingt-six années de sa vie dans les prisons françaises, luttant et dénonçant les quartiers d'isolement, avec notamment le livre *QHS* préfacé par Michel Foucault paru en 1980. Réinséré depuis treize ans, il écrit aujourd'hui des romans policiers. Son dernier ouvrage, *Le Dépanneur*, est paru en 2003 aux Éditions du Masque.

4. *L'Acharnement ou la volonté d'erreur judiciaire*, préfacé par Claude Mauriac, est paru chez Stock en 1981.

est son soutien au manifeste des 343. Publié le 5 avril 1971 par le magazine *Le Nouvel Observateur*, la liste vite rebaptisée des « 343 salopes » par l'extrême droite ne comprendra que des femmes, personnalités du monde des arts et des lettres ou anonymes, déclarant publiquement avoir avorté et exigeant un changement de la loi. Le manifeste sera une étape importante dans la sensibilisation de l'opinion publique à la triste réalité de l'avortement, alors clandestin en France (trois cent mille par an). La loi libérant l'IVG sera adoptée par l'assemblée le 29 novembre 1974 grâce aux voix de l'opposition de gauche, avec un tiers seulement des députés de la majorité, dont le très brave Jean Lecanuet. Il s'agira du seul engagement de la comédienne dans une affaire initiée par le MLF [1]. Un acte courageux dans le contexte de l'époque, très significatif de son attachement aux libertés individuelles.

Mais revenons sur l'engagement de Simone Signoret dans le procès Goldman. Il ne s'agit pas d'un acte d'allégeance au mouvement gauchiste. D'ailleurs le personnage lui-même se distingue du mouvement et refuse de servir de porte-drapeau à un gauchisme qu'il juge infantile. Pierre Goldman incarne l'absolu, l'idéal romantique d'un combat auquel beaucoup ont renoncé. Simone Signoret est forcément très éloignée des errances d'un homme qui a cherché sa voie en Amérique latine, trouvé refuge dans l'alcool (quoique sur ce point on puisse discuter), la fiesta, tout en commettant des petits délits. Elle, bourgeoise par destin, installée par volonté dans un statut de star qui ne lui déplaît pas. Sans révolte. Pourtant la destinée de Pierre Goldman la touche au-delà du combat abstrait pour une justice vraie. « D'abord, neuf de mes concitoyens les jurés, en mon nom et en votre nom, avaient pu sans jamais poser une question et par conséquent sans jamais se poser une question, avaler sans broncher les contre-vérités, les invraisemblances, les mensonges

1. La véritable organisation organisatrice de la lutte pour le droit à l'avortement était le MLAC (Mouvement pour la liberté de l'avortement et de la contraception).

flagrants débités par le gang des témoins à charge qu'on a fait défiler devant eux. Ces neuf-là avaient voté la perpétuité et puis ils étaient rentrés dormir chez eux et je ne leur ai jamais pardonné[1]. » Pierre Goldman la séduit en effet : sa jeunesse, sa quête d'absolu, son errance éternelle qui se rapproche de celle des artistes, des saltimbanques, sa judaïté aussi, peut-être. Voit-elle en lui un frère, un fils à sauver ? Sans doute, car elle l'appelle « le petit », et le petit l'accepte comme une mère. « Je vis Simone Signoret. Sa présence me remue particulièrement. Je savais qu'elle n'était pas due à une quelconque attirance pour le spectacle judiciaire, pour la splendeur factice des tragi-comédies qu'on joue aux assises. Je la regardai, elle me regarda. Elle avait un visage bouleversé. Je pensais, en la voyant, à deux films que j'avais aimés, où je l'avais aimée. *Casque d'or* dont j'avais compris le sens et la beauté du fond de mon expérience carcérale, des années après l'avoir vu. *Le Jour et l'Heure* que j'avais vu à Varsovie en compagnie de ma mère, ma mère qui avait pleuré et avait dit mon fils c'était exactement comme ça, cette actrice c'était moi. Je ne pouvais regarder Simone Signoret sans penser à ma mère. Elle en fut, d'une certaine façon, la présence symbolique dans ce procès[2]. » Philippe Boucher, envoyé spécial du *Monde*, confirme : « Durant tous ces mois, elle présenta ce mélange, si souvent difficile à comprendre, d'extrême conscience de soi et d'égale modestie : sa personne même. Si vraie pourtant que, lorsqu'on soupçonnait l'orgueil, il n'y avait que joie d'être puissante afin de faire don aux plus faibles de son pouvoir sur les puissants : elle-même, ininterrompue du début à la fin de sa vie[3]. »

1. *Le Lendemain, elle était souriante, op. cit.*

2. Pierre Goldman, *Souvenirs obscurs d'un juif polonais né en France*, Seuil, 1975 (écrit en prison). On lira avec intérêt la biographie de Michaël Prazan intitulée *Pierre Goldman : le frère de l'ombre* parue en mars 2005 aux Éditions du Seuil, qui apporte des éclairages nouveaux.

3. Témoignage intitulé *La Voisine*, publié par *Le Monde* le 2 octobre 1985, au lendemain de sa mort.

La machine judiciaire terrifie Simone Signoret depuis qu'elle l'a vue broyer les Rosenberg, puis plus tard les accusés de Prague ou encore Artur London. Sous ses yeux désormais, des anonymes deviennent pour elle des familiers. Dans le monde clos de la justice, elle se place du côté des avocats de la défense, des faibles, des victimes. Pourtant, c'est le juge qu'elle va interpréter et non l'avocat. Cette fois dans un retour à la fiction. Le chroniqueur judiciaire Raymond Thévenin, l'observant au procès, a l'idée de lui confier un rôle où elle pourrait mettre à profit son intérêt pour la chose judiciaire. Elle avait dénoncé, se plaçant résolument du côté des victimes, les ratés de la machine judiciaire avec *Les Sorcières* et *L'Aveu*. Avec *Madame le juge* elle va endosser avec force le personnage d'Élisabeth Massot, juge d'instruction. *Madame le juge* est son premier véritable engagement avec un petit écran qui lui inspire de la méfiance, que ses collègues de l'époque ont tendance à mépriser. Michel Drucker, qui a consacré quarante ans à faire et à observer la télévision, le rappelle : « Simone Signoret a été la première à briser le tabou. Il y avait deux types d'actrices à l'époque : d'un côté Marthe Keller et les *Demoiselles d'Avignon*, de l'autre les actrices de cinéma comme Jeanne Moreau, Annie Girardot ou Simone Signoret. La charnière, c'est elle, avec Nina Companeez, qui a amené Fanny Ardant et Francis Huster dans *Les Dames de la côte*, et encore c'étaient des immenses acteurs, ce n'étaient pas des stars [1]. » Il faudra attendre les années quatre-vingt-dix, pour que la participation en tête d'affiche des stars du cinéma aux films de télévision rentre dans les habitudes, que la frontière entre comédiens de cinéma et de télévision commence à s'estomper. Simone Signoret ouvrait le chemin, suivraient Jeanne Moreau [2],

1. Entretien de Michel Drucker avec l'auteur, décembre 2004.

2. Avec *L'Arbre* de Jacques Doillon pour Antenne 2 en 1984, puis *Balzac* de Josée Dayan en 1999 pour TF1, ou encore *Les Parents terribles* de Josée Dayan encore pour France 2 en 2003. Viendront *Le Chat* (remake du film de Pierre Granier-Deferre dans lequel Simone Signoret jouait Clémence) toujours réalisé par Josée Dayan pour TF1 ou encore *Les Rois maudits* par la même infatigable réalisatrice, pour France 2.

Gérard Depardieu [1], Alain Delon [2]. Des débuts de stars avec des metteurs en scène et des scénaristes de talent, Édouard Molinaro, Claude Barma, Claude Chabrol, Christian de Chalonges, Nadine Trintignant pour les réalisateurs, Alphonse Boudard, Pierre Dumayet, Patrick Modiano pour les scénaristes. Le tournage de *Madame le juge* commence le 4 mars 1976 ; l'écriture est déjà entrée dans sa vie et le cinéma a révélé une nouvelle femme.

1. Avec *Le Comte de Monte-Cristo* de Josée Dayan, puis *Balzac* de la même Josée Dayan, plus récemment *Volpone* de Frédéric Auburtin pour TF1 en 2004.

2. Alain Delon sera un des derniers, avec Catherine Deneuve, à entrer en télévision (cette dernière ne faisant pas un choix populaire en interprétant la patiente de Freud dans *Princesse Marie* de Benoit Jacquot pour une coproduction Arte/France 2 pas encore diffusée sur France 2). Il choisira des séries policières, sur TF1 d'abord avec *Fabio Montale* de José Pinheiro, sur France 2 ensuite, avec moins de succès pour *Franck Riva*, de Patrick Jamain.

Le chat

J'ai six ans quand je joue.
Simone SIGNORET

À cinquante ans, Simone Signoret a connu depuis longtemps la consécration cinématographique après laquelle court encore Yves Montand. Couronnée à Hollywood à un âge jugé déjà canonique pour une comédienne, elle peut difficilement espérer rencontrer, dans l'avenir, une gloire aussi éclatante. Pourtant, la décennie qui s'ouvre en 1970 est pour Simone Signoret celle d'un nouveau départ. Celle de nouvelles rencontres avec des metteurs en scène de sa génération, mais aussi de plus jeunes qui l'inscriront dans le cinéma du présent. Patrice Chéreau, René Allio, pour un cinéma d'auteur qui ne lui vaudra pas toujours le succès public, mais surtout Pierre Granier-Deferre avant Moshe Mizrahi et Marcel Bluwal. Ces trois metteurs en scène vont lui offrir une popularité nouvelle grâce à des rôles mythiques, *Le Chat, La Veuve Couderc, La Vie devant soi, Thérèse Humbert.* Jean-Louis Livi, le neveu dont l'admiration éblouie n'aveugle pas le critique regard du producteur de cinéma, analyse ainsi le parcours de Simone Signoret : « De sa génération, Simone Signoret est la seule à avoir réussi une seconde carrière passé l'âge de cinquante ans. Il y a eu deux âges d'or pour Simone Signoret, les années cinquante et les années soixante-dix, les années *Casque d'or* et les années Deferre-Bluwal, qui ont été, dans une certaine mesure, ce que Claude Sautet a été pour Yves Montand[1]. » Le parcours n'est pas le même, la performance est différente. Pour Montand, les difficultés, les obstacles, les ratages sont nombreux avant une reconnaissance de son talent de comédien. Pour Simone, la gloire au cinéma arrive tôt, elle pourrait aussi s'éteindre peu à peu, l'âge venant, suivant ainsi un schéma classique. En fait, la carrière de Simone Signoret est bien double : une première, fondée sur la « plastique », s'achève après l'oscar à Hollywood ; une seconde commence avec *Le Chat*. Il y aurait sûrement beaucoup à écrire sur cette métamorphose physique, au risque de tomber dans les clichés psychologiques : infidélité du mari, alcool, on ne saura jamais si les causes ne sont pas des conséquences et les conséquences des causes. Les faits sont là, incontestables. La beauté insolente de *Casque d'or*, devenue effigie d'affiches, de cartes téléphoniques, de timbres-poste, continue aujourd'hui de symboliser la grâce de la jeunesse : la bouche charnue, les pommettes hautes, la tête droite sur des épaules carrées et savamment dénudées, le visage parfait encadré de longs cheveux blonds, Simone Signoret-Casque d'or rayonne encore. Mais un autre visage de Simone Signoret vient parfois brouiller cette image comme universelle de la beauté, qu'elle aurait dû laisser pour l'éternité. Ces photos de Simone Signoret qui l'illustrent tout autant sont un mélange de l'héroïne du *Chat*, de madame Rosa qu'elle va incarner dans *La Vie devant soi* et de Simone Signoret vieillie dans la vie, le cheveu gris, le visage un peu tombant, les paupières alourdies, les lunettes encerclant un regard moins vif et la silhouette pesante. Les deux Simone Signoret vont se succéder, se superposer, sans qu'aucune ne fasse de l'ombre à l'autre. La seconde prend la place de la première et réussit aussi bien qu'elle. On louera sa beauté dans *Casque d'or*, mais on insistera sur son talent dans

1. Entretien de Jean-Louis Livi avec l'auteur, mai 1994.

les rôles de la maturité. La réussite de cette seconde carrière repose sur sa transformation. Avec *Le Chat* (1970) et plus tard *La Vie devant soi* (1977), Simone Signoret n'offre plus le même visage. À partir des années soixante-dix, elle renonce aux rôles de séductrices ou d'anciennes séductrices. Elle résiste à la tentation de la chirurgie esthétique. Simone Signoret va jouer de la rupture. Au pays des comédiennes de sa génération, seule Jeanne Moreau partage avec elle d'une certaine façon cet exploit, mais celle-ci a plus souvent interprété des anciennes femmes fatales, luttant pour rester séductrices, jouant la continuité avec les rôles du passé ; et Jeanne Moreau est de six ans sa cadette. Simone, elle, abandonne soudainement le registre de la séduction. Sans regret ? On ne peut pas imaginer qu'il n'y ait pas eu chez Simone Signoret une nostalgie absolue de sa jeunesse éclatante. Les mots ne disent pas toujours la vérité pour afficher sa liberté : « Je passe volontiers le cap où une actrice accepte de vieillir », dira-t-elle crânement au hasard d'une interview. Volontiers ? Vraiment on ne peut guère y croire, par défi sûrement, par orgueil aussi, pour continuer, car l'oisiveté n'est pas un trait du caractère de Mme Signoret, pour rester à la hauteur, pour garder le pouvoir, dans le cinéma et dans son siècle. Volontiers non, mais volontairement certainement. Vieillie, fatiguée, ravagée même, diront certains, Simone Signoret aurait pu renoncer au cinéma ou céder aux tentations de la chirurgie esthétique, des cures onéreuses mais à la portée de ses revenus de star. Dans un sens, elle « devance » l'appel. Elle qui s'est rarement maquillée depuis sa rencontre avec Yves Montand va, à l'aube de ses juste cinquante ans, se démaquiller complètement, se mettre à nu, avec ses rides, son embonpoint, sa sincérité de femme mûre. Pour montrer encore une fois qu'elle est une comédienne qui a le souci de vérité. Le contraste avec Yves Montand est d'autant plus saisissant que l'homme qui partage sa vie est en train de devenir à cinquante ans le symbole de la séduction masculine. C'est l'époque du *Cercle rouge*, de *La Folie des grandeurs*, mais surtout des personnages de Claude Sautet, les César, Vincent et autres beaux parleurs. Les Français découvrent un Montand qui les fait rire et les séduit. Sa gaucherie a disparu, au profit d'une rassurante séduction de la maturité. Yves Montand plaît aux femmes de tous les âges, et Simone ne peut pas grand-chose contre cela. Sa seule parade est de jouer sur un autre mode, d'attirer le respect, d'inspirer l'émotion et toujours l'admiration. Ils n'ont plus les mêmes armes face au public, même si le but est semblable : durer aux yeux de tous pour durer l'un pour l'autre. Simone Signoret en incarnant Clémence, l'héroïne du *Chat*, soixante-dix ans, ancienne acrobate devenue boiteuse à la suite d'une mauvaise chute, mal fagotée et empâtée, tandis que son mari joue les amants chez Claude Sautet, prouve qu'on peut être et avoir été, à condition de changer d'emploi. Cette mise à nu de sa vieillesse prématurée sur grand écran relève-t-elle du narcissisme le plus poussé, ou d'un abandon total de coquetterie ? S'agit-il, comme certains l'ont pensé, de l'aboutissement, voire de l'exploitation publique d'une destruction physique entamée dans la vie privée ?

Devenir Clémence ou madame Rosa demande en tout cas du courage. Sept ans plus tôt, Simone Signoret avait renoncé à endosser le rôle de Bouboulina dans le film *Zorba le Grec*. Michael Cacoyannis lui avait proposé d'incarner cette femme de soixante ans aux seins tombants, à la mâchoire alourdie et aux dents en or. Devant son visage dans le miroir, elle avait, quelques jours après le début du tournage, renoncé au rôle. Elle n'avait que quarante ans, des amis qui ne comprendraient pas, un mari à séduire. Le défi lui semblait alors trop audacieux. Pourquoi accepte-t-elle de sauter le pas en 1970, d'incarner à cinquante et un ans une femme de soixante-dix ans, un âge qu'elle n'atteindra d'ailleurs jamais ? Pierre Granier-Deferre qui l'a beaucoup observée propose une explication personnelle, qui a sa part de vérité : « Il y avait Gabin pour qui elle avait une admiration de jeunesse. Le fait qu'elle était de nouveau dans un creux et qu'il était difficile pour elle de tourner, et puis l'univers de Simenon lui plaisait. » Pierre Granier-Deferre ne se souvient pas que Simone Signoret lui ait confié ses doutes, sa peur à l'idée d'incarner une femme de vingt ans plus âgée, de donner cette image au public : « Elle était heureuse d'avoir un vrai rôle. Simone était une vraie comédienne, ce n'était pas une vedette qui veut préserver son image physique. Si elle a eu cette angoisse, elle l'a gardée pour elle, secrètement. » Pour Pierre Granier-Deferre, l'ambition et le professionnalisme dominaient toutes ses faiblesses : « Quand Simone avait décidé quelque chose, elle allait jusqu'au bout ; le personnage boitait, c'était le personnage, elle ne négociait pas avec les détails qui étaient essentiels, et puis, partager une affiche avec Gabin, c'était formidable pour sa popularité, ce qui comptait plus que sa figure[1]. »

On peut imaginer la motivation de Simone Signoret, qui a rarement choisi dans la deuxième partie de sa carrière des projets risqués, portés par des réalisateurs trop audacieux. Reste qu'incarner Clémence est encore plus difficile que de jouer Bouboulina. Clémence est une femme ordinaire, à peine déguisée, à peine différente de la Simone Signoret que les passants peuvent apercevoir place Dauphine. L'identification est risquée. Mais le face-à-face promet d'être magistral. Il le sera. Clémence, ancienne acrobate de cirque, les traits gonflés, les yeux bouffis, quasi infirme, pathétique dans la déchéance physique et morale, fait face à un Jean Gabin fatigué, pour un duo sans paroles, où la haine a peu à peu remplacé, sans le tuer tout à fait, l'amour passé. Julien et Clémence vivent d'habitudes dans un pavillon délabré, promis à la destruction. Entre eux deux, un chat errant, sur lequel Julien a reporté toute sa tendresse, objet de toutes ses attentions, jalousé par Clémence. Au plus profond de la souffrance, Clémence finira par commettre l'acte qui ne peut rien réparer entre eux : le meurtre du chat. Pour la tragédienne Simone Signoret, le rôle est rêvé, Pierre Granier-Deferre l'adaptera même à sa personnalité. « J'ai rendu le personnage un peu plus nerveux, irritable,

1. Entretien de Pierre Granier-Deferre avec l'auteur, mai 1995.

colèreux, parce que je savais qu'elle le jouerait comme cela. » En plus, l'univers de Simenon convient bien à Simone Signoret. Un univers très avant-guerre, comme la plupart de ses romans de mœurs, avec ses ouvriers, ses petits-bourgeois, ses rues de banlieues, son populisme un peu sordide, son romanesque poisseux qui nous ramène à la mythologie des films français des années trente. C'est un cinéma que Simone Signoret connaît, celui qu'elle a aimé dans sa jeunesse, le cinéma de Renoir, de Carné, décrivant une époque qui s'évanouit. Avec deux acteurs qui appartiennent plus au cinéma du passé.

Pierre Granier-Deferre ajoute : « Gabin était en fin de carrière, mais il avait encore une énorme cote en 1970. Simone Signoret était de nouveau dans une période difficile. *L'Armée des ombres* avait été bien accueilli par la critique, mais n'avait pas été un succès public, *L'Américain* n'avait pas marché et le succès de *L'Aveu* était surtout dû à l'étonnante prestation de Montand. C'est Gabin qui a obtenu des producteurs que je puisse engager Simone Signoret. » Pour la première fois de sa carrière, Simone Signoret partage à égalité l'affiche avec une vedette aussi populaire qu'elle. Un autre mythe vivant. Un monstre qu'on dit sacré. Pierre Granier-Deferre qui a l'expérience des stars et de leurs caprices redoute les pires affrontements : « Gabin était très énervé par le côté *pasionaria* de Simone Signoret, par ses engagements politiques. Il avait très peur qu'elle lui parle des "Rouges" comme il disait, ce qui montrait qu'il était resté sur les étiquettes de la guerre froide. Elle, de son côté, malgré son immense admiration pour le comédien du *Jour se lève*, avait des préjugés sur l'homme. Elle me décrivait un petit-bourgeois, amateur de chevaux – un univers qu'elle méprisait un peu – misogyne, égoïste, sans grande ambition et emmerdeur par-dessus le marché. Ils avaient tous les deux un caractère bien trempé, ce qui me faisait craindre les pires tempêtes. » En fait, Pierre Granier-Deferre va rapidement se rendre compte que les deux comédiens ne sont pas par hasard des acteurs au sommet. Ils connaissent l'art du compromis. Pour le spectacle, ils vont mettre en sourdine leurs oppositions et jouer la complicité. C'est Simone Signoret, si l'on en croit le témoignage du metteur en scène, qui fait le premier pas : « Simone s'est tout de suite adaptée aux méthodes de travail de Gabin. Elle savait qu'il aimait qu'on soit en permanence sur le plateau, elle y restait, le regardait en silence. En échange, il a fait l'effort de lui renvoyer l'ascenseur. » En l'occurrence, il s'agit d'un escalier. Simone, dans une scène légendaire, doit prononcer une des tirades les plus violentes et les plus émouvantes du film, qui se termine par l'imitation bouleversante des miaulements de son rival… le chat. La star Gabin n'a pas besoin d'être présente, il s'agit d'un contre-champ. Mais pour aider Simone à être plus authentique, il montera à plusieurs reprises quelques marches, pour lui « donner » son regard et le bruit de ses pas. Pierre Granier-Deferre qui connaît bien Gabin et le soin qu'il met à toujours économiser sa présence sur le plateau a interprété ce geste comme une marque de sympathie et de déférence à l'égard de Simone Signoret, mais c'est l'attitude de l'actrice qui l'a le plus impressionné : « Simone déployait toutes les ressources de la féminité quand un homme qu'elle admirait lui en imposait. Elle était capable de toute la douceur du monde, de tous les efforts de charme. C'était, sans le moindre sens péjoratif, une femelle extraordinaire. » Simone Signoret a décidé d'apprivoiser Jean Gabin et elle a gagné son pari. Un jeu qui a beaucoup amusé le cinéaste : « Elle s'est passionnée pour son univers, elle a provoqué ses souvenirs de music-hall, de Mistinguett, elle le faisait chanter ! Surtout elle n'a pas dit un mot de politique. J'étais bluffé et Gabin encore plus. Il a complètement fondu. C'était extrêmement touchant de voir cette complicité, qui était la marque d'un grand professionnalisme et aussi d'un grand désir de Simone de plaire. » Annie Cordy, qui fait aussi partie de la distribution du film – elle joue la confidente de Jean Gabin – les a observés : « Gabin prenait le métier de comédien très au sérieux, il fallait faire ce boulot comme un métier comme les autres : être à l'heure, connaître son texte, c'était la discipline et la rigueur incarnées, on était dans un univers d'exigence. Deux "grands" qui vous mettaient à l'aise. Simone Signoret avec qui je n'avais pas de scène est venue me saluer dans ma loge et Gabin m'a tout de suite adoptée parce que je venais du music-hall qu'il adorait. En même temps, ils ne se prenaient pas au sérieux[1]. » Simone Signoret l'a confirmé : « Entre deux prises du *Chat*, Gabin et moi on se faisait des blagues. Gabin disait : "Eh ! cocotte, viens ici, est-ce que tu es un monstre sacré ou quoi[2] ?" »

Simone Signoret a donné pendant le tournage du *Chat* beaucoup d'elle-même. Les critiques comme le public reconnaissent la performance. Les Français ont aimé une Simone Signoret à la silhouette alourdie, aux cheveux gris, vêtue de robes bon marché, le festival de Berlin la couronne. Le film est surtout la réussite de la confrontation magistrale entre deux comédiens au sommet. Appartenant l'un comme l'autre à un cinéma du passé, ils démontrent qu'on peut compter sur eux au présent.

Pierre Granier-Deferre a remis sur les rails Simone Signoret. Fidèle, l'actrice le retrouve en mai 1971 pour une autre adaptation d'un roman de Georges Simenon : *La Veuve Couderc*. Il s'agit d'une nouvelle histoire de couple. Cette fois, la rencontre se fait entre une veuve paysanne et un jeune homme poursuivi par la police. L'acteur choisi pour incarner Jean est le fougueux Alain Delon. Un nouveau face-à-face que le cinéaste, malgré son goût du risque, redoute : « J'avais eu l'expérience Gabin-Signoret, qui s'était finalement passée sans drame. J'avais beaucoup plus peur de la façon dont les choses allaient se passer entre Delon et Signoret, qui n'appartenaient pas au même monde, qui n'avaient pas les mêmes convictions, aucun souvenir en commun, je ne savais même pas s'ils s'appréciaient en tant que comédiens. » La première confrontation des deux comédiens ne fait que confirmer les craintes du metteur

1. Entretien d'Annie Cordy avec l'auteur, novembre 2004.
2. *Le Monde*, 12 juin 1973.

en scène : le tournage démarre dans une atmosphère pour le moins tendue. « Le premier jour, raconte Pierre Granier-Deferre, j'ai été saluer Simone dans sa loge. Elle m'a dit sur un ton méprisant et ironique : "Est-ce que le jeune con est prêt ?", assez fort pour qu'il entende, "car, a-t-elle ajouté, je n'irai pas en premier sur le plateau." » Le réalisateur est contraint de jouer les intermédiaires, les entremetteurs, puisque Simone Signoret ne veut pas sortir la première, il décide d'aller tâter le terrain du côté d'Alain Delon : « J'ai été trouver Alain. Il m'a lancé avec un air de défi : "Est-ce que la vieille est prête ? Je ne sortirai pas le premier." » La scène pourrait paraître comique, mais pour un metteur en scène pour qui le temps se compte en argent et pour qui l'entente parfaite de l'équipe est indispensable à la réussite du film, la situation relève plutôt de la comédie dramatique. L'expérience lui permet finalement d'obtenir un compromis des deux stars. Elles feront leur entrée sur le plateau simultanément. Le *happy end* semble s'esquisser, mais c'est un mirage. Pierre Granier-Deferre n'a pas oublié. Avec le temps l'aspect comique de la situation a pris le dessus sur le caractère effrayant de la scène : « Delon a vu de loin la silhouette de Simone, endimanchée dans sa robe de paysanne, et il lui a lancé : "Si tu joues attifée comme ça, tu es vraiment gonflée." Simone s'est complètement décomposée, comme une jeune fille qui rencontre un regard masculin sans indulgence. Delon a continué sur le même ton, mais finalement, c'était du cinéma, de la provocation, il voulait tester sa capacité de résistance et encore une fois Simone a triomphé, elle est restée stoïque. » La complicité va dépasser les différences. Très vite, Delon va respecter Simone qu'il appellera « Tatie », et Simone a une tendresse de mère pour celui qu'elle a baptisé le « môme ». Simone Signoret a toujours aimé les hommes, les vrais, les beaux, un peu machos, sur qui on peut toujours compter. Alain Delon est de cette race.

L'acteur est apprivoisé. Les meilleures scènes du film se joueront à caméra éteinte. Alain fabrique des grilles de mots croisés qu'il offre à Simone, dont la passion pour cette gymnastique de l'esprit croît au fil du temps. Le jeune figurant d'*Adieu Léonard*, Robert Scipion[1], devenu cruciverbiste au *Nouvel Observateur*, se souvient que Simone n'hésitait pas à déranger son ancien camarade pour lui demander la définition qui lui échappait. Alain partage sa passion, ou fait semblant, et la partie est gagnée. Concurrents, les deux comédiens finissent complices et s'entendent sur le dos du metteur en scène pour changer les dialogues qui ne leur plaisent pas. Le couple Delon-Signoret fonctionne, comme a fonctionné le couple Gabin-Signoret, sur une complicité fondée sur des compromis. *La Veuve Couderc* sort le 13 octobre 1971, le jour des cinquante ans de Montand, et c'est un succès : plus de quatre cent quarante-cinq mille entrées à Paris et un Grand Prix du cinéma français viennent récompenser le film. Pourtant, suivent pour Simone Signoret seize mois d'inactivité et de propositions sans grâce. Les producteurs manquent souvent d'imagination, *Les Granges brûlées* jouent sur la même affiche, deux ans plus tard. Bien que le scénario soit signé par le réalisateur Jean Chapot, l'atmosphère rappelle fortement l'univers des films précédents. Celui d'un monde en souffrance, peuplé de personnages forts mais solitaires. Simone interprète Rose, propriétaire d'une ferme isolée du Haut-Jura, une maîtresse femme qui règne sur sa famille, son époux, ses fils, ses belles-filles et leurs enfants. Une nuit d'hiver on trouve à quelques mètres de chez elle le cadavre d'une femme assassinée. Le juge Larcher, chargé de l'enquête, est peu à peu convaincu de la culpabilité des enfants de Rose, et un face-à-face saisissant se met en place. Simone Signoret est ce Dominici féminin, protégeant comme une chatte ses petits, murée dans un silence qui cache une détresse absolue.

En trois rôles, l'actrice s'est installée dans une race de personnages dont on va lui donner l'exclusivité. Des femmes de caractère, souvent témoins d'une époque qui cherche ses

1. Entretien de Robert Scipion avec l'auteur, mai 1994.

repères, des personnages qui malgré les tempêtes et les ravages du temps restent debout, vivants. Madame Rosa, Judith Therpauve[1], la Louise de *Chère inconnue* ou Mme le juge appartiennent au même registre. Des femmes blessées mais combatives, engagées dans la tragédie, un univers cher à l'actrice. Le film qu'elle tourne tout de suite après au printemps 1973, *Rude journée pour la reine*, avec René Allio, est la seule parenthèse insolite de cette seconde carrière. Le cinéaste, à qui l'on doit aussi *La Vieille Dame indigne*, met en scène une Simone Signoret fantasque. Elle incarne Jeanne, un personnage singulier, qui ne rencontre pas les faveurs du public, mais qu'elle a défendu avec conviction, notamment dans les colonnes du *Monde* : « J'ai eu envie d'être cette femme ordinaire, cette brave femme, cette brave grosse un peu aliénée par les stéréotypes diffusés par le monde moderne ; débordée par les gestes quotidiens, les travaux de ménage chez les autres, bouffée par les gens de la famille, par l'homme dont elle partage la vie depuis quinze ans et qui est veilleur de nuit dans un magasin de la périphérie. L'univers de Jeanne n'est pas rose mais c'est comme si elle ne s'en apercevait pas. Elle ne s'attarde pas, elle n'a pas le temps, elle se lève, part au travail, rentre, fait à manger. Elle est comme beaucoup d'autres femmes ordinaires, froide et tendre[2]. » Ces quelques mots ne donnent pas les clés pour comprendre ce qui a attiré Simone Signoret dans le personnage de Jeanne, car des femmes du peuple, ordinaires, sa filmographie en est remplie. L'intérêt du personnage de Jeanne est sa mythomanie. Elle vit un destin renouvelé chaque jour. Un jour présidente, un jour impératrice d'Autriche, un jour héroïne de feuilleton. Simone Signoret a toujours été fascinée par les personnages qui s'inventent des destins, à l'image de sa grand-mère

1. Le film de Patrice Chéreau est le film le plus engagé de cette période, Simone Signoret y incarne une patronne de presse qui se bat contre les puissances de l'argent.

2. *Le Monde*, 23 novembre 1973.

maternelle, comme Thérèse Humbert, qu'elle incarnera plus tard. Et ce film lui donne par ailleurs l'occasion de toucher à un cinéma plus léger, de s'essayer à un rôle comique[1]. Certains regretteront que cette facette de son talent n'ait pas été mieux exploitée. « Elle aurait fait une merveilleuse Folle de Chaillot », confie Chris Marker. Elle-même aurait aimé jouer une cousine de Jeanne, *Renata n'importe quoi*[2], les aventures d'une femme de ménage. Le projet a été proposé à Peter Brook et ne s'est jamais monté. Le débat sur ses aptitudes à la comédie pure est encore ouvert. Pierre Mondy, son ami qui l'a dirigée au théâtre, n'est pas convaincu : « Dans *Compartiment tueurs*, par exemple, Simone est au bord d'un personnage de comédie[3], mais elle n'était pas une nature comique comme Jacqueline Maillan ou Sophie Desmarets, elle "plombait". Simone, quand elle disait "Répète-moi ce que tu viens de dire", on répétait, elle aurait eu du mal à déclencher les fous rires[4]. » Annie Cordy qui, au fil du temps, a imposé dans les films de télévision des personnages plus nuancés, à l'opposé de ses prestations sur scène, a son analyse : « Les gens qui font rire peuvent basculer dans la tragédie. Ça prend du temps, mais c'est possible. Regardez

1. Elle choisit cependant pour son passage à la comédie le cinéma d'auteur dont René Allio est un des meilleurs ambassadeurs. Peintre, décorateur de théâtre, il a produit une œuvre singulière entre le régionalisme et le cinéma historique. *La Vieille Dame indigne* (1964) est une adaptation de Brecht qui se joue dans un vieux quartier de Marseille. En 1967 *L'Une et l'Autre* raconte le travail d'une petite troupe d'acteurs. En 1976, avec *Moi, Pierre Rivière, ayant égorgé ma mère, ma sœur et mon frère...*, il fait le récit d'une tuerie perpétrée dans la Normandie de 1835 à partir du texte rédigé de sa prison par le meurtrier et retrouvé par Michel Foucault. Il a créé en 1974 le Centre méditerranéen de création cinématographique, fermé depuis. Il est mort en 1995, alors qu'il venait de signer la mise en espace de la galerie du musée d'Histoire naturelle.

2. Un roman de Catherine Guérard, paru chez Gallimard en 1967.

3. C'est le cas aussi de son interprétation du *Télégramme* avec Yves Montand, où elle incarne une employée des postes qui tourne en dérision un amoureux transi incarné par Yves Montand.

4. Entretien de Pierre Mondy avec l'auteur, décembre 1994.

Bourvil, Michel Boujenah ou encore Gérard Jugnot. L'inverse est moins courant. Est-ce que Simone Signoret aurait pu faire le chemin vers la comédie, on ne sait pas, elle ne donnait pas l'impression de pouvoir aller dans le léger et le futile. Mais c'était une comédienne généreuse, on l'a vu après, quand elle a accepté de se montrer comme elle était à l'écran, et la générosité est indispensable pour faire rire. »

Simone Signoret va s'inscrire petit à petit dans un cinéma hors des modes, assez désuet, souvent tourné vers le passé. Un cinéma de pur divertissement, même s'il est de qualité. Un cinéma fabriqué pour obtenir le succès commercial, avec les mêmes ingrédients, un couple de vedettes : Gabin-Signoret (dans *Le Chat*), Delon-Signoret (dans *La Veuve Couderc* et *Les Granges brûlées*), et bientôt Noiret-Signoret (dans *L'Étoile du Nord*), Rochefort-Signoret (dans *Chère inconnue*), des œuvres qui ne marqueront pas le cinéma de cette période et qui vaudront surtout par la prestation des comédiens. L'esprit de Mai 68 a pourtant soufflé sur le monde du cinéma et inspiré une génération de metteurs en scène qui proposent des films plus engagés dans leur temps : c'est l'époque des *Valseuses* de Bertrand Blier, celle où Annie Girardot incarne Gabrielle Russier dans *Mourir d'aimer* ou Marie-José Nat l'ouvrière d'*Élise ou la vraie vie*. Simone Signoret a participé à *L'Aveu* et incarne Judith Therpauve, c'est sa contribution assez modeste finalement aux films à message. Plus largement, même si ses choix ou ses non-choix (elle a souvent dit : « Je suis choisie, je ne choisis pas ») ont dessiné une carrière exemplaire, on peut à ce stade s'interroger sur les failles de son parcours. Ses performances de comédienne dans les films de la dernière décennie sont indiscutables et ne peuvent que nous faire plus encore regretter qu'elle n'ait finalement pas inspiré, dans la deuxième partie de sa vie, des cinéastes au talent aussi indiscutable que ceux qui l'avaient dirigée dans les années cinquante : Yves Allégret, Henri-Georges Clouzot, ou encore Luis Buñuel (encore que *La Mort en ce jardin* ne soit pas son meilleur film) ; Claude Sautet, qui a révélé Yves Montand et a offert à Romy Schneider le premier rôle tournant de sa carrière avec *Les Choses de la vie*, ne l'a inscrite dans aucun de ses projets. François Truffaut, qui aimait tant les comédiennes et en a tant fait tourner, de Jeanne Moreau à Fanny Ardant, en passant par Françoise Dorléac, Claude Jade, Jacqueline Bisset, Isabelle Adjani ou Catherine Deneuve, l'a ignorée. Maurice Pialat et son art cru et désespéré n'a pas réussi à la décider à plonger dans un cinéma plus osé[1]. Seule particularité à noter, elle s'engage auprès de la nouvelle génération en accordant sa confiance au jeune metteur en scène venu du théâtre, Patrice Chéreau, solitaire, talentueux et assez marginal, ou encore à une presque débutante en réalisation[2], sa consœur Jeanne Moreau avec *L'Adolescente*. Elle n'a pas rencontré à l'international, malgré son oscar, les plus grands : Ettore Scola, Orson Welles (qui la saluera en lui remettant le césar de meilleure actrice de son temps pour *La Vie devant soi*), Luchino Visconti ne feront pas partie de sa filmographie, privilège de ses cadettes Jeanne Moreau ou Romy Schneider. Mais Simone Signoret a choisi de multiplier les passions : la vie, son homme, les engagements politiques et humains, l'écriture enfin. L'actrice multipliait les entractes, quand ils ne prenaient pas le temps du spectacle.

1. Elle refusa sa proposition du rôle principal de *La Gueule ouverte*.
2. Elle a déjà réalisé un premier film en 1976 : *Lumière*.

La Nostalgie n'est plus ce qu'elle était

Ce n'est pas un livre qui parle de moi, mais un livre sur des choses et une époque vues par moi.
Simone SIGNORET

« Est-ce que j'aurais pu être écrivain ? Difficile. Au fond, j'ai eu du bonheur quand je me suis aperçue que je pouvais écrire. Mais c'est quelque chose, tout de même, que j'ai fait un peu par raccroc et sur le tard. J'ai l'impression que je suis un peu en transit dans l'écriture. Écrire c'est mon violon, petit violoncelle d'Ingres, bien que je ne me classe pas dans la catégorie des gens qui écrivent. Ce n'est pas mon métier. »

C'est avec une modestie si grande qu'elle ne peut être que feinte que Simone Signoret acceptera de parler de sa nouvelle passion, qui est révélée au grand public à la rentrée 1976, avec la parution bruyante de ses mémoires, au titre aussi « commercial » que poétique : *La Nostalgie n'est plus ce qu'elle était.* En fait, des travaux d'écriture, Simone Signoret en a réalisé tout au long de sa vie avant de chercher enfin à les publier. Première en rédaction au lycée, elle a gardé de ses succès scolaires l'habitude de coucher sur le papier pensées et notes, quand d'autres les livrent en fausses confidences au premier journaliste qui passe. Personne n'a eu le privilège d'être compté parmi les lecteurs, mais certains savent qu'il y a eu avant ses traductions quelques essais de production personnelle, des nouvelles sur ses frères, sur Saint-Gildas pendant la guerre, ou autres souvenirs chers à son enfance. Simone Signoret n'a pas manqué d'être contactée par de nombreux éditeurs. Il n'est pas dans son caractère de prêter son nom sans garantie, d'accepter un succès dans lequel elle ne s'investirait pas totalement. D'autant que si elle ne s'est jamais sentie capable de passer du jeu à la réalisation et s'est volontiers laissée entre les mains des metteurs en scène, pour le domaine littéraire elle a toujours pensé qu'un jour elle trouverait en elle les ressources. Si Simone Signoret se décide à écrire, puis à publier, ce n'est certainement pas pour sacrifier à une mode. Avoir elle aussi son nom sur la couverture ne suffit pas à son exigence, il y a dans son geste, en revanche, une part de défi, une volonté de prouver à son entourage proche – Montand au premier rang – qu'elle en est capable. Il y a aussi une manière d'affronter, de sortir de sa trop grande solitude en se penchant sur son passé. Elle se lance à fond dans l'exercice, avec l'acharnement, la minutie d'un écrivain de toujours, avec ses rigidités d'emploi du temps, ses manies papetières et matérielles, Scotch, stylos-feutres, et cendrier. Entre Saint-Paul-de-Vence et Autheuil, Simone Signoret se transforme petit à petit en écrivain. La concentration lui fait oublier le cinéma, ses angoisses de n'être plus à la hauteur, les moments de découragement et les envies d'abandon. Peu à peu l'écriture envahit sa vie quotidienne, les amis de passage sont sommés de s'intéresser à l'évolution des travaux d'écriture. Comme d'habitude, c'est à Yves Montand que revient la primeur de leur histoire commune, quand il lui arrive de passer entre deux rendez-vous de travail, préparatoires au film d'Alain Corneau, *Police Python 357*. Le réalisateur, qui accompagne Yves Montand à Autheuil pour convaincre Simone de participer au film rencontre une Simone absente : « Quand Alain vint me voir à Autheuil pour me parler, comme savent le faire les metteurs en scène qui ont besoin de parler avec les gens qu'ils ont choisis, il se trouva devant une personne qui n'écoutait pas ce qu'il disait et qui louchait vers sa machine [...], ce jour-là je n'avais rencontré personne, j'aurais donné des millions pour parler avec Alain de la “Yougoslavie” que je venais de terminer ; je finis par lui offrir de force quelques pages à lire, les plus fraîches, il fit gentiment semblant de s’y intéresser alors qu’il ne pensait qu’à son film [1]. »

À la rentrée 1976, la parution de *La Nostalgie* est l’un des événements littéraires de l’année. Un livre original, construit en dehors des règles académiques de l’autobiographie, avec une méthode quasi cinématographique, des flash-back, des digressions, un style indéniable, un témoignage émouvant sur les erreurs d’une génération. La critique est unanime, le succès immédiat.

Si les Éditions du Seuil, en acceptant le manuscrit de l’actrice, s’attendaient à un succès important compte tenu de la notoriété de l’auteur, ils ne prévoyaient sans doute pas que le livre battrait tous les records de vente. Rue Jacob, depuis la création, un seul auteur avait jusque-là dépassé ces tirages, Alexandre Soljenitsyne [2]. En consultant les dossiers de presse consacrés aux articles parus à la sortie du livre en 1976, puis à son édition en livre de poche, on est frappé par leur volume mais au-delà de l’aspect quantitatif, par l’unanimité des critiques. Toutes louent les qualités de style de Simone Signoret et la richesse de cette autobiographie, qui fait revivre l’histoire immédiate. L’hebdomadaire *Rouge* titre : « Une autobiographie qui croise l’Histoire », et l’article insiste sur le caractère historique de l’ouvrage : « C’est un livre très beau, très sobre, empli de tendresse et de pudeur, c’est aussi un livre qui dit beaucoup de choses autobiographiques certes, mais autobiographie qui se croise sans cesse avec l’Histoire [...] il y aura deux sortes de gens, ceux qui liront ce livre pour y trouver les mille anecdotes d’une vie d’artiste célèbre, ceux qui ne le liront pas pour les mêmes raisons, les premiers seront déçus, les seconds auraient tort [3]. »

1. *Le Lendemain, elle était souriante, op. cit.*

2. Pour son livre *L’Archipel du Goulag* qui dénonce les crimes du communisme.

3. Novembre 1976.

On ne peut trouver plus juste analyse et plus net hommage concernant celle dont on voit comment de compagne de route elle est devenue au fil des événements une anticommuniste sévère, hommage d'ailleurs sans réserve puisque le journaliste conclut ainsi son article : « On ne cesse jamais d'entendre sa voix mouillée en même temps qu'on entre avec elle et par elle dans les déchirements, les contradictions, les espoirs et les déceptions de combats qu'on sent si proches des nôtres quand ce ne sont pas les nôtres. »

L'essentiel est dans la reconnaissance immédiate et magistrale – six cent mille exemplaires vendus en France. Simone Signoret devient la chroniqueuse officielle du couple et tire la couverture à elle. Montand peut bien faire le jeune homme, à près de cinquante-cinq ans, et collectionner les succès au cinéma, elle, Simone Signoret épouse Montand à la ville, joue dans une autre cour, un cercle plus exactement, celui très privé des auteurs de best-sellers. À une époque où l'édition n'est pas encore envahie par les pseudo-livres, être publié dans une maison où l'on peut croiser le meilleur des historiens, politologues et romanciers contemporains équivaut déjà à une reconnaissance. L'invitation à l'émission littéraire incontournable de l'époque, *Apostrophes*, la consacre[1].

Le succès public lui apporte la confirmation de sa popularité intacte. Une polémique inutile sur le véritable auteur de l'ouvrage, ourdie par une productrice de radio aujourd'hui oubliée[2], tourne vite à son avantage. Simone Signoret, qui a connu les souffrances d'un véritable écrivain, entame un procès avec l'aide de son ami Georges Kiejman et obtient réparation devant la dix-septième chambre correctionnelle de l'outrage

1. Les autres invités d'*Apostrophes* sont Jean-Pierre Aumont pour *Le Soleil et les Ombres* (Robert Laffont) et Jean-François Josselin pour *Quand j'étais star* (Grasset), sur le thème : la vie des stars. Il lui faudra attendre la parution de son deuxième livre pour être invitée au côté d'écrivains de métier dans une émission consacrée le 22 juin 1979 à la passion d'écrire.

2. Il s'agit de la journaliste Anne Gaillard, alors productrice à France Inter.

subi. Elle y gagne plus qu'un procès contre accusation infondée d'avoir eu recours aux services d'un nègre, elle remporte le passeport d'écrivain, un nouveau statut, une nouvelle carte de visite.

Bernard Pivot se souvient de son coup de cœur pour l'ouvrage : « Quand j'ai lu *La Nostalgie*, j'ai été très surpris par la qualité du style. Quand une vedette du septième art écrit un livre d'une telle qualité, on cherche toujours le nègre, mais ce n'était même pas imaginable dans son cas. Il était impossible qu'une femme comme celle-là qui a fait de la rigueur intellectuelle une doctrine personnelle fasse raconter sa vie par quelqu'un d'autre, non, je crois qu'elle a réellement pris goût à l'écriture dans la deuxième partie de sa vie et ç'a été pour elle un relais d'expression formidable[1]. » Surtout, avec l'écriture, elle a trouvé une échappatoire à sa solitude grandissante.

Quelques mois avant de connaître ses premiers succès d'écrivain, Simone Signoret s'est offert un succès public d'actrice. Près de cinq cent mille entrées à Paris dans un film d'acteurs et d'action. En mars 1976, elle est à l'affiche de *Police Python 357* d'Alain Corneau, souffrante mais machiavélique dans sa chaise de paralytique. Yves Montand assiste pour la première fois à la métamorphose de son épouse : la vieille femme impotente du film est sa femme à la ville. La perversité du scénario le rend complice du suicide de cette héroïne, dernier recours pour une vie gâchée. Simone Signoret s'engage dans le rôle avec un perfectionnisme destructeur. Alain Corneau, le réalisateur, en a été choqué : « Simone avait le rôle d'une bourgeoise orléanaise poudrée, en manteau de fourrure. Elle résistait, cherchait à se défigurer, refusait que l'image soit légèrement améliorée, protestait aux rushes parce que son œil était adouci, consciemment ou inconsciemment, elle se voulait marquée, violentée[2]. »

1. Entretien de Bernard Pivot avec l'auteur, janvier 2005.
2. *Tu vois, je n'ai pas oublié, op. cit.*

Voulait-elle qu'à l'image apparaissent ses douleurs intérieures ? La difficulté de rester l'épouse d'un jeune homme ? Les marques irréparables sur son corps, sa taille, ses yeux, d'un refuge dans l'alcool ? Le public attentif qui les voit réunis à l'écran pour la première fois, hors du duo mari-femme, peut percevoir les difficultés que le couple traverse à la ville. Déjà près de trente ans de vie commune, l'un le poker, l'autre la conversation pour les jours fastes, à Autheuil, l'alcool, pour ceux de solitude.

Il fallait pour Simone Signoret reprendre la main, et si la parution de *La Nostalgie* est la première étape de cette reconquête aussi personnelle que publique, le tournage de *La Vie devant soi* en constituera l'aboutissement.

Elle lance, à elle-même et à ce qu'elle est devenue, un défi.

La vie devant soi

Je n'aurais pu jouer madame Rosa, ce rôle que j'ai tant aimé, si j'étais restée filiforme et m'étais fait tirer la peau.

Simone SIGNORET

« Elle avait plus de fesses et de seins que n'importe qui... Elle était si triste qu'on ne voyait même plus qu'elle était moche [1]. »

La description mi-tendre mi-cruelle du personnage de Mme Rosa, héroïne que s'apprête à affronter, à seulement cinquante-six ans, Simone Signoret, revient au jeune Momo, son petit protégé dans l'histoire. L'histoire est connue, celle du magnifique roman d'Émile Ajar, prix Goncourt, qui a déjà intéressé beaucoup de réalisateurs et producteurs dont Constantin Costa-Gavras et Claude Berri. Une ancienne prostituée parisienne de soixante-sept ans, juive d'origine et de religion, recueille les gosses perdus du quartier, enfants des « belles de nuit ». La vieille femme abîmée par la vie va se prendre d'une affection aussi singulière que passionnée pour un jeune garçon arabe, Momo, qui l'accompagnera jusqu'à sa mort. Un personnage de chair et de sang comme Simone Signoret les aime, dans

1. *La Vie devant soi*, dialogue.

une histoire de tolérance comme elle les affectionne. Un personnage à vous faire entrer directement dans la légende, mais un personnage qui pèse quatre-vingt-dix kilos, porte des robes à grosses fleurs, des permanentes d'une autre époque, et vous fait prendre vite fait dix à quinze ans. Alors en ce début d'année 1977, Simone Signoret hésite, comme quelques années plus tôt avec la Bouboulina de *Zorba le Grec* : « Le moment où on risque de paniquer, c'est juste avant de sauter l'obstacle ; mais pourquoi est-ce que je vais me mettre ça sur le dos ? Si on prend madame Rosa, j'en reviens toujours à Mme Rosa parce que là, ç'a vraiment été le ravin à franchir, l'obstacle à sauter [...]. En fait, le premier choc, c'est la prise de conscience : c'est vous qu'on vient chercher pour jouer quelqu'un d'abîmé physiquement[1]. »

Mais cette fois elle saute le pas, parce que le sujet est bouleversant, parce qu'elle a aimé le roman qui lui rappelle la petite nouvelle américaine *Fever* de Peter Feibleman[2], passée inaperçue, qu'elle a traduite à ses heures perdues ; parce qu'elle est convaincue par l'insistance de Moshe Mizrahi qu'il n'y a rien à perdre.

Et elle va beaucoup gagner. Elle séduit encore une fois les critiques par sa performance d'actrice. Jean-Louis Bory écrit : « Simone Signoret est tout simplement sublime, sans égard pour elle-même, elle "s'arrache", elle bouleverse et elle est drôle[3]. » Et il ajoute : « Dans son rôle le plus riche depuis *Casque d'or*, Simone Signoret oublie les numéros de comédienne pour mieux se mettre à nu, réconcilie d'autorité, dans son jargon, Israël et la Palestine, et nous bouleverse. » Grâce à *La Vie devant soi*, elle obtient le césar de la meilleure actrice en mars 1978, qui confirme le succès populaire du film que la télévision a très souvent diffusé depuis. Surtout, elle inscrit pour la postérité un

1. *Première*, mars 1982.

2. Parue sous le titre *Fièvre* dans la collection « Du monde entier » aux Éditions Gallimard.

3. *Le Nouvel Observateur*, 7 novembre 1977.

autre rôle culte, opposé à *Casque d'or*, en y ajoutant un clin d'œil magnifique : les photos de Mme Rosa jeune, dans le film, sont celles de Simone Signoret à l'époque de *Casque d'or*. Les spectateurs attentifs ont versé une larme, les journalistes n'ont pas manqué de le relever. Michel Flacon dans *Le Point* l'a évoqué avec talent : « Et quand Mme Rosa contemple sur des photos de jeunesse la vie derrière soi, ce qui nous étreint alors, c'est Simone Signoret elle-même, c'est le tête-à-tête digne et pathétique d'une comédienne avec son propre vieillissement. Elle triomphe de l'orgueil qui aurait pu lui commander le renoncement, elle choisit définitivement la vie[1]... »

Elle retrouvera Moshe Mizrahi quelques années plus tard pour un joli film, *Chère inconnue*, qui lui permet la rencontre avec une autre actrice engagée, plus militante, Delphine Seyrig et un grand comédien qui est en train de devenir une vedette populaire : Jean Rochefort[2]. Une histoire de rencontre épistolaire, de deux solitudes, un autre succès public. À cette occasion, Michel Drucker consacre un *Rendez-vous du dimanche* au film. Il se rappelle la rencontre avec Simone Signoret avant l'émission : « Les rapports que j'ai eus avec Simone Signoret sont des rapports d'angoisse. Il y a deux femmes qui m'ont mis dans cet état dans ma vie, Simone de Beauvoir et elle, les deux Simone. J'étais terrorisé par elle, et j'avais envie de me surpasser[3]. » Il enchaîne avec une anecdote assez édifiante : « Pour la préparation de cette émission, nous avons dîné, ma femme et moi, avec Simone Signoret et l'attachée de presse du film, un soir à la brasserie La Lorraine. J'étais très anxieux. En sortant du dîner, j'ai eu un accident à l'angle du boulevard de La-Tour-Maubourg à deux pas de chez moi, j'avais grillé un feu, ce qui ne m'était jamais arrivé avant et qui ne m'est jamais arrivé

1. *Le Point*, le 31 janvier 1977.

2. Jean Rochefort, fort des grands succès d'Yves Robert : *Un éléphant, ça trompe énormément* (1976), *Nous irons tous au paradis* (1977), et aussi de sa prestation césarisée dans *Le Crabe-Tambour* (1977) de Schoendoerffer.

3. Entretien de Michel Drucker avec l'auteur, décembre 2004.

depuis. C'était quelqu'un qui impressionnait, vraiment. » Il ajoute cependant, nuançant le portrait d'une Simone Signoret déstabilisatrice, instaurant des rapports de maître à élève, championne des examens de passage : « La Simone Signoret que j'ai connue était pourtant différente de celle qui avait – avec Montand – peuplé mon imaginaire de petit Normand qui rêvait de toucher les étoiles, on était loin des deux décennies triomphantes [N.d.A. : années cinquante et années soixante-dix], du rayonnement de *Casque d'or* à l'oscar. J'ai connu une femme qui avait un regard de début de la solitude » ; et de la souffrance de la maladie pourrait-on ajouter, mais Michel Drucker ne fait pas partie du petit cercle des intimes de l'actrice, qui connaîtront les difficultés de santé menant petit à petit à modifier sa vie.

En mai 1980, Simone Signoret doit retrouver Pierre Granier-Deferre pour un film adapté d'une œuvre de Georges Simenon, *Le Locataire*. Le début du tournage est retardé car Simone connaît de premiers ennuis de santé sérieux. Opérée de la vésicule biliaire, elle doit ralentir ses activités et s'astreindre à du repos. Pierre Granier-Deferre se souvient : « Elle a été magnifique, voyant ses soucis de santé, elle m'a dit : "Il ne faut pas m'attendre, il faut prendre Jeanne [Moreau]." J'ai insisté pour l'attendre, c'était elle que je voulais et je savais qu'elle provoquait pour tester ma détermination à la désirer jusqu'au bout[1]. » Le tournage est repoussé d'un an et commence finalement à l'automne 1981. L'actrice interprète une femme ordinaire, Mme Baron, mariée à un employé des chemins de fer. Elle tient pension de famille dans une petite ville de Belgique. Sa fille aînée Sylvie, danseuse interprétée dans le film par Fanny Cottençon, rencontre au cours d'une tournée en Égypte un aventurier, Édouard, joué par Philippe Noiret. Dans le train qui les ramène en Europe, ce dernier tue dans des circonstances mystérieuses l'amant de cette fille. La jeune femme terrorisée l'envoie chez sa mère en lui faisant promettre de ne rien

1. Entretien de Pierre Granier-Deferre, mai 1995.

raconter, ni leur relation, ni le drame. Il se présente comme un grand voyageur qui veut se reposer. Une relation étrange et complice se noue entre la brave vieille femme et le grand voyageur qui la fait rêver, jusqu'à ce que la police retrouve Édouard, qui finira au bagne.

La rencontre entre les deux comédiens fonctionne à merveille à l'écran. Jean-Pierre Lavoignat qui a suivi le tournage l'a raconté : « Dans ce huis clos aux couleurs grises des années trente, des villes du Nord et des romans de Simenon, chacun de leurs face-à-face est bouleversant d'émotion et de tendresse contenues. Il faut voir Noiret parler de l'Égypte et Signoret raconter l'histoire d'Œdipe ou dire que, elle aussi, elle aurait pu voyager, si la vie, si la guerre... Le dernier regard qu'ils échangent est trop rare pour qu'on puisse s'en priver[1]. »

Hors écran, les relations entre les deux acteurs sont plus tendues, car Simone Signoret négocie en permanence pour changer tantôt une ligne de texte [N.d.A. : Il y a tout de même trois scénaristes dialoguistes et pas des moindres, Jean Aurenche, Michel Grisolia, Pierre Granier-Deferre], tantôt un accessoire du décor. « Petit chemisier blanc très strict, les mains sur les hanches, Signoret observe la cuisine avec l'attention d'un aviateur vérifiant sa check-list avant le décollage. Elle s'approche de l'évier et demande s'il est possible de changer la bassine dans laquelle elle va faire la vaisselle : “Elle détonne par rapport au reste. Elle ne fait pas assez époque et... il faudrait que rien ne surprenne dans ce décor. Et puis, poursuit-elle avec le sourire d'une mère de famille qui donnerait des conseils, tant que vous y êtes, vous mettrez de l'eau chaude : on ne fait pas de la vaisselle avec de l'eau froide[2] !” » De l'importance des détails et de la recherche du vrai pour mieux jouer. Un perfectionnisme qui peut agacer certains partenaires, mais subjugue les metteurs en scène, Pierre Granier-Deferre le premier : « Pour *L'Étoile du*

1. *Première*, mars 1982.
2. *Première*, décembre 1981.

Nord, on a mis deux mois à trouver un petit col de dentelle pour aller sur la robe noire. Elle adorait les détails. Ce petit col de dentelle on l'a cherché, et quand elle l'a trouvé, elle était nimbée de joie. Ce détail, ça voulait dire qu'on était d'accord sur le personnage. »

Plus que l'affrontement entre deux comédiens au sommet que Pierre Granier-Deferre est habitué à gérer avec philosophie, pourvu que le résultat soit au rendez-vous, c'est l'introduction d'une jeune première indésirée qui se révèle plus délicate. Fanny Cottençon se souvient : « Au départ, Simone Signoret avait réservé le rôle pour sa propre fille, c'était la première fois qu'elle insistait réellement. Curieusement Pierre [Granier-Deferre] n'a pas cédé. Elle ne correspondait pas au personnage qu'il avait dans la tête. Il m'a imposée. » Simone Signoret, à qui on ne dit jamais non ou alors très difficilement, accepte le verdict à contrecœur ; elle adresse comme un défi à la jeune comédienne. Fanny Cottençon ajoute : « J'ai su tout de suite qu'elle avait dit à Pierre : "Elle a intérêt à être bonne !" Vous imaginez la pression pour une débutante de vingt-quatre ans, timide et éperdue d'admiration [1]. »

Pierre Granier-Deferre, très intelligemment, a construit le plan de travail de sorte que les scènes où apparaît Fanny Cottençon sans Simone Signoret soient tournées avant leurs scènes communes, et Simone Signoret, en grande professionnelle, va régulièrement aux rushes. Elle accepte la nouvelle, elle l'apprivoise. « J'ai su qu'elle aimait ma prestation », raconte modestement Fanny Cottençon, « mais il y avait nos scènes communes à tourner, je n'étais pas encore rassurée. » Elle continue avec une précision technique (plus de vingt ans ont passé) qui en dit long sur le « traumatisme » : « La première scène entre nous, c'est quand je rentre à la pension. Je devais entrer dans la cuisine et me mettre de profil par rapport à elle, j'avais tellement peur que je lui tournais presque le dos. J'ai voulu refaire la scène,

1. Entretien de Fanny Cottençon, octobre 2004.

mais là Simone m'a fait un geste de la main qui signifiait que tout allait bien, j'ai compris que j'étais acceptée. Un peu plus tard, Pierre a voulu refaire une scène où je jouais et Simone l'en a dissuadé. » La rencontre professionnelle a eu lieu, elle ne débordera pas du cadre, Simone Signoret ne jouera les mères qu'à l'écran : pas de complicité, pas de conseils. Après tout, elle aussi a commencé en incarnant des filles légères, elle aurait pu évoquer avec la jeune Fanny Cottençon les dangers de l'emploi, les chausse-trappes du métier. Fanny poursuit : « Il n'y avait pas de place pour la complicité féminine avec Simone Signoret, en tout cas pas avec moi, je ne sentais ni envie ni jalousie, mais il n'aurait pas fallu en revanche que j'établisse un lien trop fort avec Philippe ou avec Pierre. » Exclusive Simone, on l'a déjà écrit, mais toujours juste. Fanny Cottençon conclut : « Je l'ai apprivoisée parce que j'ai respecté le contrat, c'est ce qu'elle demandait aux autres, le travail bien fait, et je dois reconnaître qu'elle a été très fair-play quand le film est sorti et que ce sont les deux "mômes", comme elle nous appelait Julie Jezequel et moi, qui ont été mises en avant. » En effet, les critiques distingueront cette fois autant les jeunes premières que les stars du film. « L'évolution de Louise (Simone Signoret) remuée tant par des souvenirs que par une vague tentation amoureuse est splendidement démontrée. Édouard (Noiret) se dédouble et, dans ses deux facettes, est également à l'aise : fanfaron et douloureux tour à tour. Enfin, Sylvie (Fanny Cottençon[1]), généreuse et ambiguë, naïve et audacieuse, est presque la surprise (heureuse) du film[2]. »

1. Fanny Cottençon sera récompensée pour le second rôle féminin aux césars.
2. *Première*, mai 1982.

Compte à rebours

Elle défilait dans son imperméable mastic.
Dominique JAMET

Simone Signoret, qui a eu le temps d'achever un Guy de Maupassant pour Michel Drach – elle interprète la mère de l'écrivain dans ce film sans réelle épaisseur –, n'intervient dans la cité à ce moment qu'avec parcimonie. Pierre Mondy le rappelle avec humour : « Simone Signoret n'était pas douée pour la dispersion. Quand elle était occupée par un tournage ou un livre, elle faisait rideau. Je n'imagine pas Simone avec un portable par exemple. Elle pouvait tout à fait se couper du monde quand elle le décidait[1]. » Un paradoxe quand on sait l'intérêt que la comédienne portait aux affaires du monde. Elles sont pourtant à cette époque d'importance. Une possibilité d'alternance dans un pays, le sien, dirigé par la droite depuis les débuts de la Ve République se profile à l'horizon de l'année 1981. La campagne pour l'élection de François Mitterrand à la présidence en 1981 n'a cependant pas mobilisé le couple Montand-Signoret, resté comme à son habitude en retrait en politique intérieure. Aux grandes manifestations qui suivent la victoire de la gauche, de nombreux artistes enthousiastes et émus ont

1. Entretien de Pierre Mondy avec l'auteur, novembre 2004.

occupé le devant de la scène : Michel Piccoli, Pierre Arditi, Guy Bedos ou encore Dalida et Pascal Sevran. On se souvient que la chanteuse Barbara, de nature plutôt discrète, ira jusqu'à composer une chanson dédiée au nouveau président, *Regarde*[1]. Cet engagement un peu naïf qui flirte avec le lyrisme (mais Jack Lang a donné le *la* avec son expression devenue célèbre : « Les Français ont franchi la frontière qui sépare la nuit de la lumière[2]. »), Simone Signoret ne s'y associera pas. L'heure des emballements enthousiastes est passée pour Simone Signoret, elle ne reviendra pas. L'actrice s'épargnera ainsi les désillusions de ses « camarades » au moment de la politique de rigueur et se sentira plus libre d'intervenir, en critique, quelques mois plus tard, à propos des affaires polonaises. Elle s'en expliquera d'ailleurs, lors d'une interview au *Nouvel Observateur* : « Le 10 mai comme tous les gens qui ont été comme nous, nous avons été très contents, et si nous avons observé une certaine réserve, c'était pour ne pas sombrer dans le clan des courtisans [...]. C'est vrai qu'on n'a peut-être pas crié "Bravo !" assez fort quand on a été contents, alors on s'est fait remarquer en disant "Attention !". quand on ne l'était pas. Mais les amis, c'est fait aussi pour crier "Attention !" Les amis, pas les courtisans[3]. »

Les véritables interventions se situent, ce n'est pas un hasard, sur le front de l'Est, au premier rang desquelles la Pologne. Simone Signoret et Yves Montand ont suivi, depuis les accords de Gdansk[4], les avancées dans le pays du leader de Solidarnosc,

1. Les premiers vers : « Regarde sous ce ciel déchiré, tout s'est ensoleillé. C'est indéfinissable. Un homme, une rose à la main, a ouvert le chemin, vers un autre demain... » donnent un aperçu du ton.

2. Extrait du discours de présentation du budget de la Culture à l'Assemblée nationale le 17 novembre 1981.

3. Le 27 mars 1982.

4. Accords signés le 31 août 1980 entre le vice-Premier ministre de l'époque, Jagielski, et le leader du mouvement de grève, Lech Walesa, qui reconnaissent de fait l'existence d'un syndicat indépendant, grande première dans un pays communiste où le syndicat est soumis structurellement au Parti.

Lech Walesa, et de ses amis, et sa tentative d'implanter un syndicat libre dans un pays communiste[1]. Ce dernier est venu à Paris au mois de novembre rencontrer son « homologue » Edmond Maire. Le secrétaire général de la CFDT a organisé une rencontre entre Yves Montand, qui manifeste chaque soir son soutien au mouvement en déployant le drapeau de Solidarnosc lors de la chute de rideau, Simone, Lech Walesa et son plus proche conseiller, Bronislaw Geremek[2]. L'homme, citoyen européen – il partage aujourd'hui sa vie entre l'université de Tallinn où il enseigne, son siège de député au Parlement européen et la France –, accepte un entretien consacré à Simone malgré un emploi du temps chargé, et il s'en explique ainsi : « Cela me fait plaisir de rappeler ces souvenirs, et de témoigner de ma gratitude », il s'exprime dans un français pur, teinté d'un léger accent mélancolique. « Nous avons assisté au concert avec Lech Walesa, et puis ensuite était prévu un entretien privé entre nous quatre, ça a dépassé très vite l'entretien de courtoisie, et cela grâce à Simone Signoret. Elle a imposé un climat d'entente très chaleureux. Lech Walesa a été très ému de voir ce soutien, il s'attendait à des questions politiques conventionnelles. Je me rappelle que Simone Signoret lui a posé cette question très personnelle : “Et vous, quels sont vos rêves pour votre pays ?” Lech Walesa a répondu qu'il aimerait que son pays se rapproche de ce qu'est la France, que son pays devienne normal. Nous sentions une écoute de sa part très forte, qui dépassait la sympathie à l'égard de notre mouvement.[3] » Et il ajoute : « Je dois vous confesser que Lech Walesa était réticent au départ, leur CV, l'engagement auprès du communisme n'était pas une recommandation sympathique pour lui, mais pour moi ça l'était, c'était un couple qui avait pris ses responsabilités. Ils se sont engagés dans un mouvement après la guerre qui était

1. Le syndicat compte à cette époque près de dix millions d'adhérents.
2. Voir lexique.
3. Entretien de Bronislaw Geremek avec l'auteur, février 2005.

logique, il y avait eu des erreurs, des voies qui se révéleraient sans issue, mais c'était honnête. Au fond, nous étions de la même famille de pensée, avec les mêmes réflexes, on refusait le système totalitaire. [...] Nous étions à un moment très douloureux de notre histoire, nous savions que le retour en Pologne serait difficile. » Il le sera. Le 13 décembre 1981, un coup d'État militaire a mis fin à l'expérience polonaise. Une junte militaire, « Conseil militaire de salut national » (WRON), déclare l'état de guerre dans tout le pays [1]. La plupart des responsables syndicaux assemblés à Gdansk sont arrêtés. Lech Walesa est placé en résidence surveillée, Bronislaw Geremek se retrouve en prison. La Pologne se réveille dans le noir. Le gouvernement français, à l'annonce du coup d'État du 13 décembre, se situe sur une ligne non interventionniste qui choque les deux acteurs. Pierre Mauroy qui devait se rendre en Pologne se dépêche d'avertir que le gouvernement se refusera à toute ingérence dans les affaires polonaises. Claude Cheysson, plus direct ou plus maladroit, prononce une de ces petites phrases que retient l'histoire : « Bien entendu, nous n'allons rien faire. » La déclaration met le feu place Dauphine. Simone Signoret et Yves Montand décident d'initier un manifeste signé bientôt par de nombreuses personnalités dont Guy Bedos, Michel Foucault, Bernard Kouchner et André Glucksmann. Le texte accuse le gouvernement socialiste de « faire croire que l'instauration d'une dictature en Pologne est une affaire intérieure qui laissera aux Polonais la faculté de décider eux-mêmes de leur destin ».

C'est Yves Montand qui monte au créneau le matin du 16 décembre au micro d'Europe 1. L'émission fait grand bruit.

1. Les Soviétiques ont pris peur mais, signe des temps nouveaux, sous la pression occidentale et celle du Vatican, ont choisi une solution « nationale » alors même que les troupes du pacte de Varsovie étaient prêtes pour une invasion. L'état de guerre sera allégé en décembre 1982 puis levé le 22 juillet 1983. Lech Walesa recevra le prix Nobel de la paix en octobre 1983. Cependant le général Jaruselski conserve de bonnes relations avec l'Occident, il sera reçu à Paris après la mort de Simone Signoret en décembre 1985.

La gauche au pouvoir s'empresse de rectifier le tir. L'opinion publique est touchée par le drame polonais. L'action humanitaire s'organise, les deux acteurs peuvent se féliciter de leur intervention. Mais si pour Yves Montand l'affaire est close, Simone Signoret, elle, va suivre de près l'évolution de la situation en Pologne. Son investissement est remarqué par Jacques Lebas. Médecin du monde, il se souvient : « Simone Signoret a été très active dans cette période où nous essayions avec beaucoup de difficultés d'apporter du secours à nos amis polonais. [1] » Elle accompagnera notamment un convoi humanitaire en septembre 1982 à Varsovie avec Michel Foucault et trois représentants de Médecins du Monde : Bernard Kouchner, Jacques Lebas et Jacques Maubert. Entre-temps elle passe beaucoup de temps à des réunions pour Solidarnosc ou le KOR [2] et profite comme à son habitude de ses passages à la télévision pour alerter sur le sort de telle ou telle victime des autorités polonaises. Bronislaw Geremek se souvient de l'importance de cette mobilisation : « Je me suis retrouvé en prison dans la nuit du 13 au 14 décembre 1981, j'ai réussi à me procurer une radio qu'on m'a fait passer dans du pain, j'écoutais Radio Free Europe. J'ai pu être en contact avec le monde pendant un certain temps, je savais que Simone Signoret ne nous abandonnait pas et qu'elle portait et diffusait le petit badge de Solidarnosc. » Et il conclut : « J'ai cru sentir dans son soutien quelque chose qui relevait d'un sentiment de solidarité européenne [3], il ne s'agissait pas pour elle que d'une solidarité affective ou instinctive, elle pensait le monde. » La Pologne sera un des derniers combats inachevés de son existence. En janvier 1985, quelques mois avant sa mort, elle se rend à l'aéroport d'Orly pour accompagner le syndicaliste

1. Entretien de Jacques Lebas avec l'auteur, juin 1994.

2. Comité d'aide aux travailleurs victimes de la répression, fondé en septembre 1976 par un groupe d'intellectuels (dont Adam Michnik et Jacek Kuron) à la suite des grèves déclenchées en juin dans quelques centres industriels pour protester contre la hausse des prix alimentaires.

3. Transmis à Simone par sa mère, souvenons-nous de son admiration pour Aristide Briand et ses rêves de réconciliation franco-allemande.

Blumjstayn, que les autorités polonaises ne veulent pas laisser rentrer au pays, et dénonce la situation le soir même, invitée à *7/7*. Jacques Lebas se souvient de son exigence, de sa dignité : « Simone Signoret savait que sa notoriété nous aiderait, ce qui a été le cas. Sans elle, que le douanier avait reconnue, nous n'aurions peut-être pas passé la frontière est-allemande, c'est pour cela qu'elle a voulu nous accompagner malgré ses craintes d'être récupérée par les autorités et sa souffrance. Il faut se souvenir que Simone et Michel Foucault qui étaient nos deux porte-drapeaux étaient l'un et l'autre déjà malades. Il leur a fallu beaucoup d'énergie mais ils avaient une grande force morale, et Simone prenait sur elle pour nous faire rire. » Ni Michel Foucault ni Simone Signoret ne seront encore en vie pour fêter la victoire de Solidarnosc aux élections libres en juin 1989.

Les interventions en politique intérieure, quand elles existent, se situent, elles, exclusivement sur le terrain de l'antiracisme, et du combat antifasciste.

C'est ainsi le cas, en septembre 1983, au moment des élections de Dreux.

Le dimanche 4 septembre 1983, les électeurs de Dreux sont appelés à élire leur conseil municipal. La liste du Front national encore peu implanté en France recueille 16,7 % des suffrages [1]. On a souvent écrit et repris que c'est le maire de Dreux, la socialiste Françoise Gaspard [2], qui avait sollicité Simone

1. Historiquement, c'est avec les élections de Dreux, puis celles d'Aulnay un mois plus tard et celles d'Auray en décembre, que se situent les débuts de l'ascension du FN.

2. Sociologue, militante féministe, Françoise Gaspard est aujourd'hui représentante de la France à la commission de la condition de la femme à l'ONU et professeur à l'EHESS. Elle s'est retirée de la vie politique après les élections de 1983 mais continue ses combats féministes. Elle a publié *Au pouvoir, citoyennes ! Liberté, égalité, fraternité* (Seuil, 1992) avec Claude Servan-Schreiber, sa compagne et Anne Le Gall et *Le Foulard et la République islamique* avec Farhad Khosrokhavar (Seuil, 1995).

Signoret et Yves Montand pour qu'ils viennent à Dreux manifester un soutien sur le front de l'antiracisme. La réalité est un peu différente. En fait, Simone Signoret est en première ligne sur l'affaire. Françoise Gaspard, aujourd'hui à l'écart de la politique pure, le raconte : « J'ai reçu un coup de fil, au lendemain du premier tour, de Simone Signoret, que je connaissais très indirectement. Elle m'a dit ceci : "Il faut que vous vous débrouilliez pour être sur le plateau de *L'Heure de vérité*[1] avec Simone Veil et surtout que vous preniez contact avec elle avant, pour la convaincre de prendre position sur l'alliance de la droite et de l'extrême droite. De mon côté, je vais passer des coups de fil pour la pétition[2]." » Le cas est symbolique de la méthode Signoret. On peut observer une femme qui prend à bras-le-corps les événements, cherchant à les influencer. Surtout, ce qui frappe, c'est le rôle de conseil en communication qu'elle s'attribue. Françoise Gaspard, loin d'être choquée, est subjuguée par cette autorité énergique qui se déploie sous ses yeux : « On a souvent écrit que j'avais contacté Simone Signoret, mais cela ne me serait jamais venu à l'idée, je n'aurais jamais osé, c'est elle qui a décroché son téléphone. » Perturbée par la tournure que prennent les événements, Françoise Gaspard exécute le plan que lui a préparé Simone Signoret : elle accédera au plateau de *L'Heure de vérité* mais échouera dans sa tentative de convaincre Simone Veil d'adopter une position plus claire sur le deuxième tour. Parallèlement, une pétition circule, signée par Roland Castro[3], Bernard Kouchner, Patrice Chéreau ou encore Constantin Costa-Gavras. On peut lire que « la France entière est concernée par la recrudescence à Dreux des idées racistes

1. Grande émission politique d'Antenne 2 à l'époque, conçue et animée par le journaliste François-Henri de Virieu ; créée en mai 1982, elle avait pour ambition de réveiller le genre. Le nom des journalistes de la presse écrite qui venaient interviewer sur le plateau l'invité principal ne lui était communiqué qu'à son arrivée sur le plateau. L'émission ne disparaîtra de l'antenne qu'en 1994.

2. Entretien de Françoise Gaspard avec l'auteur, décembre 2004.

3. Voir lexique.

qui conduisent aux guerres civiles et aux guerres tout court ». Le texte condamne l'alliance avec le Front national. Encore une fois Simone Signoret agit dans l'ombre, elle passe de nombreux coups de fil pour décider d'autres personnalités à les rejoindre. Yves Montand pour sa part est à Saint-Paul-de-Vence où il se repose, c'est lui que le journaliste Ivan Levaï contacte pour s'exprimer au micro d'Europe 1. Après les explications sur la signature, l'entretien dérive, Yves Montand s'en prend « aux soi-disant gens de gauche qui soutiennent les responsables staliniens » et dénonce « leur complicité, leur solidarité avec les mouchards de Prague et les Pinochet de Varsovie », rappelle que le goulag est l'ennemi principal et se prononce en faveur de... l'abstention. Il refuse de s'associer à ceux qui « estiment que l'occupation de l'Afghanistan, ou ce qui se passe en Pologne, ou l'avion sud-coréen [1], ce sont des choses que l'on couvre. [...] Je ne considère pas que les gens qui s'associent avec des personnes qui pensent comme cela sont des gens de gauche. »

Simone Signoret encaisse ce qui peut être considéré comme un impromptu dans le programme, elle ne peut tout contrôler, et Yves Montand a été pris au dépourvu par un Ivan Levaï à la recherche du scoop. Elle reste, en public, solidaire de la prise de position d'Yves Montand. Françoise Gaspard, qui à l'époque lui parle plusieurs fois par jour, se souvient : « Elle n'était pas très heureuse de l'intervention d'Yves Montand à Europe 1 mais elle n'aurait jamais permis à la presse de se servir de leurs divergences d'opinion. » Comme souvent, l'épouse s'efface

1. Le 31 août 1983 la chasse soviétique dirigée par le lieutenant-colonel Osipovitch abat un Boeing sud-coréen et fait deux cent soixante-neuf victimes civiles. Il a été établi depuis l'effondrement de l'URSS qu'il s'agissait bien d'une tragique méprise des Soviétiques (un avion espion américain RC135 – dérivé du Boeing 747 – se trouvait dans le même secteur) et non d'une attaque délibérée contre un appareil civil. Compte tenu du contexte, le lancement de la « guerre des étoiles » par Ronald Reagan, l'événement était apparu alors comme une riposte soviétique. Le lieutenant-colonel sera cependant à l'époque décoré de l'ordre de Lénine.

devant la citoyenne, pour qui la terreur de l'extrême droite et du racisme reste dominante et impose qu'on ne sorte pas du sujet.

Harlem Désir, qui l'a rencontrée aux débuts de SOS-Racisme[1], en témoigne : « Simone Signoret avait une conception du racisme qui n'était pas intellectuelle, elle était viscéralement antiraciste. Pour elle c'était une évidence, Le Pen c'était le mal absolu, le nationalisme d'entre les deux guerres il n'en était pas question[2]. » Il raconte comment l'actrice a aidé à la diffusion du mouvement : « On était aux débuts de SOS-Racisme, on avait lancé l'association de façon publique en novembre 1984, on essayait de passer la rampe, donc on constituait un comité de parrainage et l'une des références qu'on avait pour populariser notre campagne c'était ce qui s'était passé autour de Solidarnosc, et notamment le petit badge. Pour nous, c'était une reprise de cette idée-là. Donc on avait cette idée qui consistait à faire vivre un mouvement d'opinion à travers ce mode d'expression un peu original, soit pour des gens à afficher un engagement, une solidarité à travers ce petit symbole. Celui-là, porté individuellement mais aussi par des milliers d'autres, crée un mouvement collectif. Évidemment, pour que ça fonctionne, il fallait qu'il soit porté par des personnalités à la télé, dans des débats, pour que ça suscite des réactions et que ça oblige les intervieweurs à poser des questions. On jouait de nos carnets d'adresses dans les médias, on essayait de faire une "pelote". On nous avait dit qu'il était indispensable de rencontrer Simone Signoret, qui serait plus accessible et à l'écoute que Montand, ce qu'on a fait. » La rencontre entre le jeune militant d'origine antillaise et l'actrice engagée a lieu au mois de janvier 1984. Harlem et ses camarades débarquent place Dauphine munis d'échantillons : la grande main et le petit badge. Harlem Désir s'en souvient avec émotion : « C'était impressionnant, car

1. Voir lexique.
2. Entretien de Harlem Désir avec l'auteur, janvier 1995.

elle était déjà presque aveugle et elle faisait des efforts surhumains pour essayer de visualiser la forme, l'objet… mais elle a été d'une efficacité et d'une intelligence redoutables. » Simone Signoret, en effet, en habituée des médias, conseille les jeunes gens : faire porter le badge par des personnalités, pourquoi pas ? Elle ne semble pas convaincue. Montand et elle pour défendre la Pologne c'est cohérent, mais deux vieux artistes pétitionnaires qui s'épinglent un « touche pas à mon pote », l'actrice qui a le sens des médias et du ridicule ne sent pas l'histoire. Harlem Désir poursuit : « Elle nous a expliqué que cela devait rester une affaire de jeunes qui, en portant ce symbole, allaient amener leurs parents à réfléchir à leurs préjugés. » Simone Signoret semble séduite par le projet du jeune homme, elle ne se défile pas, au contraire. Harlem Désir confirme l'impression faite à Françoise Gaspard : « Elle a commencé à passer des coups de fil devant nous et on s'est rendu compte que c'était un personnage influent, qui était très écouté, qui avait une autorité morale sur tout un tas de gens. » Au final, comme à son habitude, Simone Signoret prend les choses en main. Elle va profiter de son invitation à l'émission *7/7* prévue quelques semaines plus tard, pour évoquer l'association dans la rubrique « coup de cœur » de l'émission, qui consacre, à la demande de l'actrice, un reportage sur des lycéens de province en train de monter un comité SOS-Racisme. Des années après, Harlem Désir confirme l'impact du geste : « C'est elle qui a donné le top départ dans les milieux intellectuels et médiatiques du début du soutien à notre association : Coluche, Bernard-Henri Lévy et Marek Halter nous ont rejoints bien après. » Harlem Désir salue le pragmatisme de Simone Signoret : « La société française de l'époque qui découvrait le Front national ne savait pas comment réagir, et même si tout le monde faisait des tribunes pour condamner les propos de Le Pen, on ne trouvait pas le moyen d'accrocher l'opinion publique pour renverser la vapeur. Et je crois qu'elle a senti que dans ce qu'on proposait nous il y avait quelque chose qui était précisément moins austère que l'antiracisme humaniste, un peu classique par ailleurs sur le plan philosophique, qui s'exprimait dans les colloques. Elle s'est dit qu'il y avait peut-être quelque chose qui pouvait mettre en branle l'opinion publique dans ses profondeurs, parce que c'était un problème de génération. Et c'est ce qu'on lui avait expliqué, qu'il existait une génération, à l'époque, qui avait grandi dans un certain brassage qui se produisait beaucoup plus que maintenant dans les banlieues, et dans les milieux scolaires. Nous à l'époque on était plutôt le reflet du fait qu'il y avait une nouvelle génération qui ne mettait pas en cause la possibilité pour un enfant d'Arabe d'être français, parce que ça avait toujours été comme ça pour nous aussi. » Des propos qui résonnent de manière un peu idéaliste aujourd'hui, des armes – un petit badge – qui le sont aussi. En ce qui concerne l'engagement de Simone Signoret dans les débuts du mouvement, Harlem Désir conclut : « J'ai le souvenir de quelqu'un qui était vraiment très généreux, très pudique, qui ne s'est absolument pas mis en avant. »

Son engagement dans ces années-là est en effet plus discret, moins tapageur et plus personnel que celui d'Yves Montand. Il reste dans une tradition humaniste et ne verse jamais dans l'anticommunisme primaire. Simone Signoret a soutenu les dissidents de l'Est, de Sakharov en URSS à Vaclav Havel et sa Charte 77 en Tchécoslovaquie, comme Lech Walesa en Pologne, mais menant ce combat-là, Simone Signoret est restée une femme de gauche jusqu'au bout, le doute n'est pas permis sur cette question. Une « nuance[1] » s'installe entre elle et Yves

1. Le terme est de Paul Thibaud, directeur, au moment où il tient ces propos recueillis par *La Croix* le 1er octobre 1985 de la revue *Esprit*. On peut lire sous sa plume : « Simone Signoret était trop liée au souvenir qu'elle gardait de la guerre, elle appartenait trop profondément à la gauche, pour aller jusqu'à l'attitude très nette, qu'on pourrait dire de provocation, de Montand et son maître Glucksmann. Le titre de son dernier livre est significatif : elle ne maudit ni ne vomit les communistes, elle dit seulement : *Adieu Volodia* [...]. Entre son mari et elle s'était installée une nuance. Mais l'opinion qui s'était avancée derrière eux était allée si loin qu'elle ne la percevait pas. »

Montand, d'ordre idéologique et comportemental. Simone Signoret demeure, malgré tout, solidaire de son mari en public, les divergences d'opinion ne s'étaleront pas sur la place publique, elle le défendra quand il sera attaqué, notamment par l'animateur chanteur proche du président Mitterrand, Pascal Sevran. Dans une interview au *Matin de Paris* le 12 septembre 1983 titrée « Parlez moins fort M. Montand », Pascal Sevran se met en colère : « Ça suffit M. Montand, nous qui étions petits garçons quand vous déjeuniez à Moscou avec Khrouchtchev pendant que les chars soviétiques entraient à Budapest, nous n'avons pas envahi l'Afghanistan en votant socialiste... » Simone Signoret répond dans *Le Nouvel Observateur* du 25 novembre 1983 sur le même ton, à la place de son époux : « Je voudrais rendre hommage à mon tour à ce grand artiste qu'est M. Pascal Sevran. Lui, il trouve que Montand crie trop fort. C'est vrai, d'ailleurs Montand a crié très fort dans le micro à propos des missiles, du PCF, de l'URSS, et aussi du Front national et du problème des immigrés et cette interview a enfin donné une occasion à cet exceptionnel parolier d'écrire un article dans *Le Matin*. J'ai personnellement entendu les chansons de Pascal Sevran. Il m'a paru que la qualité de ses textes n'avait pas de quoi inquiéter les producteurs des plus débiles rengaines américaines. » Yves Montand devient une vedette de l'intervention télévisée, elle laisse faire mi-agacée mi-inquiète. C'est l'époque où le chanteur devient un obsessionnel de la lutte contre les dictatures communistes et en guise d'expiation franchit dans l'autre sens la frontière du militantisme, parfois instrumentalisé par des personnalités de la droite, hommes politiques, industriels ou philosophes.

La « nuance » s'instaure avec une interview accordée au *Figaro Magazine* le 29 avril 1983. Le fond de l'interview diffère peu des propos tenus dans les autres organes de presse, mais l'entourage proche, à commencer par Simone, n'estime pas qu'il soit très utile d'aller en territoire ennemi. Il y a des endroits qu'elle se refuse à fréquenter. Elle n'a pas franchi la ligne qui consiste à soutenir Reagan et la politique militariste qu'il défend à cette époque et à dénoncer sans relâche le goulag à chaque fois qu'un micro se tend devant elle. Le phénomène Montand, comme les acteurs et témoins de l'époque l'ont désigné, s'installe avec une série d'émissions qui apparaissent comme de véritables interventions télévisées. De *7/7* en septembre 1983, juste après les élections de Dreux, aux *Dossiers de l'écran*[1] en janvier 1984, en passant par *La Guerre en face*, émission conçue par Jean-Claude Guillebaud et Laurent Joffrin à partir d'une fiction sur France 3 et par la plus célèbre *Vive la Crise*[2] en février 1984, Yves Montand devient un porte-parole médiatique et paradoxal des droits de l'homme, du libéralisme économique, de l'accroissement de l'effort de défense français, de la constitution d'une défense européenne et le champion du combat anticommuniste[3]. Les sondages de popularité abondent et des journalistes de plus en

1. Yves Montand est le seul invité de l'émission créée par Armand Jammot, dont le principe général est de débattre d'un film proposé par la chaîne en première partie de soirée. Ce soir-là, le film est *Le Choix des armes*, et il n'y a pas de débat mais une longue interview d'Yves Montand par Alain Jérôme, le présentateur de l'émission. Trente-deux mille appels parviendront en une heure trente au standard de SVP, 95 % concernent la politique, les dix millions de téléspectateurs de l'émission veulent entendre Montand parler politique. La presse dans son ensemble (à l'exception on s'en doute de la presse communiste) est enthousiaste. Les grandes signatures s'extasient devant la fraîcheur et la justesse de la prestation d'Yves Montand, de Jean Daniel à Philippe Tesson en passant par André Frossard et Claude Sarraute.

2. Imaginée par Pascale Breugnot à qui l'on doit déjà le très controversé *Psyshow* diffusé six mois auparavant, l'émission proposée le 27 octobre 1983 par Antenne 2 avait pour but d'expliquer les tenants et les aboutissants de la crise économique par le biais de scénarios de fiction catastrophe présentés par Yves Montand, et de dénoncer les pseudo-remèdes, les « y a qu'à » (expulsion massive des immigrés, embauche de fonctionnaires, protectionnisme). Elle intervient dans un climat très favorable au chanteur comédien, pas moins de douze magazines lui consacrent leur une à cette occasion. L'émission s'appuyait sur le livre de l'économiste et ancien commissaire au plan Michel Albert, *Le Pari français*. Elle proposait un corpus idéologique de remplacement aux déçus de tous bords, du keynésianisme ou du monétarisme.

3. Des ministres communistes sont encore au gouvernement en 1984, alors même que l'hégémonie culturelle et sociale du PCF est du passé.

plus nombreux, avec de plus en plus de sérieux, s'interrogent sur un éventuel destin national d'Yves Montand. Après la candidature de l'humoriste Coluche – représentant des exclus – qui a joué les trouble-fête dans la campagne pour l'élection présidentielle de 1981 et a fini par beaucoup inquiéter l'entourage du candidat de la gauche, François Mitterrand, celle beaucoup plus classique finalement du chanteur comédien (un ancien acteur de cinéma n'est-il pas devenu président des États-Unis ?) ne paraît pas si absurde. Certains vont même jusqu'à la souhaiter. En décembre 1983, un sondage IFRES pour *Le Quotidien de Paris* place Yves Montand à la première place dans le hit-parade des personnalités préférées des citoyens, 29 %, loin devant Jacques Chirac, Simone Veil ou François Mitterrand. 55 % des Français jugent son discours plus important que celui des politiciens. Plus précis et plus tardif, un sondage du *Matin de Paris*, le 13 avril 1985, révèle que 45 % des Français le verraient bien en ministre, 14 % en président de la République. Ils sont 24 % en tout cas à estimer qu'il devrait se présenter à des élections, ce qui le place loin au premier rang des personnalités non politiques concernées par l'enquête (Bernard Tapie, classé deuxième, n'est cité que par 11,4 % des personnes interrogées).

Simone, elle, reste donc en retrait de ce battage médiatique, elle évite les journalistes et les chausse-trappes qu'ils lui tendent. Certains essayent de traquer les divergences [1], tentent d'avoir l'opinion de Simone Signoret sur les bruyantes prestations de son époux. Elle ne s'exprime pas, ce qui permet à certains de soupçonner des désaccords : « L'automne circonspect de Simone Signoret reste un peu effaré devant l'été indien du pétulant Montand [2] », écrit Pierre Billard. Et il ajoute avec un

1. À l'automne 1983, *Le Nouvel Observateur* titre « Signoret répond à Montand. » Jean Daniel enverra un télégramme d'excuses au couple : le contenu de l'article n'a rien à voir avec l'accroche polémique que sous-entend le titre.

2. *Le Point*, 3 octobre 1983.

sens de la formule qui fait mouche : « Leurs idées ne divorcent pas, elles font chambre à part. » C'est bien écrit, partiellement juste : dans l'ensemble, sur le fond comme sur la forme, Simone Signoret ne désapprouve pas les positions de son mari, elle juge d'ailleurs sa prestation aux *Dossiers de l'écran* « merveilleuse ». Elle reste solidaire, même si sa façon de s'exprimer n'est pas la même, elle admire le courage de Montand qui continue d'aller de l'avant, cherchant inlassablement des clés de compréhension du monde et des repères pour le monde de demain. Habitué aux doctrines et à la chaleur du corpus idéologique qui l'a aidé à se construire (n'oublions pas la chaleur de « l'amour » que lui portaient des millions de militants communistes à travers le monde, rappellera à juste titre un observateur bien placé, Michel Strulovici [1]), l'acteur est plus fragile devant la difficulté d'analyse du monde contemporain, il se protège de la solitude en allant vers un nouveau public. Simone, elle, est à la fois plus libre et plus prudente, et même si elle rappelle aux rares journalistes qu'elle rencontre qu'elle aussi a versé dans le « lobby » anticommuniste [2], son reniement est plus discret, intériorisé et tourné vers le passé.

Dans ces années-là, son travail de réécriture de l'histoire communiste s'effectue aussi, mais il se place sur le terrain historique : elle évite les pièges d'un engagement sur le terrain de la politique française et internationale du moment. Pendant

1. Entretien de Michel Strulovici avec l'auteur, décembre 2004.

2. « Je crois que j'ai franchi la frontière vers l'anticommunisme, je crois que je vais entrer dans ce que *L'Humanité* appelle "la clique", le "lobby anticommuniste", je vais vous dire quand j'ai rompu totalement. C'est en voyant le visage abêti et abominable de cet émérite pilote du peuple qui nous expliquait comment il avait tiré sur le Boeing sud-coréen. C'est la fin de ma tendresse... Je veux dire la fin des *balalaïkas*, du *samovar* », dans *Le Nouvel Observateur*, 25 mars 1983.

Claude Roy, revenant dans ses mémoires, en 1988, sur son amitié d'une vie avec Simone, écrira : « Elle était de gauche, désormais, et le resterait jusqu'au dernier souffle [...]. Elle était de toutes les gauches, un pied chez les libertaires, l'autre chez les communistes, une main dans la main de l'ami puis du jeune mari trotskiste, l'autre main dans la main des anciens du groupe Octobre. »

qu'Yves Montand s'agite, à droite et à gauche, et pour le jeu de mots plutôt à droite, Simone Signoret participe à un des grands documentaires de son temps : *Des terroristes à la retraite*, qui contribue au travail de deuil de son histoire d'amour avec le communisme. Elle règle ses comptes avec son passé, encore une fois, après l'explication par l'écriture. José Artur a bien expliqué le décalage : « La force de Simone sur Yves c'est qu'elle a pu avoir son auto-analyse grâce à l'écriture de *La Nostalgie* puis de *Adieu Volodia*, tandis qu'Yves l'a fait homéopathiquement à la télé [N.d.A. : pour être juste, Yves Montand a donné beaucoup de sa personne au moment du tournage de *L'Aveu*, cela n'a pas suffi pourtant]. Elle, elle a pu jeter son cri et elle a tout réglé avec elle-même et elle est morte quand elle avait tout réglé[1]. » Avant l'écriture d'*Adieu Volodia*, la participation au documentaire de Mosco Boucaut est une nouvelle étape qu'il ne faut pas négliger dans ce parcours.

Ce documentaire que le jeune réalisateur a en projet est inspiré du livre de l'historien Philippe Ganier-Raymond, *L'Affiche rouge*. Il se propose de raconter la véritable histoire des FTP-MOI (francs-tireurs et partisans, main-d'œuvre immigrée) pendant la Seconde Guerre mondiale. Ces hommes, tous des juifs immigrés, avaient été rassemblés par le PCF dans cette organisation créée pour eux pour participer à des actions armées. Vingt-trois d'entre eux furent arrêtés en février 1944 sur dénonciation, puis fusillés au mont Valérien le 21 février 1944. Mosco, puisque c'est ainsi qu'on l'appelle, après une enquête minutieuse a retrouvé sept survivants, sept juifs (dont cinq Polonais et deux Roumains) qui racontent avec émotion leur épopée. Son film propose une thèse : ces hommes ont été sacrifiés à la fin de la guerre par le parti communiste français parce qu'ils étaient étrangers. Le Parti voulait se donner une image de parti français à l'approche de la Libération. Contactée par le réalisateur pour prêter sa voix au commentaire, Simone va

1. Entretien de José Artur avec l'auteur, mai 1995.

se passionner pour l'histoire tragique de ces gens de peu, de ces destins ordinaires. Elle va à la rencontre des protagonistes du film et se passionne pour l'histoire de Raymond Kojitski, Adam Rayski et Adam Mitzflicker. Le film commandé par Antenne 2 en 1979 est enterré par les différentes directions. Il tombe au mauvais moment, les ministres communistes font leur entrée au gouvernement, il ne s'agit pas de remuer la boue de ces années noires. Il sera finalement programmé l'année de sa mort en juin 1985. Il est symbolique qu'un des derniers engagements de Simone Signoret soit dans l'association au film qui « faisait sauter le dernier verrou du mythe résistancialiste gaullo-communiste qui berçait la France depuis quarante ans [1] ». En participant au film de Mosco elle revenait sur une histoire qu'elle n'avait pas voulu connaître à l'époque, celle des crimes du communisme, et cette fois nous n'étions pas de l'autre côté du rideau de fer, mais au sein du parti des fusillés. Elle poursuivra son parcours à l'envers, en faisant quelques années plus tard de ces juifs immigrés les héros de son premier roman *Adieu Volodia*.

Entre-temps elle a tourné son deuxième film de télévision avec Marcel Bluwal, dans lequel elle incarne Thérèse Humbert. Entourée par une distribution exclusivement masculine : François Périer, Michel Aumont, Bernard Fresson, Guy Tréjan, elle fait revivre une des plus grandes mythomanes que le siècle ait connu. Thérèse Humbert, une contemporaine de la vraie Casque d'or – c'est leur seul point commun –, escroqua de nombreux créanciers pendant plus d'un an en s'inventant un héritage qu'elle devait toucher à l'issue d'un procès dont on ne voyait pas la fin. La fortune bloquée était prétendument enfermée dans un coffre chez elle, lequel coffre se révéla vide de trésor quand les banquiers à bout finirent par exiger une

1. *Télérama*, juin 1985. L'ouverture des archives de la police et leur étude précise par les historiens spécialistes de la période tendraient à prouver que la thèse de Mosco n'est pas validée par les faits. Ces hommes auraient été filés par la police française très en amont de leur arrestation.

preuve. Simone Signoret se révèle une brillante affairiste et une menteuse de haut vol pour ce second fait divers de sa carrière, dont elle a rêvé toute sa vie : « Depuis trente ans, je voulais être Thérèse Humbert. Cette histoire qui a défrayé la chronique au siècle dernier m'a été racontée par ma grand-mère quand j'avais douze-treize ans [N.d.A. : souvenons-nous que sa grand-mère l'emmenait voir *M le Maudit* à la même époque]. Certaines rêvaient de Phèdre, moi, c'était de Thérèse Humbert [1]. » Mais très vite l'écriture, cet exercice solitaire, la tente à nouveau…

1. *Paris Match*, 11 octobre 1985.

Adieu Volodia

J'ai essayé de raconter l'histoire du silence.
Simone SIGNORET

Avec *Adieu Volodia*, Simone Signoret signe son premier roman qui sera aussi le dernier. C'est le hasard de l'écriture et surtout la résurgence subite à sa mémoire du nom de « Petlioura » qui va conduire Simone Signoret sur le chemin de cette saga de six cents pages : « Je me rappelle très bien cet après-midi à Autheuil où maman est sortie de sa chambre et m'a demandé d'aller chercher dans le dictionnaire un mot. Elle ne se souvenait plus si c'était "piet" ou "petlioura". Finalement on a trouvé à Petlioura, et c'est en tirant sur le fil[1]... »

Contrairement à ce qu'on aurait pu penser, en ce qui concerne Petlioura, il ne s'agit pas d'un personnage qui a peuplé l'univers de son enfance. Chez les Kaminker à l'époque on parlait plus volontiers de Lindbergh, de Sacco et de Vanzetti : « Petlioura est un personnage que j'ai découvert en lisant un livre de Henry Torrès à qui je fais jouer son propre rôle dans *Volodia*. Dans son bouquin, *Les Grandes Causes*, Torrès raconte, entre autres, le procès Schwartzbard. Du coup, j'ai découvert l'existence de ce Petlioura qui avait été le grand pogromiste, de

1. Catherine Allégret, entretien avec l'auteur, mai 1988.

1918 à 1921, en Ukraine, puis en Pologne, et qui avait été assassiné en 1926, à Paris où il s'était réfugié, par le Schwartzbard en question. Jamais le nom de Petlioura, à côté de qui Himmler était un enfant, n'avait été prononcé devant moi. Je me suis mise à imaginer l'épouvantail qu'avait pu être un Petlioura pour les gens du XXe arrondissement, naguère, dans leur pays d'origine[1]. »

C'est donc en tirant sur ce fil que Simone Signoret en vient à raconter l'histoire de deux familles de juifs pauvres, immigrés, à Paris entre les deux guerres. Les deux couples héros sont donc juifs et le roman commence un soir de juillet 1925 alors qu'ils reviennent chez eux avec leurs papiers de naturalisation. Elie Guttman est né en Ukraine, il est ouvrier maroquinier chez Mercier. Sonia Guttman, sa femme, est finisseuse à domicile au compte de Janek Roginski. Ils ont un fils, Maurice, né à Paris en décembre 1919.

Stepan Roginski habite aussi au 58, rue de la Mare. Né en Pologne, il a rejoint son frère Janek (qu'on appelle M. Jean, signe de son intégration) qui lui a trouvé un emploi d'artisan fourreur dans son entreprise de confection « Femina Prestige ». Olga, sa femme, travaille aussi pour son compte. Ils ont une fille Elsa qu'on appelle Zaza.

Adieu Volodia c'est, avant tout, l'histoire de l'ascension sociale de juifs du Sentier, qui passent au XXe arrondissement puis à Neuilly. Et l'histoire de leur intégration dans une société composite, intégration qu'ils ont fortement désirée, en refusant de parler du passé : « Jurons, avait-elle dit. Et ils avaient juré. Ils seraient de jeunes parents amnésiques, en tout cas devant leurs enfants. Ils ne ressembleraient pas à leurs parents qui leur avaient ressassé, à la lueur terrifiante des bougies de suif, les détails des pogromes de leur temps, les comparant avec ceux de la veille auxquels ils venaient d'échapper et qui les laissaient

1. *Lire*, mars 1985.

encore tremblants dans l'attente du prochain qui survenait toujours [1]. »

Quel drame alors pour les parents Guttman et Roginski lorsque surgit dans la bouche de la petite Zaza le nom de Petlioura, que les enfants, constatant l'effet produit, s'empressent de transformer en « pouet-pouet ». On apprend alors que le dénommé Petlioura habite, signe de l'histoire, à Paris, où il s'est réfugié dans un hôtel de la rue de la Mare. Le 26 mai 1926, Schwartzbard l'assassine. Les enfants ne sauront rien du soulagement de leurs aînés ; mais plus tard en 1938, Maurice, devenu adulte, ira chercher chez un collectionneur l'histoire de Petlioura et celle du procès de son assassin, acquitté par la police française.

C'est l'histoire du silence produit par la peur que raconte entre les lignes Simone Signoret, de cette peur qu'elle n'a pas partagée, d'abord parce qu'elle habitait les beaux quartiers, mais aussi parce qu'on ne lui avait rien raconté sur la branche juive de sa famille. Mais c'est aussi plus précisément l'histoire de ces années d'avant-guerre qu'elle fait revivre. Avec un décor d'époque : la compagnie du PLM, les petits commerces comme Julien Damoy ou le Blé d'or de Quimper, la réclame du docteur Pierre, les succès cinématographiques du temps comme *Le Crime de monsieur Lange* et l'ombre de Jacques Prévert. Avec aussi les faits divers et les exploits de ces années-là : l'arrivée triomphale de Coste et Le Bris au Brésil, l'affaire Stavisky ou encore les aventures des sœurs Papin. Simone Signoret n'oublie pas les engagements politiques d'une époque qui ne fait pas dans la nuance : « Aux PTT, tout le monde voyait l'avenir en rouge sauf le chef de Félix qui le voyait bleu-blanc-rouge et qui voulait la France aux Français [2]. » Et aussi la montée de l'antisémitisme : « On était entré dans une sale période. Celle où c'était rue d'Aboukir qu'on tremblait à nouveau d'être juif et toujours

1. Simone Signoret, *Adieu Volodia*, Fayard, 1985.
2. *Ibid.*

polonais, bulgare, slovaque, hongrois ou ukrainien [1]. » Un clin d'œil cependant au début de l'émancipation des femmes : Olga et Sonia, finisseuses à domicile au début du roman, deviennent patronnes – sans prévenir leurs maris – à la suite de la transformation de Masques et Bergamasques en coopérative.

Dans sa fiction, Simone Signoret introduit beaucoup de sa propre histoire, d'abord à travers les deux enfants : Maurice et Robert, même s'ils vivent rue de la Mare et pas à Neuilly, et s'ils sont boursiers et pas enfants d'officier, sont ses contemporains et partagent beaucoup de choses avec la jeune Simone. D'abord un professeur d'histoire passionnant, M. Florian, qui ressemble fort à un mélange de la Lucie Samuel, alias Aubrac, que Simone Kaminker a eue comme professeur au lycée de Vannes et de Jean-Paul Sartre. Grâce à lui, Maurice et Robert découvrent, comme Simone à l'époque, *La Condition humaine* de Malraux et les romanciers américains Dos Passos, Faulkner et Caldwell. En 1938, Robert, pion au lycée du Havre, que Sartre vient de quitter pour le lycée Pasteur de Neuilly, découvre *La Nausée.* Détail intéressant, les filles de la rue de la Mare ne partagent pas les lectures des garçons, contrairement aux jeunes filles privilégiées de Neuilly, dont on ne néglige pas l'éducation intellectuelle : Zaza et Josette lisent *Pour vous* et *Cinémonde*, revues interdites dans la famille Kaminker. Comme Simone Kaminker, les enfants du XXe vont à l'Exposition universelle de 1937 et comme Simone ils remarquent surtout le pavillon russe et celui de l'Espagne républicaine. « C'est Félix qui leur avait fait l'itinéraire : après le pavillon de l'URSS à visiter en tout premier, qu'ils ne manquent surtout pas d'aller jeter leur obole dans la fontaine de mercure placée au centre du pavillon de l'Espagne républicaine. Pour le tableau dont tout le monde parlait, il les laissait juges : lui estimait que Josette, à quatre ans, en faisait autant, facile… Mais après tout, si ce Picasso faisait venir du monde, c'était le principal [2]. »

1. *Ibid.*
2. *Ibid.*

Et plus tard, Zaza connaîtra les mêmes difficultés que la jeune Simone. Ses débuts dans le cinéma (comme costumière) ressemblent trait pour trait à ceux de Simone Kaminker, apprentie comédienne : « Elle devait donc partir avec toute l'équipe française, d'un film français, avec des acteurs français, pour des extérieurs en Allemagne. Au dernier moment, ils ne l'ont pas prise. Ils se sont avisés qu'elle était peut-être un peu juive, et ils lui ont dit qu'elle était un peu jeune[1] [...]. »

De son passé, on le voit, Simone Signoret a mis beaucoup dans *Adieu Volodia*, jusqu'aux moindres détails, jusqu'aux moindres personnages : c'est tante Irène qu'on retrouve sous les traits de Nicole Roginski, la femme de M. Jean, la belle-sœur de Stepan. Chez Nicole, rue Charles-Laffitte, comme chez tante Irène du square Lamartine, il y a les bonnes, des objets d'art (ici un œuf de Fabergé, là des tapisseries d'Aubusson) et la même condescendance vis-à-vis des cousins pauvres. Dans *La Nostalgie*, évoquant les visites chez la tante juive parfaitement intégrée à la bourgeoisie du XVIe arrondissement, Simone Signoret note avec amertume : « Et nous remettions nos manteaux sans avoir été priés à dîner. » Dans *Adieu Volodia*, Nicole parle des « Pollacks du *shtelt* » pour désigner beau-frère, belle-sœur et nièce dont elle a assuré l'exil, très loin de Neuilly, rue de la Mare et qu'elle se refuse à fréquenter. Une parenté dans le mépris. Volodia, qui donne son titre au roman, de son vrai nom Vladimir, est un ancêtre de Jo Langer, une victime communiste des communistes. Volodia qui réapparaît pour témoigner au procès Petlioura et qui ne pourra apercevoir son cousin Elie que quelques minutes, étroitement surveillé par un interprète. Comme pour Simone et sa cousine tchécoslovaque en 1957, le rendez-vous d'Elie et de Volodia, trente ans plus tôt, est un rendez-vous manqué : « Derrière le sourire tatoué par la cicatrice, monsieur Florian pouvait lire dans le regard désespéré de Volodia que ces grosses lettres bâtons tracées sur

1. *Ibid.*

le papier quadrillé ne symbolisaient que l'absurdité d'un rendez-vous manqué. Manqué parce que jamais donné, en un lieu dont il ne savait rien et auquel il ne pourrait jamais songer ni gaiement ni tristement quand il recopierait les bâtons sur une enveloppe, plus tard, s'il écrivait jamais[1]. » Volodia, dont on apprendra plus tard dans le roman qu'il est mort en Sibérie dans un camp.

Enfin, dans Félix Clément, employé modèle aux PTT, il y a un peu de l'aveuglement de la jeune compagne de route croyant au bonheur dans la patrie soviétique. Félix Clément qui, consulté sur l'absence de réponses aux lettres qu'Elie envoie à Volodia, choisit de défendre ce à quoi il croit sans même réfléchir : « Félix avait dit que ça arrivait dans le monde entier que des gens ne répondent pas au courrier qu'on leur envoyait. Qu'il était bien placé pour le savoir. Dans le monde entier, il y avait des négligents et des indifférents. Là-bas moins qu'ailleurs, peut-être... mais là-bas, il y avait tellement de travail à faire qu'on avait peut-être pas le temps d'écrire. Surtout à ceux qui ne partageaient pas le travail qui restait à faire[2]. »

Simone Signoret a réussi le passage peu évident à la littérature romanesque. Première source de satisfaction : elle étonne et séduit son entourage. « C'est Montand que mon roman épate le plus, il disait que je n'avais pas d'imagination[3]. » Ce qui importe plus que tout à Simone qui aura cette incessante quête. Deuxième étape : la reconnaissance critique, elle est magistrale et internationale, mais surtout c'est une romancière à part entière que les critiques vont saluer et non une actrice qui écrit : « Une grande romancière est née », peut-on lire sous la plume de Jérôme Garcin dans *L'Événement du jeudi*[4]. « Un énorme, monumental roman », répliquera Jean Chalon dans *Le Figaro*,

1. *Ibid.*
2. *Ibid.*
3. *Lire*, mars 1985.
4. Mars 1985.

ajoutant : « Elle se révèle comme une romancière de grande envergure et exceptionnelle, dotée d'une chaleur humaine qui fait complètement défaut à la plupart des romanciers actuels [1]. » Claude Roy, pour sa part, écrira dans *Le Nouvel Observateur* : « *Adieu Volodia*, c'est le roman que des dizaines de raconteurs professionnels rêvent d'écrire. Populaire dans le bon sens du terme [...]. La marque du vrai écrivain. Et oui, gens de lettres, baissez le nez : Simone, l'actrice, la comédienne, la star, l'amateur vous fait la nique. Elle est souvent bien plus et meilleur écrivain que la plupart d'entre vous [2]. » Et pour finir, Pierre Déméron de citer les références classiques, Roger Martin du Gard : « Cette saga du petit monde cosmopolite des immigrés de l'entre-deux-guerres est à placer dans sa bibliothèque à côté de celle des *Thibaut* [3]. »

De leur côté les critiques étrangères sont également élogieuses. L'*International Herald Tribune* titre : *The fiction touch of Simone Signoret.* [4] En Espagne on peut lire : « C'est un roman historique de cinq cent soixante-dix pages écrit dans un style incontestablement brillant. »

C'est une Simone Signoret vivante, combative, mutine parfois, que les journalistes rencontrent pour la sortie du livre en mars 1985. Bernard Pivot fait partie de ceux-là : « Simone Signoret était une "cliente" formidable pour la télévision, elle n'avait pas le trac, elle savait parler de ses livres et elle mettait les autres en valeur. Avec *Adieu Volodia*, c'était la quatrième fois que je la recevais à *Apostrophes*, la première fois en tant que romancière, elle était devenue un écrivain. Le hasard des sorties de livres a voulu qu'elle se retrouve avec Patrick Modiano qu'elle avait croisé petit garçon et qu'elle adorait. Elle a été grandiose, il y avait quelque chose de modianesque d'ailleurs dans le per-

1. *Le Figaro*, le 4 mars 1985.
2. *Le Nouvel Observateur*, mars 1985.
3. *Marie-Claire*, mars 1985.
4. *International Herald Tribune*, le 16 mars 1985.

sonnage Signoret : une star qui a changé d'emploi, qui se répand par la parole mais qui garde son mystère… Elle ne voyait plus très bien, j'ai évoqué le sujet, en lui demandant comment on faisait pour écrire en étant quasiment aveugle, elle a balayé la question : “Ça n'est pas facile, mais bon, on ne va pas faire un numéro là-dessus, ce qui est dérangeant c'est que je vois sur les côtés, pas au centre, mais je vois, Pivot, que vous avez la main comme ça sur le menton…” Elle plaisantait, ça cachait sans doute une grande pudeur[1]. »

Les lecteurs, les téléspectateurs ne sauront rien du courage qu'elle déploie pour continuer à avancer au propre comme au figuré. Elle sait désormais qu'elle est condamnée, elle ne connaît pas l'échéance. « J'arrive à marcher droit parce que je vois sur les côtés », confiera-t-elle sans demander qu'on s'apitoie. La vue devient difficile pour celle dont on a toujours remarqué l'acuité du regard. Et pourtant, digne, elle cache l'avancée du mal, décourage les plus indiscrets des intervieweurs en opposant des réflexions générales là où ils attendent des confidences personnelles. « Je pense à la mort depuis que les gens meurent autour de moi. Quand on a atteint la soixantaine, ils sont de plus en plus nombreux. Cela dit, je ne suis pas obsédée du tout. J'y pense normalement comme tous les gens doivent y penser[2]. » Elle est décidée à tout maîtriser, à ne rien montrer. Claude Durand, son éditeur, qui l'a revue jusqu'aux derniers instants, l'exprimait en ces termes délicats au lendemain de sa mort : « Elle ne voulait pas cacher sa maladie ; elle était avant tout soucieuse de l'altération que celle-là pouvait provoquer dans ses relations avec les autres. Elle tenait à ne pas en modifier la qualité[3]. »

Écrire encore sera sans doute impossible désormais, mais jouer, personne ne peut le lui interdire, Simone Signoret ne

1. Entretien de Bernard Pivot avec l'auteur, janvier 2005.
2. *Marie-Claire*, mars 1985.
3. *France Soir*, 1er octobre 1985.

renonce pas, elle n'a jamais su se plier et ce n'est pas à plus de soixante ans qu'on changera ce trait de son caractère. Au printemps 1985, elle tourne pour la télévision *Music-Hall*, qu'elle n'aura pas le temps de voir fini. Pour son dernier rôle, elle interprète l'indomptable patronne de music-hall Yvonne Pierre, qui malgré la guerre qui s'annonce veut à tout prix que le spectacle continue. Et le spectacle continue, aussi, en effet, hors caméras, malgré les difficultés. André Dussolier se souvient : « Elle ne voyait pratiquement plus. Sur le plateau, elle se plaçait et se dirigeait avec des lumières, des spots. Les répétitions l'aidaient, mais cela devait être très difficile. Elle ne s'est jamais plainte. Je crois que son plus grand handicap, le vrai, venait de l'impossibilité qu'elle avait de regarder ses partenaires au fond des yeux. Elle compensait cela par la richesse des rapports qu'elle entretenait avec les autres acteurs [1]. » Ce que confirme Danièle Lebrun, sa partenaire, par ailleurs épouse du metteur en scène : « En juillet, Simone nous a appris la vérité, elle nous en a parlé, très peu de personnes étaient au courant et l'ensemble de l'équipe ne s'est douté de rien. Il le fallait. Simone commençait à souffrir, mais elle a tenu bon avec un courage inouï [2]. »

1. *France Soir*, 2 octobre 1985.

2. Interview donnée par l'actrice à l'occasion de la première diffusion du film par Canal +, *Le Matin*, 4 janvier 1986.

La mort en ce jardin

Quand on n'est pas bien du tout et qu'on ne sait pas comment cela va finir, c'est tout de même extraordinaire de pouvoir se dire : « Comme tout ça a été bien. »

Simone SIGNORET

Le 30 septembre 1985, Simone Signoret meurt dans son lit au petit jour. Yves Montand est reparti dans le sud de la France sur le tournage de *Manon des sources*, sa fille Catherine est à son chevet. Très vite la nouvelle envahit les ondes, des émissions spéciales sont montées dans l'urgence. L'ensemble des journaux de la presse quotidienne qui paraissent le lendemain consacrent leur une et de nombreuses pages à l'actrice. Aucun dérapage. La dignité absolue. *Libération*, qui a le monopole des titres alambiqués, rend les armes et titre sobrement, familièrement même : « Simone [1] ». On ne raconte pas seulement le destin hors du commun d'une actrice de l'époque, mais surtout celui d'une actrice dans son époque, engagée dans les affaires de son siècle. Des articles inspirés, à gauche, comme à droite. Le quotidien proche du parti socialiste, *Le Matin*, salue sous la plume de Max Gallo : « Simone, notre camarade [2]. » Suit un hommage

1. *Libération*, 1er octobre 1985.
2. *Le Matin*, 1er octobre 1985.

vibrant et sincère à la femme engagée : « Simone Signoret est morte. Est-il possible que nous soyons déjà si loin, si profond dans notre passé, dans notre vie, puisque celle au côté de qui nous avancions depuis si longtemps va cesser de nous téléphoner pour crier son indignation [...]. Elle ne sera plus que la voix d'un siècle qui s'achève et qu'elle nous fit vivre, à cœur battant, sincère et trompée comme tant le furent, généreuse et flouée, combattante toujours, n'abdiquant jamais. » Et il ajoute : « J'ai bien envie de la nommer camarade, cette Signoret-là, camarade, non pas un mot de parti mais un mot de fraternité, car elle fut une femme de don. » Le journal du parti communiste, *L'Humanité*, rend un hommage élégant à « une tragédienne de légende » sans éviter les coups de griffe : « Car elle avait la dent dure, nous en avons su quelque chose au plan politique, depuis l'engagement des années cinquante, jusqu'au désengagement progressif, puis à l'anathème crispé, elle a parcouru toute la gamme des attitudes devant l'alternative communiste[1] » À droite, *Le Figaro* salue celle qui incarna l'art d'exister ou la « passion selon Signoret[2]. », le très libre *Quotidien de Paris*, sous la plume du très inclassable Dominique Jamet, évoque la « Dame de la nostalgie » et, une dernière fois, sa voix et ses yeux : « La voix s'est tue, qui fut connue et chère, que les années qui passent avaient peu à peu voilée de brume et d'ironie, alourdie de cynisme et d'amertume, bronzée, brisée. Les yeux se sont fermés, ces yeux mi-verts, comme à Anvers, mi-gris, comme à Paris (Les yeux verts iront en enfer, les yeux gris vont au paradis)[3]. »

Un hommage résume tous les autres, celui du président de la République française, François Mitterrand. Écrit selon les règles du genre, le télégramme est rédigé en ces termes : « C'est avec tristesse que la France apprend ce matin la mort de Simone

1. *L'Humanité*, 1er octobre 1985.
2. *Le Figaro*, 1er octobre 1985.
3. *Le Quotidien de Paris*, 1er octobre 1985.

Signoret. De *Casque d'or* aux droits de l'homme, comédienne et écrivain, elle aura parlé pendant plus de quarante ans aux cœurs des Français. Au nom de tous ceux qui l'ont aimée et respectée, en mon nom propre, je vous présente mes condoléances affligées. » Le télégramme adressé à Yves Montand est, malgré le style imposé, extrêmement représentatif de ce qu'on peut retenir en quelques mots de la vie de l'actrice. Un film qui éclipse tous les autres, *Casque d'or*, un engagement pour les droits de l'homme qui a motivé son existence, une vie professionnelle achevée par la réussite dans un nouveau métier, l'écriture. Mais surtout une personnalité et une sensibilité qui la rendent unique : « Elle aura parlé aux cœurs des Français », on apprécie le pluriel. « Elle aura parlé aux cœurs des Français », cela semble une évidence ce mardi 1er octobre à 16 heures aux abords du cimetière du Père-Lachaise. La foule est là, immense et disparate, pas toujours recueillie, la rançon d'un enterrement populaire comme les cimetières parisiens en accueillent parfois, rarement. Il faut remonter à l'enterrement de Jean-Paul Sartre, un des maîtres de ses jeunes années, pour trouver un tel rassemblement populaire. Sartre, quel symbole ! La diversité des personnalités présentes frappe les observateurs, parmi eux le journaliste Dominique Jamet : « Il est frappant de constater qu'il y a autant d'hommes politiques et de défenseurs des droits de l'homme que de gens du spectacle pour rendre hommage à l'actrice qui disparaît. C'est que Simone Signoret depuis longtemps était sortie du cadre étroit où la scène, l'écran et les conventions prétendent contenir les saltimbanques [1]. » Le générique du dernier film de sa vie est riche, à l'image d'une vie qui a suscité des passions, des admirations, du respect. Fâchés, perdus de vue ou fidèles, les amis célèbres sont tous là au rendez-vous. Les actrices, ses contemporaines ou ses cadettes Michèle Morgan, Annie Girardot ; les deux amies chères :

1. *Le Quotidien de Paris*, 2 octobre 1985.

Françoise Arnoul et Danièle Delorme [1] ; Marina Vlady [2], épouse du cancérologue Léon Schwartzenberg qui a soigné et accompagné l'actrice jusqu'aux derniers instants ; ou encore les acteurs : Philippe Noiret (partenaire des dernières années), Jean Carmet (camarade des débuts dissipés aux Mathurins en 1942), Daniel Gélin (l'amoureux des jeunes années), Bernard Blier (le complice de *Manèges* et de *Dédée d'Anvers*), partenaires des débuts ; les réalisateurs qui l'ont fait tourner, elle ou Yves Montand : Alain Corneau, Alain Resnais, Claude Lelouch, Gérard Oury, Patrice Chéreau, Constantin Costa-Gavras, Marcel Carné ; les représentants des droits de l'homme : Harlem Désir, Bernard Kouchner (il n'a pas encore à l'époque de fonction ministérielle [3]) ; deux jeunes supporters de Solidarnosc avec le drapeau en étendard rappellent son engagement à leurs côtés ; les philosophes Régis Debray ou Bernard-Henri Lévy ou encore André Glucksmann ; les avocats : Gisèle Halimi, Robert Badinter, maître Kiejman ; les politiques : Jack Lang, Laurent Fabius, Yvette Roudy, Edmond Maire ; les journalistes et le monde des lettres avec Bernard Pivot, Françoise Giroud ou Claude Mauriac.

Yves Montand et Catherine Allégret, arrivés ensemble avec Benjamin [4], le fils de Catherine, ouvrent et referment la très

1. Danièle Delorme reviendra avec émotion sur sa brouille avec Simone Signoret intervenue, pour des raisons professionnelles, quelques années avant sa mort : « Fâchée, pas fâchée, elle m'a toujours manqué. C'est un personnage qui était tellement brillant et attachant, elle était tellement intelligente et séduisante, que je me demande toujours chaque fois qu'il se passe quelque chose pour moi, même quand je lis un bouquin ou un article : qu'est-ce que Simone en penserait ? Je n'ai eu que deux amies très proches, Simone était une de ces deux-là. On a été très bêtes toutes les deux, on a fait comme deux petites filles qui ne veulent pas reconnaître qui a commencé, et finalement la mort nous a séparées. » Entretien avec l'auteur, avril 1995.

2. L'actrice, présente à Autheuil dans les derniers moments, habillera Simone Signoret pour son dernier voyage.

3. Président fondateur de Médecins du Monde depuis son exclusion de Médecins sans Frontières, il deviendra secrétaire d'État à l'Action humanitaire en 1988, avant d'être ministre de la Santé et de l'Action humanitaire en 1992.

4. On se reportera au livre de Benjamin Castaldi : *Maintenant, il faudra tout*

courte cérémonie privée réservée aux personnalités et amis de la famille. À 16 h 15, la foule peut à son tour s'approcher pour un dernier hommage à Simone Signoret. J'ai écrit à l'époque au courrier des lecteurs du magazine *Première* quelques mots maladroits, dans l'émotion, que le journal a jugés suffisamment représentatifs de l'énorme volume de courrier reçu pour les publier. Extrait choisi : « La porte vient de s'ouvrir. La foule qui se presse à l'entrée principale du cimetière du Père-Lachaise est étourdissante. Chacun souhaiterait qu'elle se disperse, c'est pourtant l'ensemble des personnes qui sont là qui, une fois réunies, forment cette masse disparate et dégoûtante. La chanson de Piaf [N.d.A. : *La Foule*] remonte à mes oreilles. Vingt ans après, sa voix parcourt encore le cimetière. Que fait tout ce monde ? Pourquoi ces rires, ces cris, ce soleil ? Hier Simone Signoret est morte, aujourd'hui, on vient lui dire adieu, la voir une dernière fois. La voir ? Ou voir ceux qui seront immanquablement là, qui pleureront ? Il y a beaucoup, beaucoup de monde. Des jeunes bien mis, rose et *Libé* à la main, visage triste, me sourient… Mais il y a les autres, les curieux, qui parlent fort et repartent heureux de n'être pas venus pour rien quand ils ont croisé une célébrité… On court, on marche le long des morts, sur eux quelquefois. Irrespect, saccage, propos racistes (ici !). Il n'y a rien à voir, rien à entendre. Devant moi, une femme commente : "Je vois Yves Montand et Catherine Allégret. Elle a une drôle de tête, la pauvre… Le cercueil est tout simple." Le cercueil ? Quel cercueil ? Là, je suis partie. »

---

se dire, pour le passage très émouvant qui concerne l'enterrement de Simone Signoret : « Je réalisais – et cette idée me rendait misérable – que j'étais passé à côté de ma grand-mère. J'avais joué toute mon enfance entre une photo dédicacée de John F. Kennedy, une lettre de Jean-Paul Sartre et une compression de César, sans m'interroger sur ce que ces objets représentaient. Pour moi, l'oscar de Hollywood n'avait été qu'une statuette dorée servant de presse-papier. »

Le Lendemain, elle était souriante

Probablement sans toi, on ne fera rien. On se trouvera des excuses.

Georges KIEJMAN

« C'est à l'aube, c'est demain », chantait Yves Montand à Moscou en 1956. Que reste-t-il des lendemains d'espoir, des combats inachevés de Simone Signoret ?

Le siècle s'est refermé quelques années après sa mort, un siècle qui fait fi de la pure mathématique, ouvert avec la Première Guerre mondiale et fermé avec la chute du mur de Berlin le 9 novembre 1989, un siècle de soixante-quinze ans.

Le 11 mars 1985, quelques mois avant la mort de l'actrice, Mikhaïl Gorbatchev est élu secrétaire général du parti communiste soviétique, c'est un homme de cinquante-quatre ans que ses pairs ont choisi, mettant fin aux cycles de plus en plus écourtés de chefs[1] séniles et malades, Brejnev, Andropov, et le très éphémère Tchernenko qui restera à peine plus d'un an au pouvoir. On ne sait pas encore ce que *perestroïka*[2] et

1. Au-delà du cas spécifique du plus haut dignitaire de l'État, il faut se souvenir que la moyenne d'âge des membres du Politburo est en 1981 de soixante-dix ans.

2. Le mot est dans tous les dictionnaires, il signifie : reconstruction, réaménagement ou encore adoption d'une autre conception, ce qui va se traduire dans les faits par une rupture avec le système administratif, une modernisation de la gestion économique.

glasnost[1] veulent dire, on espère que le nouveau dirigeant de l'URSS va pouvoir modifier le système, personne n'imagine alors que l'homme à la tache de vin va provoquer des séismes dans tout l'Est européen, faire imploser les démocraties populaires, sonnant ainsi le glas de quarante ans de communisme, mettant fin, si ce n'est à l'histoire, tout au moins à l'espoir d'une génération qui avait cru aux lendemains qui chantent.

Dès 1989, l'histoire va s'emballer. Les partis communistes perdent leur dernier atout quand il devient évident que Gorbatchev n'enverra pas les chars à l'Est. En quelques mois les dominos s'écroulent. Les Polonais ouvrent le bal avec les élections libres de juin 1989 qui sont la victoire éclatante des candidats de Solidarnosc, au premier rang desquels Lech Walesa. Le mur de Berlin s'effondre le 9 novembre 1989, en mars 1990, Vaclav Havel est élu président de la République tchèque, les autres vont suivre, y compris la très résistante Roumanie, et en retour Gorbatchev sera contraint d'abandonner le pouvoir en décembre 1991, ce qui marque la fin de l'URSS.

Simone Signoret n'aura donc pas vu accomplie ce qui a été, selon les mots de Jean Lacouture, « la grande affaire de sa vie, la sortie du communisme par le haut ». On l'a écrit, son engagement a pris d'autres formes à partir du moment où elle s'est détachée de l'emprise du communisme, avec le combat pour toutes les libertés, quand elles étaient mises en danger y compris sur le sol national. On l'a vu de toute façon, les essais de conclusion venus de l'Ouest[2] n'ont pas résisté à l'épreuve des faits, l'histoire n'arrête pas de finir et de donner des occasions d'indignation, de révolte, et d'engagement. Continuons cepen-

1. Traduit par « transparence » en français, la *glasnost* signifie que le pouvoir va désormais s'engager à libérer l'information et à traiter les sujets de société, drogue, criminalité, vie quotidienne sans les filtres habituels.

2. On se souvient que l'article du philosophe américain Francis Fukuyama paru dans une revue confidentielle de stratégie politique à Washington *The National Interest* en 1990, intitulé « La fin de l'histoire », avait fait grand bruit et le tour du monde avant d'être contesté par les faits.

dant l'égrenage de la chronologie des événements. En politique intérieure, Simone Signoret n'aura pas connu le deuxième septennat mitterrandien ni les velléités du candidat Montand. Plus signifiant, elle n'aura pas pu regretter l'impuissance de la politique bon enfant de ses amis de SOS-Racisme à enrayer la montée de l'extrême droite en France, symbolisée par l'accession surprise de Jean-Marie Le Pen au deuxième tour de la présidentielle en 2002. Aurait-elle continué le combat dans une époque qui ne distingue plus les stars des anonymes, qui livre l'intimité de chacun en pâture, où les tribunes qu'elle s'était choisies se perdent aujourd'hui de vue, où les Loana et autres héroïnes de la téléréalité dominent la culture populaire ? On peut imaginer qu'elle n'aurait pas déserté. Jean Lacouture, interrogé à ce sujet, reste prudent et il a raison : « Difficile d'imaginer la posture qu'elle aurait prise sur la guerre en Irak, la Tchétchénie, à propos du Proche-Orient, de l'Europe ou du mariage homosexuel [1]. » Difficile certes et surtout inutile, la question de la relève en revanche mérite d'être soulevée. Les intellectuels issus des cercles universitaires, Bernard-Henri Lévy, Alain Finkielkraut et autres André Glucksmann n'ont pas abandonné leur plume, son ami Bernard Kouchner a poursuivi sa tâche en défendant comme il pouvait le devoir d'ingérence avant d'accepter d'être un ministre d'un gouvernement de droite, mais aucun artiste n'a pris le relais de celle (à laquelle il faut associer Yves Montand) qui avait su utiliser la société du spectacle. Aucun n'a eu cette influence, cette ténacité, cette place. Force est de constater vingt-cinq ans après que Georges Kiejman, le célèbre avocat qui a été son ami, avait raison quand il écrivait au lendemain de sa mort dans *Libération* : « Simone, tu ne vas plus être là pour dire "il faut faire quelque chose" et cela, c'est terrible pour un tas de gens dans le monde : prisonniers, torturés, spoliés de tous bords. Parce que probablement sans toi,

1. Courrier adressé à l'auteur, février 2005.

on ne fera rien. On se trouvera des excuses[1]. » Montand a continué seul à défendre des individus victimes de régimes dictatoriaux, il a continué d'enchaîner les films, et la vie (parce qu'on ne refait pas sa vie, on la continue, disait-il élégamment). À soixante-sept ans il est devenu père pour la première fois d'un petit Valentin mis au monde par une jeune femme qui a su rester dans l'ombre et la discrétion, avant de s'éteindre à soixante et onze ans, un an jour pour jour après la chute du mur de Berlin. Par intermittence, un Pierre Arditi, une Line Renaud, un Patrick Bruel demande la parole et l'obtient généralement, mais l'époque n'a pas produit d'artiste à l'écoute constante des questions de son temps. Les acteurs et actrices d'aujourd'hui ont parfois un réel talent mais cultivent bien trop souvent le nombrilisme. Simone Signoret était en cela une actrice hors normes. Comme le disait joliment la journaliste de cinéma France Roche, « cette actrice qui avait oublié d'être narcissique, disait regardez les autres, plutôt que regardez-moi »[2]. Les raisons de vigilance, d'indignation, de réflexion ne manquent pourtant pas. Il n'y a pas eu d'autre couple engagé pour les remplacer dans la cité. Affaire sans doute de génération et de circonstances. De génération d'abord, celle de la guerre a été évidemment beaucoup plus politisée que les générations qui ont suivi. Simone Signoret disait à juste titre quand on l'interrogeait sur la genèse de son engagement à gauche : « On appartient à une génération qui ne s'en est pas remise, c'est incommunicable[3]. » Et ça l'était pourtant, communicable, puisqu'elle passera toute sa vie à parler. De circonstances, de rencontres ensuite : Simone Signoret n'était pas seule engagée dans l'histoire de son siècle, elle avait à ses côtés un interlocuteur aussi concerné, aussi prêt à s'indigner, qui l'a sans doute poussée à rester toute son existence dans une logique d'intervention. L'histoire des engage-

1. Le 2 octobre 1985.

2. JT « 13 heures », 1er octobre 1985.

3. *Libération*, propos rapportés par Jean-Marcel Bouguereau, 2 octobre 1985.

ments de Simone Signoret ne s'est pas écrite seule, c'est l'histoire d'un couple en constante réflexion, discussion, ébullition, « une association de l'instinct et de la raison, une alchimie difficile à reproduire[1] », dira Patrick Poivre d'Arvor qui les a observés dans leur fin de parcours.

Simone Signoret est morte jeune, déjà usée, célébrant la sérénité de la vieillesse à l'aube d'une époque qui allait engendrer les cougars et où les actrices choisissent de reculer les marques physiques du temps à coups de bistouri. Comme le dit avec spontanéité et tristesse Fanny Cottençon : « J'aimerais pouvoir faire comme elle un jour, m'exposer, me mettre à nu comme elle l'a fait avec *La Vie devant soi*, mais on peut dire qu'elle qui était tellement douée pour entraîner les autres, pour les convaincre et les séduire, c'est un terrain où elle a raté son coup, elle n'a entraîné personne derrière elle, elle est la seule à avoir été jusqu'au bout de cette vérité, elle a donné l'exemple mais derrière personne n'a suivi.[2] »

Pas de relais, pas d'héritière, le constat est le même pour tous : le personnage était unique. Bernard Pivot le résume bien : « Qui peut prétendre à une filiation ? Je ne vois personne, c'était une personnalité exceptionnelle, inimitable. Je ne vois personne dans son emploi. Je ne crois pas qu'on puisse reproduire Simone Signoret. » Vingt ans plus tôt, Marguerite Duras dans son style singulier écrivait déjà : « Une reine. On dira "l'époque de Signoret" pour parler de celle qui part des années cinquante jusqu'à nos jours. Le plus grand ambassadeur français du XXe siècle. Elle a sorti la France de ses gonds, elle l'a faite internationale. Elle a crié les droits de l'homme partout. Impossible de remplacer Signoret.[3] »

1. Entretien de Patrick Poivre d'Arvor avec l'auteur, décembre 2004.
2. Entretien de Fanny Cottençon avec l'auteur, janvier 2005.
3. *Le Quotidien de Paris*, 2 octobre 1985.

25 ans déjà…

Benjamin Castaldi est le petit fils de Simone Signoret, il avait 15 ans à la mort de sa grand-mère. Il a débuté à la télévision en 1995, aux cotés de Michel Drucker, et connaît très vite un immense succès grâce à la première émission de téléréalité en France, « Loft Story » en 2001. Il est aujourd'hui animateur et producteur.

Entretien de l'auteur avec Benjamin Castaldi, le 15 juin 2010 :

Cinquante films, un oscar à Hollywood, un mari célèbre dans le monde entier, une icône de la gauche, une grande actrice populaire, c'était tout cela pour nous tous Simone Signoret, et vous quand avez-vous réalisé que votre grand-mère n'était pas seulement quelqu'un qui vivait à la campagne et écrivait des livres ?

Curieusement, il y a 25 ans, le jour de sa mort. J'avais 15 ans. Jean-Claude Dauphin qui était un grand ami de la famille est venu me chercher au collège pour me ramener auprès de ma mère à Autheuil où ma grand-mère venait de mourir et sur le trajet j'ai entendu à la radio le déferlement d'hommages, de témoignages, on racontait le voyage à Moscou, l'Oscar, les films c'était… impressionnant. Bien sûr, j'avais vu beaucoup de ses films, je savais qu'elle était connue mais je n'avais pas pris conscience de son importance… À cet instant précis, j'ai réalisé que ma grand-mère était une grande personnalité. Et puis il y a eu l'enterrement au cimetière du Père Lachaise, cette foule immense avec notamment beaucoup de gens qui brandissaient la une de *Libération* qui titrait juste « Simone », avec cette photo sublime de *Macadam*. Un enterrement c'est triste, mais là, c'était magnifique et réconfortant de voir à quel point les gens l'aimaient.

Quelles sont les dernières images que vous gardez d'elle ?

Celles du dernier été que j'ai passé avec elle. Ma mère jouait au théatre, Montand tournait *Jean de Florette*, on a été deux mois tous les deux à Autheuil. Nous avons eu des moments très complices. Le matin c'était piscine, on déjeunait au soleil et après le déjeuner nous avions un rituel : je lui faisais la lecture de son livre *Adieu Volodia* [NDA : publié depuis quelques mois]. Elle était heureuse que son petit-fils lui lise un livre dont elle était très fière... Je la soupçonne d'avoir trouvé ce stratagème pour me forcer à lire un peu. Elle avait l'habitude de se mettre au lit très tôt vers 16/17 heures, elle se faisait monter à dîner et, moi, je restais dans mon coin en bas. Je savais qu'elle avait été opérée, qu'elle avait besoin de repos mais on m'a protégé, je n'avais pas compris que c'était notre dernier été ensemble. Je l'ai quittée en septembre sans l'avoir vue affaiblie. Elle me paraissait en forme, je n'ai pas vu venir la fin.

Avant le dernier été, vous avez connu d'autres étés à la campagne, est-ce que l'actrice savait jouer en dehors des plateaux de cinéma ?

Pas vraiment, elle détestait les jeux de société, elle a dû brûler des dizaines de Monopoly ! Elle aimait les jeux plus solitaires comme les mots croisés ou le point de croix. Je crois que j'ai été un des seuls petits garçons à maîtriser parfaitement le point de croix ! Elle était plus dans la transmission que dans le jeu. Elle insistait beaucoup pour que je lise les bouquins qu'il y avait à la campagne, et Dieu sait si la bibliothèque était remplie !

Trop à mon goût ! Mais j'ai bien été obligé d'en lire quelques-uns et je ne peux que l'en remercier.

Qu'est-ce qui pouvait faire rire ou agacer Simone Signoret ?

Montand. Le personnage qui la faisait le plus rire au monde, c'était lui. À Autheuil, il n'y avait pas un jour sans un numéro de Montand. Il aimait beaucoup nous refaire le grand Escogriffe… La Simone Signoret pas commode, un peu sévère, intransigeante, très ferme sur plein de choses, pas facile d'accès, je ne l'ai pas connue. Moi j'étais le petit chéri de la famille, l'unique garçon. On m'a raconté qu'un jour Regis Debray a été interrompu en plein exposé politique car je gazouillais. Ma grand-mère a fait remarquer que c'était mon quart d'heure et qu'on devait m'écouter !

À Autheuil, vous voyiez aussi Montand et Signoret réunis, quel était votre regard d'enfant sur leur couple ?

Jamais je n'ai vu des gens s'engueuler autant. Ça montait très haut dans les tours. Un jour, j'ai vu ma grand-mère traverser le couloir qui menait de la salle à manger au salon, sur les fesses. Je ne sais pas ce qui s'était passé, si c'était d'ordre politique ou privé, j'étais trop petit pour percevoir les reproches du passé qui pouvaient ressurgir, mais c'était terrible. Après sa mort, Montand continuait à lui parler en l'engueulant. Il était en colère qu'elle l'ait abandonnée… Ce n'est un secret pour personne, Montand était un grand séducteur, pas toujours très discret mais elle était unique, évidemment, et leurs discussions lui manquaient.

Dans sa riche filmographie, quels sont les films que tu préfères ?

Casque d'or, *Manèges*, j'ai beaucoup de mal avec les films où elle joue les très vieilles dames, comme *Le Chat* – je suis toujours sidéré par le fait qu'à l'époque elle n'avait que 49 ans – et je n'arrive plus à voir la madame Rosa de *La Vie devant soi*, même si la performance de l'actrice est époustouflante. Il y a une destruction, une mise à nu que j'ai du mal à supporter. On a beaucoup critiqué Montand pour sa phrase « il est plus facile d'être l'amant de Casque d'or que celui de madame Rosa » mais en tant qu'homme je comprends ce qu'il a voulu dire.

Le film que je préfère c'est *La Veuve Couderc*, pour moi c'est là qu'elle est la plus belle, même si elle n'a plus la beauté insolente de ses débuts.

Les gens de ta génération ont connu Simone Signoret dans les rôles de la maturité et beaucoup à la télévision, une star de cinéma sur le petit écran à l'époque, c'était inédit ?

Oui, c'était la première fois qu'une énorme star de cinéma franchissait la frontière. Aujourd'hui, toutes acceptent, mais il y a 30 ans c'était très mal vu, une fois de plus, elle était en avance sur les autres. Sa popularité, elle la doit beaucoup au petit écran où elle a pu être vue dans *Madame le juge*, *Thérèse Humbert* ou encore *Music hall* par un très large public, 8, 9, 10 millions de gens, alors que les gros succès au cinéma se situaient en dessous du million d'entrées. Et elle la doit aussi, évidemment à ses engagements pour lesquels elle a beaucoup utilisé la télévision.

Est-ce que tu vois des héritières de Simone Signoret, des comédiennes dans sa filiation ?

Je ne sais pas si elle a des héritières, beaucoup de comédiennes l'évoquent, Mathilde Seigner, Juliette Binoche… Pour moi, elle était unique, irremplaçable. Aucune actrice n'a mis autant d'énergie à défendre à la fois ses convictions politiques et sa carrière. Aujourd'hui, j'ai le sentiment qu'il n'y a plus d'artistes qui s'investissent, poussent des coups de gueule, c'est moins dans l'air du temps. Je sais que je n'oublierais jamais, son passage à *7/7* avec Anne Sinclair quand elle montre à des millions de gens le badge de SOS-Racisme, « touche pas à mon pote ». Sans elle, le mouvement n'aurait sans doute jamais existé. Des actes forts comme celui là, il n'y en a plus.

25 ans après, est-ce que vous vous sentez un devoir de mémoire à son égard ?

Évidemment. D'autant plus que je trouve qu'on l'a un peu vite oubliée alors que c'est une personnalité capitale du XXe siècle, elle a vraiment était une actrice dans son siècle. Je ne comprends pas pourquoi il existe une place Dalida, des rues Claude François et que la Place Dauphine, où Montand et ma grand-mère ont vécu presque quarante ans, n'ait pas encore été rebaptisée Place Montand-Signoret.

J'ai aussi un rêve : qu'ils partagent une étoile à leur nom sur Hollywood Boulevard. Pour moi, ça serait légitime, ma grand-mère a eu un Oscar et Montand a tourné avec Marilyn Monroe, j'ai entamé des démarches il y a quelques années auprès de l'organisme qui décide des attributions. Elles n'ont pas vraiment abouties mais je ne désespère pas.

*

* *

Anne Sinclair a reçu Simone Signoret à de nombreuses reprises sur Antenne 2 (*L'invité du jeudi*) et sur TF1 (*7/7*, la grande émission d'actualité dominicale qu'elle a présentée pendant 13 ans). Elle vit aujourd'hui à Washington d'où elle anime un blog : « Deux ou trois choses vues d'Amérique ».

Entretien de l'auteur avec Anne Sinclair, le 11 mai 2010 :

25 ans après sa disparition, quelle image gardez-vous de Simone Signoret ?

L'image d'une femme vibrante, exigeante, chaleureuse. C'est moins Casque d'or que la Simone citoyenne, qui ne vous laissait jamais en paix, qui reste toujours vivante dans mon souvenir, encore très présente.

Elle était passionnée par l'information et le pouvoir des médias… Elle su très tôt s'en servir, comment procédait-elle ?

Dans les médias, elle faisait ce qu'elle appelait le « service après vente », la promotion de ses livres ou de ses films, mais surtout elle disait toujours que quand on a la chance d'avoir un porte-voix, il faut s'en servir pour autre chose, et autre chose c'était la défense des libertés.

Elle me téléphonait souvent pour que je ne laisse pas passer des sujets importants de l'actualité. Quand je rentrais de mes émissions en direct le dimanche soir, j'avais toujours de longs messages de commentaires sur mon répondeur. C'était une vigie.

Vous l'avez connue, déjà abîmée par la vie. Que restait-il de sa splendeur un peu passée ?

Ses yeux, sa voix, un charme absolument formidable quand elle parlait. Ce n'était évidemment plus la beauté de Casque d'or mais ce n'était pas non plus madame Rosa où elle s'était volontairement vieillie, abîmée avec un plaisir presque masochiste. Quand elle était dans une pièce, elle écrasait tout le monde.

Pour moi, Simone c'est plus qu'une actrice c'est surtout une personnalité hors du commun.

On ne peut pas parler de Simone Signoret sans évoquer Yves Montand. On a beaucoup dit « l'intellectuelle et le prolétaire »… C'est réducteur ?

C'était deux personnes très complémentaires, Simone c'était la raison et Montand l'instinct. Lui sentait formidablement bien les choses, elle était érudite, cultivée, elle mettait en perspective.

Il y a eu des erreurs de parcours dans les années 1950, on se rappelle le voyage à Moscou en 1956 après l'invasion des chars à Budapest, est-ce que vous diriez qu'ils ont été des guides dangereux ou courageux ?

L'histoire fait qu'on se trompe et autorise à se tromper. Ils n'ont pas été des staliniens déchaînés. Ils n'avaient même pas la carte du parti. Ils ont eu un idéal qui était celui qui a inspiré toute une génération et qui était plutôt bien porté dans ces milieux-là. Ils n'ont pas trompé les gens qui croyaient en eux. Ils étaient sincères. Simone comme Yves avaient le regret du malentendu qui avait pu exister sur leur non-dénonciation des crimes du communisme, le déchirement qui avait été le leur en allant « quand même » à Moscou en 1956. Mais l'obsession de ne pas donner des armes au camp adverse c'était – il faut se le rappeler et éviter tout anachronisme –, la mentalité de la guerre froide et aussi celle de la guerre qu'ils avaient traversée.

Pour elle, on n'avait pas le droit de passer à coté d'engagements forts. Pour les droits de l'Homme ou d'un homme. Elle était viscéralement antifasciste, antiraciste, d'où ses engagements successifs, pour la défense de Pierre Goldman, contre la dictature en Argentine, pour SOS-racisme ou encore pour le droit à l'existence du syndicat Solidarnosc dans la Pologne communiste.

À la fin de sa vie, elle vient en effet parler de Solidarnosc, sur le plateau de 7/7, elle bouclait une boucle ?

Sans aucun doute. Elle achevait là une forme de réparation qui avait commencée dans les années 1970, avec pour elle la publication de *La Nostalgie* qui était avant tout un livre de mise au point et pour eux deux le tournage de *L'Aveu*. Sur la Pologne, elle a donné de sa personne physique, en allant accompagner un convoi humanitaire avec Michel Foucault alors qu'elle était déjà affaiblie par la maladie, presque aveugle, c'était à l'évidence un combat qu'elle ne voulait pas rater. Le dernier de sa vie. Elle est morte sans en connaître l'issue.

On connaît les dérives « droitières » d'un Montand en fin de parcours, Simone est restée une femme de gauche jusqu'au bout ?

Absolument. Définitivement.

Est-ce qu'il y a des événements, des moments de l'actualité des dix dernières années où vous avez pensé à elle ? À ce qu'elle aurait fait ou dit ?

Dix fois... Cent fois... Elle était comme un point fixe dans un monde flou. Elle était la Vigilance, il n'y a plus vraiment de gens qui ont cette fonction-là. Aujourd'hui, par exemple plus personne ne parle du Darfour, je suis certaine que si Simone Signoret était encore de ce monde, elle aurait rencontré une mission de Médecins du Monde, elle aurait interrogé des victimes, elle aurait mis sa notoriété à leur service... Sur le débat sur l'identité nationale, elle serait intervenue aussi c'est absolument certain.

Est-ce qu'il y a un artiste qui occupe cette place, ce rôle aujourd'hui en France, aux USA ?

En France, franchement, je ne vois pas. Aux USA, il y a une tradition d'engagement plus forte chez les artistes. Quelqu'un comme George Clooney, par exemple, joue un peu ce rôle mais de manière moins vibrante, moins voyante. Simone, elle, avait un peu rangé ses costumes de comédienne et était devenue citoyenne à temps plein.

Filmographie

1941

Le Prince charmant
De Jean Boyer
Avec Renée Faure, Lucien Baroux, Sabine André, Jimmy Gaillard, Robert Arnoux, Germaine Lix, Christian Gérard, Louis Florencie, Germaine Godefroid, Léon Walther, Maurice Salabert, Jean-Louis Allibert, Lucienne Legrand, Pierre Ferval, Jacqueline Marbaux, André Varennes, Guita Karen, Frank Maurice, Lucienne Vigier, André Ekian.

Boléro
De Jean Boyer
Avec Arletty, André Luguet, Jacques Dumesnil, Meg Lemonnier, Denise Grey, Christian Gérard, André Bervil, Louis Salou, Guita Karen, Jacques Roussel, Paul Ollivier, Frédéric Mariotti, Janine Berry.

1942

Le Voyageur de la Toussaint
De Louis Daquin
Avec Gabrielle Dorziat, Jean Desailly, Guillaume de Sax, Jules Berry, Louis Seigner, Serge Reggiani, Roger Karl, Simone Valère, Jacques Castelot.

Les Visiteurs du soir
De Marcel Carné
Avec Arletty, Fernand Ledoux, Marie Dea, Jules Berry, Alain Cuny, Pierre Piéral.

L'Ange de la nuit
D'André Berthomieu
Avec Jean-Louis Barrault, Henri Vidal, Michèle Alfa, Pierre Larquey, Yves Furet, Gaby Andreu, Manuel Gary, Alice Tissot, Claire Jordan, Abert Morys.

Dieu est innocent
Théâtre
Mise en scène de Marcel Herrand
Avec Jean Marchat, Tania Balachova, Charles Nissar, Erno Crisa, Claude Magnier, Vanderic, Jandeline, Daniel Gélin, Jean Carmet, Jean-Marc Thibault, Yvette Étievant, Chritian Duvaleix, Gilles Quéant, Arsénio.

1943

Adieu Léonard
De Pierre Prévert
Avec Julien Carette, Pierre Brasseur, Charles Trenet, Jean Meyer, Jacqueline Bouvier, Denise Grey, Marcel Près, Edouard Delmont, Yves Deniaud.

Service de nuit
De Jean Faurez
Avec Jacques Dumesnil, Julien Carette, Gaby Morlay, Robert Dhéry, Yves Deniaud, Louis Seigner, Jacqueline Bouvier, Gabrielle Fontan.

Le mort ne reçoit plus
De Jean Tarride
Avec Jacqueline Gautier, Gérard Landry, Jules Berry,

Raymond Aimos, Thérèse Dorny, Félix Oudart, Jacques Louvigny, Simone Paris, Georges Lannes.

Béatrice devant le désir
De Jean de Marguenat
Avec Renée Faure, Thérèse Dorny, Fernand Ledoux, Jules Berry, Jacques Berthier, Gérard Landry, Marie Carlot, Robert Pizani, Henri Bonvallet.

La Boîte aux rêves
D'Yves Allégret
Avec Viviane Romance, René Lefevre, Henri Guisol, Franck Villard, Henry Brey, Pierre Louis, Robert Pizani, Marguerite Pierry, Gisèle Alcée, Jacques Dynam.

1945

Le Couple idéal
De Bernard Roland
Avec Raymond Rouleau, Yves Deniaud, Marcel Vallée, Hélène Perdrière, Denise Grey, Jean Lanier, Philippe Olive, Paul Demange, Jean Sinoel, Annette Poivre.

Les Démons de l'aube
D'Yves Allégret
Avec Georges Marchal, André Valmy, Dominique Nohain, Jacqueline Pierreux, Joe Davray, Marcel Lupovici, Raymond Hermantier, Jacques Dynam, Jean Carmet.

1946

Macadam
De Marcel Blistène
Avec Paul Meurisse, Jacques Dacqmine, Françoise Rosay, Paul Demange, Andrée Clément, Janette Batti, Georges Bever, André Roanne, Félix Oudart.

Fantômas
De Jean Sacha
Avec Marcel Herrand, André Le Gall, Alexandre Rignault, Yves Deniaud, Françoise Christophe, Lucienne Le Marchand, Georges Gosset, Jacques Dynam.

1947

Dédée d'Anvers
D'Yves Allégret
Avec Bernard Blier, Marcel Dalio, Jane Marken, Marcel Pagliero, Marcel Dieudonné, Marcelle Arnold, Michel Jourdan, Monika Burg, Mia Mendelssohn.

Against the Wind
(*Les Guerriers de l'ombre*)
De Charles Crichton
Avec Jack Warner, Gisèle Préville, James Robertson-Justice.

1948

L'Impasse des deux-anges
De Maurice Tourneur
Avec Marcel Herrand, Paul Meurisse, Jacques Castelot, Marcelle Praince, Paul Amiot.

1949

Manèges
D'Yves Allégret
Avec Jane Marken, Bernard Blier, Frank Villard, Jacques Baumer, Jean Ozenne.

Four days Leave
(*Suzanne et son marin*)
De Leopold Lindtberg
Avec John Baragrey, Josette Day, Richard Erdman, Cornel Wilde.

1950

Le Traqué
De Frank Tuttle et Boris Lewin
Avec Fernand Gravey, Dane Clark, Dominique Marcas, Yvonne Dany, Michel André, Albert Dinan, Pierre Gay, Edmond Ardisson, Fernand Rauzéna, François Joux.

La Ronde
De Max Ophuls
Avec Anton Walbrook, Gérard Philipe, Serge Reggiani, Simone Simon, Daniel Gélin, Danielle Darrieux, Fernand Gravey, Odette Joyeux, Jean-Louis Barrault.

Sans laisser d'adresse
De Jean-Paul Le Chanois
Avec Bernard Blier, Julien Carette, Danièle Delorme, Pierre Trabaud, Gérard Oury, Juliette Gréco, Jacques Dynam, Pierre Mondy, Louis de Funès, France Roche.

Ombre et lumière
De Henri Calef
Avec Maria Casarès, Jean Marchat, Pierre Dux, Germaine Reuver, Albert Michel, Albert Plantier, Yannick Muller, Paul Villé, Gérard Buhr, René Berthier.

1951

Casque d'or
De Jacques Becker
Avec Serge Reggiani, Claude Dauphin, Raymond Bussières, William Sabatier, Gaston Modot, Paul Azais, Roland Lesaffre, Dominique Davray, Loleh Bellon.

1953

Thérèse Raquin
De Marcel Carné
Avec Raf Vallone, Jacques Duby, Roland Lesaffre, Sylvie, Anna Maria Cassillo.

1954

Les Diaboliques
De Henri-Georges Clouzot
Avec Paul Meurisse, Véra Clouzot, Charles Vanel, Pierre Larquey, Jean Brochard, Michel Serrault, Jacques Varennes, Georges Chamarat, Noël Roquevert.

Les Sorcières de Salem
Théâtre
Mise en scène par Raymond Rouleau
Avec Yves Montand, Pierre Mondy, Nicole Courcel, Henri Crémieux, Christiane Ferez, Raoul Marco, Coutan Lambert, Jean d'Yd, Jean Violette, Denise Clair, Brigitte Barbier, Francette Vernillat, Eva Bory, Maritza, Jeanne Guillemin, Maurice Nasil, Marc Valbel, Maurice Chevit, Picolette, Gérard Darrieu, Robert Moor, Danielle Lebrun.

1955

La Mère Courage
De Wolfgang Staudte
Avec Helene Wiegel, Bernard Blier
(inachevé).

1956

Les Sorcières de Salem
De Raymond Rouleau
Avec Yves Montand, Mylène Demongeot, Jean Debucourt, Alfred Adam, Yves Brainville, Pierre Larquey, Raymond Rouleau, Michel Piccoli, Jean Gaven.

La Mort en ce jardin
De Luis Buñuel
Avec Georges Marchal, Charles Vanel, Michèle Girardon, Michel Piccoli, Tito Junco, Paul Ramirez, Luis Alceves Castanedas, Jorge Martinez de Hoyas.

1958

Room at the Top
(*Les Chemins de la haute ville*)
De Jack Clayton
Avec Laurence Harvey, Donald Wolfit, Heather Sears, Allan Cuthbbertson, Ambrosine Phillpotts, Mary Peach, Donald Huston, Hermione Beddeley.

1960

Adua e le compagne
(*Adua et ses compagnes*)
D'Antoni Pietrangeli
Avec Marcello Mastroianni, Sandra Milo, Emmanuelle Riva, Claudio Goza, Gina Rovere, Ivo Garrani, Gianrico Tedschi, Domenico Modugno.

Les Mauvais Coups
De François Leterrier
Avec Reginald Kernan, Serge Rousseau, Alexandra Stewart, Marcelle Ranson, Nicole Chollet, José Luis de Villalonga, Marcel Pagliero, Leigh Parker.

1961

Les Amours célèbres
(« Jenny de Lacour »)
De Michel Boisrond
Avec Pierre Vaneck, François Maistre, Antoine Bourseiller, Charles Bouillaud, Colette Castel.

1962

Term of Trial
(*Le Verdict*)
De Peter Glenville
Avec Laurence Olivier, Roland Culver, Franck Petingell, Dudely Foster, Sarah Miles, Hugh Griffith, Terence Stamp.

Le Jour et l'Heure
De René Clément
Avec Stuart Whitman, Michel Piccoli, Reggie Nadler, Geneviève Page, Colette Castel, Pierre Dux, Billy Kearns, Marcel Bozzuffi, Henri Virlojeux.

Les Petits Renards
(Théâtre)
Mise en scène de Pierre Mondy
Avec Suzanne Flon, Raymond Pellegrin, William Sabatier, Miss Darling Gordon Heath, Claude Berri, Jean Michaud, Marcel Bozzuffi, Josée Steiner.

1963

Dragées au poivre
De Jacques Baratier
Avec Jean-Paul Belmondo, Guy Bedos, Francis Blanche, Claude Brasseur, François Périer, Sophie Daumier, Anna Karina, Jean-Pierre Marielle, Jean Richard.

Le Joli Mai
Documentaire
De Chris Marker

1964

Zorba the Greek
(*Zorba le Grec*)
D'Elia Kazan
Rôle abandonné en cours de tournage, repris par Lila Kedrova.

Ship of Fools
(*La Nef des fous*)
De Stanley Kramer
Avec Vivien Leigh, José Ferrer, Lee Marvin, Oskar Werner, George Segal, Elizabeth Ashley, José Greco, Michael Dunn, Charles Corvin, Barbara Luna.

A Small Rebellion
Téléfilm
De Stuart Rosenberg
Avec Georges Maharis.

Compartiment tueurs
De Constantin Costa-Gavras
Avec Yves Montand, Pierre Mondy, Jacques Perrin, Michel Piccoli, Catherine Allégret, Jean-Louis Trintignan, Charles Denner, Georges Geret, José Artur.

Aux grands magasins
Documentaire
De William Klein

1965

Paris brûle-t-il ?
De René Clément
Avec Jean-Paul Belmondo, Charles Boyer, Leslie Caron, Jean-Pierre Cassel, Alain Delon, Claude Rich, Kirk Douglas, Yves Montand, Gerd Froebe, Anthony Perkins, Orson Welles, Marie Versini, Claude Dauphin, Bruno Crémer, Jean-Louis Trintignant, Michel Piccoli, Daniel Gélin, Glenn Ford, Pierre Dux, Pierre Vaneck, Robert Stack, Wolfgang Preiss, Hannes Messemer, Michel Etcheverry, Billy Frick, Günter Meisner, Sacha Pitoeff, Paul Crauchet, Bernard Fresson, George Chakiris.

1966

The Deadly Affair
(*M 15 demande protection*)
De Sidney Lumet
Avec James Mason, Maximilian Schell, Harry Andrews, Kenneth Haigh, Harriet Anderson, Lynn Redgrave, Roy Kinear, Max Adrian, David Warner, Les White.

Games
(*Le Diable à trois*)
De Curtiss Harrington
Avec James Caan, Katharine Ross, Don Stroud, Estelle Winwood, Ken Smith.

Macbeth
Théâtre
Mise en scène de William Gaskill
Avec Alec Guiness.

1968

The Seagull
(*La Mouette*)
De Sidney Lumet
Avec James Mason, Vaness Redgrave, David Warner,
Harry Andrews, Ronald Radd, Denholm Elliot, Alfred Lynch,
Kathleen Widdoes, Eilen Herlie, Karen Miller.

La Femme Juive
Téléfilm
D'Alain Dhénaut
Avec Michel Piccoli

1969

L'Armée des ombres
De Jean-Pierre Melville
Avec Lino Ventura, Paul Meurisse, Jean-Pierre Cassel, Calude Mann,
Paul Crauchet, Christian Barbier, Alain Libolt, Alain Mollet,
Serge Reggiani.

L'Américain
De Marcel Bozzuffi
Avec Françoise Fabian, Jean-Louis Trintignant, Bernard Fresson,
Marcel Bozzuffi, Rufus, Yves Lefebvre, Jacques Perrin, Jean Bouise,
José Artur.

L'Aveu
De Constantin Costa-Gavras
Avec Yves Montand, Gabrielle Ferzetti, Michel Vitold, Laszlo Szabo,
Jean Bouise, Guy Mairesse, Marc Eyraud, Monique Chaumette,
Michel Beaune.

1970

Compte à rebours
De Roger Pigaut
Avec Serge Reggiani, Jeanne Moreau, André Pousse, Charles Vanel, Marcel Bozzuffi, Amidou, Michel Bouquet, Jean Desailly, Serge Sauvion, Joëlle Bernard.

Le Chat
De Pierre Granier-Deferre
Avec Jean Gabin, Annie Cordy, Nicole Desailly, Jacques Rispal, Harry Max, Carlo Nell, Yves Barsacq, André Rouyer.

Un otage
Téléfilm
De Marcel Cravenne
Avec Daniel Ivernel.

1971

La Veuve Couderc
De Pierre Granier-Deferre
Avec Alain Delon, Ottavia Piccolo, Jean Tissier, Monique Chaumette, Bobby Lapointe, Pierre Collet, François Valorbe.

1972

Les Granges brûlées
De Jean Chapot
Avec Alain Delon, Paul Crauchet, Pierre Rousseau, Bernard Le Coq, Catherine Allégret, Miou Miou, Béatrice Constantini, Renato Salvatori, Jean Bouise.

1973

Rude journée pour la reine
De René Allio
Avec Jacques Debarry, Orane Demazis, Olivier Perrier, Christiane Rorato, André Valtier, Michel Peyrelon, Pierre Leomy, Alice Reichen, Arlette Chosson.

1974

La Chair de l'orchidée
De Patrice Chéreau
Avec Charlotte Rampling, Edwige Feuillère, Bruno Cremer, Alida Valli, Hugues Quester, Hans Christian Blech, François Simon, Robert Baillard, Ève Francis.

1975

Police Python 357
D'Alain Corneau
Avec Yves Montand, François Périer, Mathieu Carrière, Stefania Sandrelli, Vadim Glowna, Gabrielle Doulcet, Claude Bertrand, Serge Marquand.

1976

Madame le juge
Série télévisée de six épisodes
« Le Dossier Françoise Muller »
D'Édouard Molinaro
« Un Innocent »
De Nadine Trintignant
« Deux et deux font quatre »
De Claude Chabrol

« Monsieur Bais »
De Claude Barma
« Le Feu »
« Autopsie d'un témoignage »
De Philippe Condroyer
Avec Michel Vitold, Jean-Claude Dauphin, Didier Haudepin, Philippe Léotard, Pierre Vernier, Maurice Garrel, Juliet Berto, Nathalie Delon, Georges Segal, Jean-Pierre Darras, Anna Karina, Georges Wilson, Maurice Ronet, Marie Dubois, Jean Martin, Louisa Colpeyn.

1977

La Vie devant soi
De Moshe Mizrahi
Avec Samy Ben Youb, Claude Dauphin, Gabriel Jabbour, Mohammed Zineth, Bernard Lagarigge, Geneviève Fontanel, Michal Bat Adam, Elio Bencoil, Vincent Hua.

1978

Judith Therpauve
De Patrice Chéreau
Avec Philippe Léotard, Robert Manuel, Daniel Lecourtois, François Simon, Marie-Paule André, Jean Rougerie, Bernard Pierre Donnadieu, Laszlo Szabo.

L'Adolescente
De Jeanne Moreau
Avec Laetitia Chauveau, Jacques Weber, Francis Huster, Roger Blin, Jean-François Balmer, Hugues Quester, Édith Clever, Charles Millot, Pierre Forget.

1979

Chère Inconnue
De Moshe Mizrahi
Avec Jean Rochefort, Delphine Seyrig, Geneviève Fontanel, Dominique Labourier, Madeleine Ozeray, Jean Obé, Gilette Barbier, Marius Laurey.

1981

Guy de Maupassant
De Michel Drach
Avec Claude Brasseur, Miou Miou, Véronique Genest, Jean Carmet, Anne-Marie Philipe, Daniel Gélin, Jacques Fabbri, William Sabatier, Louis Navarre.

L'Étoile du Nord
De Pierre Granier-Deferre
Avec Philippe Noiret, Fanny Cottençon, Julie Jezequel, Jean Rougerie, Jean-Pierre Klein, Jean-Yves Chatelais, Jean Dautremay, Patricia Malvoisin.

1982

Thérèse Humbert
Téléfilm
De Marcel Bluwal
Avec François Périer, Robert Rimbaud, Michel Aumont, Gérard Desarthe, Bernard Fresson, Christine Murillo, Guy Tréjan, Stefano Satta Flores, Danielle Ajoret, Bertrand Bonvoisin, Klaus Guth, Jean Lescot, Anja Toll, Bernard Dumaine, Jacques Lalande, Odile Mallet, Marc Dudicourt, Axel Ganz, Patrick Bonnel, Robert Murzeau.

1983

Des terroristes à la retraite
Documentaire
De Mosco Boucaut
Commentaires dits par Simone Signoret et Gérard Desarthe.
Avec Jean-Paul Bonnaire, Hervé Panzéra, Alain Forge,
Bibi Tighouart.

1985

Music-Hall
Série télévisée de deux épisodes
De Marcel Bluwal
Avec André Dussolier, Danièle Lebrun, François Perrot,
Daniel Olbrychski, Bernard Fresson, Georges Claisse,
Bernard Lavalette, Laura Morante, Christoph Bantzer, Robert Ripa,
Juan Barras, Wojtek Pszoniak, Paolo Bonacelli, René Bazinet,
Dora Doll.

Bibliographie

Ouvrages d'histoire politique et intellectuelle du XXe siècle

Les Procès de la collaboration, compte-rendu sténographique, Albin Michel, collection « Les Grands Procès contemporains », 1948.

Jean-Jacques Becker, *Nouvelle Histoire de la France contemporaine*, n° 19, « Crises et alternances, 1974-2000 », Seuil, collection « Point Histoire », 2002.

David Caute, *Le Communisme et les Intellectuels français, 1914-1966*, Gallimard, collection « La Suite des temps », 1967.

Ariane Chebel d'Appollonia, *Histoire politique des intellectuels en France, 1944-1954*, (2 tomes), Complexe, collection « Questions au XXe siècle », 1990.

Dominique Desanti, *Les Staliniens : 1944-1956, une expérience politique*, Fayard, 1974.

Berbard Droz et Antony Rowley, *Histoire générale du XXe siècle*, Seuil, collection « Point Histoire », 1992.

François Garçon, *La Vie culturelle sous Vichy*, sous la direction de Jean-Pierre Rioux, Complexe, collection « Questions au XXe siècle », 1990.

Gilbert Guilleminault, *Les Lendemains qui ne chantaient pas*, Le Livre de Poche, 1970.

Gilbert Guilleminault, *Le Roman vrai de la Ve République*, Julliard, 1980.

Hervé Hamon et Patrick Rotman, *Les Porteurs de valise : la résistance française à la guerre d'Algérie*, Albin Michel, collection « H comme Histoire », 1979.

Hervé Hamon et Patrick Rotman, *Génération* (2 volumes), Seuil, 1998.

Claude Levy, *Les Nouveaux Temps et l'idéologie de la collaboration*, Fondation nationale des sciences politiques - Armand Colin, collection « Travaux et recherches de science politique », 1974.

Lilly Marcou, *La Guerre froide, l'engrenage*, Complexe, collection « La Mémoire du siècle », 1987.

Marc Martin, *Trois siècles de publicité en France*, Odile Jacob, collection « Histoires, hommes, entreprises », 1992.

Pascal Ory et Jean-François Sirinelli, *Les Intellectuels en France, de l'affaire Dreyfus à nos jours*, Armand Colin, collection « U Histoire contemporaine », 1987.

Rémy Rieffel, *La Tribu des clercs, les intellectuels sous la Ve République*, Calman-Lévy, collection « Liberté de l'esprit », 1993.

Jean-François Sirinelli, *Intellectuels et Passions françaises, manifestations et pétitions au XXe siècle*, Fayard, 1990.

Jeannine Verdès-Leroux, *Au service du Parti 1944-1956 : le parti communiste, les intellectuels et la culture*, Fayard - Éditions de Minuit, 1983.

Michel Winock, *Le Siècle des intellectuels*, Seuil, 1997.

Ouvrages de témoignages ou biographiques

Georges Annenkov, *Max Ophuls*, Le Terrain vague, 1962.

Simone de Beauvoir, *La Force de l'âge*, Gallimard, 1960.

Gérard Bonal, *Gérard Philipe*, Seuil, 1994.

Annie Cohen-Solal, *Sartre*, Gallimard, 1985.

Régis Debray, *Les Masques*, Gallimard, 1987.

Alain Decaux, *Pourquoi je crois les Rosenberg innocents*, Perrin, 1969.

Albert Durieux, *Signoret*, Sansot, 1927.

André Gide, *Retour de l'URSS*, Gallimard, 1936.

Pierre Goldman, *Souvenirs obscurs d'un juif polonais né en France*, Seuil, collection « Combats », 1975.

Roger Knobelspiess, *QHS, quartier de haute sécurité*, Stock, collection « Lutter », 1980.

Roger Knobelspiess, *L'Acharnement ou la Volonté d'erreur judiciaire*, Stock, 1981.

Roger Knobelspiess, *Le Dépanneur*, Éditions du Masque, 2003.

Bernard Kouchner, *L'Île de lumière*, Ramsay, 1980.

Victor Andreïevitch Kravchenko, *J'ai choisi la liberté ! La vie publique et privée d'un haut fonctionnaire soviétique*, Self, 1947.
Jean-Pierre Le Dantec, *Les Dangers du soleil*, Presses d'aujourd'hui, 1978.
Lena Pepitone, William Stadien et Maurice Hakim, *Marilyn Monroe secrète*, Pygmalion, 1979.
Michaël Prazan, *Pierre Goldman : le frère de l'ombre*, Seuil, 2005.
Ronald Radosch et Joyce Milton, *Dossier Rosenberg*, Hachette, collection « Hachette-documents », 1985.
Ethel et Julius Rosenberg, *Lettres de la maison de la mort*, Gallimard, 1953.
David Rousset, *L'Univers concentrationnaire*, Pavois, 1946.
Claude Roy, *La Fleur du temps, 1983-1987*, Gallimard, 1988.
Josefa Slanska, *Rapport sur mon mari*, Mercure de France, 1968.
Daniel Spoto, *Marilyn Monroe, la biographie*, Presses de la cité, 1993.
Jean-Pierre Kaminker, *La Persécution contrariée*, Lambert-Lucas, 2007.

Mémoires de gens du spectacle

José Artur, *Micro de nuit*, Stock, 1974.
Luis Buñuel, *Mon dernier soupir*, Robert Laffont, collection « Vécu », 1982.
Marcel Carné, *La Vie à belles dents : souvenirs*, Éditions Jean-Pierre Ollivier, 1975.
Daniel Gélin, *Deux ou trois vies qui sont les miennes*, Julliard, 1976.
Elia Kazan, *Une vie*, Grasset, 1989.
Corine Luchaire, *Ma drôle de vie*, Sun, 1949.
Arthur Miller, *Au fil du temps : une vie*, Grasset, 1988.
François Périer, *Profession, menteur*, Presses pocket, 1991.
Micheline Presle, *L'Arrière-mémoire, conversation avec Serge Toubiana*, Flammarion, 1994.
Yves Simon, *La Manufacture des rêves*, Grasset, 2003.
Jane Fonda, *Ma vie*, Plon, 2005.

Ouvrages sur le cinéma

René Prédal, *50 ans de cinéma français*, Nathan, 1996.

Jacques Siclier, *La France de Pétain et son cinéma*, Éditions Henri Veyrier, collection « L'Histoire en question », 1981.
Jean Tulard, *Dictionnaire du cinéma,* « 1. Les Réalisateurs », Robert Laffont, collection « Bouquins », 1993.
Jean Tulard, *Guide des films, 1895-1995*, Robert Laffont, collection « Bouquins », 1995.

Livres consacrés à Simone Signoret et, ou Yves Montand

Catherine Allégret, *Les Souvenirs et les regrets aussi*, Bernard Fixot, 1994.
Catherine Allégret, *Un monde à l'envers*, Fayard, 2004.
Huguette Bouchardeau, *Simone Signoret*, Flammarion, 2005.
Benjamin Castaldi, *Maintenant, il faudra tout se dire*, Albin Michel, 2004.
René Cenni, *Montand à Saint-Paul-de-Vence, « J'esquisse un sourire, je salue et je passe »*, Éditions ROM, 1999.
Catherine David, *Simone Signoret ou la Mémoire partagée*, Robert Laffont, collection « Elle était une fois », 1990.
Richard Desneux, *Yves Montand, l'artiste engagé*, Éditions Favre, 1989.
Philippe Durant, *Simone Signoret*, Éditions Favre, 1988.
Michel Genies, *Montand*, Vade Retro, 1995.
Hervé Hamon et Patrick Rotman, *Tu vois, je n'ai pas oublié*, Seuil-Fayard, 1990.
Jean-François Josselin, *Simone, deux ou trois choses que je sais d'elle*, Grasset, 1995.
Pierre Lherminier, *Signoret, Montand, deux vies dans le siècle*, Ramsay, 2005.
Joëlle Monserrat, *Simone Signoret*, Éditions Pac, collection « Têtes d'affiche », 1983.
Yves Montand, *Du soleil plein la tête, souvenirs recueillis par Jean Denys*, Les Éditeurs français réunis, 1955.
Christian Negret, *Yves Montand*, Calman-Levy, 1958.
Claude-Jean Philippe, *Simone Signoret*, Hachette, 1985.
Didier Sandre, *Simone Signoret*, Solar, collection « Solarstar », 1981.
Jorge Semprun, *Montand : la vie continue*, Denoël, 1983.

Ouvrages de Simone Signoret

Simone Signoret, *La Nostalgie n'est plus ce qu'elle était*, Seuil, 1976.
Simone Signoret, *Le Lendemain, elle était souriante*, Seuil, 1979.
Simone Signoret, *Adieu Volodia*, Fayard, 1985.

Traductions

Jo Langer, *Une saison à Bratislava*, Seuil, 1981.

Il serait long et fastidieux de citer tous les titres de la presse quotidienne, hebdomadaire et mensuelle qui ont été consultés pour cet ouvrage.

Pour mémoire, on citera l'ensemble de la collection de *L'Écran français*, véritable joyau pour l'histoire du cinéma qui comprend des dizaines d'articles consacrés à l'actrice et plus d'une dizaine de couvertures.

La collection complète du *Figaro* et de *L'Humanité* a également été consultée pour les années 1950 (Appel de Stockholm) et 1956-1957 (Voyage à Moscou), *La Pravda* de décembre 1956 et les hebdomadaires *Noir et Blanc* et *Paris-Match*.

On retiendra également des numéros de périodiques qui comprennent de longs entretiens avec Simone Signoret :

- *L'Express*, numéro 983 (11 mai 1970)
- *Le Nouvel Observateur* des 25 novembre 1983 et 27 mars 1982
- *Première*, mars 1982
- *Marie Claire*, 1er mars 1985
- *City*, 8 février 1985
- *Lui*, février 1985
- *Le Point*, 31 octobre 1977
- *Cinétélérevue*, 19 novembre 1962

Et tous les quotidiens et mensuels parus en octobre 1985, collection personnelle de l'auteur, ainsi que les émissions consacrées à l'actrice au lendemain de sa mort, par RTL, France Inter et Europe 1.

Lexique

Allégret Marc :

Il est de sept ans l'aîné d'Yves, il débute plus tôt dans le métier. Secrétaire d'André Gide, il l'accompagne au Congo en 1925 d'où il rapporte son premier film, *Voyage au Congo* (1927). Découvreur de talents, il révéla Fernandel, Michèle Morgan, Danièle Delorme, Gérard Philipe ou encore Brigitte Bardot. Ses grands succès furent *Fanny*, *Lac aux dames* et *Entrée des artistes*. Il mourra dans un relatif oubli en 1973.

Aumont Jean-Pierre :

Acteur français né en 1909, il débute dans *Lac aux dames* de Marc Allégret, et quitte rapidement la France pour les États-Unis. Sa carrière américaine se résumera à quelques films exotiques. Il épousera la comédienne Maria Montez, actrice d'origine dominicaine très connue dans les années quarante, qui mourra tragiquement à trente-trois ans.

Aurenche Jean :

Né en septembre 1904, il devint le scénariste attitré de Jean Delanoy, Claude Autant-Lara, René Clément ou, plus tard, Bertrand Tavernier. Ce dernier a réalisé en 2001 le film *Laissez-passer* qui retrace sa vie pendant l'occupation allemande. Il a été récompensé par plusieurs césars dont celui de la meilleure adaptation (avec Pierre Granier-Deferre et Michel Grisolia) pour le film *L'Étoile du Nord*. Il est mort en septembre 1992.

Baquet Maurice :

Homme-orchestre, premier prix de violoncelle, professeur de ski puis comédien, il débute avec Marc Allégret dans *Les Beaux Jours* en 1935. Il incarne grâce à sa sympathique physionomie un des trois Pieds nickelés, Ribouldingue, dans les films d'Aboulker et Bibi Fricotin avec Marcel Blistène. On le retrouvera dans *Z* et plus tard dans *L'Adolescente* de Jeanne Moreau aux côtés de Simone Signoret. Joseph Losey rend hommage à son talent de violoncelliste dans *Monsieur Klein*.

Becker Jacques :

Né en 1906, Jacques Becker est assistant de Jean Renoir avant guerre. Il débute en tant que réalisateur sous l'Occupation avec *Dernier atout*, 1942 ; *Goupil mains rouges*, 1943 ; *Falbalas*, 1945. Il est mort en 1960 juste avant la sortie de son dernier film *Le Trou*, d'après le roman de José Giovanni, laissant derrière lui un chef-d'œuvre : *Casque d'or*, 1951.

Bellon Yannick :

Yannick Bellon est né en 1924. Documentariste et monteuse de formation, après s'être fait la main avec des courts-métrages réputés, elle a réalisé une œuvre singulière qui parle beaucoup des femmes, un portrait avec *Colette* (1947), puis des films plus militants avec *L'Amour violé* (1977) qui aborde le viol, ou *L'Amour nu* (1981) le cancer du sein ; elle s'intéressera aussi à la drogue avec *Les Enfants du désordre* (1989) ; elle a achevé sa carrière avec un film écologique, *L'Affût* (1992). Yannick Bellon était la fille de la photographe Denise Bellon et la sœur de Loleh Bellon (comédienne : *Casque d'or*, et écrivain : *Les Dames du jeudi*, *L'Éloignement*).

Besse Jacques :

Jacques Besse écrira la musique de *Dédée d'Anvers* et celle du court-métrage d'Alain Resnais, *Van Gogh*. Génial musicien admiré par tous ceux qui l'ont fréquenté et promis à un avenir brillant, il sera victime de sa fragilité psychologique. Il sera très jeune cérébralement atteint, incapable de poursuivre une vie normale. Aucun de ses amis de l'époque n'a la certitude qu'il soit à ce jour disparu, tous savent qu'il a fait de fréquents séjours en asile psychiatrique, dont il n'est probablement jamais sorti.

Blin Roger :
Né en 1907, il sera un metteur en scène reconnu de l'après-guerre. Membre du groupe Octobre, il créera toutes les pièces de Samuel Beckett jusqu'à *Oh les beaux jours*. En 1966, il monte à l'Odéon *Les Paravents* de Jean Genet qui feront scandale à l'époque du fait des allusions évidentes à la guerre d'Algérie.

Bresson Robert :
Né en 1901, il réalisera pendant cette période *Les Anges du péché*, sur un scénario de Jean Giraudoux, en 1943, et *Les Dames du bois de Boulogne* (1944-45), adapté d'un conte de Diderot. Il poursuivra une œuvre singulière et ascétique, plus proche de la peinture (son premier métier) que de la photographie, avec notamment *Un condamné à mort s'est échappé*, 1956.

Bussières Raymond :
Né en 1907, il a commencé comme dessinateur-typographe à la préfecture de la Seine. En 1941, il intègre le groupe Octobre, encouragé par Jacques Prévert : il débute dans *Nous les gosses* de Louis Daquin (1941). Celui qui deviendra l'éternel second rôle du cinéma français a participé à quelques grands films des années quarante-cinquante : *L'assassin habite au 21* (Henri-Georges Clouzot, 1942), *Quai des Orfèvres* (Henri-Georges Clouzot, 1947), et plus tard *Casque d'or* (Jacques Becker, 1951) où il retrouvera Simone Signoret. Mort en 1982, « Bubu » deviendra un acteur populaire grâce à sa gouaille et au couple qu'il formera avec Annette Poivre, partenaire de près de la moitié des cent trente films que compte sa carrière.

Butor Michel :

Romancier et essayiste français né en 1926, il est connu à l'époque pour son roman *La Modification*, paru en 1957, écrit presque entièrement à la deuxième personne du pluriel, et *L'Emploi du temps*. On l'a considéré comme un des représentants du nouveau roman, avec Nathalie Sarraute et Alain Robbe-Grillet.

Carné Marcel :

Il est né en 1906. Après avoir suivi des cours de photographie, il devient assistant de René Char sur le film *Sur les toits de Paris* en 1930. Il travaille ensuite avec Jacques Feyder. En 1936, il réalise son premier long-métrage : *Jenny*. Ce film inaugure une longue et fructueuse collaboration avec Jacques Prévert et est à l'origine du réalisme poétique au cinéma, qui s'est incarné dans ces films cultes : *Drôle de drame*, 1937 ; *Quai des brumes*, 1938 ; *Hôtel du Nord*, 1938 ; *Le jour se lève*, 1939 ; *Les Visiteurs du soir*, 1942 ; *Les Enfants du paradis*, 1945 ; *Les Portes de la nuit*, 1946. Il lui faut attendre ensuite 1953 pour retrouver le succès avec *Thérèse Raquin*, dans lequel il fera tourner Simone Signoret. La suite de sa carrière sera moins éclatante, il réalisera son dernier film en 1974, un documentaire : *La Bible*, et ne parviendra pas à finir le tournage d'une adaptation de *Mouche* de Guy de Maupassant, son ultime projet. Il est mort le 31 août 1996.

Castro Roland :

Architecte né en 1940, connu pour son engagement militant à gauche. Au contact de quelques figures intellectuelles majeures comme Jean-Paul Sartre, Jacques Lacan ou encore Michel Foucault, il a su très vite jeter les bases d'une pensée qui dépasse le strict cadre architectural pour intégrer l'aspect politique et citoyen d'une pratique urbaine qui est au cœur de tous les questionnements de l'après-68. Il a toujours eu le souci de « recoudre » le tissu urbain. On lui doit la reconstruction de la Bourse du travail à Saint-Denis (1983), la transformation du quai de Rohan à Lorient (1996) et un travail sur une ZAC à Marseille (2001).

Cayatte André :
Né en 1909, il a d'abord été avocat, journaliste, scénariste-dialoguiste, avant de se lancer dans la réalisation avec *La Fausse Maîtresse* (1942) transposition au XXe siècle de l'œuvre de Balzac, et *Au bonheur des dames*. Il réalisera trois autres films avant la Libération. Il reste connu pour les films à message de la deuxième partie de sa carrière, de *Nous sommes tous des assassins* (1952) à *Mourir d'aimer* (1971).

Césaire Aimé :
Écrivain et homme politique, né en 1913 à Basse-Pointe (Martinique) dans une famille pauvre et nombreuse. Il a été député de la Martinique de 1946 à 1993 tout en poursuivant une œuvre de poète et de dramaturge dans laquelle il affirme la solidarité des Noirs d'Afrique et des Antilles. C'est un contemporain de Léopold Sédar Senghor, chantre comme lui de la négritude.

Clément Andrée :
De son vrai nom Andrée Boyer, Andrée Clément, elle est née en 1918 à Marseille. Elle a incarné des filles farouches et déséquilibrées dans le cinéma des années quarante et cinquante, de Louis Daquin à André Cayatte en passant par Jean Delannoy ; elle est morte prématurément à trente-six ans.

Criqui Eugène :
Boxeur, né à Belleville en 1893, il a été un des athlètes les plus populaires de son époque. Il est mort en 1977. Au moment de la signature de l'appel, c'est déjà un retraité. Son heure de gloire se situe en 1922, quand il remporte un combat de boxe contre le champion américain tenant du titre du poids plume depuis onze ans : Johny Kilbane.

Crolla Henri :

Il voit le jour en 1920 dans une famille pauvre de musiciens ambulants qui émigrent en France. Le peintre Maurice Savin croque le petit Henri âgé de huit ans jouant de la mandoline sur un pilier de la Coupole, à Montparnasse. Crolla entre en 1936 dans le groupe Octobre et dans la « bande à Prévert » (Mouloudji, Yves Allégret, J.-P. Le Chanois, Roger Blin et Paul Grimault – le créateur du dessin animé *La Bergère et le Ramoneur* –, qui lui offre sa première guitare). Surnommé affectueusement le « mille-pattes », il devient le disciple préféré de Django Reinhardt, et ils resteront inséparables jusqu'à la disparition de ce dernier en 1953. Accompagnateur de Montand jusqu'à sa propre mort en 1960, il écrit des chansons pour Piaf, Montand, Mouloudji et bien d'autres. En 1949, à La Colombe d'or, à Saint-Paul-de-Vence, c'est lui qui présentera Yves à Simone Signoret, alors accompagnée de celui qui ne devait plus rester très longtemps son mari, Yves Allégret. En 1954, il joue au club Saint-Germain avec Stéphane Grapelli. Il participe bien sûr en 1956 à la tournée triomphale en URSS et dans les pays de l'Est avec Yves Montand et son Jazz Band. De cet homme attachant, modeste, tendre et sensible, disparu à quarante ans en fin de tournage d'un film, Simone Signoret a dit avec émotion : « C'est le seul mort que je connaisse qui réussisse, de là où il est, à faire rire aux larmes et dans les larmes ses amis réunis. »

Dacqmine Jacques :

Contemporain de Simone Signoret, encore membre de la Comédie-Française au moment du tournage de *Macadam*, il poursuivra sa carrière, en parallèle avec son entrée à la compagnie Renaud-Barrault, interprétant beaucoup d'aristocrates (dans les *Caroline chérie* notamment). Il a arrêté sa carrière en 1968.

Dalio Marcel :

Acteur français né en 1899 et mort en 1983, de son vrai nom Maurice Blauschild. Sa filmographie comprend plus de soixante films de *La Règle du jeu* de Renoir aux *Aventures de Rabbi Jacob* de Gérard Oury. Contraint à l'exil aux États-Unis pendant la guerre en raison de ses origines juives, il tourne dans *Le Port de l'angoisse* d'Howard Hawks et d'autres très grands films. Il est bien sûr le partenaire de Simone Signoret dans *Dédée d'Anvers* en 1948. Il retourne aux États-Unis après la guerre, on le verra notamment dans *Les hommes préfèrent les blondes* d'Howard Hawks ou encore dans *Sabrina* de Billy Wilder.

Darcey Janine :
Actrice française née en 1917, cette jeune première des années trente fut révélée par *Entrée des artistes* de Marc Allégret. Elle a tourné dans une douzaine de films, le dernier en 1993 *Délit mineur* de Francis Girod, l'année de sa mort.

Debray Régis :
Normalien, agrégé de philosophie, essayiste, ancien conseiller du président Mitterrand, il a été emprisonné en Bolivie entre 1967 et 1971. À son retour en France, il habitera place Dauphine. Il a raconté dans un passage très émouvant d'un récit autobiographique intitulé *Les Masques* (Gallimard, 1987) son « ingratitude » et son regret d'avoir perdu de vue Simone Signoret.

Désir Harlem :
Né en 1960, fils d'un directeur d'école antillais, militant du PCF, et d'une parisienne. Membre de la LCR, il a fondé SOS-Racisme au sortir de la deuxième marche des beurs. Il est aujourd'hui vice-président du groupe socialiste au Parlement européen.

Dmytryk Edward :
Réalisateur d'origine ukrainienne, on lui devait à l'époque *Hitler's children* (1943), un des meilleurs films antinazis de Hollywood selon Jean Tulard et deux thrillers avec Dick Powell,

Cornered et *Murder my Sweet.* Il connaîtra une seconde carrière avec *The Sniper* et *Ouragan sur le Caine.* Il est mort en 1999.

Dubcek Alexandre :

Il naît le 27 novembre 1912 à Uhrovec, en Slovaquie occidentale. Sa famille émigre aux États-Unis mais elle revient après la Première Guerre mondiale. Quelques années plus tard, les Dubcek partent s'installer en URSS avec près de trois cents autres familles communistes. En 1939, Alexandre Dubcek rejoint les rangs du parti communiste clandestin. Au début de 1968, il est nommé secrétaire général du Parti communiste tchécoslovaque. Le 21 août, les tanks soviétiques envahissent la Tchécoslovaquie. Dubcek et d'autres personnalités politiques sont arrêtés par le KGB et emmenés en URSS. À la suite de négociations, Alexandre Dubcek est relâché. En 1969, il devient ambassadeur mais choisit de remettre sa démission quelques années plus tard. En décembre 1989, à la suite de l'effondrement des régimes communistes de l'Europe de l'Est, Dubcek est élu président du Parlement tchécoslovaque. Il reçoit un accueil formidable par Mikhaïl Gorbatchev le 18 mai 1990.

Durbin Deana :

Actrice américaine née en 1921, a été une star à Hollywood dans les années quarante et cinquante. Elle se retira du cinéma à vingt-neuf ans, après son mariage avec le réalisateur français Charles David. Elle a gardé de nombreux fans aux États-Unis.

Dynam Jacques :

Né en 1923, il est mort en novembre 2004 à l'âge de quatre-vingt-un ans. Il a été abonné aux seconds rôles malgré une carrière féconde au cinéma, au théâtre et à la télévision. En 1943, il est déjà connu pour son rôle dans *La Symphonie fantastique* de Christian-Jaque (1941). Il deviendra populaire grâce à la série des *Fantômas* dans laquelle il interprétait l'inspecteur Bertrand et il sera par ailleurs la voix française de Jerry Lewis et de Victor French (Isaiah Edwards) dans *La Petite Maison dans la prairie.* Il fera sa dernière apparition à l'écran en 2003 dans le *Fanfan la tulipe* de Gérard Krawczyk.

Ehrenbourg Ilya :
Historien, journaliste et romancier, né à Kiev en 1891 dans une riche famille juive, Ilya Ehrenbourg a réussi a échapper à toutes les purges de Staline, bien que son livre noir écrit avec Vassili Grossman sur l'extermination des Juifs en URSS et en Pologne ait été censuré. Il a reçu en 1942 le prix Staline pour *La Chute de Paris* et de nouveau en 1947 pour *La Tempête.* Ami de Pablo Neruda, il publie en 1954 *Le Dégel,* formule qu'il invente pour désigner l'après-Staline. Il est mort le 31 août 1967.

Feyder Jacques :
Né en 1888, il entre chez Gaumont en 1915 et y dirige une quinzaine de films à petit budget pendant la guerre. En 1921, il réalise *L'Atlantide* adapté du roman de Pierre Benoit. Il tourne en 1928 un *Thérèse Raquin* apprécié des critiques de l'époque. En 1929, il réalise *Les Nouveaux Messieurs,* film sarcastique sur les mœurs politiques de l'époque. Époux à la ville de la comédienne Françoise Rosay qui a joué dans beaucoup de ses films, il est considéré comme un des précurseurs du réalisme poétique en France ayant fait faire ses premiers pas à Marcel Carné. Il est mort en 1948, *Macadam* était son dernier film.

Frankeur Paul :
Il a débuté dans le cinéma de Louis Daquin. Il se fera une place de second rôle dans une série de films policiers dirigés par Gilles Grangier (*Le rouge est mis,* 1957) ou encore Jean Delannoy et Denys de La Pattellière. Il terminera sa carrière chez Luis Buñuel. Il est mort en 1979.

Geremek Bronislaw :
Historien de formation, spécialiste des minorités et de la marginalité sociale dans les sociétés médiévales, il est titulaire

de la chaire internationale du Collège de France « Histoire sociale : exclusions et solidarité ». Il a tout connu des combats du siècle, du ghetto de Varsovie à la dictature communiste en Pologne. Il a été l'éminence grise du mouvement Solidarnosc, puis ministre des Affaires étrangères dans la Pologne libre.

Goetz William :

Assistant producteur des films de Raymond Griffith, on doit à ce prolifique producteur, par ailleurs vice-président à la Twentieth Century Fox et président d'Universal, des films signés Anthony Mann *(L'Homme de la plaine)*, Joshua Logan *(Sayonara)*, Robert Rossen *(Ceux de Cordura)*, Charles Vidor *(Le Bal des adieux)*, etc.

Gomulka Wladislaw :

Né le 6 février 1905 à Krosno (Galicie), ouvrier à quatorze ans, il adhère au parti socialiste qu'il quitte en 1927 pour le parti communiste clandestin et s'occupe de syndicalisme. En prison de 1932 à 1934, puis de nouveau en 1936, pour atteinte à la sûreté de l'État, il s'évade en septembre 1939, participe à la résistance polonaise, puis, en novembre 1943, il est secrétaire général du parti ouvrier polonais clandestin. En 1944, vice-président du conseil des ministres, il définit « une voie polonaise vers le socialisme » et refuse la collectivisation des terres. En 1948, il est élu au comité central du Parti ouvrier unifié de Pologne (POUP). Écarté pour « déviationnisme droitier et nationaliste », il est démis de toutes ses fonctions et exclu du POUP la même année. Arrêté en 1951, libéré en 1954, il est réhabilité et, en octobre 1956, il est élu premier secrétaire du comité central. Voulant concilier l'indépendance avec l'amitié soviétique, il perdra des appuis et les crises de 1968 lui seront fatales. Il devra démissionner au profit d'Édouard Gierek en décembre 1970, après les émeutes consécutives à l'augmentation des prix. Il est mort à Varsovie le 31 août 1982.

Grey Denise :

La célèbre grand-mère de Sophie Marceau dans *La Boum* de Claude Pinoteau a eu plus de cent films a son actif en soixante-cinq ans de carrière. Jean Tulard dans son dictionnaire du cinéma (Robert Laffont, 1993) ne retient qu'*Adieu Léonard* parmi les trois films à sauver de sa « consternante » filmographie. Elle est morte en 1996.

Grimault Paul :

Né en 1905, il est mort en 1994. Dessinateur de formation, il est diplômé de l'école Germain Pilon (devenue école des arts appliqués). Il est très tôt attiré par les techniques et les arts de l'image. Il débute sa carrière aux établissements Damour et dès 1937 vole de ses propres ailes avec la création pour l'Exposition internationale de Paris d'un dessin animé révolutionnaire sur le plan technique, notamment pour la reproduction des couleurs. La grande œuvre de sa vie à laquelle Jacques Prévert a collaboré restera le film d'animation *La Bergère et le Ramoneur*, sorti en 1953, repris sous le titre *Le Roi et l'Oiseau* en 1980, modèle du genre.

Hughes Howard :

Né en 1905 et mort en 1976, il a été un des hommes les plus mystérieux du XXe siècle. Son incroyable destin vient d'être remis sur le devant de la scène avec le film que Martin Scorsese lui a consacré : *Aviator*, dans lequel Léonardo Di Caprio incarne son personnage. Howard Hughes, individu complexe, génial et tragique, a marqué l'histoire des États-Unis. Ce fils d'un riche industriel américain avait trois passions : les avions, les films et les femmes. Il a conçu plusieurs avions (dont un en 1946, le *Spruce Goose*, qui s'avérera incapable de voler plus de quelques minutes), battu des records de vitesse, dirigé des studios de cinéma, produit de nombreux films et séduit les plus belles femmes de la planète, de Katharine Hepburn à Ava Gardner en passant par Marilyn Monroe et Jane Russell. Cet homme tout-puissant a fasciné par sa complexe personnalité metteurs en scène et écrivains (dont James Ellroy). Il achèvera sa vie dans le plus grand isolement, habité et dominé par les peurs les plus primitives (en particulier celle des microbes).

Jaeger Claude-Paul :

D'abord assistant réalisateur (Marcel L'Herbier, M. Allégret, Louis Daquin, J. de Marguenat…) puis producteur, exportateur, distributeur, Claude-Paul Jaeger est mort en septembre 2004. L'annonce du décès parue dans la rubrique nécrologique du journal *Le Monde* avec ce sobre texte : « On nous prie d'annoncer le décès de Claude Jaeger », sans source, confirme qu'il a vieilli dans un grand isolement.

Koestler Arthur :

Juif hongrois, scientifique de formation, il a été agent du Komintern à Paris entre 1931 et 1937. Il est envoyé comme espion dans les rangs des franquistes pendant la guerre d'Espagne par les Russes. Il échappe par miracle à la condamnation à mort. En 1938, il quitte le parti communiste, effrayé par les procès de Moscou et la violence des communistes espagnols à l'égard des anarchistes et des trotskistes. En 1940, il a publié à Londres *Le Zéro et l'Infini*, qui paraît à Paris après la Libération et dénonce les purges politiques en URSS.

Larquey Pierre :

Né en 1884 et mort en 1962, il a eu une carrière prolifique au cinéma, des années trente à soixante. Il a débuté avec les plus grands, de Renoir à Abel Gance en passant par Allégret puis Clouzot : *L'assassin habite au 21*, *Le Corbeau*, *Quai des Orfèvres* et *Les Diaboliques*, dans lequel il partage l'affiche avec Simone Signoret. *Les Sorcières de Salem*, où il la retrouve également, est une de ses dernières apparitions à l'écran.

Luchaire Jean :

Arrêté après la capitulation allemande alors qu'il tentait de se dissimuler en Italie, il est ramené à Paris et déféré devant la cour de justice. Il comparaît le 21 janvier 1946. À son procès, il réfute les accusations d'antisémitisme proférées à son encontre, citant les personnes qu'il a aidées. Fusillé le 22 février 1946, Jean Luchaire criera « Vive la France ! » au peloton d'exécution.

Marken Jane :

L'entraîneuse de *Dédée d'Anvers* est une comédienne confirmée. Elle a débuté en 1915 avec Abel Gance et tourné avec les plus grands, de Renoir (*Une partie de campagne*) à Becker (*Falbalas*) en passant par Marcel Carné (Mme Hermine dans *Les Enfants du paradis*). On la retrouvera plus tard (1956) dans *Et Dieu créa la femme* de Roger Vadim et *Le Miroir à deux faces* d'André Cayatte (1958), ses dernières prestations.

Marker Chris :

Christian Bouche-Villeneuve, dit Chris Marker, est né le 29 juillet 1921 à Neuilly-sur-Seine. Cinéaste engagé (*Le Joli Mai*, 1963 ; *À bientôt j'espère*, 1968 ; *On vous parle du Chili*, 1973) et grand voyageur (*Dimanche à Pékin*, 1955 ; *Lettre de Sibérie*, 1957 ; *Sans soleil*, 1982, sur le Japon), photographe et écrivain (collaborateur de la revue *Esprit*, auteur de *Giraudoux* au Seuil (1978) où il dirige la collection innovante « Petite planète »), il utilise aussi la vidéo et le CD-ROM (*Immemory*, 1998) dans son œuvre qui comprend soixante-dix réalisations. Son seul film de fiction, *La Jetée*, en 1962, lui vaut une renommée mondiale et inspirera Hollywood avec *L'Armée des douze singes*. Peu connu du grand public, il exerce une influence considérable sur les créateurs de cinéma en renouvelant d'abord le documentaire d'après-guerre avec Alain Resnais (*Les statues meurent aussi*, 1953, et *Nuit et Brouillard*, 1956), Agnès Varda et Armand Gatti. Hostile au vedettariat, il est très avare d'interviews et envoie un cliché de son chat aux amateurs de photos dédicacées qui le sollicitent. Il a consacré un film documentaire à Yves Montand en 1974, *La Solitude du chanteur de fond*.

Mascolo Dionys :
Grand résistant, membre après la guerre du Mouvement national des prisonniers de guerre et déportés dirigé par François Mitterrand, Dionys Mascolo a publié de nombreux articles dans diverses revues et notamment une édition corrigée des œuvres de Saint-Just aux Éditions de la Cité, fondées en 1946 par Marguerite Duras, sa compagne à l'époque. Il est par ailleurs le père du seul enfant de l'auteur d'*Un barrage contre le Pacifique* et de *L'Amant*, Jean, dit Outa, né en 1947.

Morgan Claude :
Directeur des *Lettres françaises* jusqu'en 1971, il a publié, entre autres, *Les Don Quichotte et les autres*, Guy Roblot, 1979.

Morin Edgar :
Né à Paris en 1921, sociologue de formation, il est l'un des penseurs français les plus importants de son siècle. Directeur de recherches émérite au CNRS (Centre national de la recherche scientifique). Il est l'auteur, entre autres, de *La Rumeur d'Orléans* (Le Seuil, 1969) et d'une *Méthode* (Le Seuil, 1991) qu'il a élaborée en quinze ans.

Mouloudji Marcel :
Né en 1922 et mort en 1994, surtout connu comme chanteur, il fut un artiste engagé à multiples facettes. Le communisme auquel son père – ouvrier kabyle – l'initie de bonne heure lui ouvre d'abord les portes du théâtre, avec la rencontre à treize ans des metteurs en scène et comédiens du groupe Octobre et de la Fédération des théâtres ouvriers de France : Sylvain Atkine, Roger Blin, Jean-Louis Barrault. Avec le groupe Octobre, il participe au mouvement artistique solidaire des grandes grèves de 1936. Il est introduit au cinéma par le biais du théâtre, Jacques Prévert lui fait rencontrer Marcel Carné, qui l'engage pour un petit rôle chantant dans *Jenny*. Il enchaîne alors film sur film et devient une vedette de l'écran. Certains de ses films sont des classiques comme *Nous sommes tous des assassins* (1952,

André Cayatte). Pendant la guerre, revenant à sa vocation première, le chant, par lequel, jeune garçon, il avait gagné sa vie dans la rue, il se produit au Bœuf sur le toit et bientôt dans les cabarets de Saint-Germain-des-Prés, avec des textes de Boris Vian et Jacques Prévert. Dès lors confirmé dans la chanson, il enregistre des disques à partir de 1951, *Si tu t'imagines*, *Barbara*, le fameux *Comme un petit coquelicot* et bien des titres restés célèbres. Il se produit dans les grandes salles comme Bobino et l'Alhambra, sous la houlette de Jacques Canetti, le grand directeur artistique de l'époque, et compose lui-même beaucoup de ses chansons. Il peut se permettre d'interpréter *Le Déserteur* de Boris Vian, le jour de la chute de Diên Biên Phù, ce qui lui vaut une interdiction. Dès lors, il ne manque aucune occasion de provoquer la censure et se voit écarté de diffusion à la radio. Il se consacre alors plutôt à l'écriture qu'à l'interprétation. Pourtant un public engagé reste fidèle à cet artiste et répond présent à chacune de ses apparitions sur scène. Diminué par la maladie, il meurt dans le dénuement.

Murrow Ed :

Edward R. Murrow est à l'époque un des plus grands journalistes de la presse audiovisuelle américaine. L'émission « Small World » diffusée sur CBS est une émission de référence qui organise des duplex dans le monde entier pour permettre des discussions à bâtons rompus entre des leaders d'opinion de toutes nationalités. La participation à cette émission représente donc pour une comédienne française une consécration.

Neruda Pablo :

Poète et diplomate chilien, de son vrai nom Ricardo Neftali Reyes Basoalto, né le 12 juillet 1904 à Parral (Chili). Il mène une carrière de consul. Proche du parti communiste, élu sénateur en 1945, prix Staline de la paix en 1953, il finira sa carrière avec le prix Nobel de littérature, tout en étant ambassadeur du Chili à Paris. Il mourra en 1973, douze jours après la chute d'Allende. Il a été incarné au cinéma par Philippe Noiret dans le film *Il Postino (Le Facteur)* de Michael Radford, qui retrace ses années d'exil en Italie et sa relation singulière avec le facteur du village.

Noël-Noël :
De son vrai nom Lucien Noël, il a incarné le Français moyen dans une trentaine de films des années trente à soixante ; on retiendra *La Cage aux rossignols* (1944) et *Les Casse-Pieds* (1948) de Jean Dréville.

Oudart Félix :
Acteur de théâtre venu au cinéma à près de quarante ans, sa filmographie volumineuse – plus de cinquante films – n'est pas à la hauteur de ses talents de comédien. *Macadam*, avec *Les Trois Mousquetaires* de Hunebelle, fait partie de ses meilleurs choix. Il est mort en 1956.

Pagliero Marcel :
Acteur italien né en 1907. Révélé par Roberto Rossellini dans *Rome, ville ouverte* (1945), il retrouvera Simone Signoret en 1960 dans *Les Mauvais Coups* de François Leterrier. Il poursuivra sa carrière de l'autre côté de la caméra.

Pigaut Roger :
Né en 1919 dans une famille d'ouvriers, il quitte les chemins de fer pour l'aventure du cours Simon. Son personnage d'intendant cupide dans *Douce* de Claude Autant-Lara (1943) le fait connaître. En 1947, il joue Antoine – le prolo courageux – dans *Antoine et Antoinette* de Jacques Becker, ce qui lui attire sympathie et renommée. D'autres films engagés suivront dans ces années-là. Militant pour la défense du cinéma français, et plus tard pour la paix, il réalisera en 1970 *Comptes à rebours*, dans lequel il fera tourner Simone Signoret. Il est mort en 1989.

Rellys :

Acteur français d'origine provençale né en 1905, il a tourné une quarantaine de films entre 1933 et 1978. On peut le voir aux côtés de Maurice Baquet dans *Les Pieds Nickelés* (Croquignol) et dans le cinéma de Marcel Pagnol : *César*, 1936 ; *Manon des sources*, 1952 ; *Les Lettres de mon moulin*, 1954.

Resnais Alain :

Évidemment inconnu en 1939, il est né en 1922 à Vannes, et va devenir un des réalisateurs français les plus controversés. Très apprécié pour ses courts-métrages politico-artistiques (*Van Gogh*, 1948 ; *Guernica*, 1950 ; *Gauguin*, 1951 ; *Les statues meurent aussi*, avec Chris Marker, 1953 ; *Nuit et Brouillard*, 1956), il a été plus contesté quand il est passé à la réalisation de longs-métrages. Il s'en dégage pourtant, si on passe outre l'agacement suscité par ses exercices de style parfois laborieux, une sincérité réelle et une volonté respectable de transmettre son humanisme. Il faut se souvenir de *Hiroshima mon amour*, 1959 ; *La guerre est finie*, 1966 ; *Loin du Viêtnam*, 1967, et bien évidemment plus récemment des savoureux *Smoking, No Smoking* et *On connaît la chanson*.

Romance Viviane :

Inconnue des nouvelles générations, elle a eu son heure de gloire dans les années quarante. Cette ancienne Miss Paris dégageait une sensualité à l'écran qui séduisit les plus grands réalisateurs de l'époque, de Christian-Jaque (*Carmen*, 1942) à Julien Duvivier (*La Belle Équipe*, 1936). Elle est morte en 1974.

Rops Daniel :

Essayiste, historien, poète, il a déjà publié en 1926 un ouvrage reconnu : *Notre inquiétude*, dans lequel il exprime les doutes de sa génération née avec le siècle. Écrivain catholique, il dirigera la revue *Ecclesia* de 1948 à sa mort, au sein de laquelle il éditera l'histoire en dix volumes de l'Église du Christ. Membre de l'Académie française, il a publié pendant la guerre un ouvrage,

Histoire sainte : le peuple de la Bible (Fayard, Paris, 1945), où il proclame l'indestructibilité d'Israël, ouvrage interdit par les autorités allemandes.

Rouleau Raymond :

Né à Bruxelles en 1904, il devint rapidement un comédien et un metteur en scène de talent. Il fonde dans les années trente, avec Antonin Artaud, le théâtre surréaliste Alfred Jarry. En tant qu'acteur, il a participé à une cinquantaine de films, de *L'Assassinat du Père Noël* de Christian-Jaque (1941) à *Méfiez-vous des blondes* d'André Hunebelle (1950), en passant par *Falbalas* de Jacques Becker (1944). Il mettra en scène, au théâtre, *Les Sorcières de Salem* avant d'en réaliser une adaptation cinématographique, jugée trop théâtrale par les spécialistes. Ce sera le cas aussi pour son dernier film, *Les Amants de Teruel* (1962) avec Ludmilla Tchérina. Il est mort à Paris en 1981.

Scipion Robert :

Il a commencé sa carrière comme journaliste, envoyé spécial à l'étranger (Allemagne, Hongrie, Yougoslavie) dès la fin de la guerre pour la presse écrite. Très éclectique, il a beaucoup bourlingué et aussi écrit sous pseudonyme pour la Série noire. Mais il fut surtout très connu pour ses activités de cruciverbiste. Parti pour un reportage sur les baleines en mer du Nord, il inventa pour tromper l'attente des mots croisés qu'il proposa à son retour au *Nouvel Observateur*. S'ensuivit une carrière à *Paris Match* et au *Canard enchaîné*. Les amateurs n'ont pas oublié « tube de rouge », il fallait trouver « Internationale ».

Simon Simone :

Actrice française née en 1911, elle est révélée par *Lac aux dames*. Son premier « séjour » aux États-Unis lui vaudra des films musicaux sans saveur. Elle deviendra une vedette un temps en revanche avec le film *Cat People*, de Maurice Tourneur, qui marquera son apogée et le commencement de son déclin. Elle a tourné son dernier film en 1972 à soixante et un ans, *La Femme en bleu* de Michel Deville.

Sologne Madeleine :
Née en 1912, de son vrai nom Madeleine Vouillon, elle débute comme modiste avant de se consacrer au théâtre. Elle arrive au cinéma en 1936 dans *La vie est à nous* de Jean Renoir. Partenaire de Jean Marais dans *L'Éternel Retour* de Jean Delannoy en 1943, elle formera avec lui un couple mythique pour la jeunesse de l'époque. La suite de sa carrière a été plus terne, elle est morte en 1995.

Sylvestre Simone :
Elle a participé à quelques grands films des années quarante-cinquante : *Les Inconnus dans la maison* de Henri Decoin (1942), *Razzia sur la chnouf* de Henri Decoin encore (1955) ou *Éléna et les hommes* de Jean Renoir (1956) avant de disparaître dans l'oubli.

Tati Jacques :
Réalisateur français né en 1908 et mort en 1982. On lui doit un cinéma poétique et singulier, célébrant l'individu et l'innocence au sein d'un monde standardisé, de *Jour de fête*, son premier long-métrage (1949), à *Parade* (1974) en passant par *Les Vacances de M. Hulot* (1953). *Mon oncle*, sorti en 1958, est une gentille critique, introduite par le lunaire M. Hulot, d'une société qui pourrait se laisser séduire par le modernisme et l'acquisition des derniers gadgets à la mode et perdre ainsi son humanité et son âme.

Vailland Roger :
Écrivain français né en 1907, il s'engage dans la Résistance en 1942, il écrit pendant la guerre *Drôle de jeu*, qui évoque le destin d'un homme de l'ombre dans ces années difficiles et qui sera couronné par le prix Interallié en 1945. Membre du PCF à l'époque, il le quittera après Budapest en 1956. Anticonfor-

miste, il poursuivra une carrière d'écrivain et obtiendra le prix Goncourt en 1957 avec *La Loi*. Il est mort en 1965.

Valmy André :
Il est le seul des trois comédiens « repérés » qui ne laissera pas de trace dans les encyclopédies de cinéma, on va pourtant le retrouver bien vite aux côtés de Simone Signoret dans un premier rôle.

Vautier René :
Ce cinéaste d'origine bretonne s'est engagé dans le maquis dès l'âge de seize ans, puis il intègre l'IDHEC à la Libération. Il accédera à la célébrité avec le film *Avoir vingt ans dans les Aurès* (Prix de la critique internationale au Festival de Cannes, 1972). Réalisateur, acteur, producteur de plus de cent cinquante films, cinéaste engagé, il a évoqué tous les combats du XXe siècle dans son œuvre singulière. Ardent défenseur du cinéma du réel, il a formé des générations de documentaristes au sein de l'Unité de production cinéma Bretagne, créée en 1972. Il a réalisé avec ce film intitulé *Mourir pour des images* (coréalisé avec Nicole Le Garrec) une œuvre documentaire tout à fait exemplaire. Il s'en est expliqué dans un entretien publié par la suite sur Internet, dans la revue indépendante *Indesens*, en février 2004 : « J'ai fait ce film pour former les gens qui travaillaient à l'UPCB. Ce qui m'intéressait, c'était les rapports entre les îlotiers et les réalisateurs Alain Kaminker et René Vogel. Les deux cinéastes avaient été totalement incorporés dans l'île de Sein et sa légende. On a monté le film et, un jour, j'ai emmené ma femme Soizic dans l'île pour un petit voyage en amoureux. Je tombe sur la sœur de Marceline – la vieille femme que j'interviewe dans le film et chez qui habitait Alain Kaminker avant sa mort – et elle me dit : "Comme c'est gentil d'être venu ! Ça lui aurait fait plaisir, ça doit lui faire plaisir de là-haut de vous savoir là." On a appris comme ça que Marceline était décédée. On n'avait qu'un appareil photo. Les gens de l'île croyaient qu'on était venus pour faire des photos mortuaires. Moi, je savais même pas que ça

existait les photos mortuaires. On a fait ces photos. Lors de l'enterrement, à notre grande surprise, on les a vus rouvrir la tombe d'Alain pour enterrer Marceline avec. Nous, on n'avait pas monté dans le film la phrase où Marceline nous disait vouloir être enterrée dans la même tombe que lui. On pensait que c'était des paroles de vieille dame et que, de toute façon, les gens de l'île ne marcheraient jamais. Donc, on a rajouté ces images à la fin du film. C'était une fin logique et normale, mais, en même temps, imprévisible. C'est pour ça que je pense que les films sont des documents d'actualité qui doivent pouvoir être complétés après, pour être plus compréhensibles, plus lisibles. »

Verdet André :
Poète connu pour ses poèmes écrits à Auschwitz *Les Jours, les nuits et puis l'aurore*, et ses écrits sur Pablo Picasso. Mort en 2004, il est enterré à Saint-Paul-de-Vence.

René Zuber :
Né en 1902 et mort en 1979, il a été dans les années vingt-trente un des meilleurs représentants de la nouvelle objectivité photographique. Il a créé son propre studio dans les années trente avant de se lancer dans le reportage industriel. Il fait partie à la Libération de Paris de ceux qui ont porté un regard singulier sur l'événement, aux côtés des plus célèbres : Robert Capa, Henri Cartier-Bresson et Robert Doisneau. Régulièrement, ses photographies sont présentées dans des expositions de photos des années vingt à cinquante, dans le monde entier. Récemment (2004), à la Zabriskie Gallery à New York et au Centre des monuments nationaux à Paris.

Index des noms cités

Remerciements

Mes remerciements vont à tous ceux, famille, amis, partenaires, observateurs qui m'ont permis d'enrichir mon enquête.

Au premier rang desquels je voudrais distinguer Jean-Pierre Kaminker, le frère de Simone Signoret, dont les souvenirs d'enfance et d'adolescence m'ont été très précieux. Nos rencontres restent pour moi de grands moments d'émotion que j'espère partagés. Et Catherine Allegret, sa fille, qui m'a soutenu et supportée depuis le début de ma très longue enquête.

Benjamin Castaldi, son petit-fils, devenu au fil du temps un véritable ami.

Paul Grimault et Jacques Bazaine, disparus depuis, m'ont parlé de Simone Signoret enfant et de la figure qu'était son père, leur collègue.

Indispensables mémoires des jeunes années de Simone, les réalisateurs Chris Marker et Alain Resnais sont sortis de leur discrétion légendaire pour m'aider à compléter le portrait de celle qu'ils ont connue adolescente.

Robert Scipion, Laurette et André Valmy m'ont raconté la jeune comédienne. Mouloudji, disparu entre-temps, sa « copine du Flore ».

Yvette Étievant, agent d'artistes et amie intime de Simone, disparue depuis, m'avait reçue dans son appartement du boulevard Saint-Germain.

Marius Issert, maire de Saint-Paul-de-Vence pendant cinquante ans a revécu pour moi « son » mariage des deux stars.

Fanny Cottençon m'a raconté avec beaucoup de sincérité sa rencontre avec l'actrice pour le tournage d'*Étoile du Nord.*

Annie Cordy m'a permis de compléter le tableau du tournage du *Chat.*

Danièle Delorme m'a raconté avec gentillesse, émotion et intelligence sa « meilleure amie ».

Lise London dont la mémoire est sans faille m'a permis de préciser les détails du voyage des Montand à Prague en 1957 et ceux de *L'Aveu.*

Pierre Mondy et Suzanne Flon, disparue il y a peu, ont répondu avec beaucoup de gentillesse à mes questions sur la comédienne de théâtre.

Nicole Courcel a fait revivre pour moi l'époque des *Sorcières de Salem.*

Pierre Granier-Deferre, disparu lui aussi depuis, qui a dirigé Simone Signoret dans les rôles de la maturité, m'a accordé un long entretien tout à fait passionnant.

Patrick Brion, éminent spécialiste du septième art, responsable du *Cinéma de minuit* sur France 3, m'a aidée par sa connaissance encyclopédique du cinéma à affiner mes recherches et mes analyses sur la carrière de Simone Signoret.

Jean-Pierre Busca, auteur d'un dictionnaire de films qui fait référence, a relu avec vigilance les notes cinématographiques de cet ouvrage.

Françoise Gaspard, Jean-Pierre Le Dantec et Harlem Désir m'ont éclairée sur les engagements des dernières années.

Bronislaw Geremek a su trouver quelques minutes dans un emploi du temps chargé pour répondre depuis Bruxelles à mes questions sur les rapports qu'a entretenus Simone Signoret avec la Pologne des années quatre-vingt. Il est disparu depuis tragiquement dans un accident de la route.

Michel Drucker, Anne Sinclair, Patrick Poivre d'Arvor et Bernard Pivot ont évoqué pour moi les relations passionnelles qu'elle entretenait avec les journalistes.

Et aussi.

REMERCIEMENTS

Jean Lacouture, Françoise Giroud, Jean-François Josselin, Michel Strulovici, Serge Dumartin, Patrick Rotman, Yves Janneau, Serge Dumartin.

Yves Montand m'avait longuement reçu place Dauphine, entre deux cours de géopolitique, il m'a beaucoup parlé de lui, je n'ai pas toujours osé le remettre dans le sujet qui était le mien : Simone Signoret

Mais cet ouvrage n'aurait pas abouti sans la collaboration de Sophie Charnavel et de Virginie Fuertes, qui ont supporté mes exigences avec intelligence, patience et humour, et d'Amélie Ambry pour son minutieux travail, ni sans le soutien d'une famille élargie :

Marie-Paule Casanova et Florence Jammot m'ont soutenu par leurs encouragements de tous les instants.

Claude Zufrieden, Yvette et Goulven Guilcher ont mis toute leur expérience d'universitaires pour relire mon manuscrit.

Ludovic Guilcher a mobilisé ses réseaux pour m'obtenir les contacts qui manquaient.

Enfin Patrick Clément m'a aidée par l'intérêt attentif et exigeant qu'il a porté tout au long de l'accouchement de cet ouvrage.

Table des matières

Composition PCA
44400 – Rezé

Impression réalisée par

BRODARD & TAUPIN

La Flèche

pour le compte des Éditions Michel Lafon
en septembre 2010

Crédits photographiques

Première de couverture :
© BOTTI/STILLS/GAMMA

Cahier-photo :
Page 1 : © Air France.

Page 2 : © Studio Harcourt
© L'écran français, 9 janvier 1946.
© Rue des Archives/AGIP

Page 3 : © NANA PRODUCTIONS/SIPA
© Rue des Archives/RDA
© John Springer Collection/CORBIS

Page 4 : © Rue des Archives/AGIP
© Office du tourisme - Saint-Paul de Vence
© Cinémonde

Page 5 : © PAT/STILLS/GAMMA
© Roger Viollet
© Rue des Archives/AGIP

Page 6 : © John Bryson/Sygma/Corbis
© Bruce Davidson/Magnum Photos
© Bruce Davidson/Magnum Photos

Page 7 : © Dennis Stock/Magnum Photos
© KEYSTONE-France
© Rue des Archives/BCA

Page 8 : © /SIPA
© Rue des Archives/Collection CSFF
© Limot/Rue des Archives

Page 9 : © /SIPA

Page 10 : © Rue des Archives/RDA
© Rue des Archives/Collection CSFF
© Rue des Archives/Collection CSFF
Page 11 : © Daniel SIMON/GAMMA
© Jean-Pierre BONNOTTE/GAMMA

Page 12 : © Rue des Archives/AGIP
© KEYSTONE-France
© Jean-Claude FRANCOLON/GAMMA

Imprimé en France
Dépôt légal : septembre 2010
N° d'impression : 60032
ISBN : 978-2-7499-1299-8
LAF 1367